WILHELM SCHLINK

SAINT-BÉNIGNE IN DIJON

FRANKFURTER FORSCHUNGEN ZUR ARCHITEKTURGESCHICHTE

HERAUSGEGEBEN VON HARALD KELLER

BAND 5

WILHELM SCHLINK

SAINT-BÉNIGNE IN DIJON

UNTERSUCHUNGEN ZUR
ABTEIKIRCHE WILHELMS VON VOLPIANO
(962–1031)

GEBR. MANN VERLAG · BERLIN

ALS HABILITATIONSSCHRIFT AUF EMPFEHLUNG DES FACHBEREICHS 09 »KULTURGESCHICHTE UND KULTURKUNDE« DER UNIVERSITÄT HAMBURG GEDRUCKT MIT UNTERSTÜTZUNG DER DEUTSCHEN FORSCHUNGSGEMEINSCHAFT

Satz und Druck Parzeller & Co., Fulda
Buchbinder Lüderitz & Bauer, Berlin
Printed in Germany 1978
ISBN 3-7861-1139-1

INHALT

VORWORT

Als Wilhelm Schlink in unseren Frankfurter Lebens- und Arbeitskreis eintrat, brachte er als erwünschtes Gastgeschenk das vorliegende Buch mit. Erwünscht – weil es wenige kirchliche Bauwerke des hohen Mittelalters gibt, die bisher mit so vielen falschen Vorstellungen und Meinungen belastet waren wie St. Bénigne in Dijon. Diese Mißverständnisse hat der Verfasser zunächst einmal ausräumen müssen.

Es wird selbst für viele Leser, die den Bau aus eigener Anschauung kennen, eine Überraschung bedeuten, zu erfahren, daß die gesamte Rotunde ein Neubau des 19. Jahrhunderts ist, mit Ausnahme der südlichen Apsidiole des Krypten-Querarms. Alle Stützen, alle Gewölbe gehören dem 19. Jahrhundert an mit Ausnahme einiger Kapitelle. Im Frühjahr 1846 sperrte der Dichter Prosper Merimée in seiner Eigenschaft als Generalinspektor der obersten Denkmalpflege-Behörde, der Monuments Historiques, bei einem Besuch in Dijon die weiteren Baukredite, so entsetzt war er über den Wiederaufbau.

Gleichwohl lagen in Dijon die Verhältnisse für eine wissenschaftliche Rekonstruktion des Baues weit günstiger als andernorts, da wir verläßliche bildliche und schriftliche Quellen besitzen, die sich gegenseitig erhellen können, wenn ein scharfsinniger Architekturhistoriker sie auszuschöpfen beginnt. Eine Baubeschreibung, etwa aus dem Jahre 1060 stammend, ist mehrfach gedruckt worden, aber erst aus Schlinks interpretierender Übersetzung, die immer die schönen Kupferstiche des 18. Jahrhunderts von dem 1792 zerstörten Bau neben die Texte legt, gelingt es, eine wirkliche Vorstellung von dieser Architektur zu gewinnen.

Aber das nun wieder greifbare Monument will so gar nicht zu unserem historischen Bilde von »ottonischer Architektur« passen, wie es die Kunstgeschichte seit etwa 1935 Schritt für Schritt erarbeitet hat. Von unrerem sicher auf 1001–1018 zu datierenden Dijoner Bau lassen sich zu den nicht wenigen ottonischen Zentralbauten – zum Teil aus der Nachfolge der Aachener Pfalzkapelle – stilistisch keine Brücken schlagen. Das Verhältnis von Raumkern zu Raummantel, die großartig von Geschoß zu Geschoß nach oben sich steigernde Lichtfülle sind in Dijon ganz anders – die dünne Wand und ihre fast zerbrechlich wirkende Lisenen-Gliederung der Fassaden von Trier oder Limburg a. d. H. verraten ein völlig anderes Lebensgefühl. Es ist ein großes Verdienst des Verfassers, St. Bénigne nicht in den Schubkasten einer »Kunstlandschaft« eingezwängt zu haben, vielmehr die Kirche von dem Wirken und Wollen des Bauherrn Wilhelm von Volpiano her verstehen zu wollen. Dabei mußte freilich ein falsches Vorbild zunächst gestürzt werden. Daß der Zentralbau in die Nachfolge der Grabeskirche von Jerusalem gehöre, war vor Schlinks Untersuchungen die allgemeine Meinung. Der Verfasser hat das Pantheon in Rom als das Vorbild für Dijon erwiesen, in seiner Gestalt als christliche Kirche »Sancta Maria ad martyres«. Es sind nicht nur formale Gründe, die strenge Rundgestalt der Rotunde, das Opaion, dazu die Fünfschiffigkeit der Basilika, die auf ein römisches Vorbild verweisen, vor allem sind es liturgische Gründe, die diese These zu einer sicheren Tatsache erheben.

Nur durch die Vielseitigkeit seiner Betrachtungsweise, die philologischen und theologischen, liturgiegeschichtlichen und baukundlichen, politisch-historischen und kirchengeschichtlichen Gesichtspunkten in gleicher Weise Rechnung zu tragen verstand, ist Wilhelm Schlink zu so vorzüglichen Ergebnissen gelangt.

Harald Keller

EINLEITUNG

Unter den zerstörten Kirchenbauten des Mittelalters, welche unserer Anschauung durch Beschreibungen und Rekonstruktionszeichnungen neu zugänglich gemacht werden können, ist die zwischen 1001 und 1018 errichtete Abteikirche von Saint-Bénigne in Dijon einer der interessantesten.

Wir haben uns vorzustellen*: eine fünfschiffige und vieltürmige, wahrscheinlich mit Emporen versehene Querschiffsbasilika, die unter der östlichen Hälfte des Mittelschiffs und unter dem Querhaus von einer riesigen, nur halb versenkten Hallenkrypta unterfangen war. An die Hauptapsis, deren Säulenarkaden sich in zwei Stockwerken öffneten, schloß sich eine mächtige, insgesamt dreigeschossige, seitlich von zwei runden Treppentürmen flankierte Rotunde an, deren Mitte ein durchgehender, relativ enger, wiederum von Arkadenstellungen umkränzter und oben von einem Opaion bekrönter Mittelschacht bildete, welchen in den beiden Untergeschossen doppelte gewölbte Säulenumgänge und im Obergeschoß ein einziger weiter, von einer Viertelstonne überwölbter Umgang umringten. Das Niveau des Fußbodens der Rotunde lag im Untergeschoß auf dem der Krypta, das des Mittelgeschosses auf dem des Hochchores, das des Ober-

* Ich gliedere den Baukomplex der frühromanischen Abteikirche folgendermaßen:

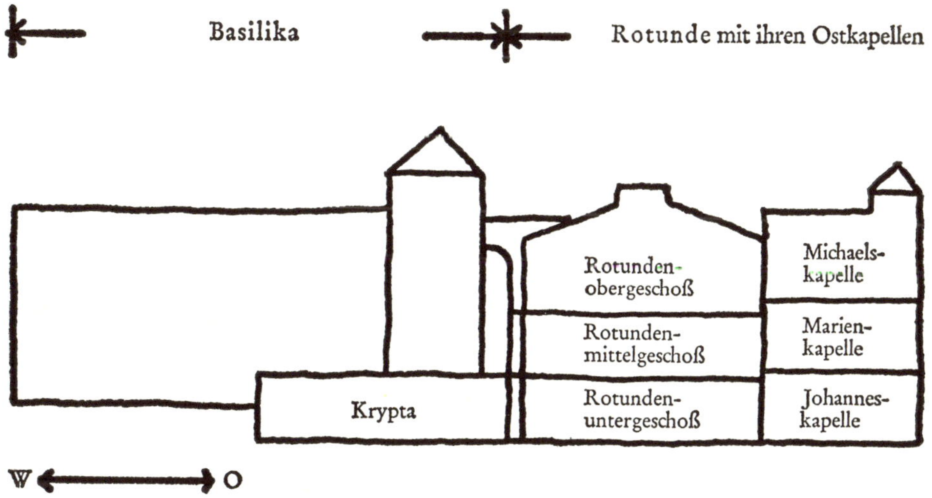

NB. Die im 19. Jahrhundert rekonstruierte, sogenannte »Krypta von St. Bénigne« umfaßt Teile der alten Krypta, das Rotundenuntergeschoß sowie die Johanneskapelle.

geschosses schließlich auf dem der oberen Apsisarkade; so waren die niveaugleichen Partien von Rotunde und Basilika räumlich und optisch eng verbunden. Im Osten folgte auf die Rotunde ein dreigeschossiger, turmbesetzter Kapellenbau, dessen große, rechteckige Räume jeweils merklich über dem Fußbodenniveau der drei Rotundengeschosse lagen, wennschon sie nur von dort zugänglich waren.

Die ungewöhnliche Koppelung der Basilika mit der mächtigen, dreigeschossigen Ostrotunde fordert eine Erklärung der Bauplanung und eine Deutung der eigentümlichen Bauform, die aus den speziellen liturgischen und hagiographischen Gegebenheiten des Dijoner Klosters wie auch aus der Beschäftigung mit den allgemeineren Fragen des Bautypus, der Formrezeption und der Bauikonologie überhaupt gewonnen werden müssen.

Von der Abteikirche, die Abt Wilhelm von Volpiano zwischen 1001 und ca. 1018 errichtet hat, steht heute so gut wie nichts mehr aufrecht. Die Basilika ist nach 1271 durch einen gotischen Neubau ersetzt, die Rotunde mit ihren Ostkapellen infolge der Französischen Revolution 1792 zum Abbruch verurteilt worden. Ihre Baugeschichte und ihre Baugestalt können jedoch durch ein ungewöhnlich reiches Material an Schrift- und Bildquellen erschlossen werden.

Dadurch wurde mancher Bearbeiter zu dem Urteil verführt, die Kirche »lasse sich beschreiben, als stünde sie noch aufrecht«[1] (vgl. Abb. 70/71). Aus den Nachrichten zum Itinerar und zum Reformwerk ihres Bauabtes, des Piemontesen Wilhelm von Volpiano (962–1031), sowie aus dem Bautypus glaubte man direkt auf ihre architekturgeschichtliche Stellung schließen zu dürfen: lombardische Bauleute habe Wilhelm aus seiner Heimat kommen lassen, italienischen Vorbildern folge der Bau in der Wandgliederung und in der Kapitellzier; cluniazensisch sei die Chorlösung, der frühchristlichen Anastasis von Jerusalem verpflichtet die Ostrotunde. So gesehen soll der Bau als einzigartige Synthese von frühchristlichen, lombardischen und burgundischen Bauformen gelten, als Präfiguration des romanischen Umgangschores und als wichtiges Vorbild für die normannische Architektur des 11. Jahrhunderts[2].

Die Gestalt des Baus, dem von verschiedenen Seiten eine so weittragende baugeschichtliche Geltung beigemessen wurde, kann jedoch selbst heute keineswegs als gesichert vorausgesetzt werden. Ein Vergleich der Rekonstruktionsvorschläge von Conant (1966)[3] und Martindale (1962)[4] offenbart unterschiedliche Auffassungen in der Interpretation des Quellenmaterials, die nicht mehr durch den üblichen Spielraum rekon-

---

[1] So K. J. Conant, Carolingian and romanesque architecture, Pelican History of Art, 1959, p. 86 (2. rev. Aufl. 1966, p. 85).

[2] Zu den Verfechtern dieser architekturgeschichtlichen Verknüpfungen und zu ihrer Kritik vgl. unten p. 141 ff.

[3] Conant 1966², fig. 27 (hiernach meine Abb. 71). Conant verweist zur Begründung seiner Rekonstruktion auf die unpublizierte Dissertation von Alice Sunderland, The early romanesque church of St. Benignus of Dijon, Harvard University (Radcliff College), 1946, Maschinenschrift (liegt mir in Mikrofilm vor). Alice Sunderland hat zwei Ergebnisse ihrer Dissertation in Aufsätzen des »Journal of the Society of Architectural Historians« bekannt gemacht (t. XVI/1957, p. 12–15: St. Bénigne at Dijon and the Roman foot; und t. XVII/1958, p. 2–9: The legend of the alternate system at St. Bénigne of Dijon), ihre Rekonstruktionszeichnungen und deren Begründung jedoch nie selbst publiziert. Conants Pläne, Schnitte und Kavalierszeichnungen fußen auf denen Sunderlands, entbehren aber der notwendigen Erläuterungen zum Rekonstruktionsvorgang. In Conants Bemerkungen zu St. Bénigne läßt sich — worauf der Autor offensichtlich selbst Wert legt (vgl. Cluny II and St. Bénigne at

struierender Improvisation gedeckt werden: bei Conant (Abb. 71) eine fünfschiffige, in allen Teilen gewölbte Emporenbasilika mit kurzem Querhaus und langem, fünfschiffigem Chorarm; bei Martindale (Abb. 68/69) hingegen eine dreischiffige, emporenlose, flachgedeckte Basilika mit ausladendem Querhaus, an welches die Hauptapsis direkt anschließt. Wie die Grundrisse, so vermitteln auch die Längsschnitte von Conant und Martindale das Bild zweier grundverschiedener Bauten. Wennschon beiden Rekonstruktionen dieselben absoluten Maße zugrunde liegen, scheint uns Conants Zeichnung einen Großbau in der Art von Saint-Remi in Reims wiederzugeben, Martindales Skizze hingegen eine burgundische Landkirche in der Art von Chapaize.

Ein so auffälliger Widerspruch legt die Vermutung nahe, daß das Quellenmaterial zu einer annähernd schlüssigen Rekonstruktion nicht oder noch nicht ausreicht. Tatsächlich trifft beides zu. Die erhaltenen Text- und Bildquellen reichen nicht aus, um die Abteikirche des Abtes Wilhelm in allen Teilen gleichmäßig genau zu rekonstruieren; dennoch läßt sich aufgrund eines erheblich umfangreicheren Materials an Text- und Bildquellen, als es Alice Sunderland, Conant und Martindale herangezogen haben[5], eine vergleichsweise genaue und begründete Vorstellung von einzelnen Baupartien gewinnen. Das schon 1271 ff. durch einen Neubau ersetzte, allein in der Klosterchronik des 11. Jahrhunderts lückenhaft und schwerverständlich beschriebene Langhaus der alten Abteikirche kann allenfalls in einigen Merkmalen seiner Grundrißdisposition nachgezeichnet werden. Die übrigen Partien der Abteikirche hingegen, die bis 1792 aufrecht geblieben waren und durch zahlreiche Pläne, Ansichten und Beschreibungen ausreichend bekannt sind, nämlich: die dreigeschossige Ostrotunde und die Ostwand des Querhauses, lassen sich nicht nur in ihren allgemeinen Verhältnissen, sondern selbst in Details ihrer Baugliederung vergegenwärtigen.

Die alten Texte und Illustrationen, die ich während mehrerer Aufenthalte in Paris und

Dijon, in: Archaeologia, Bd. 99, London 1965, p. 179—194) — sein eigener Anteil von dem A. Sunderlands nicht trennen. Diese Mischung aus Geheimwissenschaft und permanentem Rollentausch konnte darüber hinwegtäuschen, daß Sunderlands Dissertation in Wahrheit eine dürftige und flüchtig gearbeitete, heute in jedem Fall überholte Arbeit ist.

4 Andrew Martindale, The romanesque church of St. Bénigne at Dijon and Ms. 591 in the Bibliothèque Municipale, in: Journal of the British Archeological Association, XXV, London 1962, p. 21—55. Martindale hat die Ergebnisse wie das methodische Vorgehen Conants und seines Kreises einer vorzüglich genauen Kritik unterzogen. Der Aufsatz ist zweifellos das Beste, was über die frühromanische Abteikirche von St. Bénigne geschrieben worden ist; da sich Martindale jedoch nur selten über die Polemik mit Conant erhebt, sind seine eigenen Rekonstruktionsvorschläge kaum mehr als unverbindliche Alternativen.

5 A. Sunderland schrieb ihre Dissertation allein aufgrund des publizierten Quellenmaterials (Rodulfus Glaber, Dom Plancher, Chomton, Mortet). Martindale hatte eine breitere Basis an Quellenmaterial und wußte das neuherangezogene Material gewissenhaft zu interpretieren (Chron. S. B. in der Originalfassung, das wichtigste Material aus der Coll. Bourgogne in der Bibl. Nat./Paris). Doch blieben auch ihm die Quellen der Archives Départementales und der Bibliothèque Municipale in Dijon unbekannt, und — was schwerer wiegt — er gewann keine Übersicht über die baulichen Reste der Abtei, die bis heute aufrecht geblieben sind. Nur durch eine Neubeschäftigung mit dem gesamten Material an Bild- und Schriftquellen, nicht durch bloße Alternativvorschläge (Martindale), läßt sich der von Conant und seiner Schule entwickelten Rekonstruktion von St. Bénigne begegnen. Eine große Hilfe beim Aufspüren der Quellen ist L. Chomtons große Monographie: Histoire de l'église Saint-Bénigne de Dijon, Dijon 1900, — in den baugeschichtlichen Ergebnissen überholt, in der Ausbreitung der Klostergeschichte aber immer noch unübertroffen.

Dijon zusammentragen konnte, ihre chronologische Einordnung und ihre Interpretation nehmen in meiner Untersuchung einen großen Raum ein. So gebe ich im Anhang neben den Quellen zur Baugeschichte die Baubeschreibung der Chronik von Saint-Bénigne aus der Zeit um 1060 mit Übersetzung und Kommentar sowie an dritter Stelle eine Zusammenstellung und Beurteilung der häufiger benutzten Text- und Bildquellen. Ich rate dem Leser, sich mit der Baubeschreibung der Chronik und der Beurteilung des Quellenmaterials vor Eintritt in die Baurekonstruktion vertraut zu machen.

Systematische Grabungen im Nachfolgebau der frühromanischen Abteikirche, in der heutigen Kathedrale von Dijon, sind bislang nicht unternommen worden und waren auch mir nicht möglich; sie allein könnten in den Fragen des Nivellements, der Stützenform, der Zahl der Seitenschiffe und der Länge der Krypta endgültig Klarheit schaffen[6]. Hingegen gelang es, aus der Untersuchung der ehemals an die Nordflanke der Abteikirche angrenzenden Abteibauten wertvolle, bisher unberücksichtigt gebliebene Hinweise zur ursprünglichen Baugestalt und zum Verständnis der Pläne des 17. und 18. Jahrhunderts zu gewinnen.

Mit den Ostteilen der alten Abteikirche von Saint-Bénigne läßt sich eine Architektur vorstellen, die uns in ihrer ursprünglichen Gestalt besser und gesicherter vor Augen steht als die Abteikirche von Cluny II oder die robertinischen Bauten in Orléans, Blois und Tours, deren problematische Rekonstruktionsvorschläge unser Bild vom französischen Kirchenbau ums Jahr 1000 zu lange und in zu ausschließlicher Weise bestimmt haben[7]. Mit seiner gut dokumentierten Datierung (1001— ca. 1018), mit seinem umfangreichen, unter Wilhelm von Volpiano gearbeiteten Kapitellensemble und mit den im Laufe der Arbeit festgestellten baukünstlerischen Merkmalen dürfte Saint-Bénigne eine Vorstellung von »Architektur des frühen 11. Jahrhunderts« vermitteln, die über die gewohnte Alternative: ottonische Architektur — »premier art roman« hinausgreift und einen Reichtum an baukünstlerischen und bautypischen Merkmalen offenbart, wie er der beginnenden Romanik in der Regel nicht zugetraut wird. Allerdings handelt es sich bei Saint-Bénigne schwerlich um einen entwicklungsgeschichtlichen Schlüsselbau der Jahrtausendwende oder gar um einen Initianten der französischen Architektur des 11. Jahrhunderts; eher um einen eigenwilligen und unikalen Bau, der aus den verschiedensten Traditionen sowie aus den besonderen Gegebenheiten der Heiligengräber, der Pa-

---

[6] Die Auffindung einer Pfeilerbasis des Narthex (12. Jahrhundert) im zweiten Joch des gotischen Langhauses läßt weitere Funde auch in den östlichen Teilen der gotischen Abteikirche erwarten. Auch sollte es möglich sein, Reste des merowingischen und des karolingischen Vorgängerbaus aufzudecken.
Nachtrag 1977: Durch Christian Sapin in Dijon erfuhr ich 1976 von den Stichgrabungen, die Carolyn Malone aus Anlaß ihrer Dissertation bei Jean Bony im Bereich der frühromanischen Abteikirche vorzunehmen gedenkt. Im Frühjahr 1977 konnte ich die erste Grube im Bereich der Nordwestecke des Kryptenquerarms besichtigen. Der Befund ist verworren, scheint meinen hier vorgelegten Ergebnissen jedoch nicht zu widersprechen. Derzeit setzt C. Malone ihre Grabungen im Chor der gotischen Abteikirche fort.

[7] Zu Saint-Martin in Tours vgl. zuletzt: Charles Lelong, la nef de Saint-Martin de Tours, in: Bull. Mon. 133, 1975, p. 205—231. Den zu Beginn des 19. Jahrhunderts abgerissenen Bau, der in seiner Grundsubstanz als die 1014 geweihte Kirche des Abtes Hervé de Buzançais angesprochen wurde, datiert Lelong mit überzeugenden Gründen in die Zeit um und nach 1100. Auch dieses Ergebnis setzt eine gründliche Revision unseres Bildes von französischer Architektur ums Jahr 1000 in Gang.

trozinien und der Liturgie des Klosters am Benignusgrab seine besondere, ihm allein angemessene architektonische Form schöpfte. Diesen bauimmanenten Voraussetzungen versucht die vorliegende Monographie vor allem nachzugehen.

Durch das Zusammentreffen von Benignustag und Allerheiligenfest (am 1. November) war Wilhelm von Volpiano darauf gewiesen worden, die Marienkapelle im Chorscheitel — einen Marienaltar im Chorscheitel hatte schon der Vorgängerbau besessen, und einen solchen verlangte die liturgische Praxis der Cluniazenser — als Rotunde nach dem Vorbild der römischen Kirche »S. Maria ad martyres«, des vormaligen Pantheon, zu bilden. Auch die Fünfschiffigkeit der Basilika und der unvermittelte Ansatz der Hauptapsis am Querhaus lassen sich am ehesten auf frühchristliche Bauten Roms zurückführen. Außerhalb des ottoninschen Kulturbereichs kennen wir aus der Zeit ums Jahr 1000 keinen zweiten Fall einer so eindeutigen, mehrere typische Merkmale zugleich respektierenden Anlehnung an Bauten Roms. Allerdings haben die Motive des mächtigen Kuppelraumes (Pantheon) wie des durchlaufenden „römischen Querhauses« in St. Bénigne grundlegende Veränderungen erfahren. Die Dijoner Rotunde ist nicht ein monumentaler antikischer Kuppelraum, sondern ein typisch frühmittelalterliches, mehrgeschossiges Kapellenkonglomerat, das in der Ordnung der Altäre und ihrer Patrozinien — unterstützt von einer sublimen Raum- und Lichtverteilung — eine vielgliedrige Hierarchie, eine umfassende Vorstellung des göttlichen Heilsplanes veranschaulichen will. Auch das Querhaus ist seinen römischen Vorbildern in einem wichtigen Merkmal ferngerückt; seine Mitte wird durch einen Vierungsturm überhöht, der wohl als monumentaler Überbau des Heiligengrabes und des Hauptaltars zu verstehen ist. Wie in der großen Anlage, so begegnen uns auch in der Wandgliederung und in den Einzelformen Motive, die mangels Vergleichsformen in der erhaltenen frühromanischen Architektur einzig sind. Neben dem Opaion römischer Herkunft registrieren wir eine große Hallenkrypta, wie sie in Oberitalien vom frühen 11. Jahrhundert an häufig auftrat, eine Wandgliederung, wie sie in Burgund seit der Jahrtausendwende gepflegt wurde, sowie einen Säulenreichtum und eine Vorliebe für die Säule als wandgliederndes Element, die an alte westeuropäische Traditionen anknüpft; aber auch eine Kapitellzier und eine den Aufriß des Innern spiegelnde Außengliederung, die — soweit ich sehe — in der Architektur des frühen 11. Jahrhunderts allein stehen. Insgesamt läßt sich frühromanisches Bauen im Wechselspiel von Grabkult, Liturgie, vorbildlichen Bauformen und schöpferischer Bauplanung an der Abteikirche des Wilhelm von Volpiano in besonders eindrücklicher Weise vergegenwärtigen.

Im Manuskript war meine Arbeit Ende 1973 abgeschlossen und lag dem Fachbereich für Kulturgeschichte und Kulturkunde an der Universität Hamburg als Habilitationsschrift vor. Die seither erschienene Literatur zu unserem Thema — es handelt sich vorwiegend um kirchengeschichtliche Arbeiten wie die von N. Bulst und J. Wollasch[8] — habe ich nachgetragen. Der Plan, die Monographie über St. Bénigne zu einer weiter ausgreifenden Darstellung nichtottonischer Architektur ums Jahr 1000 auszubauen, ließ

[8] Neithard Bulst, Untersuchungen zu den Klosterreformen Wilhelms von Dijon (962—1031), Pariser Historische Studien, Bd. 11, Bonn 1973. (Vgl. dazu die Rezensionen von K. Hallinger in der Historischen Zeitschrift 200, 1975, p. 173 ff. und von J. D. Brady, in: Speculum 1977, p. 355 ff.) Joachim Wollasch, Mönchtum des Mittelalters zwischen Kirche und Welt, München 1973.

sich vorerst leider nicht verwirklichen. Hierzu müßte Kingsley-Porters Katalog der oberitalienischen Bauten des 10. und 11. Jahrhunderts neu bearbeitet und Jean Huberts »Art préroman« auf den neuesten Stand gebracht werden[9]. Selbst dann noch wäre es zweifelhaft, ob die wenig systematischen Grabungen in Frankreich und Oberitalien für eine umfassendere Vorstellung von der kirchlichen Bautätigkeit ums Jahr 1000 ausreichen würden.

Für Gastfreundschaft, Hilfsbereitschaft und viele Gespräche danke ich dem Direktor der Bibliothèque Municipale von Dijon, M. Pierre Gras, und seinem Mitarbeiter Jean-Claude Garreta. Der Direktor der Museen in Dijon, M. Pierre Quarré, und die Leiterin des Musée Archéologique, Mlle Simone Deyts, gestatteten und förderten meine Untersuchungen im Untergeschoß des Dormitoriumsflügels. M. l'Abbé Marilier vermittelte mir freundlicherweise den Zugang zu den Archiven der Evêché de Dijon. Eine Reisebeihilfe der Deutschen Forschungsgemeinschaft ermöglichte mir im Frühjahr 1972 einen mehrwöchigen Aufenthalt in Paris und in Dijon sowie Reisen an die Loire, in die Normandie und durch Oberitalien. Anregungen empfing ich schließlich in Gesprächen mit Carol Heitz (Poitiers), Willibald Sauerländer (München) und den Hamburger Studenten, Freunden und Kollegen, u. a. mit Ludwig Buisson und Achatz von Müller (Historisches Seminar), Martin Elze (Kirchengeschichtliches Seminar), Walter-Hatto Groß und Lambert Schneider (Archäologisches Institut). Ihnen und vor allem Wolfgang Schöne, dem »Habilitationsvater«, gilt mein Dank.

Frankfurt am Main
31. 12. 1975

Die Drucklegung dieser Arbeit wurde durch eine großzügige Beihilfe der Deutschen Forschungsgemeinschaft ermöglicht, und der Gebr. Mann Verlag hat sich alle erdenkliche Mühe gegeben, die Lesbarkeit des Textes und der alten Pläne drucktechnisch zu fördern. Beiden Institutionen meinen herzlichen Dank. Besonders freut mich, daß Harald Keller die Arbeit in seine »Frankfurter Forschungen zur Architekturgeschichte« aufgenommen hat.

Februar 1978

---

[9] Arthur Kingsley-Porter, Lombard Architecture, New Haven-Oxford, 1917, 4 Bde. — Jean Hubert, L'art préroman, Paris 1938 (Unveränderter Nachdruck 1974, mit bibliographischem Nachtrag der Schriften Huberts).

ZUR GESCHICHTE DER KLOSTERANLAGE

Wilhelm von Volpiano baute seine Abteikirche über dem Grab des hl. Benignus. Wie stark das Heiligengrab die Bauplanung und den Bauverlauf bestimmte, erfahren wir aus dem Bericht des Rodulfus Glaber[10], wie subtil die Baugestalt der Rotunde mit dem Kult des Heiligen verknüpft war, wird im Verlauf meiner Arbeit deutlich werden.

Die Benignusakten nennen den Heiligen einen kappadokischen Schüler des Polykarp, der — veranlaßt durch die Traumerscheinung des Bischofs Irenäus von Lyon — nach Burgund ausgesandt wurde[11]. Dort missionierte er, taufte unter anderen Symphorianus von Autun und die »trois jumeaux« von Langres: Speusippus, Eleusippus und Meleusippus, richtete die ersten Gemeinden ein und erlitt schließlich in Dijon das Martyrium. Benignus gilt in den Akten als der Begründer eines christlichen Nord-Burgund, demgegenüber die anderen Märtyrer der Region, Symphorianus von Autun, die Drillinge von Langres und die kappadokischen Reisebegleiter des Benignus, Andochius und Thyrsus, ins zweite Glied zurückfielen. Besaß Dijon auch nicht das Grab eines Heiligen vom Range eines Martin (von Tours) oder eines Jakobus (von Compostella), so doch das des »Apostels von Burgund«[12].

Solch hohe Einschätzung des Heiligen hatte sich freilich nur langsam herausgebildet. Bischof Gregor von Langres (506/7—538/39), der gerade erst den Benignuskult eingerichtet und die Kirche über dem Heiligengrab erbaut hatte, ließ sich doch nicht »ad pedes Sancti« beisetzen, sondern in der Johannes dem Täufer und dem Evangelisten geweihten Grabkirche seiner Vorgänger[13]. Galt ihm der Heilige als zu gering oder hatte er

---

[10] Hierzu und zum Folgenden vergleiche die »Quellen und Regesten zur Baugeschichte« im Anhang 1.

[11] Die Authentizität des Benignus gilt heute als zweifelhaft (Louis Duchesne, Fastes épiscopaux de l'ancienne Gaule, Paris 1907—15², Bd. 1, Provinces du Sud-Est, p. 48—62; Bardy, Artikel »St. Bénigne«, in: Dictionnaire d'histoire et de géographie ecclésiastiques, Bd. 7, Paris 1934, col. 1314 f.); der Bericht Gregors von Tours über das Aufkommen und die kirchliche Anerkennung des Benignuskultes durch seinen Urgroßvater, den Langroiser Bischof Gregor (Glor. martyr. c. 50), gibt allen Anlaß dazu. Die Benignusakten sind ediert in den AASS Nov. I, Paris 1887, p. 132 ff. durch G. van Hoof. Vgl. hier besonders die »Passio sexta« aus dem Legendarium des Wolfhard (9. Jahrhundert), p. 163 ff.

[12] »Apostel« wird Benignus — soweit ich sehe — allerdings erstmals in der Chronik von St. Bénigne, also gegen 1060, genannt; vorher nur: »martyr et presbyter«.

[13] Vom frühen 5. bis ins 9. Jahrhundert residierten die Bischöfe von Langres in Dijon (vgl. Pierre Gras, le séjour à Dijon des évêques de Langres du Ve au IXe siècle, in: Recueil de travaux offerts à M. Clovis Brunel, Paris 1956, p. 550—561). Nach Gras (p. 556) hat Bischof Urban von Langres († 550) die Kapelle St. Jean auf dem heidnisch-christlichen Friedhof westlich des castrum Divionense sich und seinen Nachfolgern zur Grablege errichtet. Zur Beisetzung Bischof Gregors dort vgl. Gregor von Tours, Vitae Patrum, VII, 4. Zur Erweiterung der Kirche unter Bischof Tetricus vgl. Hilde Claussen, Heiligengräber im Frankenreich, Phil. Diss. Marburg 1950, p. 152 ff.

die Recognitio und Translatio der Benignusgebeine gegen die eigene Überzeugung vorgenommen? Auch das Patrozinium der Kirche des 6. Jahrhunderts, »ecclesia Sancti Mauricii ubi et beatus Benignus jacet[14]«, bevorzugt einen »alten« erprobten burgundischen Heiligen. Das Episkopat Gregors fiel in die Regierungszeit und unter den Herrschaftsbereich des Burgunderkönigs Sigismund, der von 515 an St. Maurice-d'Agaune, die Grab- und Kultstätte der thebäischen Legion, zu einem »Stammesheiligtum des burgundischen Königreiches«[15] ausgestaltet hatte. Noch gegen Ende des 6. Jahrhunderts waren die Beziehungen zwischen St. Maurice-d'Agaune und dem Dijoner Kloster — sofern wir den Angaben der Chronik von St. Bénigne Glauben schenken dürfen — eng[16]. Erst die Urkunden der Karolingerzeit lassen erkennen, daß sich das Benignuspatrozinium allgemein durchgesetzt hat; Mauritius erscheint in der Folge nurmehr als Nebenpatron des Hauptaltars.

Über die Bautätigkeit Bischof Gregors von Langres am Benignusgrab sind wir durch seinen Großenkel, Gregor von Tours, vergleichsweise genau unterrichtet[17]. Was Gregor der Ältere vorfand, als er, durch eine Vision zur Anerkennung des Kultes veranlaßt, vor die Mauern des »castrum Divionense« eilte, dürfte ein in den Maßen eher bescheidenes, halbzerfallenes, heidnisches Hypogäum gewesen sein[18]. Gregor erneuert es »eleganti transvolvens opere« und kryptisiert es wenige Jahre später, indem er eine »basilicam magnam« darüber anlegen läßt. Bauvorgang und Baugestalt lassen sich am Beispiel von St. Stephan in Chur anschaulich begreifen; auch dort wurde im frühen 6. Jahrhundert ein in Hanglage halbversenktes Hypogäum aus der Zeit um 300 n. Chr. durch Fundamente einer größeren Basilika ummantelt und von dieser überbaut[19]. Von einer neuen Translatio der Benignusgebeine — wie sie nach der ersten Restaurierung des Hypogäums merkwürdigerweise notwendig war — hören wir anläßlich des Kirchenbaus nichts, können also annehmen, daß der Sarkophag vorerst in dem Hypogäum verblieb.

---

14 Vgl. Friedrich Prinz, Frühes Mönchtum im Frankenreich, München—Wien 1965, p. 105, Anm. 92, nach Pérard's Quellensammlung von 1664.

15 So Adolf Reinle, Kunstgeschichte der Schweiz von der Römerzeit bis zur Romanik, Frauenfeld 1968, p. 78.

16 Die Chronik S. B. (1875, p. 29/30) berichtet, unter König Gunthram (561—593) habe St. Bénigne die »Laus perennis«, den ewigen Psalmgesang, aus St. Maurice-d'Agaune übernommen. Auch seien beide Klöster einem gemeinsamen Abt unterstellt gewesen. Allerdings wird diese Nachricht des 11. Jahrhunderts durch keine zeitgenössische Quelle gestützt. Prinz (1965, p. 104/5) hält die Koppelung beider Klöster für möglich, Chevrier-Chaume (1943, p. XXXIII, Nr. 7) und Wollasch 1973, p. 140, halten sie für erwiesen.

17 Durch Familientradition war Gregor von Tours über das Episkopat des Gregor von Langres gut informiert. Auch hat er sich selbst in Dijon aufgehalten, wie seine lebendige Schilderung des Castrum und seiner Umgebung (Historiarum Libri decem, III/19; ed. R. Buchner, Darmstadt 1970, I, p. 175/177) beweist. *Nachtrag 1977:* Vgl. zu Gregor von Tours und zu den in seinen Werken genannten Kirchenbauten neuerdings May Vieillard-Troiekouroff, les monuments religieux de la Gaule d'après les œuvres de Grégoire de Tours, Paris 1976 (zu Dijon: p. 110 ff.).

18 Vgl. die Erzählung Gregors von Tours (Gloria Martyr. c. 50) vom Knaben, der zum Grab hinabsteigt und eine hinter dem Sarkophag brennende Kerze zu stehlen versucht.

19 Vgl. Reinle 1968, p. 68—70 (und die dort gen. Lit.). Hier besonders instruktiv die perspektivische Rekonstruktionszeichnung Sennhausers (Abb. 42). Zum frühmittelalterlichen Kultraum über der Grabkammer vgl. auch Hilde Claussen (1950, p. 171 ff.) mit zahlreichen weiteren Beispielen, Jean Hubert (1938, p. 54 ff.) und zuletzt Th. Hauschild (Das »Martyrium« von La Alberca, in: Madrider Mitteilungen, 12—1971, p. 170 ff.).

Die »basilica magna« Bischof Gregors dürfte nicht wesentlich größer als das darunter befindliche Hypogäum gewesen sein, denn sie war nicht die einzige auf dem Gräberfeld, welches im Westen vor den Toren Dijons lag; sie war die jüngste einer zumindest drei bis fünf Bauten umfassenden Gruppe — »basilicae Sanctorum« nennt sie Gregor von Tours[20] —, deren gedrängtes Nebeneinander noch heute an der Nachbarschaft der Kirchen St. Bénigne, St. Philibert und St. Jean abgelesen werden kann (Abb. 30, die Ziffern 1/10/6)[21]. Älter als die Kirche über dem Benignusgrab waren in jedem Fall die Grabkirche der Bischöfe von Langres, St. Jean, und die St. Bénigne unmittelbar benachbarte Grabkirche der Paschasia[22]. Die Einschmelzung dieses Kirchenbezirkes und die Konzentrierung seiner Gräber und Patrozinien auf die Abteikirche von St. Bénigne, ein Prozeß, der in der Gräber- und Altaranordnung des Wilhelm-von-Volpiano-Baus längst abgeschlossen war, dürfte sich zwischen dem 6. und 9. Jahrhundert Schritt für Schritt vollzogen haben[23]. Auch die Baugestalt wird sich zwischen dem 6. und dem 11. Jahrhundert einschneidend verändert haben. Aufgrund der Tatsache, daß sich das Übereinander von Grabraum und Basilika in der Abteikirche des Wilhelm von Volpiano wiederholte, glaubte man lange, diese sei — abgesehen von der Rotunde — eine bloße Weiterentwicklung der Anlage des 6. Jahrhunderts gewesen. Nach den Forschungen von Hilde Claussen und Jean Hubert gilt es heute aber als unwahrscheinlich, daß das Hei-

---

20 Vitae Patrum, VII/5; Bischof Tetricus empfängt Chramn, den man nicht ins Castrum hineinzulassen bereit war, »ad basilicas« (Greg. v. Tours, Hist. IV, 16).

21 Zu den frühmittelalterlichen Kirchen Dijons vgl. Cabrol-Leclercq, ad vocem »Dijon«, in: DACL IV, 1, Paris 1920, vol. 829 ff. (wenig zuverlässig); M. Oursel-Quarré, les origines de la commune de Dijon, in: Mémoires de la Société pour l'histoire du droit et des institutions des anciens pays bourguignons ... 6, 1939, p. 5—112 (hier besonders p. 44 ff.); und besonders Gras 1956. Die klare und wohl definitive Darstellung der frühen Geschichte Dijons und seiner Kirchen durch Gras ist in einem Punkt (Lage der Dijoner Zweit-Kathedrale der Bischöfe von Langres) durch Jean Marilier ergänzt worden (J. Marilier, Dijon, l'emplacement de la première cathédrale, in: Mém. CACO, 25, 1964, p. 36—39; ders. ausführlicher und mit Plänen: les cathédrales du diocèse de Langres, in: Bulletin de la Société Historique et Archéologique de Langres, 1965, p. 9—16).

22 Vgl. Gregor von Tours, Glor. Conf. cap. 42 und Glor. Martyr. c. 50. Meint Gregor von Tours mit der Kirche, in der die Gräber der Florida, des Hilarius und der Quieta lagen, einen vierten — und mit der Grablage des Tranquillus (Glor. Conf., c. 43) einen fünften Bau, oder sind diese schon im 6. Jahrhundert identisch mit St. Bénigne? Der Text Gregors läßt das im unklaren. Da uns zur hl. Florida nichts Näheres bekannt ist (vgl. Jean Marilier, in: Bibl. Sanctorum, V, col. 941), läßt sich auch nicht mit Sicherheit sagen, ob ihr Kult und gegebenenfalls ihre Grabkirche älter seien als die des Benignus. Paschasia, die alte Friedhofsheilige, erschien (nach Gregor von Tours) — aus ihrer Grabkirche heraustretend — den Bauleuten, die an dem Neubau über dem Benignusgrab arbeiteten, und trieb sie zur Eile an.

23 Von den im 6. Jahrhundert genannten Kirchen des Gräberfeldes bestand im 11. Jahrhundert (neben St. Bénigne) allein noch St. Jean; die Bischofsgräber von St. Jean waren nach St. Bénigne übertragen, und der Bau diente nurmehr als Pfarrkirche des stetig anwachsenden »burgus Sancti Benigni« (vgl. M. Oursel-Quarrée 1939, p. 19 und Chevrier-Chaume 1943, No. 407). St. Philibert ist erstmals in einer Urkunde des Jahres 1103 genannt (Chevrier-Chaume 1943, No. 407); eine ältere Apsis wurde unter dem Bau des 12. Jahrhunderts freigelegt. Gehörte diese zu einer der im 6. Jahrhundert genannten Grabbasiliken? (Zur Grabung vgl. X. Aubert, Fouilles exécutées dans l'église St. Philibert à Dijon, in: Revue des Musées, fouilles et découvertes archéologiques, Dijon No. 35/36, 1931, p. 335 ff.)

ligengrab während des ganzen Frühmittelalters in einem kryptenähnlichen Raum unter der Basilika blieb und nicht vielmehr im Kirchenraum selbst — wahrscheinlich zwischen Hauptaltar und Chorscheitel — aufgestellt war[24].

Wie lange die Kirche Bischof Gregors aufrecht blieb, ist unbekannt. Sollte die Nachricht der Chronik von St. Bénigne über die Einführung der »laus perennis« gegen Ende des 6. Jahrhunderts zutreffen[25], so dürfte zu jener Zeit eine Gemeinschaft am Benignusgrab versammelt gewesen sein, die 200 bis 300 Mitglieder zählte. Für diese mußten neue Gemeinschaftsräume zur Verfügung stehen; ebenso wie in St. Maurice-d'Agaune[26] mag auch in Dijon mit der Einführung der »laus perennis« eine Erneuerung des Kirchenbaus verbunden gewesen sein.

Während der folgenden vier Jahrhunderte erfahren wir über das Klosterleben in St. Bénigne wenig und über die Klosterbauten selbst so gut wie gar nichts. M. Oursel-Quarré vermutet wohl zu Recht, daß der Sarazenensturm des Jahres 731 ebenso wie der Normanneneinfall des Jahres 887 dem Kloster Plünderung und Zerstörung gebracht hat[27]. Die Klosterchronik und die Urkunden der Bischöfe und Könige der Karolingerzeit sprechen allerdings nie von einer völligen Zerstörung der Abteikirche und folglich auch nicht von einem wirklichen Neubau, sondern nur ganz allgemein von notwendigen Wiederherstellungsarbeiten (vgl. Anh. 1). Oft ist es schwierig zu ermessen, ob die in den Quellen ausgesprochene Restaurierungsabsicht sich mehr auf die Klosteranlage, mehr auf die Abteikirche oder ganz allgemein auf das klösterliche Leben bezieht; denn auch dieses kannte — nicht anders wie im 10. und 11. Jahrhundert — Zeiten der Stagnation und des Verfalles. Bezeichnend hierfür ist der Eintrag der »Annales S. B.« zum Jahre 871: »cepit Divionense monasterium«. Mehrfach mußten die Gebeine des hl. Benignus vor den Normannen und Ungarn in feste Orte transferiert werden: 901—906 (?) nach Langres und zwischen 921 und 936 in die kleine, St. Bénigne zu diesem Zweck von den Langroiser Bischöfen überlassene Kirche St. Vincent innerhalb der Dijoner Stadtmauer.

*

Bischof Isaac von Langres (858/9—880) hält man für den Bauherrn einer neuen oder stark erneuerten Abteikirche, die als unmittelbarer Vorgänger des Wilhelm-von-Volpiano-Baus bis zur Jahrtausendwende aufrecht gestanden habe. Ob es sich um einen Neubau oder nur um eine Wiederherstellung handelte[28], ob diese Arbeiten während Isaacs Amtszeit nur begonnen oder auch abgeschlossen wurden, all diese Fragen scheinen mir offen, zumal ein Totenbuch-Eintrag keine zuverlässige Bemessungsgrundlage für die Bauleistung eines Bischofs sein kann, und der Normanneneinfall

---

24 Hilde Claussen 1950, besonders p. 171 ff. Jean Hubert, 1938, p. 56.

25 Vgl. Anm. 16. Wann die erste Gemeinschaft am Benignusgrab gegründet wurde, wissen wir nicht. Das Chron. S. B. (p. 15) schreibt: »Sanctus Gregorius ... congregationem hic adunavit monachorum«, doch hält man dies allgemein für eine Konjektur des 11. Jahrhunderts.

26 Es ist dies Bau III in der Zählung Louis Blondels (Les anciennes basiliques d'Agaune, in: Valesia, III/1948, p. 10 ff.); leichter zugänglich: Reinle 1968, p. 78—83.

27 Oursel-Quarré 1939, p. 57.

28 Chomton (1900, p. 68 ff.) spricht von einer umfassenden Restauration, Hubert (1938, p. 30) von einem Neubau: »l'abbé (!) Isaac la restaura entièrement«. Im allgemeinen nennt die Literatur den Vorgängerbau der Abteikirche Wilhelms kurz »die Kirche des Bischofs Isaac«.

von 887 neue Restaurationsarbeiten nach sich gezogen haben könnte, deren Ausmaß wir nicht kennen. Die knappen Nachrichten, die sich auf die karolingische Abteikirche, genauer den letzten Vorgänger des 1001 begonnenen Neubaus, beziehen und mit Hilfe derer man seine Baugestalt zu rekonstruieren versucht hat, stammen vorwiegend aus der Zeit, als die frühromanische Abteikirche bereits aufrecht stand, nämlich aus der Chronik von St. Bénigne von ca. 1060 und aus der Vita Willelmi des Rodulfus Glaber von 1031. Aus dem Bericht der Chronik über die Ankunft der aus Cluny neuzugewanderten Mönche im Jahre 989[29] erfahren wir, daß die Klosterkirche eine Krypta besaß, in der das Benignusgrab stand (vgl. Anh. 1). In der Nacht zum 24. November, dem Tag der Translatio Sancti Benigni, feierten die alten Klosterinsassen die Nokturn in der Krypta vor dem Benignusgrab, und die cluniazensischen Neuankömmlinge die Matutin im Chor der Abteikirche. Man hat aus diesem Bericht schließen wollen, daß der karolingische Bau bereits eine Hallenkrypta besaß, die Wilhelm von Volpiano unverändert in seinen Neubau habe übernehmen können[30]. Damit geht man zu weit; der Chronist erwähnt zwar eine »cripta«, über ihre Gestalt äußert er sich jedoch nicht.

Der Bericht von der Auffindung der Benignusgebeine bei Rodulfus Glaber (vgl. Anh. 1) scheint den Angaben der Chronik zunächst zu widersprechen, denn ihm zufolge fand man die Gebeine erst nach langer fruchtloser Suche vor dem Hauptaltar der Abteikirche tief im Boden vergraben[31]. Rodulfus Glaber deutet selbst eine Erklärung dieses

---

29 Das Jahr des cluniazensischen Zuzugs wird im allgemeinen mit 989 angegeben. Doch tritt diese Jahreszahl in den Quellen nicht auf. Nach Chron. S. B. (p. 130) hatte Bischof Brun von Langres zunächst Majolus selbst zum Reformabt von St. Bénigne bestimmt. Dieser schickte zwölf ausgewählte Mönche aus Cluny, denen er selbst vorstand. Erst später gab er die Reform von St. Bénigne an Wilhelm von Volpiano weiter, der 990 von Brun zum Abt geweiht wurde. Die Ankunft der 12 Cluniazensermönche geschah an einem 23./24. November zwischen 984 (allerfrühestens) und 989. Bulst 1973, p. 36, Anm. 42, glaubt das Jahr 989 gesichert.

30 So erstmals Dom Plancher (1739, p. 497 und meine Abb. 40) und ebenso Chomton (1900, p. 69 ff. und Pl. III). Auch Charles Oursel (l'art roman de Bourgogne, Dijon-Boston 1928, p. 18) meint: »le plus simple, pour restituer l'état antérieur à l'an 1000, est encore de décrire notre crypte (actuelle)«, um schließlich die Architektur ums Benignusgrab nicht erst der Baukampagne unter Bischof Isaac, sondern noch älteren Zeiten zuzuschreiben: »toute la partie de la crypte avoisinant la tombe de St. Bénigne présente au visiteur de notre temps, sous un revêtement et un remaniement carolingien du IX siècle, un état beaucoup plus ancien«.

31 Es wäre Ausdruck eines überspannten Skeptizismus, wollte man die Angaben des Rod. Glaber und des Chronisten als legendäre Ausgestaltungen von Ereignissen abtun, die den Autoren allenfalls vom Hörensagen hätten vage bekannt sein können; der Chronist hätte dann angesichts der Wilhelminischen Kirche deren Doppelgeschossigkeit auf die Situation des Jahres 989 zurückprojiziert, Rodulfus Glaber hingegen in die Vita des von ihm verehrten Abtes ein (mehr literarisch vorgebildetes als frei erfundenes) Zeugnis seines hartnäckigen Glaubens einzuweben gesucht. Die vom Chronisten berichtete Ankunft der Reformmönche aus Cluny war aber ein zu wichtiges Ereignis der Klostergeschichte von St. Bénigne, als daß es nicht nach 60 bis 70 Jahren noch zutreffend hätte vermerkt werden können. Auch Rodulfus Glaber steht den Ereignissen aus der Lebenszeit des Wilhelm von Volpiano noch zu nahe, als daß er das Tatsachengerüst, das er seiner Schilderung von Person und heiligem Wandel Wilhelms zugrunde legt, frei hätte abwandeln können.
Unter dem »altare praecipuum monasterii« verstand Chomton den Altar der Krypta (1900, p. 57). Sein Rezensent L. Maitre hat dies längst richtiggestellt: »cette expression ne peut

merkwürdigen Standortes an: Wie in anderen Klöstern, etwa in St. Germain von Auxerre, scheint man auch in St. Bénigne aus den Normanneneinfällen des 9. Jahrhunderts die Lehre gezogen zu haben, die Benignusgebeine — anstatt sie bei jeder drohenden Gefahr hinter die Stadtmauern zu bringen — im Kirchenbau selbst an sicherer, unkenntlicher Stelle beizusetzen[32]. Das »sepulcrum«, vor dem die alten Klosterinsassen am 23./24. November 989 die Nokturn feierten, kann demzufolge nur ein Kenotaph gewesen sein (wobei durchaus denkbar wäre, daß die Mönche dies selbst nicht wußten)[33], und die Krypta, in der sie sich damals aufhielten, nur eine Ring- oder Außenkrypta, da der bei Rodulfus Glaber berichtete Fundort der Benignusgebeine in jedem Fall die Annahme verbietet, es sei das ganze Presbyterium von einer Krypta unterfangen gewesen[34]. Diesem Interpretationsversuch der Quellen des 11. Jahrhunderts paßt sich der Bauhinweis des 10. Jahrhunderts gut ein; es ist dies eine in der Chronik von St. Bénigne überlieferte Urkunde des Jahres 937 über eine Schenkung, die »ad altare Sanctae Mariae in hoc loco constitutum, quod caput ecclesiae dicebatur ab antiquis« vollzogen wurde. Man glaubte in dem »caput ecclesiae« einen Vorgänger der Rotunde des Wilhelm von Volpiano angesprochen, eine freistehende, mit dem Scheitel der Hauptapsis durch einen Gang verbundene Marienkapelle, oder einen Ostannex, der bereits die Ro-

---

désigner que l'autel majeur élevé dans l'église supérieure et non celui du dessous« (St. Bénigne de Dijon et ses cryptes, in: Revue de l'art chrétien, Paris 1904, p. 290). Ob das Grab westlich oder östlich des Hauptaltares verborgen lag, geht aus der Ortsangabe der herangezogenen Quellen nicht hervor.

32 Zum Bestreben, die Heiligengebeine unter dem Kirchenraum zu verbergen und durch ein Scheingrab von ihnen abzulenken, vergleiche den ähnlich gelagerten Fall von St. Germain-d'Auxerre (René Louis, les églises d'Auxerre des origines au XIe siècle, Paris 1952, p. 43 f.; dazu die instruktive Zeichnung mit dem mehr als drei Meter unter Kryptenniveau versenkten Germanus-Grab und dem darüber plazierten Schein-Sarkophag in: Jean-Pierre Sainte-Marie, St. Germain-d'Auxerre, Auxerre 1970, p. 11). Das Dijoner Kryptengrab, das die Benignusgebeine nicht enthielt, könnte auch den vermeintlichen Bestattungsort des Heiligen markiert haben.
Die Vorstellung, der wahre Ort der Benignusgebeine habe in Vergessenheit geraten können, scheint uns schier unfaßbar, und doch gibt es aus der Zeit der Normanneneinfälle häufig Nachrichten, die Ähnliches berichten, ohne topisch zu wirken. Viel unangenehmer noch war die Situation in St. Dyé-sur-Loire, wo man nach der Rückkehr ins verwüstete Kloster selbst den Jahrestag des Klosterheiligen vergessen hatte (Demézil, in: Bulletin archéologique, V, 1969, p. 23).

33 Rodulfus Glaber (Vgl. p. 167 f.) stellt die Sache so dar, als seien Wilhelm erst *nach* Baubeginn Zweifel am Vorhandensein der Benignusgebeine gekommen. So hätte auch er die Gebeine zunächst in dem Scheingrab der Krypta vermutet, während ältere Klosterinsassen grundsätzlich zweifelten, ob die Reliquien die Kriege und Transporte des 8. — 10. Jahrhunderts ohne Schaden überstanden hätten.

34 An karolingischen Ringkrypten sind im heutigen Frankreich nur zwei Beispiele bekannt: Saint-Denis, ca. 775 (vgl. Crosby, The abbey of Saint-Denis, Bd. I, 1942, p. 99—104), und Saint-Dyé, zwischen 868 und 877 (Demézil, l'église carolingienne et la confession de Saint-Dyé-sur-Loire, in: Bull. Archéologique, V/1969, p. 21—39). Als Außenkrypten wären zum Vergleich u. a. heranzuziehen die von St. Germain-d'Auxerre, zwischen 841 und 858 (René Louis 1952), oder die vor bald 20 Jahren aufgedeckte Außenkrypta von Flavigny, Weihe 878 (Elie Lambert, l'ancienne abbaye bourguignonne de Flavigny et le chevet de son église, in: Les Monuments Historiques de France, VI/1960, p. 1—8), die allerdings beide auch eine mehrschiffige Confessio unter dem Presbyterium der Abteikirche besaßen.

tundengestalt vorweggenommen habe[35]. Die Ortsangabe der Quelle meint jedoch etwas viel Einfacheres: einen Marienaltar im Scheitel der Hauptapsis[36]; dort mochte er den neuen Mönchen aus Cluny zur Feier der Matutin gedient haben, so wie sie diese auch in der Abteikirche von Cluny an einem der drei Chorscheitelaltäre vorzunehmen gewohnt waren[37].

Die karolingische Klosterkirche gewinnt aus der Interpretation der Quellen nur schwach an Anschaulichkeit. Ein Bau mit einem Marienaltar im Chorscheitel und einer Außenkrypta, von der aus das (vermeintliche) Heiligengrab zugänglich war, eine solche Anlage hat jedenfalls wenig gemein mit der komplizierten Raumfolge und Geschoßeinteilung, wie sie der Neubau des Wilhelm von Volpiano aufwies. Seit den Tagen des Dom Plancher (Abb. 40) hat man aber das Vorurteil gehegt, die Verwandtschaft zwischen beiden Bauten sei enger, und versucht, aus dem Baubestand der Rotunde und der westlich anschließenden Partien der alten Basilika angeblich ältere Mauersubstanz auszuscheiden und den Vorgängerbauten zuzuweisen. Wir werden daher auf den karolingischen Vorgängerbau anläßlich der Rekonstruktion des Wilhelm-von-Volpiano-Baus noch mehrfach zu sprechen kommen.

*

Dem Bau des 11. Jahrhunderts, seiner Rekonstruktion, seiner liturgischen Ausstat-

---

35 Chomton (1900, p. 69 f. und 76 ff.) identifiziert den in der Urkunde genannten »altare Sanctae Mariae« mit der Ostkapelle des Rotundenmittelgeschosses, die im 11. Jahrhundert einen Marienaltar besaß (vgl. Abb. 38). Der zweigeschossige Ostkapellenbau (unten Johanneskapelle, oben Marienkapelle) sei durch einen langen doppelgeschossigen Gang mit der Krypta und dem Presbyterium der Abteikirche verbunden gewesen — ein Monstrum an Rekonstruktion (vgl. Chomtons Pl. III)! Schon Dom Plancher scheint sich den karolingischen Bau mit einem gestreckten Ostannex, der die nachmalige Johanneskapelle einbezog, gedacht zu haben (1739, p. 497) und noch Charles Oursel (1928, p. 19) übernahm die phantastische Rekonstruktion von Chomton in vollem Umfang. Jean Hubert (1938, p. 31) verwirft diese älteren Rekonstruktionsversuche: »on a supposé, sans la moindre preuve, qu'une étroite construction rectangulaire le (die Johanneskapelle) reliait avant le XIe siécle au chevet de la basilique«, macht aber einen neuen Vorschlag, der nicht weniger unbegründet ist: »une crypte existait déjà à l'est de la basilique avant la reconstruction de l'abbé Guillaume, et cette crypte devait avoir sensiblement la même dimension que celle du XIe siècle. Il n'est point téméraire de supposer que l'oratorium circulaire ne faisait que reproduire le plan de la crypte construite entre les années 871 et 880«. Zwar steht es jedem frei, den Typus der Ostrotunde als solchen für ein karolingisches Motiv zu halten, doch geht es zu weit, wenn Hubert die Rotunde des 11. Jahrhunderts in einem Abriß karolingischer Architektur als solche abbildet und bespricht (Hubert, Porcher, Volbach: Die Kunst der Karolinger, Becks »Universum der Kunst«, München 1969, Abb. 60 und p. 348). Die Quellen zum Vorgängerbau der ab 1001 errichteten Abteikirche — soviel ist festzuhalten — geben nicht den geringsten Hinweis auf eine karolingische Ostrotunde.

36 »Caput ecclesiae« meint die Apsis. Vgl. die Beispiele bei Niermeyer, Med. Lat. Lex. minus, 1976, p. 139/140 und bei Josef Braun, der christliche Altar, Bd. I, 1924, p. 35. Ganz klar ist diese Bedeutung in cap. 70 der »Consuetudines cluniacenses Bernardi« (in: Herrgott 1726, p. 262) angesprochen: »altare quod est situm in primo capite«; gemeint ist der Altar in der Hauptapsis der insgesamt drei Apsiden aufweisenden Marienkapelle.

37 Vgl. Mettler, Die zweite Kirche in Cluny und die Kirchen in Hirsau nach den Gewohnheiten des 11. Jahrhunderts, in: Zeitschrift für Geschichte der Architektur, III/1910, p. 281 f. und Conant 1968, p. 57 nach den Consuetudines Bernardi I, c. 39. (Herrgott 1726, p. 229 f.).

tung, der Bedeutung seiner Bauformen und ihrer architekturgeschichtlichen Stellung gelten die Folgekapitel. Hier sei nur so viel zur Datierung und zum Bauverlauf der neuen Abteikirche gesagt, als sich aus den Schriftquellen ergibt. Der Bau des Wilhelm von Volpiano läßt sich mit Hilfe der Nachrichten des 11. Jahrhunderts vergleichsweise genau datieren:

Die Chronik nennt das Datum der Grundsteinlegung: den 14. Februar 1001[38].

Rodulfus Glaber beschreibt die Weihe der »fast vollendeten« Kirche am 30. Oktober – also am Vortag der Benignusvigil – des Jahres 1016 (oder am gleichen Tag in einem der nächstfolgenden Jahre)[39].

Die Annalen von St. Bénigne nennen das Weihedatum der Marienkirche, das heißt der Rotunde, am 13. Mai 1018[40].

Das nackte Datengerüst erfährt durch Rodulfus Glabers Bericht über die bauliche Situation der Klosterkirche um die Jahrtausendwende und über Wilhelms Motivation zum Baubeginn eine Anschaulichkeit, die uns den Bauvorgang im Zusammenhang begreifen läßt. Kapitel 15 der Vita Willelmi (vgl. Anh. 1) spricht von drei Phasen der Baugeschichte: zunächst vom schlechten Zustand und von den erfolglosen Wiederherstellungsversuchen der karolingischen Abteikirche vor 1001[41], dann vom Neubauentschluß Wilhelms und vom Baubeginn im Jahre 1001[42], und schließlich von der Suche, der Auf-

---

38 Chevrier-Chaume (1943, p. 244) nennen als Datum der Grundsteinlegung den 14. Februar 1002. Mir ist unklar, ob sie mit dieser Jahresangabe dem dubiosen Eintrag der Annales S. B. folgen (vgl. Anh. 1) oder das Datum des Chronisten nach dem Annunciations- oder Osterstil beurteilen. Ich verstehe die Jahreszahl des Chronisten als nach dem Weihnachtsstil gegeben; Maurice Chaume (Mém. CACO XXII, 1945, p. 508 f.) wies nach, daß die Urkunden der herzoglichen Kanzlei und der burgundischen Abteien während des 11. Jahrhunderts stets nach dem Weihnachtsstil datiert sind.

39 Das Datum ergibt sich aus der Bemerkung des Rodulfus Glaber: »iam Brunone defuncto Lambertoque in sede illius subrogato«. Lambert trat sein Amt im Februar 1016 an. »Iam« dürfte hier im Sinne von »eben erst« zu verstehen sein, ohne daß damit das Datum auf das Jahr 1016 allein eingeschränkt werden könnte. In der Literatur zu St. Bénigne wird in der Regel das Jahr 1016 als Datum der Weihe angegeben, vereinzelt auch das Jahr 1017 (Oursel 1928, p. 20) oder gar erst 1020 (Jean Bony, in: Actes du XIX Cong. Intern. d'Hist. de l'art, Paris 1959, p. 38).

40 Betrifft die »Dedicatio ecclesiae sancte Marie« nur das vom Chronisten als Marienkirche angesprochene Rotundenmittelgeschoß oder den ganzen Rotundenbau? Die Quelle von 1178 (vgl. Anh. 1) ist die älteste, die expressis verbis den ganzen Rotundenbau als Marienkirche anspricht. Da die Weihe vom 13. Mai 1018 nicht bloß einen Altar, sondern die *ecclesia* S. Mariae betrifft und da es sich bei diesem Weihetag gleichzeitig um den einer allgemein bekannten Marienkirche in Rotundengestalt handelt (vgl. unten p. 124), scheint es mir angemessen, die Weihenachricht auf den gesamten, dreigeschossigen Rotundenbau zu beziehen.

41 Chevrier-Chaume 1943, p. 243, datieren den Wiederherstellungsversuch der alten Abteikirche durch Wilhelm – ohne Nennung von Gründen – »vers 994«. In der Feststellung der Chronologie der bei Rod. Glaber (vita Willelmi, cap. 15) genannten Ereignisse weichen sie von meiner Darstellung ab: die Benignusgebeine seien während der bald wieder abgebrochenen Wiederherstellungsarbeiten gefunden worden; der Neubauentschluß folge dieser Auffindung erst im Abstand von mehreren Jahren nach. Der Wortlaut des Rod.-Glaber-Berichtes spricht m. E. deutlich gegen eine solche Auslegung.

42 Rodulfus Glaber nennt kein Datum; die innere Chronologie seiner Kapitelfolge paßt jedoch gut mit dem Grundsteinlegungsdatum des Chronisten zusammen.

findung und der Translation des Benignussarkophages, von Ereignissen also, die nach Baubeginn anzusetzen sind.

Der erste Abschnitt ist insoweit aufschlußreich, als Rodulfus Glaber das Bauvorhaben Wilhelms gegenüber den bloßen Wiederherstellungsarbeiten der 990er Jahre als Neuplanung abhebt. Auch der Chronist spricht zu Beginn seiner Baubeschreibung (vgl. Anh. 2, Satz 1) von der »nova ecclesiae fabrica«; mehrfach wird die neue und einzigartige Disposition der Abteikirche hervorgehoben (Rodulfus Glaber und der Nekrolog Bischof Bruns); selbst der bekannte Passus des Rodulfus Glaber »erat enim instar ac si mundus ipse, excutiendo semet, rejecta vetustate, passim candidam ecclesiarum vestem indueret«[43] dürfte sich neben anderem vorzüglich an der neuen Abteikirche von St. Bénigne orientiert haben. Während seiner ersten Abtsjahre galt Wilhelms Sorge vorwiegend den Reformen der Klosterdisziplin und der Liturgie sowie der Wiederherstellung und Mehrung des Klosterbesitzes. Durch die ersten Schenkungen mußte die »paupertas predicti patris«[44] allmählich behoben werden; an einen Neubau, der trotz der Zuwendungen Bischof Bruns dem Kloster schwere Lasten auferlegte, war erst zu Beginn des neuen Millenniums zu denken. Der alte Bau war ruinös und eine Restauration unrentabel. Anselm von Reims macht die »barbarae nationes per id temporis hanc infestantes provinciam«, die »frequentes incursiones« des 9. Jahrhunderts, für die schlechte Bauausführung und die alsbaldige Verlotterung der karolingischen Klosterkirche von St. Remi in Reims verantwortlich[45]; auch in St. Bénigne konnte der Bau von 871 ff. nicht in Ruhe errichtet werden, und die Baupflege dürfte während des späten 9. und 10. Jahrhunderts so häufig ausgesetzt haben, daß für Wilhelm nurmehr eine Erneuerung »a fundamentis« (Rod. Glaber) in Frage kam.

Der Bau wurde begonnen, bevor man an die Translation der Benignusgebeine dachte: das spricht dafür, daß das karolingische Presbyterium auch nach 1001 benutzbar blieb, man also die Partien der Neuplanung zuerst in Angriff nahm, die außerhalb des karolingischen Baus lagen. Später mußte man feststellen, daß man den Standort des Sarkophages mit den Benignusgebeinen, für den man östlich des karolingischen Presbyteriums bereits einen neuen Grabbau errichtet hatte, gar nicht kannte. Die Translation, die nach der wunderbaren Auffindung des Sarkophags vorgenommen wurde, gab schließlich das Zeichen zum Abbruch der karolingischen Chorpartie.

War der »pulcherrimus et incomparabilis tumulus«, in welchen der Sarkophag versetzt wurde, ein Provisorium außerhalb des Bauplatzes oder ein Grabbau in einem bereits fertiggestellten Bauabschnitt der neuen Abteikirche? Die Vorstellung vom Provisorium stößt sich an der von Rodulfus Glaber gegebenen Chronologie; die Translation fand *nach* Baubeginn statt — es ist also nicht einzusehen, wieso nicht bereits Teile der neuen Abteikirche fertiggestellt sein sollten. Auch läßt die Wendung »paululum ad orientem« schwerlich an eine Translation aus dem Baubereich heraus, vielmehr an eine Versetzung innerhalb des Baukomplexes der Abteikirche denken. Eine Translation aus dem karolingischen Presbyterium an *den* Platz in der Krypta des Neubaus, den der Sarkophag bzw. seine Reste bis 1792 einnahmen, scheint denkbar, sofern die karolingische Choranlage westlich der Chorpartie des 11. Jahrhunderts lag. Der Neubau wäre

43 Rod. Glabri Historiarum ... liber III, c. IV. Zit. bei Mortet, Recueil, 1911, p. 4.

44 Chevrier-Chaume 1943, p. 7 (Dokument 193).

45 Im Bericht über die neue Abteikirche von 1005 ff., zit. bei Mortet, Recueil, 1911, p. 39/40.

nach dieser Interpretation im Osten der karolingischen Abteikirche begonnen und vor deren Abbruch so weit fertiggestellt worden, daß Wilhelm den Benignussarkophag in seine Krypta transferieren konnte. Diese Deutung setzt voraus, daß Rodulfus Glaber mit seinem Translationsbericht ein Ereignis anspricht, das er in einem späteren Kapitel seiner Vita Willelmi ausführlicher behandelt, nämlich die Weihe der fast vollendeten Abteikirche im Jahre 1016 (oder wenig später). Wie allgemein üblich und von den Miracula Sancti Benigni ausdrücklich hervorgehoben (vgl. Anh. 1), hat Bischof Lambert von Langres (der auf Brun im Jahre 1016 nachfolgte) damals die Benignusgebeine in den Neubau übertragen. Wären diese schon früher, bald nach 1001, durch Wilhelm am endgültigen Platz beigesetzt worden, hätte sich die zweite Translation erübrigt. Andrerseits konnte eine Translation in den Neubau nicht stattfinden, solange dieser nicht geweiht war, und doch geschah dies erst gegen 1016. So scheint mir — trotz des chronologischen Vorgriffs von Rodulfus Glaber (in c. 15) — diese Interpretation die vernünftigste: große Teile der Chorpartie des Neubaus lagen östlich außerhalb der karolingischen Abteikirche; während der Konvent diese (oder zumindest Teile von ihr) weiterbenutzte, konnte der Neubau so weit fertiggestellt werden, daß eine Weihe der Abteikirche (nicht etwa nur eines Altars), eine »benedictio ex more pontificali«, durchgeführt und die Heiligengebeine in ihre Krypta übertragen werden konnten[46].

Die Abteikirche war also gegen 1016 so weit fertiggestellt, daß sie kultisch genutzt werden konnte, d. h., Querhaus und Apsiden müssen im Krypten- wie im Hauptgeschoß fertiggestellt und zumindest provisorisch eingedeckt gewesen sein. Wenig später, im Mai 1018, stand auch die Rotunde zur Weihe bereit. Es ist ausgeschlossen, daß die Rotunde erst nach der Weihe der Basilika begonnen und in einer Frist von 18 Monaten errichtet worden sei. Vielmehr müssen die Chorpartie der Basilika und die Rotunde in einem Zuge oder zumindest in paralleler Folge aufgeführt worden sein, da sie sich statisch aufeinander beziehen. Ebenso wie die Apsiskalotte über der doppelgeschossigen Arkadenstellung einer Verstrebung gegen Osten bedurfte, so verlangte die Rotunde, die seitlich in den mächtigen Treppentürmen und im Osten in dem dreigeschossigen Kapellenturm Widerlager besaß, eine ebensolche Stabilisierung gegen Westen.

Wenn die Basilika anläßlich der Weihe von ca. 1016 als »pene expleta« beschrieben wird, so dürfte mit dieser Einschränkung — die in der Regel als massives Understatement zu werten ist — weniger die Rotunde als die West- und Eingangspartie der Basilika gemeint sein. Es ist also durchaus möglich, daß die Bauarbeiten am Langhaus über die Weihen von ca. 1016 und 1018 hinaus fortgesetzt wurden. Wann sie zum Abschluß kamen, bleibt ungewiß. Der Verfasser der Chronik S. B. (ca. 1060) jedenfalls beschreibt den Bau bis auf die Verglasung einiger Fenster als vollendet.

Zu Wilhelms Anteil am Bau der Abteigebäude geben uns die Quellen keinen direkten Hinweis[47]. Und doch steht es außer Frage, daß die Abtei, die bereits zwei bis drei Jahr-

---

[46] Nicht allein der Benignussarkophag, sondern auch andere Heiligengräber wurden aus dem karolingischen Bau in Wilhelms Neubau transferiert, wie es der Chronist (Anhang 2, Satz 11—13) für die Bischöfe Isaac und Agrimus sowie für die hl. Radegundis ausdrücklich bestätigt. Auch dieser Umstand spricht gegen eine Datierung des Kryptenquerhauses und seiner Apsidiolen (wo die genannten Gräber nach 1016 lagen) in karolingische Zeit.

[47] Aus einer Quelle des frühen 15. Jahrhunderts (BN, Coll. Bourg. XVI, f $130^v/131^r$) erfahren wir nur so viel, daß Wilhelm das Kloster mit einer Schutzmauer umgeben ließ.

zehnte nach Wilhelms Amtsantritt 70—80 Mönche zählte, größere Abteigebäude benötigt haben muß als das Kloster des Jahres 966 mit seinen 13 Insassen[48]. Die älteste Quelle, die von den Klosterbauten des 11. Jahrhunderts spricht, ist der Nekrolog Abt Jarentons (1077—1113). Er nennt ältere Gebäude, die restauriert, und jüngere, deren Dächer erneuert werden mußten.

Ohne daß wir ihren Bauabt mit Bestimmtheit nennen könnten, reichen die heute noch erhaltenen Räume des Dormitoriumsuntergeschosses, der lange, ursprünglich in mindestens zwei Abschnitte unterteilte Nordtrakt mit den schweren Rund- und Rechteckpfeilern, und der einst über vier Freistützen in 9 Jochen eingewölbte Kapitelsaal im Süden (Abb. 25 und Fig. 7) ins 11. Jahrhundert zurück[49].

Spärlich sind unsere Informationen zum Baubestand der Abtei auch im 12. Jahrhundert. Ob und in welchem Umfang man Veränderungen an der Abteikirche vornahm, ist unklar; vereinzelte Dekorationselemente der Rotunde scheinen erst damals geschaffen worden zu sein, etwa die Rosette in der Ostwand der Marienkapelle oder das Konsolsims unter dem Rotundendach[50]. Sicher bedingte der Einsturz des Vierungsturmes im Jahre 1100 Reparaturarbeiten im Bereich der Vierung; ein 1833 im Mauerwerk der gotischen Kirche freigelegtes Portal, das seit etwa 1160 den Kreuzgang mit dem romanischen Langhaus verband, spielt in seiner Inschrift auf den in den Quellen belegten Brand des Jahres 1137 und eine darauffolgende Restauration des Baus unter Abt Petrus an[51]. In beiden Fällen ist das Ausmaß der Schäden und der Wiederherstellungsarbeiten (ohne Grabungen) nicht mehr bestimmbar. Chomton hielt die Schäden des Jahres 1100 für unerheblich, die des Brandes von 1137 hingegen für so schwerwiegend, daß das gesamte Langhaus habe erneuert werden müssen[52]. Man wird heute der These einer Erneuerung des Langhauses nach 1137 skeptischer gegenüberstehen, da die Bauelemente, die man früher mit der Restaurationskampagne von 1137—1147 verband, kaum vor 1150/60 gearbeitet sein dürften. Das romanische Westportal von St. Bénigne und die Fragmente von Pfeilern und Wandvorlagen, die 1880 in den ersten Jochen der

---

48 Chomtom 1900, p. 88 nach einer Urkunde des Jahres 966. Zur Mönchszahl von 1015/16 vgl. H. H. Kaminsky, Zur Gründung von Fruttuaria durch den Abt Wilhelm von Volpiano, in: Zeitschrift für Kirchengeschichte, LXXVII/1966, p. 256.

49 Zur Rekonstruktion des Kapitelsaales vgl. unten p. 70 ff. Die Klostergebäude des 11. bis 18. Jahrhunderts sind bei Chomton am Rande behandelt. Die Untersuchung von Poinssot, Note sur le réfectoire de l'abbaye bénédictine de St. Bénigne de Dijon, in: Die Klosterbaukunst, ed. H.-P. Eydoux, Mainz 1951; und ders., le bâtiment du dortoir de l'abbaye de St. Bénigne de Dijon, in: BM 1954, p. 303—330, sind wenig zuverlässig und durch die Entdeckungen anläßlich der Restauration des Dormitoriumsuntergeschosses in wesentlichen Punkten überholt.

50 Vgl. unten p. 52 f.

51 Zum Standort des Portals vgl. unten p. 63 f., zu seiner Inschrift und ihrer Deutung: Pierre Quarré, la sculpture des anciens portails de St. Bénigne de Dijon, in: Gazette des Beaux-Arts, 50/1957, p. 177—194.

52 Chomton, Note sur la reconstruction partielle de l'église Saint-Bénigne, in: Mém. CACO, t. XVI, 1909—13, p. 21—27. Auch Martindale hält die baulichen Veränderungen des 12. Jahrhunderts an Wilhelms Abteikirche für einschneidende; ein dreischiffiges Langhaus des 11. Jahrhunderts sei im 12. Jahrhundert durch ein fünfschiffiges ersetzt worden (1962, p. 33). Jean Hubert spricht von einer »weitgehenden Erneuerung des Oratoriums St. Bénigne im beginnenden 12. Jahrhundert« (in Hubert, Porcher, Volbach. Die Kunst der Karolinger, München 1969, p. 348).

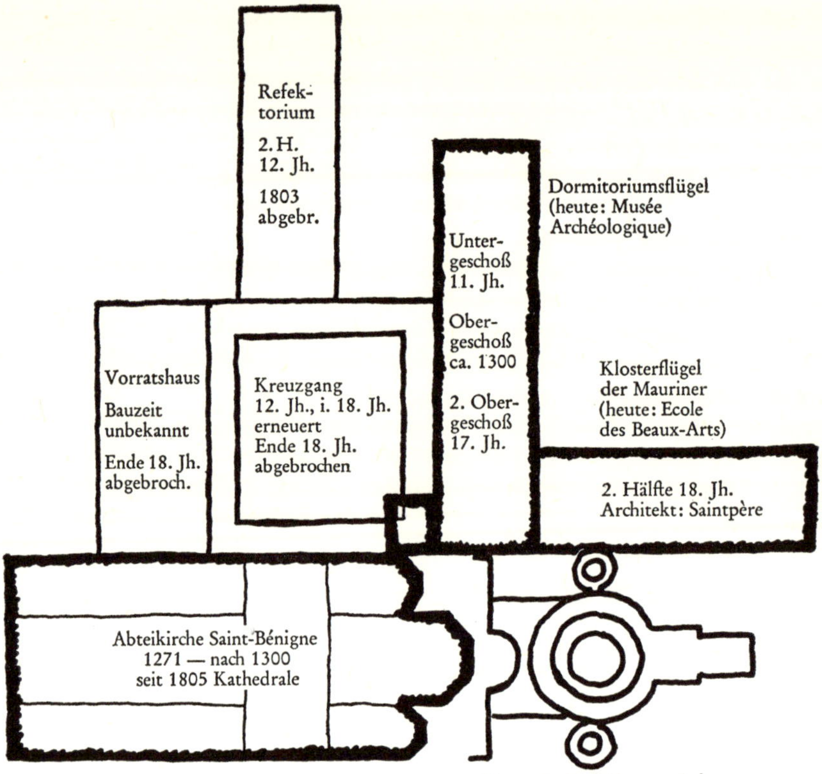

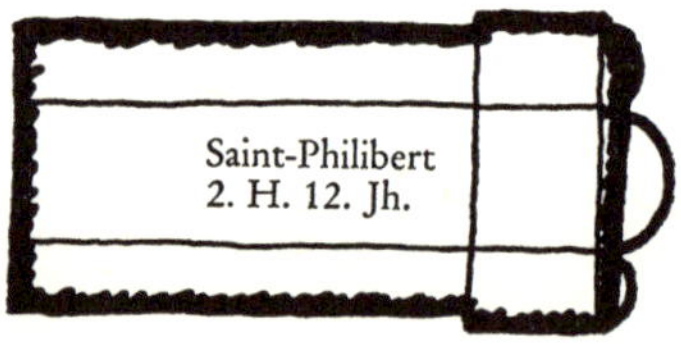

gotischen Abteikirche freigelegt wurden, gehören nicht — wie Chomton vermutet hatte — zu einem Langhausneubau, sondern zu einem dreijochigen Narthex, der dem frühromanischen Langhaus gegen 1150/60 vorgelegt wurde[53]. Soweit wir das Ausmaß hochmittelalterlicher Eingriffe in den frühromanischen Baubestand am Beispiel der Rotunde abschätzen können, scheinen sich diese kaum auf die eigentliche Bausubstanz, sondern mehr auf die Außenerscheinung, etwa die später aufgestockten Türme oder das neue Konsolsims am Dachansatz und auf Bauzierelemente ausgewirkt zu haben.

Der gotische Neubau der Abteikirche, dem der erneute Einsturz des Vierungsturmes

[53] Wilhelm Schlink, Zwischen Cluny und Clairvaux, Berlin 1970, p. 98 ff. und 120 ff.

im Jahre 1271 zum Vorwand diente, ist hier weniger seiner Architektur als vielmehr seines einzigartigen baulichen Verhältnisses zur aufrechterhaltenen Rotunde des Wilhelm von Volpiano wegen beachtenswert. Obschon die Gebeine des hl. Benignus hinter dem Hochaltar der neuen Kirche in einem neuen Schrein erhöht wurden und die alte Krypta ihre Funktion als »domus orationis« über den Heiligengräbern folglich verloren hatte, respektierte die Chorpartie des Neubaus die alte Benignusgrabanlage der Krypta und endete unmittelbar vor dem Sarkophag des Heiligen (Abb. 40). Von der Ostwand des Querhauses an blieben die Ostteile der Abteikirche Wilhelms weiterhin aufrecht. Die Respektierung der Rotunde und des alten Heiligengrabes war sichtlich Bestandteil der Neubaukonzeption. Der Grund dafür ist uns allerdings nicht klar; sollte die Rotunde hinfort als Mausoleum über, bzw. hinter dem Benignuskenotaph gelten oder behielt sie ihre Funktion als Marienkirche, zu der weiterhin Prozessionen durchgeführt wurden? Gewiß wurde der Zentralbaugedanke auch in der Hochgotik immer wieder aufgegriffen, mit Vorliebe in Verbindung mit einer basilikalen Anlage (Ferrières-en-Gâtinais, Dom von Siena u. a. m.), und doch ist im Fall von St. Bénigne auffällig und einzigartig, daß der frühromanische Baukomplex von Basilika und Rotunde im 13. Jahrhundert nicht — wie an anderen Orten — eine stärkere Verschmelzung erfuhr, sondern durch die Erneuerung der Basilika allein zur Abfolge unverbundener Einzelbauten wurde[54].

In ihrem mittelalterlichen Baubestand blieb die Abtei bis zum Jahre 1792 fast unverändert erhalten (vgl. Textabbildung). Die Mauriner hatten einen Sinn für die baukünstlerische Bedeutung und den geschichtlichen Wert der älteren Gebäude, und der chronische Geldmangel des Konvents — der Kommendatarabt war lediglich zum Unterhalt der Abteikirche verpflichtet — verhinderte alle größeren Bauvorhaben. So kam von dem Projekt des Architekten Saintpère von 1766, den Dormitoriumsflügel abzureißen und durch eine nach Osten geöffnete Dreiflügelanlage zu ersetzen, nur der Südarm als Annex des alten Dormitoriumsflügels zur Ausführung (Abb. 8, ganz rechts)[55].

Die Vertreibung der Mauriner im Jahre 1791 und der Verkauf der Klostergebäude als

---

54 Die Frage, warum man die Rotunde hinter dem Neubau weiter bestehen ließ, ist von der Forschung nie gestellt worden. Lisa Schürenberg (1943, p. 169 f.) beschrieb den gotischen Bau, ohne die Rotunde mit einem Wort zu streifen. Gotische Kathedralen ließen die Zentralbauten ihrer Vorgänger: Baptisterien, Marienkirchen oder Mausoleen der karolingischen bzw. frühromanischen Kathedralfamilie, in der Regel ersatzlos im Neubau aufgehen (Metz, Genf, Auxerre u. a.). In Abteikirchen blieben alte Zentralbauten, die mit der Kirche in einem engeren Zusammenhang standen, länger aufrecht (Genf, St. Victor; Sens, St. Jean; Flavigny, St. Pierre u. a.) oder wurden in gotischen Formen über frühmittelalterlichem Grundriß erneuert (Auxerre, St. Germain: die doppelgeschossige Rotunde an der Außenkrypta). Vgl. zu dieser Frage: W. Goetz, Zentralbau und Zentralbautendenz in der gotischen Architektur, Berlin 1968.

55 Ausschnitte des Saintpère-Planes sind Abb. 45 und 46. Eine gute Vorstellung vom Nebeneinander des neuen Klosterflügels und der Rotunde vermittelt die Gouache des Antoine von 1788 (Abb. 51). Die Südwand des neuen Klosterflügels wurde dem nördlichen Treppenturm so nahe entlang geführt, daß dieser dem dreigeschossigen Bau als zusätzlicher Aufgang (neben dem Treppenturm in der Südostecke des Kreuzgangs) dienen konnte (vgl. Abb. 54). Ein großes Treppenhaus sollte nach Saintpères Vorstellung im Mitteltrakt des Neubaus (der den Dormitoriumsflügel hätte ersetzen sollen) angelegt werden (dessen Ausführung die Französische Revolution jedoch verhinderte).

»bien public« setzten den Neubauvorhaben ein Ende und bewahrten uns den mittelalterlichen Dormitoriumsflügel; sie führten aber gleichzeitig zum Abbruch der Rotunde[56], des Kreuzgangs und der ihm im Norden und Westen angrenzenden Klosterbauten. Die gotische Abteikirche wurde 1805 zur Kathedrale von Dijon erhoben, den neuen Klosterflügel des Architekten Saintpère bezog der Bischof, und der Dormitoriumsflügel wurde Priesterseminar. Nördlich der Abteikirche wurde das Terrain um rund drei Meter aufgeschüttet, so daß man das Domitoriumsobergeschoß seither fast ebenerdig betritt. Durch die moderne Aufteilung der erhaltenen Abteigebäude auf drei Institutionen: Bischofskathedrale (die gotische Abteikirche), Musée Archéologique (der Dormitoriumsflügel) und École des Beaux-Arts (Saintpère-Flügel) ist ihre gemeinsame Herkunft aus der Klosteranlage von St. Bénigne fast unkenntlich geworden.

[56] Die Argumente für den Abbruch der Rotunde reichten von angeblicher Baufälligkeit über Furcht vor geheimen Waffenlagern bis zum Vorwurf, die Rotunde beraube die gotische Kirche und den neuen Klosterflügel des Tageslichts. Der engagierteste Verteidiger der Rotunde, der Ingenieur Antoine, riet, sie als Kornspeicher zu nutzen — ein Vorschlag, der zweifellos von der kreisrunden »Halle au Blé« des Architekten Le Camus de Mézière in Paris (1769) inspiriert war.

DIE BAUGESTALT DER ABTEIKIRCHE

DIE HEUTIGE »KRYPTA« VON ST. BÉNIGNE, EINE REKONSTRUKTION DES 19. JAHRHUNDERTS

Die sogenannte Krypta von St. Bénigne, die man heute aus dem Verbindungsgang zwischen der Kathedrale und der Sakristei über eine steile Treppe erreicht, ist ein weiter, kreisförmiger Raum, der von zwei konzentrischen Säulenstellungen untergliedert wird; gegen Osten mündet er über einen Vorraum in eine rechteckige Kapelle, gegen Westen ist er mit dem Benignusgrab und mittels eines schwer übersichtlichen, verwinkelten Stollensystems mit vier geosteten Apsidiolen und dem genannten Treppenzugang verbunden (Abb. 58). Wer sich hier im Untergeschoß der Abteikirche des Wilhelm von Volpiano zu befinden glaubt, muß sich durch die jüngste Geschichte dieser Baupartien, d. h. durch die Berichte zu ihrer Freilegung im 19. Jahrhundert und die Rechnungen über die Restaurierungsarbeiten an ihnen sowie durch den Augenschein eines anderen belehren lassen: Die heutige Krypta von St. Bénigne ist eine mehr oder weniger getreue Nachbildung des alten Rotundenuntergeschosses und der frühromanischen Kryptenostteile aus dem 19. Jahrhundert[57].

Beim Abbruch der Rotunde im Jahre 1792 hatten sich die Unternehmer auf die Gewinnung von Baumaterial aus den oberen Rotundengeschossen beschränkt (Abb. 47). Das Rotundenuntergeschoß wurde mit dem sonst nicht weiter verwertbaren Material aufgefüllt[58]; so blieb es samt den angrenzenden Teilen der alten Krypta auch nach 1792 unter dem Hof der neuen Bischofsresidenz erhalten[59].

Schon im 1. Jahrzehnt des 19. Jahrhunderts war man bei Fundamentierungsarbeiten für Stallungen und Küchen der Bischofsresidenz (Abb. 55, Bau »S-P«) auf die Apsidiolen der alten Krypta gestoßen[60]; doch erst 1843, als man von neuem auf die südliche Apsi-

---

57 Martindale 1962, p. 29/30 zitierte schon einige zeitgenössische Berichte zur Kryptenaufdeckung aus den Mém. CACO, »since they serve as a caution against treating the present fabric too literally as a record of what existed in the eleventh century«. Nach Durchsicht der Archive von Dijon und Paris glaube ich nicht nur den Rekonstruktionsvorgang, sondern auch den Umfang der Erneuerungen genauer angeben zu können.

58 Der Abbruch der Rotunde ist in allen Einzelheiten mitgeteilt von L.-B. Baudot in seinen Tagebuchnotizen: Dijon, Bibliothèque Municipale, Ms. 1602, f 61 ss.

59 Auch der nördliche Rundschneggen der Rotunde, seit 1780 Treppenhaus des neuen Klosterflügels, hätte nach Vorstellung des Abbruchunternehmers aufrecht bleiben sollen, doch führte seine Isolierung zum baldigen Einsturz (August 1792).

60 Abbé Bougaud, Études historiques sur la mission etc. 1859, p. 392 f. (Bougaud gibt als Datum 1802; Baudot, der als Augenzeuge zuverlässiger ist, 1808). Zweifelsohne wurde bei diesen Fundamentierungsarbeiten manches an altem Bestand beseitigt, was die Zerstörung

diole, die ehemalige chapelle St. Jean-de-Réome stieß, hatte sich ein historisches und archäologisches Interesse an der mittelalterlichen Architektur so weit entwickelt, daß die Mitglieder der Commission des Antiquités de la Côte-d'Or sogleich und mit großem Enthusiasmus um die Freilegung und Erhaltung der Krypta sich bemühten. Man identifizierte die aufgedeckte Partie unter Heranziehung von Augenzeugen der Zerstörung von 1792 und mit Hilfe der Grundrisse Dom Planchers. Was im Sommer 1843 freigelegt wurde, umfaßt nach den Berichten und nach dem Plan (Abb. 55) des Kommissionsvorsitzenden Henri Baudot[61] die südliche Kryptenapsidiole sowie die angrenzenden Mauerzüge und die ihnen vorgestellten Säulen samt ihren Basen und Kapitellen[62]; die Gewölbe der Kryptenjoche wurden — soweit sie nach 1792 erhalten geblieben waren — bei der Freilegung zerstört.

Die Restaurierung der Folgejahre beschränkte sich nicht auf die Konsolidierung der aufgedeckten Bausubstanz und die Neueinwölbung; vielmehr beschloß man eine radikale Erneuerung des gesamten Mauerwerks und respektierte lediglich die kleine Südapsidiole, deren Mauerwerk (grob zurechtgehauene helle Steinplatten von ca. 10 x 35 cm Seitenfläche, zwischen dickem Mörtelbett in Lagen geschichtet) von dem der erneuerten Partien noch heute auffällig absticht (Abb. 6).

Im Herbst 1844 setzte man die Aufdeckung der Krypta nach Westen hin fort[63]. Henri Baudot hatte bereits 1841 eine Kopie des an Mabillon übersandten Planes vom Wilhelm-von-Volpiano-Bau in den Archiven von Dijon aufgefunden (vgl. Abb. 62). Da er nicht erkannte, daß es sich bei diesem Plan lediglich um einen Rekonstruktionsversuch handelte[64], verstand er ihn als alte Bauaufnahme der frühromanischen Krypta. So erwartete er, westlich der 1843 aufgedeckten Kryptenjoche weitere Teile der Unterkirche zu finden. Was er dort tatsächlich gefunden hat, ist nicht bekannt[65]; auf jeden Fall stieß

von 1792 noch intakt gelassen hatte. Baudot (Ms. 1602, f 161^{v}) berichtet von einer Münze, die ein Bauarbeiter 1808 *unter* einer Säule der alten Rotunde gefunden habe.

61 Bericht I von Henri Baudot (dem Sohn des Anm. 58 genannten Louis-Bénigne Baudot) an den Minister des Innern vom 17. März 1844, Archives Mon. Hist. Paris, dossier: Dijon, St. Bénigne.
Weitere Berichte dess.: II) an den Präfekten vom 10. August 1845 »sur la découverte de la crypte«, Archives Départementales de la Côte-d'Or, XXX T 2 c/10, und III) an den Minister des Innern vom Mai 1846, Arch. Mon. Hist.

62 Den Berichten von Henri Baudot gegenüber ist ein hohes Maß an Skepsis am Platze. Mehrfach hat er die aufgedeckten Partien falsch beschrieben und einen optimalen Erhaltungszustand vorgespiegelt, um die Behörden zu einer Beteiligung an den Restaurierungskosten zu veranlassen. Louis-Bénigne Baudot weicht in seinen Tagebuchaufzeichnungen vom Juli/August 1844 mehrfach von der Beschreibung seines Sohnes ab; nach ihm (Ms. 1602, f 333^{v}) war von den beiden Säulen seitlich der südlichen Apsidiole (vgl. Abb. 55) nur mehr die südliche am Ort.

63 Die Aufdeckung nach Osten und Norden weiterzuführen, wie es im Hinblick auf das Benignusgrab und die aus Dom Planchers Grundriß bekannten Rotundenteile nähergelegen hätte, war wegen der Überbauung dieser Partie durch Ställe und Küche der Bischofsresidenz nicht möglich.

64 Vgl. p. 193.

65 Die einzige vage Beschreibung Baudots steht in seinem Bericht II (vgl. Anm. 61): »Au nord et à la partie latérale de la gallerie on a découvert un prolongement souterrain qui s'étendait jusqu'à l'abside de la chapelle de la vierge de la cathédrale et un escalier descendant à la crypte que Dom Plancher n'a pas indiqué dans son plan; cette partie d'une forme originale et curieux ornée de colonnes à chapiteaux symbolique comme eux de la gallerie

man an die Fundamente des gotischen Chores und seiner ausladenden Polygonstrebevorlagen, um die man das mehrjochige Vestibül, das man der 1843 freigelegten Apsidiole schließlich vorlegte, in komplizierter, pseudo-frühromanischer Nischengliederung herumführte (Abb. 4 und 56).

Die Bauarbeiten, die Ende 1845 mit der Einwölbung des gesamten bislang ergrabenen Kryptenarms abgeschlossen wurden, sind in einer Abrechnung postenweise aufgeführt[66]. Bis auf 5 alte Säulenschäfte und 6 alte Kapitelle, die wiederverwendet werden konnten, und bis auf die südliche Apsidiole, deren altes Mauerwerk respektiert wurde, ließ man alle Mauern und sämtliche Bauglieder neu arbeiten. Zwölf Säulen, alle Basen und Sockel, über 26 laufende Meter Fundamente, 24 laufende Meter Mauerwerk und 6 Halbrundnischen (mit wechselndem Durchmesser zwischen 106 und 192 cm) brachte der Bauunternehmer in Anschlag. In der südlichen Apsidiole und in den beiden sie flankierenden Wandabschnitten wurden damals (anstelle älterer Fenster?) Wandnischen geschaffen, die heute vermauert sind (Abb. 6/56)[67]. Man muß sich hüten, den heutigen Befund der Vermauerung als Hinweis auf ein hohes Alter der Umfassungsmauer zu nehmen[68]. Auch die Tatsache, daß sich das Mauerwerk der Ostpartie in Material und Ausführung von dem der Westpartie und der Wölbung desselben Raumes deutlich unterscheidet, resultiert allein aus dem unterschiedlichen Vorgehen der Restaurierungskampagnen von 1844/45 und 1845/46. Eine im Westabschnitt der Südwand ca. 40 cm über dem Boden in die Mauer eingelassene Steinplatte wird von Chomton – wohl in Anlehnung an die Grundrisse bei Mabillon (Abb. 62) – als Rest einer alten Treppenanlage (in situ) gedeutet, die Henri Baudot (vgl. Abb. 56, »D«) anläßlich der Aufdeckung der Westpartie vorgefunden habe[69]. Heute entspricht das Mauerwerk dieses Abschnitts allerdings voll und ganz dem seiner im 19. Jahrhundert erneuerten Umgebung. Wennschon es sich bei der vermeintlichen Stufe um ein Fundstück der Ausschachtung der Kryptenwestpartie, ja vielleicht tatsächlich um den Rest eines Treppenzuganges gehandelt haben mag, so ging ein solcher doch schwerlich auf die Planung des 11. Jahrhunderts, sondern eher auf die nachmittelalterliche Adaption des Kryptensüdarms als Keller für die südlich angrenzenden Häuser des 17./18. Jahrhunderts (vgl. Abb. 54) zurück[70].

Sein Licht empfing der Kryptenraum nach der Restaurierung nicht durch Fenster – dies war wegen der Um- und Überbauung durch die Annexräume der Kathedrale ausgeschlossen –, sondern durch drei opaionähnliche Öffnungen im Scheitel der Wölbung,

---

était masqué sans doute par les constructions exécutés au 11e s. par l'abbé Guillaume lorsque arrivait Dom Plancher.«

66 Abrechnung des Unternehmers Guigu vom 18. Oktober 1845, Arch. Dep. Côte-d'Or (Depositum der CACO), fasc. 6.

67 Vgl. das Fenster der Südapsidiole und die Türöffnung (?) zwischen den Säulen »B« und »C« auf der Befundskizze von H. Baudot, 1844 (Abb. 55), mit den Nischen des Ausführungsplanes von Henri Baudot, 1846 (Abb. 56).

68 Diesen Irrtum beging Martindale 1962, p. 30.

69 L.-B. Baudot hat die »Treppe« gesehen (Ms. 1602. f 342v): »l'escalier duquel on voulait scavoir le but est sans doute un escalier de la tour extérieure (gemeint ist wieder Mabillons Querhausturm, Abb. 62) qui était de la rue«; beim Aufstieg aus der Krypten-Baugrube benutzt der alte Baudot aber eine Leiter – viel kann von der »Treppe« nicht mehr vorhanden gewesen sein.

70 Vgl. unten, Anm. 156.

welche auf den Hof zwischen Kathedralchor und Annexbauten der Bischofsresidenz führten (Abb. 4, 6 und 56).

Man begann im Frühjahr 1846 den Eingang zur inneren südlichen Kryptenapsidiole (Abb. 56, »L«) freizulegen und sich im Stollenvortrieb unter den Ställen des Bischofs aufs Benignusgrab vorzuarbeiten, als eine Visitation des Generalinspektors der Monuments Historiques, Prosper Mérimée, die Arbeiten zu einem plötzlichen Ende brachte. In wenigen Minuten hatte der eilige, aber gewitzte Mérimée festgestellt, daß »in der ganzen Krypta kein einziger alter Stein zu sehen sei«; er beklagt sich, man habe ihn vorsätzlich getäuscht, als man Zuschüsse zum Ausflicken einiger schadhafter Gewölbe erbeten hatte. Baudot habe die Aufdeckung einer gut erhaltenen Krypta in Aussicht gestellt, hier handle es sich aber um eine »reconstruction totale«, die zum einen unnütz und zum andern schlecht ausgeführt sei[71]. In der Tat hatte Henri Baudot seine Glaubwürdigkeit verscherzt, als er von der westlichen Partie des Kryptenarmes zuerst gesagt hatte: »Les colonnes abbatues ont été relevées, les chapiteaux renversés remis à leur place, les murs consolidés et les voûtes qui avaient été perssées ... réparées en partie ...«[72], von Mérimée zu Rede gestellt aber einräumen mußte, daß der Stabilität der Kathedralchorfundamente zuliebe die Westpartie der Krypta von den Fundamenten auf erneuert worden sei[73].

Der Congrès Archéologique, der im Jahre 1852 St. Bénigne besuchte, bestätigte Mérimées Urteil in vollem Umfang: »dans un édifice datant, dit-on, du VIe siècle n'avons-nous trouvé presque partout que des murs et des mortiers tout neufs[74].« Und doch glaubte man sich weiterer Entdeckungen im Bereich des Benignusgrabes und des Rotundenuntergeschosses sicher, zumal man Teile der Säulenstellungen zwischen Benignusgrab und Rotundenuntergeschoß bereits 1846 in situ aufgefunden hatte (vgl. Abb. 60).

1858 bot sich die Gelegenheit zur Fortführung der Kryptenfreilegung, als der Trakt mit den Ställen und Küchen der Bischofsresidenz abgerissen und durch eine Sakristei ersetzt werden sollte. War das Interesse an der Freilegung der Jahre 1843—1846 vorzüglich ein archäologisches gewesen (auch wenn das Endergebnis nicht danach aussieht), so galt die Wiederherstellung des Benignusgrabes und des Rotundenuntergeschosses in den Jahren 1858 ff. vorwiegend — und das ist typisch für jene Zeit — als religiöses Anliegen[75]; hatte die Commission des Antiquités das Erfordernis einer behutsamen Konservierung verkannt, so galt den Erneuerern des Benignuskultes das alte Gemäuer erst recht als »quantité negligeable«. Unter Henri Baudots Kommissionsvorsitz hatte man 1846 Pläne ausgearbeitet, um in Art eines Stollenvortriebverfahrens Benignusgrab und Rotunde auszuräumen, die Aufdeckung von 1858 ff. jedoch erfolgte im »Tagbauverfahren« und führte zur Zerstörung aller Gewölbe (Abb. 61).

---

71 Vgl. Gabriel Grémaud, Prosper Mérimée, la Commission des Antiquités de la Côte-d'Or et la crypte de St. Bénigne de Dijon; deux lettres autographes de Mérimée, in: Annales de Bourgogne, XI, 1939, p. 264—271. Hier sind die Berichte und Briefe Mérimées im vollen Wortlaut abgedruckt.

72 Henri Baudot in seinem 2. Bericht an den Minister des Innern vom Mai 1846 (vgl. Anm. 61).

73 Brief Henri Baudots an den Präfekten vom 8. September 1846, Arch. Mon. Hist.

74 Victor Petit, Visite de la cathédrale et de la crypte de St. Bénigne de Dijon, CA Dijon 1852, p. 34—42.

75 Zu den Vorgängen des Jahres 1858 im einzelnen: Chomton, 1900, p. 335 f.

Vom 12. März 1858 datiert der erste Kostenvoranschlag des Diözesanarchitekten Suisse für eine neue Sakristei[76]; um ihre Fundamente zwischen den Überresten von Krypta und Rotunde aufzumauern, »les décombres seraient déposés dans les cours pour être replacés après la construction des fondations«. Als man dann die 6 Säulen der Kryptenapsis und die beiden benachbarten, reich skulptierten Kapitelle des äußeren Rotundenstützenkranzes (Abb. 58, Ziffer 3/4) in situ aufgefunden hatte, und schließlich in einigen Fragmenten Reste des Benignussarkophages glaubte entdeckt zu haben, bildete sich unter Leitung des Bischofs eine »Bürgerinitiative«, die eine Wiederherstellung der Krypta durch den Generalinspektor der Monuments Historiques, Viollet-le-Duc, persönlich forderte[77]. Die weitere Aufdeckung der Rotunde und ihre Erneuerung geschahen praktisch unter Ausschluß der Öffentlichkeit; die zeitgenössischen Berichte und Akten über den Umfang des aufgefundenen Baubestandes und über das Ausmaß des bei der Aufdeckung Zerstörten wie bei der Restaurierung willkürlich Erneuerten sind spärlich. Bougaud sah 1858/9: »les deux premiers rangs des colonnes de la rotonde de l'an 1001 supportant encore leurs voûtes si bien conservées, que le enduits y sont avec des peintures, sortirent successivement des décombres«[78], wogegen Viollet-le-Duc in seinem Bericht vom 8. Juni 1859 meinte: »ce qui existe de la rotonde de St. Bénigne aujourd'hui consiste donc en substructions fort mal traités, en quelques colonnes et fragments de voûte. Je ne dissimule pas, que cette restauration équivaut à une reconstruction, car les colonnes hors d'aplomb, les voûtes lezardées, les murs faits en mauvais mortier ne présentent aucune garantie de durée[79].«

Eine 1864 erschienene Lithographie weist uns den Zustand des Rotundenuntergeschosses in den Jahren 1859/60 (Abb. 61); die Säulen scheinen samt den alten Basen und Kapitellen dort zu stehen, wo sie während der Freilegung aufgefunden worden waren[80], und wo sie von den Restauratoren auch belassen werden sollten. Das Mauerwerk hingegen wurde von 1861 an unter Oberaufsicht Viollet-le-Ducs erneuert. Charles Suisse beschrieb 1890 den Bauvorgang: »en 1858 . . . on se contenta, par économie, de refaire le pavement intérieur du grand mur circulaire, c'est à dire, l'on se borna à remailler la maçonnerie sur une épaisseur de 0,50 à 0,60, tandis que le vieux mur présente une épaisseur de 1,70 à 1,80[81].« Die blind umlaufende Futtermauer Viollet-le-Ducs ignorierte nicht allein die Ostkapelle der Rotunde, die weiterhin zugeschüttet blieb, sondern auch die Treppenmündungen der ehemaligen Rundschneggen in der

---

76 Arch. Dép. Côte-d'Or, I V 85 (1858—1868, Constructions d'une sacristie).

77 Vgl. hierzu auch Bougaud, Etudes hist. sur la mission etc., 1859, p. 397 ff. und ders., Découverte du tombeau de St. Bénigne à Dijon, in: Bull. Mon. 1859, p. 85—88.

78 BM 1859, p. 87.

79 Arch. Mon. Hist., Dossier: St. Bénigne. Die pessimistische Bestandsaufnahme durch Viollet-le-Duc erläutert ein Bericht des Kathedralkapitels an den Bischof vom 5. 3. 1859 (Archives de l'évêché de Dijon): die Verzögerung der Restauration an den freiliegenden Partien habe »amené la ruine si regrettable d'une partie des restes du Monument souterrain«.

80 Louis-Bénigne Baudot (Ms. 1602, f° 152v) erinnerte sich an die Ereignisse des Jahres 1792: »l'étage du bas de la rotonde n'a point été derangé son état primitif sauf quelques constructions d'autels ou d'escaliers etc. Mais les colonnes, châpiteaux, bases ne paroissent avoir subit aucun changement«.

81 Bericht des Architekten Charles Suisse vom 2. 8. 1890, Arch. Nat. Paris, F19 7696 (Dijon, St. Bénigne, 1869—1892).

Rotundenquerachse und die vier Fenster an der östlichen Rotundenperipherie (Abb. 57). Zwischen die Säulen des mittleren Stützenkranzes setzte man zwei Pfeilermassive als Substruktionen der darüberliegenden neugotischen Sakristei. In der Einwölbung der Rotunde wie der neu aufgedeckten, nördlichen Kryptenräume orientierte sich Viollet-le-Duc an dem Riß Dom Planchers (Abb. 40); einzig über dem Rotundenzentrum war ein Gewölbe eigener Erfindung zu errichten (Abb. 5)[82].

Die Restaurierung Viollet-le-Ducs war baukünstlerisch und bautechnisch ein Mißerfolg. Durch die blinde Umfassungsmauer waren die Lichtverhältnisse des Rotundenuntergeschosses entstellt, durch die Substruktionen der Sakristei die Raumwirkung gestört. Eindringendes Wasser zwang Suisse schon 1878 und hauptsächlich 1890 zu neuen Wiederherstellungsarbeiten, die auch der Gesamtwirkung des Rotundenraumes zugute kommen sollten. Suisse isolierte die östliche Hälfte der Rotunde, indem er an ihrer Außenmauer einen Graben bis zum Ansatz der ehemaligen Rundschneggen führte (Abb. 58); so war es ihm möglich, die Umfassungsmauer in ihrer vollen Stärke zu erneuern und in Anlehnung an Dom Plancher (Abb. 40) zu befenstern. Darüber hinaus legte er die Ostkapelle frei, der er ebenfalls zu ihrer ursprünglichen Belichtung verhalf.

Auch dieser letzten Phase der Aufdeckung und der Konsolidierung lag eine konservierende Haltung, eine Respektierung des alten Baubestandes, fern. Vom Mauerwerk der Johanneskapelle scheint schwerlich mehr als die Sockelzone des Vorraumes alter Bestand[83]; eine deutliche Achsverschiebung der Kapelle gegenüber der Achse Benignusgrab — Rotunde, von der uns aus der Zeit vor 1792 wie auch während der Aufdekkung 1890 berichtet wird[84], trifft auf den heutigen Kapellenraum nicht zu, wohl aber auf den Sockel der Außenmauer ihres Vorraumes, der gen Norden ausweicht (Abb. 20). Aus Fragmenten einer Transenne, die man in der Johanneskapelle auffand, entwarf Suisse die beiden Fensterverschlüsse, die heute ihren Vorraum zieren[85]. Neben den Rotundenfenstern seitlich der Ostkapelle plazierte Suisse außen über starken Wandvorlagen Säulen, auf die er bei der Anlage des Grabens gestoßen war (Abb. 20). Wahrscheinlich meinte er mit ihnen eine alte Stützenordnung unter den hängenden Apsidiolen des Mittelgeschosses (Abb. 41, E u. F) sinnvoll zu rekonstruieren; schon seine Zeitgenossen äußerten sich skeptisch dazu[86]. Um den Fenstergraben hinter der Johanneskapelle und der Rotundenosthälfte zugänglich zu machen, durchbrach Suisse schließlich die starken seitlichen Mauermassive zwischen Vorraum und Altarraum der Johanneskapelle (Abb. 58).

---

82 Charles Suisse setzte über das Opaion eine Laterne, wie sie auf einer alten Photographie von Lefèvre-Pontalis (Arch. Mon. Hist.) wiedergegeben ist. Seit 1939 ist das Opaion durch einen zeitlosen Kegelstumpf aus Zementplatten geschlossen (vgl. Abb. 7).

83 Die Behauptung von J(aques) P(issot), Monographie de la crypte et rotonde de St. Bénigne, 2e éd. Dijon, 1893, p. 47: »les anciens murs d'enceinte ont été religieusement conservés par le savant architecte« hält einer kritischen Untersuchung des Mauerbestandes nicht stand. Soweit das Mauerwerk im Innern nicht von Putzschichten bedeckt ist, scheint es mir ebenso wie das ganze Äußere (mit Ausnahme der genannten Sockelpartie) modern.

84 Zuletzt Chomton 1900, p. 70.

85 Vgl. Mém. CACO, XII, 1889—1895, p. LXXIII, und Chomton 1900, p. 116.

86 Vgl. Mém. CACO, XII, 1889—1895, p. XXIX. »la Commission ... a constaté que les fragments des colonnettes n'étaient plus en place et avaient, sans doute, été placés là lors de la démolition des bâtiments«. Entgegen diesem Bericht schrieb Chomton (1900, p. 105) — der es als Augenzeuge der Aufdeckung hätte besser wissen müssen — die Säulen seien mitsamt ihren Basen an ihrem heutigen Platz aufgefunden worden.

Nach Abschluß der Restauration von 1890 gab die Kryptenanlage von St. Bénigne — wennschon in der Bausubstanz völlig erneuert — eine angemessene Idee von der Erscheinung des alten Rotundenuntergeschosses. Abgesehen von den Opaia über dem südlichen Kryptenarm und über dem Benignusgrab entsprach die Belichtung ungefähr dem ursprünglichen Zustand (vgl. Abb. 3 zur Wirkung des Opaions über dem Rotundenzentrum). Der leider nicht realisierte Vorschlag von Suisse, das Untergeschoß des südlichen Rundschneggen als Kryptenzugang zu rekonstruieren, hätte das Bild der frühromanischen Anlage glücklich abgerundet[87]. Unverständlicherweise sind heute alle Fenster und Opaia (bis auf den Lichtschacht der nördlichen Apsidiole) blind, obwohl es leicht sein dürfte, den Zustand von 1900 wiederherzustellen.

Aufs ganze gesehen ist der Informationswert der heutigen Krypta für den Bau des 11. Jahrhunderts gering. Von Anfang an folgten die Ausgräber-Restauratoren mehr dem Grundriß des Dom Plancher als dem Befund der von ihnen aufgedeckten Baupartien. Baudot gab 1844 nicht eine Aufmessung der von ihm entdeckten Mauerzüge, sondern markierte in einer Pause des Dom-Plancher-Grundrisses durch Buchstaben und Lavis *die* Säulen und Joche, die er freigelegt hatte (Abb. 55); daß der Grundriß der Kryptenostwand (nach Dom Plancher) von seiner eigenen kleinen Aufrißskizze am Fuß des Blattes beträchtlich abweicht[88], scheint er kaum realisiert zu haben. Ebensowenig kam Viollet-le-Duc und Suisse, die 1858 ff. den Bereich ums Benignusgrab freilegten, der Gedanke, die aufgedeckten Partien auf ihre Entstehungszeiten hin zu untersuchen, um nach Ausscheiden aller nachmittelalterlichen Zutaten *einen* historischen Bauzustand — wenn schon nicht den des 11. Jahrhunderts, so doch etwa den des späten 13. Jahrhunderts — herauszuarbeiten und zu rekonstruieren. Da sie allein Dom Planchers Risse zur Grundlage nahmen, mußten sie »blindlings« Umbauten des 17. Jahrhunderts (die Stufen, die von Osten zum Benignusgrab hinabführen) ebenso sorgfältig erneuern wie die Chorfundamente des 13. Jahrhunderts oder die Säulenstellungen aus der Zeit des Wilhelm von Volpiano. All dies wirkt heute wie aus einem Guß; hauptsächlich darin blieb die Rekonstruktion des 19. Jahrhunderts von ihrem Ziel, der Wiederherstellung des Bauzustandes aus der Zeit des Abtes Wilhelm, weit entfernt[89].

---

87 Kostenvoranschlag von Charles Suisse, 14. November 1878, Arch. Dép. Côte-d'Or, I V 86 (1867—1886), Punkt 3. Statt dessen wurde nach 1885 der Verbindungsgang zwischen der südlichen Kathedralapsidiole und der Sakristei erbaut und von diesem aus die steile Treppe zum westlichsten Kryptenkompartiment eingerichtet, über welche man die Krypta noch heute betritt.

88 Zu den Differenzen im einzelnen vgl. unten p. 59 f.

89 Meine Untersuchung bestätigt Martindales Urteil (1962, p. 22): »the amount of information that the remains now yield is negligible, beyond confirming the general layout of the structure«, entgegen Charles Oursel (1928, p. 18): »l'examen attentif de la crypte actuelle a cependant permis des conjectures vraisemblables, si bien que le plus simple, pour restituer l'état antérieur à l'an 1000, est encore de décrire notre crypte«.

DIE FRÜHROMANISCHE ROTUNDE

Die Baugestalt der Rotunde ist uns durch alte Beschreibungen, durch Ansichten des Innern wie des Äußern, sowie durch Schnitte und Grundrisse aller Geschosse so umfassend und schlüssig überliefert, daß eine Rekonstruktion ihres Bauzustandes vor 1792 für überflüssig gehalten werden könnte[90]. Gleichwohl scheint es mir lohnend, ihr eine genauere Beschreibung zu widmen. Das Herausschälen des frühromanischen Baubestandes aus den wenigen, in der Gesamterscheinung untergeordneten Veränderungen und Zutaten des 12. bis 18. Jahrhunderts zeigt nämlich, daß die Rotunde des Wilhelm von Volpiano bis zum Jahre 1792 in einer seltenen und unerwarteten Vollständigkeit aufrecht geblieben war. Das gibt uns die Gelegenheit, einen geschlossenen Baukomplex des frühen 11. Jahrhunderts bis in die Details seiner Baugestalt zu beschreiben und ihn – bei einiger Vorstellungskraft – in seiner baukünstlerischen Wirkung zu beurteilen.

DAS ROTUNDENUNTERGESCHOSS

In den ersten Tagen ihres Abbruchs, am 27. Februar 1792, begann der junge Dijoner Archivar Louis-Bénigne Baudot den Baubestand der Rotunde in seinen Notizen gewissenhaft festzuhalten:

»dimentions prises dans le souterain de la cripte de St. Bénigne led. jour 27 février 1792, lorsquon découvrait cet édifice. l'ouverture du souterain qui me parait l'estre devenu depuis que l'on a exaucé le térrin de Dyon, a environ 3 pieds d'ouverture et s'elargit peu a peu de façon quíl a 3^{pi}–10^{po} en mésurant sur les dernieres marches les qu'elles onts étés réparées depuis peu d'années, il y a 29 marches d'Escaliers qui onts chacune 6^{po} de haut l'une portant l'autre, cet escalier est tournant; ce soutérain est de forme ronde et dans cette rondeur on voit 48 colonnes (je ne parle pas des chapélles accéssoires qui sont aussi dans ce creu[x]) – de ces 48 colonnes les unes sont de Marbre d'autres de pierres et qui correspondent a celles qui sont en pareille nombre formant l'Etage de niveau avec la rue. Ce caveau en ne mesurant que la rondeur dont j'ay parlé a 50 pieds de diamettre, une des plus grosses colonnes que j'ay mesurée a 4^{pi}–10^{po} de tour et la plus petite dont quatre se trouvent aux quatre coins du premier tombeau de St. Bénigne dont je parleray a deux pieds de tour aussi. Les colonnes sont disposées sur trois lignes qui forment trois ronds, chaque rond est a 6^{pi}–6^{po} environ de distance et chaque colonne du même rond sont a 5 pieds de distance l'une de l'autre. faisons le tour du creu et comptons par colonnes puis que nous scavons leurs distances et que nous avons la dimention des bases de ces colonnes ce qu'en ajoutant nous pourons facilement

[90] Tatsächlich ist die Rotunde seit den Tagen Dom Planchers nicht mehr im Zusammenhang beschrieben worden. In den Arbeiten von Charles Oursel, Alice Sunderland, Conant und Martindale wird sie nur eben genannt, alle weiteren Ausführungen der genannten Autoren betreffen die Basilika.

calculer le tour de ce souterain non compris les chapelles accessoires et le tombeau de St. Bénigne ainsi que l'Endroit que l'on appélle vulgairement sa prison. en commencant à gauche du côté de la porte est un Cercueil en pierre de forme ancienne, à trois colonnes plus loing que l'Escalier est une fenêtre plus haute que le sol de ce caveau de 9^{pi} environ elle est bouchée et ne donne point de lumière. 2 colonnes plus loing est une autre fenestre a 6^{pi} plus hault que le sol du caveau, elle est grillée en fer bouchée et ne donne aucunne clareté. une colonne (müßte heißen: deux colonnes) plus loing est une chapelle dans le vestibule de laquelle on entre en sortant du rond dont j'ay parlé ... rentrons dans le rond à deux colonnes du vestibul dont je viens de parler est une fenêtre de 6^{pi}—6^{po} plus haute que le sol, cette fenestre n' est pas absolument bouchée et laisse percer une petite clareté qui vient de la Rue. à deux autres colonnes une autre fenestre plus petite et bouchée. à 3 colonnes est un grand cercueil en pierre de forme ancienne ... ensuitte deux ouvertures de même en pierre, 4 après le tombeau de St. Bénigne et les chapelles accéssoires et la prison vulgairement ditte de St. Bénigne, 5 après une fenestre et une après l'Escalier[91].«

Baudots Beschreibung bestätigt und ergänzt die Pläne und Ansichten Dom Planchers; sie bestätigt eine der auffälligsten Eigentümlichkeiten des Grundrisses vom Rotundenuntergeschoß (Abb. 40), nämlich den Verlauf der Treppe des nördlichen Rundschneggen; diese mündet nicht — entsprechend ihrem südlichen Pendant — in der Querachse des Baus, sondern um einen Wandabschnitt nach Westen versetzt gegen den äußeren Umgang. Chomton, der die Aufdeckung des Rundschneggenrestes im Jahre 1890/91 als Augenzeuge verfolgt hatte, schreibt als Erklärung: In der Rotundenquerachse führe ein Gang aus der Rotunde quer durch die Basis des Nordturmes ins Freie (vgl. Abb. 58); mit Rücksicht auf diesen habe der Auslauf der Wendeltreppe gegen Westen ausweichend ins Nachbarjoch geführt werden müssen. Diese Deutung ist plausibel, die vor wenigen Jahren erneut freigelegten Reste des Rundschneggen widersprechen ihr nicht[92]. Der Bau des 11. Jahrhunderts besaß demnach eine direkte Verbindung zwischen Rotundenuntergeschoß und Mönchsfriedhof, einen Stollen, der erst infolge des wiederholt aufgeschütteten Terrains in der Umgebung der Rotunde seine Funktion verlor.

Auch die Fenster auf der östlichen Peripherie der Rotunde waren zur Zeit Baudots vermauert. Spätestens vom 17. Jahrhundert an war das Rotundenuntergeschoß unter der Aufschüttung seiner Umgebung verschwunden. Damals lagen der Mönchshof[93] und die Straße, die zwischen St. Bénigne und St. Philibert hindurchführt, etwa niveaugleich mit dem Rotundenmittelgeschoß (vgl. Abb. 42/49). Daß dieser Zustand nicht der ursprüngliche war, wird aus Baudots Angaben deutlich; demnach

---

91 Louis-Bénigne Baudot, Ms. 1602, f 61 Mitte — f 62^{v} und f 63 unten. Die Beschreibung des Rotundenuntergeschosses, mit der Baudot seine Bestandsaufnahme von St. Bénigne einleitet, ist ausführlicher und systematischer als seine späteren Notizen. Ich gebe daher nur diesen Abschnitt im vollen Wortlaut.

92 Vgl. hierzu: Chomton 1900, p. 105, col. II. Die Reste des Rundschneggen wurden damals wieder zugeschüttet und gegen den Rotundenumgang vermauert. Eine erneute Freilegung, die auf Initiative von Pierre Quarré vor wenigen Jahren erfolgte, läßt des schlechten Erhaltungszustandes der ehemaligen Rundschneggenmauern wegen keine neuen Schlüsse zu. Allerdings müßte der Stollen gegen außen angestiegen sein, lag doch das Gelände östlich des Dormitoriumsflügels beträchtlich höher als das Niveau des Rotundenuntergeschosses.

93 Nach der Vogelschau des Dom Prinstet, 1674 (Abb. 28), lag der Eingang des Klosters im Osten, der Eingang der Abtsresidenz im Westen.

hatten die beiden inneren Fenster zu seiten der Johanneskapelle ihre Sohlbank auf einer Höhe von rund zwei Metern, die beiden äußeren saßen – nachträglich verkleinert? – auf einer Höhe von fast drei Metern. Die frühromanischen Fensteröffnungen wird man sich als klein, und die Lichtmenge, die sie dem Rotundenuntergeschoß zuführten, als gering vorstellen müssen; wegen der beträchtlichen Mauerdicke von über zwei Metern waren sie kaum mehr als Lichtscharten[94]. Auch die tiefen, rechteckigen Nischen, die nach Dom Plancher (Abb. 40) in den starken Mauermassiven zwischen der Rotunde und den Kryptenapsidiolen ausgespart waren, beschreibt Baudot als nachträglich vermauerte Fenster. Das ist natürlich abwegig, da die Rotunde nie auf allen Seiten freistand; immerhin läßt sich Baudots Beschreibung entnehmen, daß die Grundfläche dieser Rechtecknischen in Art einer Fenstersohlbank über dem Niveau der Umgänge lag.

Im übrigen gibt Baudot Maßangaben, die mit denen des Dom-Plancher-Grundrisses im großen und ganzen übereinstimmen. Wie Dom Plancher mißt Baudot zwischen den Säulenringen Abstände von 6^{pi}–6^{po} (rund 210 cm) und innerhalb dieser Säulenringe zwischen den einzelnen Stützen 5^{pi} (rund 170 cm). Die Maßangabe von 50^{pi} (fast 16,60 m) für den Durchmesser des Rotundenuntergeschosses dürfte eher zu knapp genommen sein[95], wogegen seine Angabe zur Höhe des Rotundenuntergeschosses einschließlich der Wölbung (29 Stufen zu 6 pouces/rund 480 cm) mit Dom Plancher wieder übereinstimmt (15^{pi}/rund 490 cm auf dem Längsschnitt, Abb. 38/39)[96]; auch in der lichten Weite der nördlichen Wendeltreppe weicht Baudot (mit 3^{pi}–10^{po} = rund 125 cm) von Dom Plancher kaum ab[97].

Was wohl jeden, der sich in die Risse Dom Planchers etwas eingesehen hat, stutzig macht, ist die ungeheure Stärke der Umfassungsmauer des Rotundenuntergeschosses mit mehr als 8^{pi} = rund 265 cm. Zwar hat der Zeichner um etwa 1^{pi}–6^{po} übertrieben, wie eine Projektion des Grundrisses vom Untergeschoß auf den des Mittelgeschosses leicht zeigt; doch stellte Charles Suisse anläßlich der Restaurierung der Umfassungsmauern im Jahre 1890 tatsächlich eine ursprüngliche Mauerstärke von 220 bis 240 cm fest (vgl. Abb. 57)[98].

---

[94] Dom Plancher, der in seinem Längsschnitt durch die Rotunde die Fenster des Untergeschosses rekonstruiert, gibt ihre lichte Öffnung mit ca. 150 x 80 cm eher zu groß.

[95] Vgl. Anhang 2, Kommentar zu Satz 4.

[96] Dom Plancher (1739, p. 483 unten) war der Auffassung, das Niveau des Rotundenuntergeschosses sei vom 11. Jahrhundert an beträchtlich angestiegen. Von den 37 Stufen des Chron. S. B. (Satz 21) findet er nur 29 vor. Die Unstimmigkeit rührt von der falschen Zahlenangabe des Chronisten her; auszuschließen ist, daß das Niveau um 8 Stufen à 6^{po}, also um 130 cm angestiegen sei, da Dom Plancher und Baudot die Basen der Rotundenstützen noch vor Augen hatten.

[97] Die Wendeltreppe des südlichen Rundschneggen war breiter. Baudot mißt hier »en mesurant dans le bas 4^{pi} de large sur 8 en mesurant sous la clef« (Ms. 1602, f 98^{r}); als Zugang zum Untergeschoß war diese Treppe im 18. Jahrhundert nicht mehr in Benützung, vielmehr diente sie als Treppenhaus der gegen Süden anschließenden Wohnbauten (vgl. Abb. 45).

[98] Bericht vom 2. 8. 1890 (AN F^{19} 7696): »en 1858 . . . on se borna à remailler la maçonnerie sur une épaisseur de 0,50 à 0,60, tandis que le vieux mur présente une épaisseur de 1,70 à 1,80«. Baudot (Ms. 1602, f 76^{v}) gab an »le mur dans le souterrain en la mesurant par l'ouverture d'une fenêtre a quatre pieds«; wahrscheinlich hat er die Tiefe der Rechtecknische, die er für ein hintermauertes Fenster hielt, gemessen; f 141^{v} spricht er von der

Auf den ursprünglichen Zustand der Umfassungsmauern vergleichsweise ausführlich einzugehen, schien mir sinnvoll, um an einem begrenzten Beispiel aufzuzeigen, wie sich aus der Synopse mehrerer Quellen eine begründete Vorstellung vom Baubestand des 11. Jahrhunderts gewinnen läßt. Mit der solcherart wiedergewonnenen Umfassungsmauer hat die rekonstruierende Vorstellung Vorlagen und Freistützen zu verbinden, wie sie das Chron. S. B. (Satz 18/19) beschreibt, und wie sie auch heute wieder in der sog. Krypta von St. Bénigne — an ihrem alten Platz — stehen, sowie Gewölbe ähnlich denen, die im 19. Jahrhundert nach den Angaben des Dom Plancher an Ort und Stelle erneuert worden sind.

Das Rotundenuntergeschoß wird von einem kurzstämmigen Säulenwald erfüllt; der vorherrschende Eindruck ist der von Orientierungs- und Ziellosigkeit[99]. Die Säulen, die in willkürlicher Zahl und an zufälligem Ort den Raum zu verstellen scheinen, wirken nicht als Glieder konzentrischer Stützenkränze — wie sie der Grundriß so einprägsam vor Augen stellt (Abb. 40) — sondern eher als Reststücke eines von Umgangs- und Radialstollen kreuzweise ausgehöhlten Mauermassivs. Daß dieser Eindruck aufkommen kann, liegt nicht allein an der gedrungenen Stämmigkeit der Säulen[100], sondern auch an ihrer engen, fast nahtlosen, durch die verschleifenden, kämpferlosen Kapitelle vermittelten Bindung an die niedrige Wölbung. Gleichwie die freistehenden Säulen baukünstlerisch mehr der Wölbung (im Sinne von Gewölbefüßen) beigeordnet sind als einer raumgliedernden, autonomen Säulenstellung, so die Vorlagen des »dritten Stützenkranzes« (von einem solchen spricht das Chronicon S. B., Satz 18) mehr der Wand. Genaugenommen handelt es sich nicht um einen dritten Säulenring und auch nicht um Halbsäulenvorlagen, sondern um weit unterhalbkreisförmige, aber breit ausladende und oben sich verjüngende Gebilde, die nurmehr eine ferne Verwandtschaft mit der Säulenform erkennen lassen[101]. Die verschiedenen Wölbungsformen und ihr Wechsel: Ringtonne über dem inneren Umgang, Ringtonnenstükke alternierend mit Kreuzgratgewölben über rechteckigen Feldern in den Haupt- und Diagonalachsen des äußeren Umgangs, scheinen uns angesichts des Grundrisses (Abb. 40) als wichtige Gliederungsfaktoren zu gelten. In Wirklichkeit sind die Ringtonnen von den Arkaden über den Stützen aber so stark angeschnitten, daß sie ihre kreisförmige Prägkraft verloren haben; der raffinierte Wechsel der Wölbungsformen im äußeren Umgang schließlich kann bei der geringen Befensterung der Umfassungsmauern kaum in Erscheinung getreten sein.

Die rekonstruierende Vorstellung vom frühromanischen Rotundenuntergeschoß hat

---

außergewöhnlichen und übertriebenen Mauerstärke — eine Äußerung, die bei nur 130 cm unverständlich wäre.

99 Dies erklärt wohl, warum es allein vom Rotundenuntergeschoß keine Zeichnung des 17./18. Jahrhunderts gibt. Den ursprünglichen Zustand dürfte die alte Photographie (Abb. 3) der Archives Photographiques recht gut wiedergeben. Wie man den stark beleuchteten Partien des Mittelraumes ansieht, ist hier die Helligkeit allerdings — verglichen mit dem Licht, das durch den Mittelschacht des 11. Jahrhunderts vermittelt werden konnte — zu stark. Schon im inneren Umgang wird man mit einem Dämmerlicht rechnen müssen. Außerdem rückt die Weitwinkelaufnahme die Säulenreihen zu stark auseinander; die Abstände der Säulen innerhalb eines Stützenkranzes sind nur wenig (um 40 cm) kleiner als die Abstände der Stützenkränze voneinander.

100 Säulen des Rotundenuntergeschosses — Durchmesser: rund 55 cm, Höhe: rund 210 cm.

101 Dom Plancher hielt diese Vorlagen für umgearbeitete Sarkophagdeckel (1739, p. 480 unten).

allerdings ein Motiv mitzubeachten, das der Richtungslosigkeit des Säulenwaldes einst entgegenarbeitete: das durch den Mittelschacht der Rotunde vermittelte Licht des Opaions (vgl. Abb. 3 und 38/39). Durch dieses wurde das im Durchmesser fünfeinhalb Meter enge Feld innerhalb des innersten Stützenkranzes zur optisch beherrschenden Mitte. Diese Mitte ist nur bedingt Teilraum des Untergeschosses, gehört sie doch als Abschnitt des schlanken, viergeschossigen Mittelschachtes einer den gesamten Rotundenbau über die Geschoßeinteilung hinweg verbindenden monumentalen Ordnung an. Es wäre also zuwenig gesagt, würde man den Raum zwischen dem innersten Stützenkranz nur als Mittelfeld des Rotundenuntergeschosses ansprechen; als Bestandteil des Rotundenmittelschachtes ist er zugleich und in erster Linie zentraler Lichtspender des Rotundenuntergeschosses. Die Auszeichnung des Zentrums durch das Licht ist für den Zentralbau der Antike wie des Mittelalters nichts Außergewöhnliches. Ungewöhnlich ist im Falle des Rotundenuntergeschosses von St. Bénigne jedoch die Verbindung der zentrierenden Lichtführung mit einer Raumgliederung, die sich einer Zentrierung weitgehend entzieht. Der helle Mittelraum, der nicht einmal ein Zehntel der gesamten Rotundenuntergeschoßfläche einnimmt, hat im Gesamtzusammenhang dieses Geschosses die Funktion einer inneren Laterne; die breiten, doppelten Umgänge werden von diesem Lichtzentrum zwar berührt, doch ordnen sie sich ihm nicht als Umgänge unter; sie bewahren ihren autonomen Charakter einer runden Hallenkrypta.

DAS MITTELGESCHOSS

Das Mittelgeschoß der Rotunde weicht seiner architektonischen Struktur nach nur geringfügig von dem Untergeschoß ab. Die Anlage der drei Stützenkränze, jeweils um acht Säulen von innen nach außen zunehmend, und die Gestaltung der Wölbung durch Ringtonnen – im äußeren Umgang über dem Achsenkreuz und seinen Diagonalen von Kreuzgratgewölben durchschossen – sind dem Untergeschoß gleich[102]; und doch muß das Mittelgeschoß im Gegensatz zur stollenartigen Rundkrypta dort einen vergleichsweise lichten und systematisch gegliederten Eindruck gemacht haben. Auch wenn wir die Zeichnung von Antoine (Abb. 53) mit ihren überschlanken Proportionen nicht wörtlich nehmen dürfen, scheint doch eine geringe, aber merkliche Erhöhung der Säulen, das allseitige Aufbrechen der Umfassungsmauer in Fenster und demzufolge eine höhere Gesamthelle zu diesem veränderten Eindruck beigetragen zu haben. Die Säulen dieses Geschosses sind fast einen Fuß höher als die des Untergeschosses – selbst der Längsschnitt Dom Planchers (Abb. 38/39) berücksichtigt diese Differenz – und sie haben einen geringeren Durchmesser[103]. Die Kapitelle scheinen

---

102 Baudot (Ms. 1602, f 64^{v}) bemerkt zutreffend »chacune des colonnes qui se trouvent dans cette partie basse de la rotonde supporte perpendiculairement sur elle même une autre colonne qui forme l'étage de cette rotonde ...«

103 Dom Plancher (1739, p. 480) gibt den Umfang der Säulen im Rotundenmittelgeschoß mit 4^{pi} 3^{po} (138 cm) gegenüber 5^{pi} (163 cm) im Untergeschoß. Baudot (f 75^{v}) mißt die Höhe der Säulenschäfte vor der Marienkapelle mit 7^{pi} 2^{po} 6^{li} (234 cm) gegen 6^{pi} 6^{po} (f 77^{r}) im Untergeschoß (210 cm). Die Höhe des Rotundenmittelgeschosses dürfte – zwischen den

ähnlich glatt und kämpferlos zum Gewölbefuß vermittelt zu haben wie im Untergeschoß[104]. Die Säulen des äußeren Umgangs sind nicht mehr amorphe, einer Halbsäule nur angenäherte Wandvorlagen, sondern vollrunde, auf einer umlaufenden Stufe[105] den schmalen Wandfeldern zwischen den breiten Fenstern vorgestellte Vollsäulen. Nur in je einem Abschnitt, zu seiten der Rundschneggenmündung, bleibt das Wandfeld zwischen ihnen geschlossen. Die gegen Osten folgenden Abschnitte sind durch zweifach gestufte, in der ganzen Wandbreite ansetzende Fenster aufgebrochen[106]. Der Zugang von der Rotunde zur Marienkapelle ist nicht in ein Interkolumnium des äußeren Stützenkranzes eingepaßt (wie im Untergeschoß), sondern als dreifache Säulenarkade mit betonter Mittelöffnung ausgebildet. Es sind hier dem Kapellenzugang in derselben Weise zwei Freistützen eingestellt, wie wir es zu Beginn des 13. Jahrhunderts — angeregt durch die Chorlösung von St. Remi in Reims (um 1170/75 — an der Umgangskapelle der Kathedrale von Auxerre wiederfinden[107]. Eine Umformung der Dijoner Kapelleneingangsarkade im 12./13. Jahrhundert ist jedoch auszuschließen, da bereits das Chronicon S. B. (Satz 23) die Dreierarkade beschreibt.

Die Wandabschnitte seitlich des Kapellenzugangs öffnen sich jeweils auf eine kleine, über die Mauerstärke außen hinausragende, »hängende« Apsidiole. Durch eine bün-

---

geschoßmarkierenden Gesimsen des Mittelschachtes gemessen — der des Untergeschosses gleich gewesen sein (vgl. Abb. 38); nicht so die Höhe der Umgänge unter dem Gewölbe und dementsprechend die Stärke der Gewölbe. Den um einen knappen Fuß erhöhten Säulenschäften entspricht eine um 1 — 1½ Fuß höhere Scheitellage der Wölbung, was sich besonders auf die schlanken Arkaden des Mittelschachtes auswirkt, deren Zwickelfelder vom Untergeschoß bis zum obersten, vierten Arkadengeschoß an Höhe und Bedeutung sukzessive abnehmen.

104 Vgl. Baudots Zeichnung einer Säule des Rotundenmittelgeschosses mit Kapitell und Wölbungsansatz (Abb. 94, rechts oben).

105 Dom Plancher gibt die den geschlossenen Wandabschnitten vorgelegte Sockelbank der Umgangsvorlagen in allen drei Geschossen (Abb. 40, 41, 43). Die Rekonstruktion des Rotundenuntergeschosses im 19. Jahrhundert setzte die Wandvorlagen ohne Sockel; angesichts der mächtigen monolithen Vorlagen ist kaum vorstellbar, wie diese früher mit einem Sockel hätten verbunden sein sollen. Für das Obergeschoß bestätigt die Zeichnung von 1722 (Abb. 36) eine hohe, markante Sockelbank, ebenso der Längsschnitt Dom Planchers (Abb. 38/39). Für das Mittelgeschoß ist sie nur im Grundriß eingetragen; als Fortsetzung der Stufen am Eingang der »hängenden Apsidiolen« und als Abgrenzung der Rotunde im engeren Sinne von den angeschobenen Zwickelräumen im Süd- und Nordwesten ist sie hier in konsequenter und sinnvoller Weise wiedergegeben. Allerdings handelt es sich schwerlich um eine wirkliche Sockelbank, sondern vielmehr um eine niedrige Stufe.

106 Leider geben uns weder Dom Plancher noch Baudot die Größe der Fenster an. Nach dem Grundriß des Dom Plancher (Abb. 41) scheinen die Fenster der »hängenden Apsidiolen« kleiner, die der angrenzenden Umgangswandabschnitte größer als die des Untergeschosses. Irreführend ist die Fenstergliederung im Längsschnitt des Dom Plancher (Abb. 38/39): anstelle der Apsidiolen ein großes Fenster, in den angrenzenden Abschnitten bloße Lünettenfenster. Die Seitenansicht des Dom Plancher (Abb. 49) gibt kleine Rechteckfenster, die Außenansicht des Antoine (Abb. 51) schließlich mäßig hohe Rundbogenfenster. Ein Fenster des südlichen Abschnittes war nachträglich zu einer Tür erweitert worden (vgl. Abb. 41), die — erstmals 1676 (BN, Coll. Bourg. XI, p. 487) erwähnt — auf die immer höher aufgeschüttete Straße zwischen St. Bénigne und St. Philibert führte (vgl. Abb. 50). Denkbar, daß die übrigen Fenster des Rotundenmittelgeschosses in dem Moment verkleinert und vergittert wurden, als mit erhöhtem Straßenniveau die Einstiegsgefahr wuchs.

107 Zu Auxerre vgl. Robert Branner, Burgundian Gothic Architecture, London 1960, p. 52.

delpfeilerähnliche Koppelung der äußeren Stütze der Kapelleneingangsarkade mit den Säulen am Apsidiolenansatz war es möglich, die gerade Flucht der Dreierarkade einzurichten, ohne den gleichmäßigen Fluß des äußeren Stützenrings aufzuheben.

An der westlichen Peripherie des Rotundenmittelgeschosses sind die starken Mauermassive, die im Untergeschoß zwischen Querhauskapellen, Heiligengrabumgang und Rotundenumgang standen, auf schmale Zungenwände reduziert, die — an ihrem Auslauf kaum 40 cm stark — die Rotunde gegen die inneren Apsidiolen des Querhauses abgrenzen. Die Säulen des äußeren Rotundenringes stehen über der westlichen Peripherie frei, selbst im Bereich der Zungenwände gelten sie nicht als Wandvorlagen, sondern als Freistützen, denen die liturgisch bedingte Trennmauer in unauffälliger Weise angelehnt ist.

An Stelle einer Differenzierung des Raumbildes in einen engen, hellen Mittelschacht und eine weite, dämmrige Rundkrypta — so hatten wir das Untergeschoß beschrieben — läßt sich im Mittelgeschoß eine gleichmäßige Helle und eine enge Verbindung der axial hintereinanderliegenden Räume: Presbyterium der Basilika, Rotundenmittelgeschoß und Marienkapelle, zu einer weitläufigen, über den engeren Rotundenbereich hinausgreifenden Anlage feststellen. Über Zwickelräume wird auch die westliche Peripherie der Rotunde mit Fenstern, die in der Außenmauer des Verbindungstraktes von Rotunde und Basilika stehen, verbunden und durch eine fünfteilige Arkadenstellung des äußeren Stützenkranzes gegen die Säulenstellung der Apsis und damit gegen das Presbyterium der Basilika hin geöffnet. So wird über die sieben offenen Arkadenstellungen zwischen Apsis und Eingang der Marienkapelle hinweg die Achse der Gesamtanlage, die Korrespondenz der liturgisch bedeutsamen Pole: Hauptaltar und Marienaltar, hervorgehoben. Durch die gleichmäßige Aufhellung kommt gleichzeitig der Zusammenhang der raumgliedernden Elemente: der Säulen als Stützenringe und der Gewölbe als Ringtonnen — letztlich also die Zentralbauidee des Rotundenmittelgeschosses — stärker zur Geltung.

DAS OBERGESCHOSS

Im Obergeschoß der Rotunde fehlt der mittlere Stützenkranz (Abb. 43); eine ringförmig angelegte Viertelstonne steigt von der Umgangsaußenwand direkt gegen die zweigeschossige Arkadenstellung des Mittelschachtes an (Abb. 38/39). Die Außenwand ist bis auf die fünf westlichen Interkolumnien, die mit der oberen Apsisarkade der Basilika korrespondieren, stärker geschlossen als im Mittelgeschoß; die Kreisform der Rotunde erfährt eine entschiedenere Betonung, wogegen die Axialtendenz des Mittelgeschosses wieder zurückgebildet ist.

Vor der Wand stehen wie im Mittelgeschoß Vollsäulen; galten sie dort aber als dritter Stützenkranz, so hier als bloße Wandvorlagen. Mit einem Durchmesser, der erheblich unter dem der Freisäulen mit Stützenfunktion (in der Arkade des Mittelschachtes beziehungsweise in der Fünferarkade gegen die Basilika hin) liegt, sind sie zwischen die hohe Sockelbank und die in Blendbögen ansetzende Ringtonne als wandgliedernde Elemente eingespannt. Die Fenster der östlichen Abschnitte sind verhältnismäßig groß — 6^{pi}–6^{po} sur 3^{pi}–6^{po} (rund: 210 x 115) hat Baudot (f 96^{v}) gemessen — und ihr Gewände erweitert sich trichterförmig nach außen. In der Achse vermittelt eine fenestellaartige Öffnung gegen die höher gelegene Michaelskapelle.

Die Säulenarkade gegen den Mittelschacht entspricht in ihrer Scheitelhöhe der des Mittelgeschosses, doch sind ihre Stützen abermals etwas dünner als die des Mittelgeschosses[108]. Das zweite und letzte Arkadengeschoß ist nicht aus Säulen, sondern aus Pfeilern oder richtiger: von einer Arkadenmauer gebildet. Ich sage Arkadenmauer und nicht Pfeilerstellung, denn wenngleich das kräftige, die Pfeiler allseits umlaufende Kämpfersims[109] die Arkade in Pfeiler und Bogenfeld zu trennen scheint, spricht doch gegen die Betrachtungsweise der Stützen als autonomer »Pfeiler« die kreisförmige Grundrißanlage der obersten Mittelschachtsarkade, welche nicht nur eine Krümmung aller Mauerstücke bedingt, sondern auch eine solche der vermeintlichen Pfeiler. Aus Grundriß und Längsschnitt des Dom Plancher (Abb. 38/39/43) scheint mir hervorzugehen, daß das Wandfeld über den Säulen (also das des dritten Arkadengeschosses) gegen den Mittelschacht hin polygonal geführt ist (und darin mit den beiden unteren Geschossen übereinstimmt), gegen den Umgang hin aber kreisförmig[110]. Das letzte Arkadengeschoß hingegen ist nicht nur gegen den Umgang hin über kreisförmiger Grundlinie weitergeführt, sondern auch gegen den Mittelschacht, und zwar über einer Grundlinie, die mit Hilfe mehrfach abgetreppter Konsolen dem Achteck der unteren Arkaden einbeschrieben ist. In der kreisförmigen Führung der oberen Arkade ist schließlich die Kreisform des letzten Gesimses vorbereitet, welches die flache Kuppelschale mit dem Opaion trägt[111].

---

108 Unverständlich bleiben mir die trapezförmigen Anhängsel neben den Säulensockeln der Mittelschachtarkade auf Dom Planchers Obergeschoß-Grundriß. Soll in diesem Nebeneinander von Säulensockeln und einer zweiten Grundrißform das Übereinander von Säulen und Pfeilern dargestellt sein?

109 Daß das Kämpfersims umlief, scheint mir aus Dom Planchers Längsschnitt (Abb. 38/39) und Antoines Zeichnung (Abb. 52) hervorzugehen, wennschon die Zeichnung von 1722 (Abb. 36) den Kämpfer nur gegen den Mittelschacht einträgt.

110 Die Frage, ob die Arkaden des Mittelschachtes polygonal oder kreisförmig angelegt waren, läßt sich aus dem vorliegenden Bildmaterial nicht leicht beantworten. In seinem Grundriß des Untergeschosses zeichnet Dom Plancher die Arkaden gegen den Schacht polygonal und wird darin durch Antoines Ansicht des Mittelgeschosses (Abb. 53) sekundiert. Überflüssig ist in Dom Planchers Grundriß offensichtlich die kreisförmige, punktierte Linie, die die Stützen außen verbindet: denn gegen den Umgang mündeten die Arkadenbögen absatzlos in Stichkappen, die in die Ringtonne einschnitten. Im Grundriß der Mittelgeschosses sind die beiden punktierten Kreise überflüssig, sofern die Mittelschachtswand polygonal geführt war. Gerade letzteres bestätigt aber neben der Mittelgeschoßansicht des Antoine die Bemerkung Dom Planchers (p. 480), der ganze Mittelschacht sei oktogonal gebildet. Überdies sind die stockwerkmarkierenden Gesimse bei Dom Plancher wie bei Antoine ausdrücklich als polygonal gebrochene eingetragen.

111 Nach Dom Plancher besaß das Opaion einen Durchmesser von rund 300 cm (9 pieds; p. 480). Wie man sich durch zwei Zirkelschläge leicht überzeugen kann, wird die Restwölbung (bei einem Durchmesser von rund 550 cm) angesichts einer so starken Aufbrechung nicht mehr als Kuppel, sondern nurmehr als Rahmen des Opaions wahrgenommen. Wer sich zur Winterszeit in Dijon aufgehalten hat, wird sich fragen, ob das Opaion nicht verschlossen oder zumindest verschließbar war. Zu einer klaren Antwort für die frühe Zeit reichen die mir vorliegenden Nachrichten nicht aus. Im 17. und frühen 18. Jahrhundert war das Opaion weder verschlossen noch verschließbar. Dom Plancher berichtet (p. 494)

Der Mittelschacht besteht nicht aus vier identischen Arkadengeschossen: Seine Geschoßfolge zeigt vielmehr eine so subtile Differenzierung der architektonischen Glieder, wie man sie – soweit ich sehe – an keinem zweiten Bau Frankreichs um die Jahrtausendwende nachweisen kann. Die Säulen werden von Geschoß zu Geschoß höher und schlanker und im vierten Geschoß von einer weitgeöffneten Arkadenmauer abgelöst, die zwischen Säulenarkaden und Kuppel vermittelt, ohne das Arkadenmotiv und die Geschoßfolge als solche aufzugeben. Ebenso nehmen die Wandfelder über den Stützen von Geschoß zu Geschoß an Höhe ab. Mißt man im Untergeschoß noch rund 70 cm vom Arkadenscheitel bis zum geschoßmarkierenden Gesims, so reichen die Bögen der obersten Arkadenstellung bis unmittelbar unter das Fußsims der kleinen Opaionskuppel. Schließlich werden die geschoßmarkierenden Gesimse in ihrer Stärke von unten nach oben sukzessive zurückgebildet: über dem Untergeschoß noch ein kräftig vorspringendes, mehrfach abgetrepptes Sims, das über den Eckvorlagen des Polygons verkröpft ist – unter dem Opaion endlich nurmehr ein einfacher Wulst.

Ich beschrieb die Umgangswölbung des Obergeschosses als ringförmig geführte Viertelstonne, welche gegen die doppelte Arkadenstellung des Mittelschachtes bzw. gegen den Fuß der Kuppel über dem Mittelschacht anfalle. Damit sind die architektonischen Elemente des Rotundenaufbaus, so wie sie der Längsschnitt des Dom Plancher (Abb. 38/39) wiedergibt, zutreffend beschrieben; die baukünstlerische Wirkung aber, die in den beiden Ansichten des Rotundenobergeschosses von 1722 und ca. 1790 (Abb. 36 und 52) zur Geltung kommt, ist nicht die eines ringförmigen Umganges, sondern die eines großen Kuppelsaales, wo der Scheitel des von der Umgangswand anstei-

---

»... il est ouvert par le haut de même que l'étaient autrefois les Temples dédiez à Jupiter«, und 1738 stellt ein von den Maurinern herangezogener Architekt fest »... il y pleut sans pouvoir l'éviter, étant ouverte par sa coupole ...« (Arch. Dép. Dijon, 1 H 134, cap. 16). Der Zustand dieser Jahre entspricht also den zeichnerischen Angaben Dom Planchers (Längsschnitt): über dem Opaion eine gut 150 cm hohe zylinderartige Aufmauerung – eine schwerlich zureichende Schutzmaßnahme gegen Regen und Schnee (das Mauerwerk dieses Zylinders dürfte in der Ansicht des Rotundenobergeschosses, Abb. 36, wiedergeben sein, nicht etwa eine Verglasung des Opaions). In dem genannten Bericht von 1738 wird der Vorschlag gemacht, eine Laterne über das Opaion zu setzen; die Ansichten des fortgeschrittenen 18. Jahrhunderts (Abb. 50 und 51) zeigen sie. Ducret (Bibl. Munic. Dijon, Ms 1867, p. 71) beschreibt 1768 das Rotundenobergeschoß als »vouté en cul de four et éclairé par le haut d'une lanterne«, Antoine 1792 (publ. 1893, p. 76) noch genauer: »la lanterne qui éclaire le milieu de la Rotonde est moderne, et on croit pouvoir assurer que, comme en Panthéon à Rome, notre coupole était à jour à son centre, en moyen d'un grand oeil de boeuf«.

Ist der Zustand des 17. Jahrhunderts (unverglastes Opaion) identisch mit dem des 11. Jahrhunderts? Mit seiner Beschreibung »desuper patulo caelo lumen micat eximia claritate« kann das Chron. S. B. (Satz 26) eigentlich nichts anderes meinen als ein Opaion. Ob man allerdings mit Chomton (1900, p. 97 col. II) übersetzen muß »un oculus ouvert au centre de la voûte et non vitré« scheint mir zweifelhaft. Durch die Arbeit von Christof Spuler (Opaion und Laterne, Phil. Diss. HH 1973) wissen wir, daß das Opaion in der Antike durch einen Deckel verschlossen werden konnte oder durch Glas oder Spiegelstein fest verschlossen war – es sei denn, es war – wie im Fall des Pantheon – im Boden ein Abflußsystem für Regenwasser vorhanden. Von einer Abflußleitung im Untergeschoß der Dijoner Rotunde ist weder im 17./18. Jahrhundert noch während der Aufdeckung im 19. Jahrhundert etwas bekannt geworden; eine Verglasung des Opaions (vgl. Chron. S. B. Satz 16 und 49) könnte durchaus in Betracht gezogen werden.

genden Kuppelgewölbes von einem »Gerüst«, von einer freistehenden, zweigeschossigen Arkade abgefangen ist[112]. Die kleine Kuppel über dem Mittelschacht tritt baukünstlerisch kaum in Erscheinung; das Opaion zehrt sie soweit auf, daß sie nurmehr als Rahmen, als Negativ zwischen Fußsims und Scheitelöffnung wahrgenommen wird.

Schon der Chronist des 11. Jahrhunderts charakterisierte das Rotundenobergeschoß: »micat eximia claritate« (Satz 26), und die Ansicht von 1722 (Abb. 36) gibt uns eine gute Vorstellung davon: Die vergleichsweise starke Befensterung der Rotundenaußenwand, die allein schon genügt haben dürfte, den weiträumigen Umgang in eine gleichmäßige Helligkeit zu versetzen, erfährt eine Steigerung durch das Licht des Opaion, das gerade um soviel intensiver ist, daß die doppelgeschossige Arkade des Mittelschachtes kräftige Schlagschatten auf den Boden des Umgangs wirft.

Das Opaion gilt aber nicht allein dem großen Kuppelsaal des Rotundenobergeschosses. Wenngleich es hier seine größte Strahlkraft entfaltet, teilt sich sein Licht durch den Mittelschacht doch allen Geschossen der Rotunde mit. Baudot beschrieb dies treffend (Ms. 1602, f. 63^{v}): »Le dôme (gemeint ist die kleine Kuppel mit dem Opaion) qui est supérieur à cette dernière rotonde éclaire par les fenêtres (gemeint sind die Arkaden des Mittelschachtes) les trois rotondes sur lesquelles il domine.« So wie sich das Licht einer barocken Kuppel zu seinem intensivsten Ausdruck in der Laterne konzentriert, so in Saint-Bénigne im Mittel- oder Lichtschacht, der als »umgestülpte«, innere Laterne den Rotundengeschossen von dem mitteilt, was die Symbolik des 11. Jahrhunderts als »patulum caelum«, als offenen Himmel, bezeichnete (Satz 26)[113].

DIE OSTKAPELLEN

Obschon zwei der drei Ostkapellen mit den angrenzenden Rotundengeschossen ein gemeinsames Patrozinium besitzen, liturgisch also diesen eng verbunden sind, werden sie hier gesondert behandelt. Im Unterschied zum eigentlichen Rotundenkörper interessieren sie uns nämlich weniger in baukünstlerischer Hinsicht als vielmehr unter der

---

112 Eine ähnliche Interpretation der Umgangswölbung über dem Obergeschoß als monumentale Kuppel gibt Heinrich Glück, Der Ursprung des römischen und abendländischen Wölbungsbaues, Wien 1933, p. 193 ff.

113 Dom Plancher beschrieb die vierfache Arkadenstellung im Zentrum der Rotunde als Turm: »... au milieu (il y a) une espèce de Tour octogone toute à jour«. Wenngleich dieser Begriff in der Beschreibung des Chron. S. B. (Satz 19) vorgebildet ist, halte ich ihn nicht für glücklich, da in ihm nur das Aufsteigende eines stereometrischen Körpers zum Ausdruck kommt, während die Wirkung des Mittelschachtes von St. Bénigne auf der Vermittlung des Lichts von oben nach unten und auf der Durchlässigkeit von Schacht und Umgangsgeschossen beruht. Wie stark die künstlerische Erscheinung der Rotunde durch die Wirkung des Lichts bestimmt wird, hat selbst ein so nüchterner Geist wie Antoine 1792 noch wahrgenommen: »L'intérieur de la rotonde est extrêmement pittoresque, lorsqu'on s'y promène par un temps de soleil. Les mouvements des colonnes, les variétés dans les tons des clairs et des ombres, les effets de perspective font du tout un morceau agréable, surtout pour quiconque a tant soit peu cultivé l'art de savoir regarder« (zitiert in »Médecine de France«, 1970, p. 29 von Yvan Christ).

Fragestellung, inwieweit hier älterer, vorromanischer Baubestand in den Neubau des Wilhelm von Volpiano eingearbeitet worden sei.

Die Kapelle Johannes des Täufers ist nicht ein Kapellenraum im modernen Sinne, sondern ein dreiteiliges Konglomerat, bestehend aus einem Vorraum, einem Altarraum und einem Verbindungsgang; diese liegen jeweils auf verschiedenem Niveau, sind durch Stufen verbunden und werden von einem bis zu drei Meter starken Mauermantel zu einem rechteckigen Grundriß zusammengefaßt (Abb. 2 und 40). Ebenso wie der Grundriß weckt auch der Längsschnitt (Abb. 38) Zweifel, ob dieser Raum das Produkt *einer* Baukonzeption sein könne. Tonnengewölbe von fast 6 Fuß (fast 2 Meter) Stärke sind ebenso auffällig wie das von Westen gegen Osten ansteigende Bodenniveau der Teilräume, das dem von Osten (vom frühmittelalterlichen Lauf des Suzon) gegen Westen ansteigenden Terrain des ehemaligen Friedhofgeländes zuwiderläuft. Tatsächlich sprechen einige Beobachtungen, die vor 1792 an den Ostkapellen gemacht worden waren, und einige Fundstücke, die während ihres Abbruchs bzw. anläßlich der Freilegung zutage kamen, für ein höheres Alter der Johanneskapelle, als es für die Rotunde überliefert ist.

Dom Plancher beobachtete eine unterschiedliche Mauertechnik in der Rotunde und in der Johanneskapelle: »Les Chapelles du bas et du milieu me paroissent être certainement de la premiere construction... Si à ce préjugé on ajoute... la différence qui se trouve entre cette espèce de moilon et celui employé au commencement du 11e siècle par l'Abbé Guillaume, on aura de quoi fortifier ce préjugé et soutenir cette tradition. La première espèce de moilon n'a presque rien de semblable dans toutes ses parties, qui sont de diverses grosseurs et de diverses figures; la pierre blanche et tendre y domine, mais elle n'est pas seule; on ne lui donne à ce moilon en l'employant dans le mur, aucun arrangement étudié, on le place indifféremment et sans autre attention que celle de remplir de bon mortier le vide causé par l'irrégularité des figures de toutes ses parties. La seconde espèce de moilon, le moilon du 11e siècle employé par l'abbé Guillaume, employé même communément dans le Pais Dijonnois et particulièrement en la Ville de Dijon au 11e siècle, est de pierres dures de couleur grise ou rougeâtre, presque toutes semblables et plates, de deux à trois pouces d'épaisseur, arrangées dans le mur, non indifféremment et au hazard, mais avec étude; et toujours posées sur leur côté plat, qui se trouve si uniforme dans toutes ses parties, qu'il ne laisse presqu'aucun vuide pour le mortier; ensorte que les murs faits de ce moilon, paroissent aussi propres et aussi unis que des murs de brique. Les murs des deux Chapelles ne sont pas faits de cette espèce de moilon, mais de la premiere qui n'étoit plus en usage au 11e siècle[114].«

All dies kann heute – nach der radikalen Rekonstruktion von 1890 – nur hingenommen, nicht mehr nachgeprüft werden; einzig die nördliche Sockelpartie des Vorraums zeigt außen noch heute ein Mauerwerk, das dem von Dom Plancher beschriebenen halbwegs entspricht (Abb. 20). 1890 wurden im Bereich der Johanneskapelle Fragmente von Flechtwerkplatten und Kämpferfriesen aufgefunden, die mit der Skulptur des Wilhelm-von-Volpiano-Baus nichts gemein haben, vielmehr vom Ende des 9. Jahrhunderts stammen dürften[115].

Wichtiger als diese Bauzierelemente, deren Herkunft aus der Johanneskapelle nur

---

114 Dom Plancher, 1739, p. 492. Ähnlich auch Chomton (1900, p. 69) mit Berufung auf Suisse, der die Freilegungs- und Rekonstruktionsarbeiten der Johanneskapelle im Jahre 1890 leitete.

115 Hubert 1938, p. 31/pl. XXXIX d und e. Die Fragmente sind heute in die Nordwand des Altarraums der Johanneskapelle eingemauert.

vermutet werden kann, sind die Transennenfragmente, die man anläßlich der Freilegung des (wegen des angestiegenen Terrains um St. Bénigne) vermauerten südlichen Fensters im Vorraum der Johanneskapelle fand. Auch diese gehören schwerlich einer Bauperiode des frühen 11. Jahrhunderts an; ihre nächsten stilistischen Parallelen finden sie in dem Flechtwerk der zuvor genannten Fragmente (Abb. 20)[116].

Der gleiche Wechsel der Mauertechnik wie zwischen Rotundenuntergeschoß und Johanneskapelle zeigte sich nach Dom Plancher auch am Ansatz der darüber gelegenen Marienkapelle. Ich hätte Bedenken, diese Kapelle in der Gestalt, wie sie uns im Längsschnitt Dom Planchers (Abb. 38) überliefert ist, insgesamt als vorwilhelminischen Baubestand einzuschätzen; denn auffallend ist, daß die Flankenmauern des Vorraums und des Presbyteriums verschiedene Mauerstärken aufweisen (Abb. 41) und daß nur das Presbyterium mit einer Tonne überwölbt ist, wogegen der Vorraum ein Gratgewölbe und eine komplizierte Verblendung der Schildmauern über Konsolen besitzt. Das Mauerwerk des Kreuzgratgewölbes ist im Scheitel sehr dünn (1^{pi} nach Baudot), und auf seinen westlichen Gewölbezwickeln ruhen die beiden schmalen Treppenläufe, die aus dem Obergeschoß der Rotunde in die Michaelskapelle emporführen, direkt auf. Die Konsolen der Blendgliederung im Marienkapellenvorraum nehmen Bezug auf die Dreierarkade, die gegen die Rotunde vermittelt; sie liegen niveaugleich mit ihr, und die Blendgliederung nimmt von ihr den Ausgang. So sind zumindest die oberen Partien der Vorraumflankenmauern, die Gratwölbung und der Zugang der Michaelskapelle aus einem Guß und gehören der Bauplanung des 11. Jahrhunderts an. Dom Planchers »Befund« wird sich hauptsächlich auf das tonnengewölbte Presbyterium der Marienkapelle bezogen haben[117].

Baudots minutiöse Beobachtungen geben uns schließlich eine Erklärung für die außergewöhnliche Wölbungsstärke über dem Vorraum der Johanneskapelle. Bis 1792 lag im Vorraum der Marienkapelle ein Bodenmosaik, das höchstwahrscheinlich im

---

116 Nach den aufgefundenen Fragmenten (die heute verloren sind) wurden die beiden modernen Transennen des Vorraumes rekonstruiert. Lasteyrie (l'arch. romane, 1911, p. 86) brachte die Transenne mit dem Hypogäum Bischof Gregors von Langres (6. Jahrhundert) in Zusammenhang; ihm folgt H. G. Franz (Transennae als Fensterverschluß, in: Istanbuler Mitteilungen, VIII/1958, p. 78), wogegen W. Schöne (Über den Beitrag von Licht und Farbe zur Raumgestaltung im Kirchenbau des alten Abendlandes, in: Evangelische Kirchenbautagung, Stuttgart 1959, ersch. Berlin 1961, p. 110) und R. Günter (Wand, Fenster und Licht, Herford 1968, p. 83) das Stück ins 9. Jahrhundert datieren. Ein fast identisches Transennenfragment ist in der Außenwand der nördlichen Umgangskapelle von St. Philibert zu Tournus als Spolie vermauert (vgl. Vallery-Radot, St. Philibert de Tournus, Paris 1955, Abb. 90). Auf oberitalienischen Kapitellen hält sich das Motiv der dreigrätigen, einander schneidenden Halbkreise bis ins 11./12. Jahrhundert (Verona / S. Procolo, Aosta / Domkrypta, Aquileia / Domkrypta, Bologna / S. Stefano, Mailand / St. Ambrogio-Atrium etc.).

117 Im Mauerwerk des Sanktuariums der Marienkapelle wurden während des Abbruchs Dinge gefunden, die Baudot (f 75^{v}) zu notieren für wert erachtete: zwei ovale Säulenfragmente mit Basis und Sockel, jeweils aus einem Block, von ca. 55 bis 60 cm Durchmesser, und — jedenfalls das von Baudot gezeichnete Stück — ca. 65 cm Höhe, Fragmente, die sich eher merowingischen Ziersäulen als karolingischen Stücken vergleichen lassen. Weiter (f 151^{r}) sah Baudot in der Mauer zahlreiche Quarz(?)blöcke (gemeint Marmor?), was den Eindruck erweckt, als sei das Mauerwerk des Marienkapellenpresbyteriums vorwiegend aus älteren Spolien errichtet worden.

11. Jahrhundert verlegt worden war. Das Mosaik selbst wird uns später beschäftigen, hier interessiert nur der von Baudot beobachtete Umstand: (qu'on a) »trouvé plus bas que ce pavement et près de la voûte de l'étage du bas de cette rotonde un pavé de marbre noir (noir de fumée) . . .[118]«.

Versuchen wir die einzelnen Indizien zum Bestand und zum Alter der Ostkapellen zusammenzufassen, so wird allerdings deutlich, daß sie für eine Rekonstruktion oder für eine zeitliche Bestimmung vorwilhelminischen Baubestandes nicht ausreichen. Zwar lassen Dom Planchers Befund des Mauerwerkes und das in situ aufgefundene Transennenfragment keinen Zweifel daran, daß die Johanneskapelle zumindest in Teilen älter ist als die Rotunde. Wie hoch der ältere Baubestand reichte und wo die Baunaht zwischen ihm und dem Neubau des Wilhelm von Volpiano lag, wissen wir jedoch nicht. Die Grenze, die Dom Plancher auf seinen Grundrissen (Abb. 40 und 41) einträgt (zwischen den Fensterleibungen!), ist zu offensichtlich eine willkürlich gewählte. So müssen die entscheidenden Fragen offenbleiben: War die Johanneskapelle ursprünglich eine autonome Grabkapelle? Bestand sie von Anfang an aus Vorraum, Verbindungsgang und Altar- oder Grabraum? Lag ihr Eingang ursprünglich im Westen oder im Osten? Läßt sich ihre Entstehungszeit zwischen dem 5. und 10. Jahrhundert genauer fixieren? Kann ihr rechteckiger Umriß als ursprünglich gelten oder resultiert er aus einer Ummantelung des 11. Jahrhunderts? Sind auch Teile der Marienkapelle älter als der Rotundenbau Wilhelms von Volpiano, und wie wäre ihr Zugang eingerichtet gewesen? Nur soviel ist klar: Die Menge der offenen Fragen weist alle bislang geäußerten Thesen zum Alter und zur ursprünglichen Baugestalt der Ostkapellen wie auch zu ihrer Verbindung mit der karolingischen Basilika in den Bereich müßiger Spekulation[119].

Die Michaelskapelle ist durch die starke Niveaudifferenz und durch die halbkreisförmig angelegten Treppenläufe stärker vom Rotundenraum abgetrennt als die unteren Ostkapellen (Abb. 38/43). Erst von dem schmalen Quergang[120], auf den die gegenläufigen Treppen münden, öffnet sich der Zugang der Kapelle durch ein recht-

---

118 Baudot, Ms. 1602, f 117^r und 134^v. Nach Abnahme des zweiten, tieferen Pavimentes maß Baudot nurmehr eine Wölbungsstärke von 1^{pi} über dem Wölbungsscheitel (f 67^r).

119 Vgl. oben p. 19 f.

120 Eine Erklärung fordert die Wiedergabe des Mauerwerks über dem Quergang im Längsschnitt Dom Planchers (Abb. 38). Über dem Mauerstück mit der Tür und über dem kurzen Tonnenstück, die gemeinsam den Eingang der Kapelle bilden, sitzt in der Kapellenwestwand ein Okulus, der an diesem Platz nur dann Licht gehabt haben kann, wenn das Rotundendach nicht bis an die Westmauer der Kapelle herangeführt war. Genau dies scheint mit Dom Planchers Längsschnitt gemeint zu sein: die Kranzmauer der Rotunde muß hier über der inneren Steinlage der sonst etwa 220 cm starken Rotundenaußenmauer gesessen haben. Der Grund ist unschwer zu erkennen. Der Vorraum der Marienkapelle greift tief in den Umriß des Rotundenmauerwerks ein (Abb. 41), um einen nahtlosen Anschluß ans Innere des Rotundenmittelgeschosses zu gewährleisten. Über seiner Wölbung konnten zwar die Treppenzugänge der Michaelskapelle plaziert werden, nicht aber die Mauerkrone und das Kranzgesims der Rotunde in direkter Fortführung der äußeren Kreislinie des Rotundenkörpers. Die Mauerkrone der Rotunde wurde gegen die Michaelskapelle so dünn als irgend möglich gebildet und gegen das Rotundenzentrum gerückt, damit sie lotrecht über der Eingangsarkade der Marienkapelle stand. So gewann man zwischen der Westwand der Michaelskapelle und der Mauerkrone der Rotunde einen Lichtschacht.

eckiges (spät- oder nachmittelalterliches?) Türgewände (Abb. 37). Der Längsschnitt des Dom Plancher gibt die Kapelle als großen, gut acht Meter hohen, tonnengewölbten Rechteckraum mit einer eingezogenen, knapp fünf Meter hohen Apsis. Merkwürdigerweise stimmt der Längsschnitt mit der Innenansicht von 1722 nicht überein; dort überdeckt nicht ein Tonnengewölbe, sondern ein offener Dachstuhl den Kapellenraum. Wahrscheinlich handelt es sich bei der Zeichnung aus Dom Planchers Besitz um einen Rekonstruktionsversuch, denn gegenüber der Beschreibung des Raumes durch das Chronicon S. B.: »vili facta scemate« (von nur 10 cubitus Höhe), erweist sich die hohe Tonnenwölbung als nachträgliche Veränderung, der offene Dachstuhl hingegen als glaubwürdiger Rekonstruktionsversuch[121]. Daß die Kapelle in späterer Zeit an Bedeutung gewann, zeigt sich nicht allein in der Neueinwölbung, sondern auch in der Anbringung von vier (im 11. Jahrhundert noch nicht genannten) Nebenaltären, deren Piscinen Dom Plancher in seinem Grundriß überliefert (Abb. 43).

ZUR FARBIGEN FASSUNG DER ROTUNDENGESCHOSSE

Da die Rotunde durchgängig aus annähernd ziegelgroßen, in Lagen zwischen mehr oder weniger dickem Mörtel gebetteten Hausteinen errichtet wurde[122], war sie selbstverständlich vollständig verputzt. Zur farbigen Fassung der Putzschicht liegen uns aus dem 18. Jahrhundert einige Nachrichten vor, die für den Zustand des 11. Jahrhunderts allerdings nicht verbindlich sein müssen. Baudot berichtet von einem schwach sichtbaren Fugennetz (?) an einigen Säulen des Untergeschosses und des Obergeschosses[123]. Die Säulen des Rotundenobergeschosses beschreibt er auch als »peinte en rouge et jeaunne tel qu'il parait que le mur l'a été aussi« (f 76^r), und Dom Plancher meinte: » . . . dans le 15e siècle (wie kommt er zu diesem Datum?) on la (das Obergeschoß) remplit de diverses peintures appliquées tout au tour sur les murs; il en reste encore quelques vestiges (p. 490)[124].

Bis 1792 lag im Vorraum der Marienkapelle ein Bodenmosaik, das uns ausschnittsweise in einem von Dom Plancher veranlaßten, großen Aquarell überliefert ist (Abb. 99)[125]. Der Boden ist in einer Mischtechnik von Stift- und Plattenmosaik ge-

---

121 Dom Plancher 1739, p. 491.

122 Aus verschiedenen Berichten des 18. Jahrhunderts erfahren wir übereinstimmend, daß nirgends, nicht einmal an Mauerkanten oder Lisenen Quader verwendet waren, sondern ausschließlich »maçonnerie de moilon« (Antoine 1792, ed. 1893, p. 76); selbst »les massifs carrées (die Stützen im vierten und obersten Arkadengeschoß des Mittelschachtes) ne sont que de maçonnerie« (Baudot, Ms. 1602, f 95^v).

123 Baudot (Ms. 1602, f 77^r): »les colonnes de ce souterrain ont presque toutes 6^{pi} 6^{po} de hauteur; sur quelques unes il y a des vestiges de peinture comme sur celles d'en haut figurée en carreau«.

124 Auch Baudot (Ms. 1602, f 97^r) spricht von »différentes peintures desquelles j'ai vue des vestiges dans la rotonde . . .«.

125 BN, Coll. Bourg. t. XIV, f 123^r. Daß das Aquarell nur einen Ausschnitt wiedergibt, zeigt Baudots unbeholfene Zeichnung des Gesamtmosaiks von 1792 (Ms. 1602, f 4^r), wo zu seiten der antithetischen Löwen jeweils ein halber Adler steht. Die Gesamtmaße des Mosaiks

arbeitet; die Stifte sind ausschließlich weiß oder schwarz, die Platten jedoch zeigen die verschiedensten Farben, — beides wahrscheinlich antikes Material in Zweitverwendung[126]. Henri Stern und Hiltrud Kier, die sich zuletzt mit dem Bodenmosaik aus St. Bénigne beschäftigt haben, setzen es in die Bauzeit der Abteikirche unter Wilhelm von Volpiano, nicht ohne ausdrücklich hinzuzufügen, daß das Mosaik mit einer so frühen Datierung innerhalb Frankreichs allein stehe, da vergleichbare figural gestaltete Bodenmosaiken dort erst zu Beginn des 12. Jahrhunderts größere Verbreitung fanden[127]. Mit Mosaiken war nicht allein die Marienkapelle, sondern auch die Umgebung des Benignusgrabes geschmückt, wo anläßlich der Aufdeckung des Rotundenuntergeschosses in den Jahren 1845 f. und 1858 ff. große Mengen von Mosaikstiften und Marmorplatten aufgefunden wurden[128].

Eine wichtige Rolle spielten für Wilhelm von Volpiano und seine Zeitgenossen die »columnae marmoreae ac lapideae (Chron. S. B., Satz 2), die Bischof Brun von Langres von allerorten herbeischaffen ließ. Das Interesse für das wertvolle Säulenmaterial ist zeittypisch. Wir denken an die Anstrengungen Karls des Großen, Säulen aus Rom und Ravenna für seine Pfalzkapelle in Aachen zu gewinnen[129], an die Marmortransporte unter Otto dem Großen (Italien–Magdeburg), Richard von St. Vanne (St. Amand — St. Vanne), Gérard de Brogne (Italien–Brogne), Abt Konrad von St. Germain zu Auxerre (Marseille–Auxerre) oder an Odilo von Cluny — Wilhelms Freund —, der das Marmormaterial für den neuen Kreuzgang von Cluny die Rhône heraufschiffen ließ[130]. Auch für den Neubau von Saint Bénigne kommen solch weite Beschaf-

---

betrugen nach Baudot ca. 180 x 360 cm. Ein kleines Fragment, den Kopf des rechten Löwen, hat Baudot vor der Zerstörung gerettet; es wird heute im Treppenhaus des Musée Archéol. von Dijon aufbewahrt. Dom Plancher (p. 487) hielt das Löwenmosaik für den Rest einer ursprünglich die ganze Marienkapelle, nicht nur den Boden, sondern auch die Wände bekleidenden musivischen Ausschmückung.

126 Baudot (Ms. 1602, f 117r) berichtet von den Marmorplatten: »Ils avaient encore à la surface appliquée contre le mortier des vestiges de sculptures . . .«

127 Henri Stern, Recueil général des mosaiques de la Gaule, I: Gaule belgique — 3 (Partie sud), Paris 1963, p. 153/154 mit der älteren Literatur. Hiltrud Kier, Der mittelalterliche Schmuckfußboden, Düsseldorf 1970, p. 46, Anm. 9 und p. 59 f. Ich halte es für verfehlt, die Entstehungszeit des Dijoner Löwenmosaiks allein aus dem Vergleich mit anderen Mosaikböden bestimmen zu wollen (so Kier); die Vorlage zum Dijoner Mosaik kann nämlich auch im Bereich der »Ars Minor« oder der Textilkunst vermutet werden, wo die »Zierscheiben« an den Gelenken der Tiere und die ornamentalen Einsprengsel inmitten gegenständlicher Partien häufig vorkommen (etwa auf byzantinischen Seidenstoffen des 8. bis 10. Jahrhunderts; vgl. Geza de Francovich, la brocca d'oro del tesoro della chiesa di Saint-Maurice d'Agaune nel Vallese e i tessuti di Bisanzio e della Siria nel periodo iconoclastico, in: Arte in Europa, Scritti di Storia dell'arte in onore di Edoardo Arslan, 2 Bde. Milano 1966, pp. 133—175).

128 Henri Baudot fand Mosaikstifte am Eingang der inneren südlichen Kryptenapsidiole (Bericht an den Präfekten, Arch. Dép. Côte-d'Or. XXX T 2 c/10). L. Maitre in seiner Rezension zu Chomton 1900 (in: Revue de l'art chrétien, 1904, p. 287): »Le dallage se composait de plaques de marbre multicolore dont les derniers vestiges ont été aperçus en 1858.« Der heutige Schmuckfußboden ums Benignusgrab ist modern. Bougaud (1859, p. 401) berichtete, im Bereich des Benignusgrabes habe man »des carreaux vernissés, d'une belle couleur rouge« gefunden.

129 Vgl. Julius von Schlosser, Schriftquellen zur Geschichte der karolingischen Kunst, Wien 1892, Quelle 100 ff.

130 Vgl. Mortet 1911, p. 128.

fungswege in Frage; daneben können das antike Castrum Divionense, welches zu seiner spätantiken Blütezeit über eine tüchtige Bauindustrie verfügt hatte[131], oder das antike Langres als Lieferanten von Spolienmaterial nicht ausgeschlossen werden[132].

Der überwiegende Teil der Säulen, welche die Stützenkränze der Rotundengeschosse bildeten, bestand aus hartem, grobkörnigem, graugetöntem Kalkstein des Landes. Im Rotundenmittelgeschoß standen aber rund 20 Säulen aus verschiedenfarbigem, unpoliertem Marmor oder Granit, die nicht nur den Bericht des Chronisten bestätigen, sondern auch durch ihre Plazierung die (oben ausgesprochene) Ansicht bekräftigen, daß die Längsachse im Rotundenmittelgeschoß eine ausdrückliche Betonung erfahren habe, daß der Weg vom Hauptaltar der Basilika zur Marienkapelle baukünstlerisch eigens hervorgehoben worden sei. Alle wertvollen Stücke — selbst die zu seiten der Rundschneggenzugänge — standen nach Farbe und Material geordnet *paarweise über der Gebäudeachse*[133]. Dergestalt hervorgehoben war im Westen die Apsis der Basilika, deren Säulen (auf beiden Geschossen) aus farbigem Marmor gearbeitet waren, ihr folgten die Stützen des Verbindungstraktes Basilika — Rotundenmittelgeschoß in weißem und grünem Marmor sowie in Granit, dann die der Gebäudeachse benachbarten Säulen der drei Stützenringe: das westliche Paar des mittleren Ringes in »verde antico«, die übrigen in Granit; schließlich in der Marienkapelle das Bodenmosaik, das den Endpunkt dieser in Material und Farbe hervorgehobenen Achse markierte[134].

DIE FASSADE DER OSTKAPELLEN

Die gemeinsame Front der drei Ostkapellen ist als Schauwand gestaltet (Abb 42). Eine monumentale, vorgeblendete Aedikula rahmt die Fenstergruppen der Johannes- und der Marienkapelle. In die Wand eingelassene Reliefs und das opus-reticulatum-ähnliche

---

131 Vgl. M. Oursel-Quarré 1939, p. 29/30 und 34/35.

132 Vgl. die Nachricht von der Plünderung der antiken Ruinen anläßlich des Neubaus der Kathedrale von Lyon, bei Mortet 1911, p. 269 f. Hier handelt es sich allerdings um neu zu bearbeitendes Steinmaterial. Was im Fall von St. Bénigne verwundert, ist der Umstand, daß im aufgehenden Mauerwerk des frühromanischen Baus — soweit bekannt — kein antikes Steinmaterial wiederverwendet wurde. Muß man daraus nicht schließen, daß die Ruinen des Castrum Divionense für den Neubau von St. Bénigne nicht zur freien Verfügung standen?

133 Einige Säulenschäfte aus rotem Granit mit einem Durchmesser zwischen 47 und 52 cm stehen heute an der Nordwand des Dormitoriumsflügels im Freien (vgl. Cat. Mus. Archéol. 1894, Nr. 1126, wo der Schaft zu Unrecht mit dem karolingischen Vorgängerbau in Zusammenhang gebracht ist).

134 Baudot hat in einer ziemlich wirren Grundrißskizze des Rotundenmittelgeschosses (f 122) das verschiedenartige Material der Säulen verzeichnet. Während er (f 65 ss) die starke Farbigkeit des Marmors immer wieder betont und im einzelnen beschreibt, beurteilt sie Dom Plancher zurückhaltender: »... n'ayant pas été polies, (elles) ne paraissent ce qu'elles sont qu'à ceux qui les éxaminent de près« (p. 487). Mir ist kein zweites Beispiel des frühen oder hohen Mittelalters bekannt, in dem die Axialität des Baus so stark durch die Ordnung des Steinmaterials hervorgehoben wird. Zwar findet sich mitunter eine Betonung der Achse durch die Korrespondenz der ihr paarweise zugeordneten Kapitelle

Schmuckmauerwerk über dem Bogen erhöhen den Reichtum der Fassadengliederung.

Die Anordnung der Vorlagen zu seiten der Fenstergruppe ist unklar. Die Schattenzeichnung in Dom Planchers Ostansicht läßt gegen die Außenecken hin einen Rücksprung des Mauerwerks erwarten, — eine Deutung, die von der südlichen Ecklösung des Mittelgeschoßgrundrisses (Abb. 41) bestätigt, von der nördlichen aber widerlegt würde. Lallemand zeichnet eine andere Gliederung (Abb. 50): an den Ecken vorgelegte Pilaster, die den inneren Vorlagen nach Form und Größe entsprechen, womit das Triumphbogen-Aedikulamotiv noch stärker hervorgehoben wäre. Da das Schmuckmauerwerk nach Dom Plancher (Abb. 42) über dem bis an die Ecken geführten Kämpfersims in einer Flucht durchläuft, wird der Sinn von Vorlagen beziehungsweise eines Gesimsrücksprungs nicht klar. Die beiden Säulen müssen wohl mit dem reich profilierten und kräftig über die Mauerflucht vorspringenden Blendbogen (vgl. Abb. 51) im Zusammenhang gesehen werden. Die auf Dom Planchers Ostansicht fehlende (durch Aufschüttung damals z. T. verdeckte) Sockelzone der Blend-Aedikula ist in der Rekonstruktionszeichnung von Charles Suisse (Abb. 64) wahrscheinlich richtig, d. h. nach dem Befund, den man bei der Aufdeckung von 1890 hatte, wiedergegeben. Ebenso wie die Zwickel der Schmuckmauer (Abb. 42) waren auch die unteren Teile der Schauwand mit Reliefs, und zwar mit spätantiken Grabstelen besetzt[135].

Über der Aedikula folgt der dreigeschossige Turm; als Chorturm der Michaelskapelle steht er über querrechteckigem Grundriß. Wie aus Dom Planchers Illustrationen deutlich wird, münden die drei Rundbogenfenster der Apsis auf die drei Seiten des Turmkubus; die seitlichen Fenster sind in ihrer Achse leicht geknickt. In dem darüberliegenden Geschoß stehen große, eingeblendete Rundbogenfelder. Dom Plancher hielt sie für nachträglich vermauerte Fenster (p. 487); das scheint mir zweifelhaft, da dieses Turmgeschoß den Rücken der Apsiskalotte über der Michaelskapelle kaschierte. Das Obergeschoß schließlich trägt eine reichere Wand- und Fenstergliederung. Dom Plancher hielt es für eine Zutat des 12. Jahrhunderts[136]. Tatsächlich findet sich das Motiv der kräftig zurückgesetzten schlanken Doppelarkaden mit dem Zwischenpilaster, vor dem eine Säule den übergreifenden Wandbogen abfängt, in der Architektur des Wilhelm von Volpiano kein zweites Mal. Seine nächste Parallele findet es vielmehr in der Arkade zwischen Kreuzgang und Kapitelsaal (Fig. 6), die schwerlich vor 1050 entstanden ist. Conant meinte, der gesamte Ostturm sei eine nachträgliche Zutat[137]. Dom Plancher hingegen hatte beobach-

---

(z. B. Kathedrale von Langres, Apsisarkade); die Setzung der farbigen Säulentrommeln in St. Bénigne bleibt gleichwohl etwas Außergewöhnliches, das seine Entsprechung am ehesten im Umgang der frühchristlichen Architektur mit farbigem Säulenmaterial findet (vgl. W. Deichmann, Säule und Ordnung in der frühchristlichen Architektur, in: RM 55, 1940, p. 114—130).

135 Baudot (f 91^{r}) sah »dans le mur plusieurs pierres représentant des animaux des lyons, des aigles, des chats et plus bas presque contre la terre des figures taillées dans des niches«: die letzteren, zwei gallorömische Grabreliefs, gibt Suisse (vgl. Abb. 64) wieder.

136 Dom Plancher, p. 493 f. Er bestätigt mit seiner Beschreibung unsere Vorstellung von der Arkadengliederung im Obergeschoß des Turmes.

137 Conants drei Rekonstruktionsvorschläge für den Außenbau (perspektivische Vogelschauansichten) aus den Jahren 1959—1966 differieren untereinander vor allem in der Darstellung des Ostkapellenblocks, ohne daß man über die Begründung der einen oder der anderen Rekonstruktion etwas erfahren würde. Nur an der jüngsten Rekonstruktionszeichnung von 1966 (Abb. 70) sei angedeutet, wie abwegig sie ist. Wir wissen weder, wie

tet (p. 493): ». . . la structure du corps de la Tour est tout-à-fait différente de celle de ceux chapelles sur lesquelles elle est fondée, qu'elle est entièrement conforme à la structure des bâtiments élevez au commencement du 11e siècle; on peut assurer sans craindre de se tromper, ni de tromper des autres, que cette Tour dans ses deux tiers, c'est-à-dire, depuis sa naissance jusqu'au second cordon, et l'ouvrage de l'abbé Guillaume, et par conséquent ouvrage du 11e siècle.« Der Turm unterschied sich in der Mauertechnik also von dem Komplex Johanneskapelle — Marienkapelle, für deren vorromanische Entstehung die Gründe genannt sind. Dom Plancher sah aber keine Bauzäsur zwischen Michaelskapelle und Turm.

Auch ich hätte keine Bedenken, den Chorturm und die Apsis der Michaelskapelle als einen einheitlichen Baukomplex anzusehen, zumal sich die Fensterzahl der Michaelskapelle zwischen dem 11. Jahrhundert (Chron. S. B., Satz 29) und dem 18. Jahrhundert nicht verändert hat.

Im Bereich der Ädikula zeigt die Außengliederung ein Nebeneinander altertümlicher und moderner Formen, welches wohl nicht nur einen, sondern mehrere nachträgliche Eingriffe in die Grundsubstanz des Ostkapellenblocks voraussetzt[138]. Der jüngste Eingriff, der an der Ostansicht Dom Planchers abgelesen werden kann (Abb. 42), betraf die Fenster der Johanneskapelle; das rechteckige Axialfenster und der Entlastungsbogen über der Dreifenstergruppe — die als solche allerdings schon im Chron. S. B. (Satz 20) genannt ist — entsprechen den Kellerfenstern, die von den Maurinern nach

---

tief die Johanneskapelle zu Anfang des 11. Jahrhunderts im Boden steckte, noch wie die Drei-Fenster-Gruppe über dem Altar (Conant zeichnet gegen Chron. S. B., Satz 20 nur 1 Fenster!) angeordnet war. Ob die Johanneskapelle in der von Conant wiedergegebenen Weise als Sockel der Kapellenobergeschosse ausgebildet war und ob diese über dem rundumlaufenden Absatz zurückgestuft waren, scheint mir zweifelhaft. Die Marienkapelle ist etwas zu hoch gezeichnet und willkürlich zu einem zweijochigen Raum mit eingezogener Rechteckapsis rekonstruiert. Den Vorraum der Marienkapelle hält Conant in dem bei Dom Plancher wiedergegebenen Zustand (Abb. 38) für ursprünglich (worin ich ihm zustimme). Sehr fragwürdig ist aber seine Annahme, daß das 2. Joch der Kapelle ebenso gestaltet gewesen sei (vgl. Abb. 71; nach Conant habe man hier erst im 12. Jahrhundert die Mauer innen verstärkt und die ältere Blendgliederung zugesetzt). Die Fenstergliederung der Marienkapelle außen (in jedem Joch ein hohes Rundbogenfenster, darüber in die Wand eingestufte Blendlünetten mit kleinen Rundbogenfenstern) scheint mir der Seitenansicht Dom Planchers (Abb. 49) nachphantasiert, wo in Wirklichkeit ein spätes — nach Erhöhung des umliegenden Terrains — eingebrochenes Portal mit einem Entlastungsbogen eingezeichnet ist. Mag sein, daß Conant auf die Elfzahl der von ihm rekonstruierten Fenster der Marienkapelle Wert legte, heißt es doch von der Marienkirche »undenisque irradiatur vitreis«. Und doch glaube ich, im Kommentar zur Baubeschreibung des Chron. S. B. (S. 22) klargelegt zu haben, daß der Chronist hier die Fenster des Rotundenmittelgeschosses und der Marienkapelle zusammengerechnet hat. Auch die Michaelskapelle zeichnet Conant eher zu hoch, im übrigen aber in Übereinstimmung mit Dom Plancher; nur daß er anstelle des Ostturmes ein niedriges Satteldach über die außen rechteckig ummantelte Apsis setzt. Die Substruktionen für den Ostturm wären auch in Conants Rekonstruktion vorhanden; um so unverständlicher, daß die nachträgliche Aufstockung dieses Turmes die Vermauerung der Blendgliederung im zweiten Joch der Marienkapelle erfordert haben sollte. Wie schließlich Conants Außengliederung des doppelgeschossigen Altarhauses von Marien- und Michaelskapelle mit dem bei Dom Plancher (Abb. 42) wiedergegebenen Bestand in Einklang gebracht werden soll, bleibt vollends unklar.

138 Conant 1965, p. 187 hielt die gesamte »portal-like east façade« für eine Zutat der Jahre 1137—1147. Das ist möglich, aber nicht zwingend.

Aufschüttung des Terrains in die Ostwand des Dormitoriumsuntergeschosses eingebrochen wurden. Die Dreifenstergruppe über dem Altar der Marienkapelle läßt sich nicht genau datieren, doch dürfte das über sie hinweggeführte Gesims eher dem fortgeschrittenen 12. als dem frühen 11. Jahrhundert angehören. Nicht vor der zweiten Hälfte des 12. Jahrhunderts wird das Mehrpaßfenster in der Lunette der Aedikula entstanden sein, das in Saint-Bénigne ein zweites Mal an der Nordwand des Refektoriums auftrat (Abb. 28)[139]. Die reich profilierte, mit Noppen versehene (?) Archivolte der Aedikula gehört frühestens ins fortgeschrittene 12. Jahrhundert; in die gleiche Zeit weisen die Säulenvorlagen mit den kräftig modellierten Abaci. Das rhombische Schmuckmauerwerk über der Archivolte kommt in ähnlicher Form im 8. wie auch noch im 12. Jahrhundert vor[139a], während die Tierreliefs, die in den Zwickelfeldern der Aedikula angebracht sind, sicher noch im 11. Jahrhundert gearbeitet wurden[140] — was allerdings nicht ausschließt, daß sie hier in Zweitverwendung angebracht waren. Unter all diesen nachträglichen Zufügungen und Veränderungen läßt sich die Gliederung der Ostfassade im frühen 11. Jahrhundert nicht mehr ermitteln[140a].

DER AUSSENBAU DER ROTUNDE

Seit Dom Planchers Tagen glaubt man, infolge des großen Brandes von 1137, der von der Stadt auf den burgus und das monasterium Sancti Benigni übergriff, seien die Bedachung und die Mauerkronen der Rotunde und ihrer Annexe so stark in Mitleidenschaft gezogen worden, daß zumindest die Mauergesimse und Turmaufsätze hätten erneuert werden müssen[141]. Der Grund scheint plausibel; auch stilistisch gehören die Rundschneggenturmstuben sicher ins 12. Jahrhundert. Ob sie freilich im gleichen Jahrzent wie das Obergeschoß des Ostturmes aufgeführt wurden, kann bezweifelt werden; sofern Dom Planchers Ansichten (Abb. 42/49) den Bestand treffen (die anderen Ansichten – Abb. 47, 50, 51 – weichen in diesem Punkt von ihm und untereinander ab), be-

---

139 Vgl. W. Schlink, Zwischen Cluny und Clairvaux, 1970, p. 124 und Anm. 371.

139a Vgl. die Beispiele bei Abbé Plat (L'art de bâtir ... 1939) und die vergleichsweise späten Beispiele von Tournus / St. Philibert, Nevers / St. Etienne, Bayeux / Cathédrale, Caën / St. Etienne und die Auvergnatischen Bauten: u. a. Orcival, Issoire, Notre-Dame-du-Port in Clermont-Ferrand.

140 Sie werden heute als Nr. 1129/1130 im Musée Archéologique von Dijon aufbewahrt. Vgl. unten p. 100.

140a Damit läßt sich die interessante Frage, ob hier bereits in vorromanischer Zeit eine Schaufassade mit Schmuckmauerwerk und Reliefs, darunter auch antiken Grabstelen, eingerichtet wurde, nicht entscheiden. Eine Arbeit über die Wiederverwendung antiken Baumaterials und die Einbeziehung antiker Skulpturen in die mittelalterliche Architektur — wie sie für einige italienische Bauten von Max Wegner (Spolien — Miszellen aus Italien, in: Festschrift Martin Wackernagel, 1958, pp. 1—16) und seit kurzem auch für die Provence in vorbildlicher Weise vorliegt (Victor Lasalle, L'influence antique dans l'art roman provençale, Paris 1970) — fehlt für Burgund, obgleich hier mit ebenso reichem Material zu rechnen wäre.

141 So Chomton, Sur la Reconstruction partielle etc. 1913; vgl. auch Chomton 1900, p. 169 f.

saßen die Rundschneggenfenster ins Gewände eingestellte Runddienste, die eine Abtreppung des übergreifenden Blendbogens bedienten — eine wichtige Bereicherung des Gliederungssystems gegenüber den einfach geschichteten Bogenformen des altertümlicheren Fenstermotivs am Ostturm.

Wie hoch reichten die Rundschneggen des 11. Jahrhunderts? Conant läßt sie in seiner Rekonstruktion von 1966 mit dem Rundbogenfries unter dem Fußgesims des vorletzten Geschosses enden (Abb. 70, vgl. mit Abb. 49)[141a]; dagegen spricht die Angabe des Chron. S. B., daß die Rundschneggen vom Obergeschoß der Rotunde aus »per quinquaginta gradus dirigunt gressum« (Satz 29). Nachdem für die Höhendifferenz Mittelgeschoß — Obergeschoß 30 Stufen genügt hatten (Satz 25), führen die 50 folgenden Stufen — bei gleichbleibender Stufenhöhe — bis weit über den Dachansatz hinaus. Ein Turm endet aber nicht mit der letzten Treppenstufe, sondern mit einer Turmkammer. Eine solche, ein viertes Geschoß — wenn wir den im 18. Jahrhundert durch die Aufschüttung verdeckten Sockel des Kryptengeschosses mitrechnen — müssen wir bereits für den Bau des 11. Jahrhunderts annehmen. Ob in dem vorletzten Geschoß der Dom-Plancher-Ansicht die ursprüngliche Turmkammer erhalten ist, läßt sich am Bildmaterial allein nicht entscheiden.

Auch der Konsolfries unter dem Dachansatz der Rotunde ist jünger als der Bau des Wilhelm von Volpiano. Es handelt sich bei ihm um eine merkwürdige Mischform aus Konsolfries und Zwerggalerie[142]: die weit ausladenden Konsolen sind mit ihren 19 cm breiten und 33 cm hohen Rücklagen nicht in der Flucht der Rotundenaußenmauer eingebunden; vielmehr ist die Mauer am Ansatz der Konsolen um ein beträchtliches zurückgestuft, so daß die Konsolenbinder untereinander kastenförmige Nischen aussondern, die in der Mauertiefe liegen. Auf den Konsolen ruht das an seiner Front mit einem Schachbrettmuster und an seiner Unterseite mit Rosetten geschmückte Dachgesims. Ein Konsolfragment und eine Gesimsplatte haben sich im Musée Archéologique erhalten (Abb. 97)[143]. Weder das Schachbrettmuster noch die Vierpaßrosette oder die hobelspanartige Wangengliederung der Konsolen, der sog. »modillons-à-copeaux«, gehören dem Formenschatz des frühen 11. Jahrhunderts an; es sind vielmehr typisch auvergnatische Schmuckformen des 12. Jahrhunderts[144]. Wie hoch die Mauerkrone des frü-

141a Im Längsschnitt von 1965 hatte Conant die Rundschneggen noch um ein Geschoß höher rekonstruiert (Conant 1965, p. 184).

142 Die Seitenansicht des Dom Plancher (Abb. 49) gibt die Konsolgliederung in einem unproportioniert großen Maßstab; treffender ist die Darstellung bei Antoine (Abb. 51).

143 N° 1133 und 1134; die Gesimsplatte hat eine Länge von 92 cm; in gleichem Abstand waren die Konsolen plaziert. Daß es sich bei der Konsole nurmehr um den vorderen Rest einer ehemals längeren Steinplatte handelt, geht aus der genauen Beschreibung und aus den Zeichnungen Baudots hervor (Ms. 1602, f 68v ss.). In seiner Zeichnung der Konsolstange (f 75) ist die glatte Rücklage gut doppelt so lang wie die Konsole, also ca. 120 cm (die Konsole des Musée Archéologique mißt 58 cm). Baudot bildet zwei Gesimsplatten ab (68 v°), von denen die eine der des Musée Archéologique gleicht, die andere an Stelle der Rosette ein Muster von vier Rhomben und drei Schleifen zeigt.

144 Die auvergnatische Provenienz dieser Gliederung ist seit Franz Kugler (Geschichte der Baukunst, II, 1858, p. 151) und Viollet-le-Duc (Dict. IV, 1868, p. 309) bekannt. Fast identische Konsol- und Gesimsformen finden sich in der Auvergne von etwa 1090 an allerorten. Vgl. insbesondere die Fragmente der Kathedrale von Clermont-Ferrand (bei M. Vieillard-Troiekouroff; in: Cahiers Archéol. XI. 1960, Abb. 53 und p. 241) und die Gliederung an Nôtre-Dame-du-Port dortselbst (Lasteyrie, Arch. romane, 1911, p. 441). Vereinzelte Bei-

hen 11. Jahrhunderts reichte und ob diese etwa eine lombardische Rundnischenfolge in der Art von St. Pietro in Agliate oder von St. Vincenzo in Mailand besaß[145], welche der einzigartigen Verquickung des auvergnatischen Konsolmotivs mit einer Rechtecknischenfolge im 12. Jahrhundert als Typus zugrunde gelegt hätte, bleibt ungewiß. Nicht auszuschließen ist auch, daß der Rücken der großen Kuppel — wie im frühromanischen Burgund die Regel — ursprünglich freilag, also kein Dach trug, und damit um den später aufgemauerten Konsolfries tiefer ansetzte.

Trotz der genannten Veränderungen an den oberen Partien läßt sich eine fürs frühe 11. Jahrhundert außergewöhnlich vollständige Anschauung von der einstigen Außenerscheinung der Rotunde gewinnen. Diese kennt einen Reichtum an Gliederungselementen, eine Plastizität des Wandreliefs und eine Ordnung nach Geschossen, wie sich solches an keinem zweiten Bau des frühen Mittelalters wiederfinden läßt.

Abgesehen vom Untergeschoß, zu dem wir weder die genaue Höhe der Anschüttung noch die Form der Außengliederung kennen[147], ist die Außenerscheinung der Rotunde vor allem bestimmt durch die Projektion der Innenraumdisposition auf die Außengliederung. Die drei Rotundengeschosse werden außen durch kräftige Gesimse markiert; selbst der Lauf der Wendeltreppen in den Rundschneggen ist durch ein dem Turmzylinder außen spiralförmig aufgelegtes Gesims nachvollzogen. Die mächtigen, in der Mauertiefe kräftig zurückgestuften Fensterleibungen, die auf den geschoßmarkierenden Gesimsen direkt aufsitzen, zehren die Wandfläche des Rotundenzylinders fast ganz auf (Abb. 49 und 51). Auch sie stehen in einem Spiegelbezug zur Gliederung der Innenwand — weniger zu der des Innenraumes[148] —, deren kräftige Stufung unter der Stichkappe des Wölbungsansatzes sie wiederholen.

Innerhalb der Einzelgeschosse wirkt die horizontale Reihung der wandgliedernden Bögen als bestimmendes Gliederungselement (Abb 49). Am Mittelgeschoß, dessen östliche Wandabschnitte durch Apsidiolen geschlossen sind, wo also nur zwei Fensterbögen auf jeder Seite auftreten, bildet sich gleichwohl eine vielgliedrige Bogenfolge durch die Weiterführung des Fenstermotivs in den eingestuften Rundnischen der Rundschneggen, die sich in Form und Größe unverkennbar an den Rotundenfenstern orientieren. Die Bogenfolge umfaßt beide Rundkörper — bald als reich gestuftes Gewände, bald als einfach gestufte Nische — und bindet die Rundschneggen mit dem Rotundenkörper baukünst-

---

spiele außerhalb der Auvergne: Abteikirche von Ebreuil, Anzy le Duc, St. Pierre de Montmartre / Paris, St. Hilaire in Poitiers, alles 12. Jahrhundert. Conant (1958, p. 87) spricht angesichts der Dijoner Fragmente von »Moorish lobed soffit panels and chisel-curl brackets« und denkt dabei wohl an die Moschee von Cordoba (vgl. G. Marçais, l'arch. muselmane d'Occident, 1954, fig. 100) oder ähnliches (zur Frage der arabischen Herkunft der »modillons à copeaux« vgl. auch Vieillard-Troiekouroff 1960, p. 241). Mir scheint im Fall von St. Bénigne die Verbindung mit auvergnatischen Beispielen näherliegend und ausreichend.

145 Conant rekonstruierte 1966 unter dem Dachansatz einen Laufgang (?), der sich durch schmale Lichtscharten nach außen öffnet (Abb. 70); hierzu fehlt jeder Anlaß.

147 Conants Rekonstruktion (1966) überzeugt auch in diesem Punkt nicht, obschon sie mit dem Riß Dom Planchers (Abb. 40) übereingeht; Dom Planchers Wiedergabe der Außenwand ist nämlich mehr oder weniger fiktiv, da diese im 18. Jahrhundert durch die Aufschüttung des Terrains verdeckt war.

148 Im Außenbau sind Mittelgeschoß und Obergeschoß bezeichnenderweise fast gleich behandelt.

lerisch eng zusammen. Im Rotundenobergeschoß wiederholt sich die Folge der hohen, gestuften Fenstergewände; hier setzt sich aber der Rundschneggen als Turm mit eigener Gliederung vom Rotundenzylinder ab: über dem das Rotundengeschoß markierenden Gesims[149] springt sein Mauerwerk deutlich zurück; selbst die schlanken, fast 9 Meter hohen Lisenen stehen hinter der Flucht des Mauerwerks über den Nischen des Mittelgeschosses[150]. Die kolossale Ordnung der hohen Blendfelder zwischen Lisenen und Rundbogenfries wird durchsetzt von einer zweiten Ordnung von Nischen und Gesimsen, welche die Innenanlage des Turmes spiegeln. Die Spiralführung der Wendeltreppe wird nicht allein in dem ansteigend umlaufenden Gesims markiert, das sich über die erste, vertikale Ordnung der Lisenen verkröpft, sondern auch in der orgelpfeifenähnlichen Abfolge der Nischen und in ihrem dem Gesims folgenden, verzogenen oberen Abschluß.

Die reiche und in vielfältigen Bezügen abgestimmte Wandgliederung von Rotunde und Rundschneggen steht in einem deutlichen Gegensatz zu der kahlen Außenerscheinung der Ostkapellenflanken[151] und zu der zurückhaltenden Gliederung des Verbindungstraktes von Rotunde und Basilika. So wird die Rotunde aus ihrer architektonischen Umgebung herausgehoben. Träger des Rotundengedankens sind aber nicht nur die kurzen, kaum einen Viertelkreis bildenden Zylinderstücke des eigentlichen Rotundenkörpers zwischen Treppentürmen und Ostkapelle, sondern stellvertretend auch die auf der Querachse der Rotunde plazierten, zu drei Vierteln freistehenden Rundschneggen.

---

149 Dieses ist selbstverständlich noch eine vom Rotundenkörper herübergreifende Form, da es am Rundschneggen selbst keine innere Stockwerkgliederung zu markieren gab.

150 So jedenfalls in Dom Planchers Grundriß vom Obergeschoß und seiner Projektion auf den des Mittelgeschosses.

151 Dieser baukünstlerische Gegensatz, der in der Rekonstruktion von 1965 noch relativ unverfälscht wiedergegeben war, scheint Conant 1966 bewogen zu haben, die Außenerscheinung der Ostkapelle der der Rotunde stärker anzupassen (Abb. 70).

DIE FRÜHROMANISCHE BASILIKA

DIE KRYPTA

Den wichtigsten Hinweis zur Lage und zur Baugestalt der Krypta des Wilhelm von Volpiano gibt der Verfasser der Chronik von St. Bénigne mit seiner Beschreibung der Säulenreihen, die den Quer- wie den Längsarm in eine dreischiffige Halle von je 11 Abschnitten gliedern sollen (Satz 6); dazu kommen seine Beobachtungen, daß der Längsarm östlich des Kreuzaltares über eine Treppenanlage von der Breite aller drei Kryptenschiffe zugänglich war und daß das Benignusgrab von Heiligengräbern und fünf Altären umgeben wurde (Satz 7 und 8). Die Angaben des Chronisten reichen aus, um die Baupartien westlich des Rotundenuntergeschosses als Überreste dieser frühromanischen Krypta zu identifizieren.

Einen dreischiffigen, 11jochigen Kryptenquerarm – wie er im Chron. S. B. beschrieben ist – gibt der Grundriß des Dom Plancher (Abb. 40) allerdings nicht zu erkennen. Pfeilermassive trennen den Mittelraum mit dem Benignusgrab von den Gängen, die zu den äußeren Apsidiolen führen. Anstelle einer Hallenkrypta, wie sie die Chronik beschreibt, findet man eine verwinkelte Stollenkrypta. Und doch fällt an Dom Planchers Riß auf, daß es 12 Säulen sind, die den Gesamtraum in seiner Nord-Süd-Erstreckung gliedern, und daß dieser genau die Ausdehnung hat, die der Chronist als Breitenmaß des Wilhelm-von-Volpiano-Baus nennt (bei Dom Plancher: 74^{pi} = 24 Meter, im Chron. S. .B 53 cub. = 23,90 Meter). Ursprünglich waren die Zugänge zu den äußeren Apsidiolen keine einschiffigen Stollen und die westlichen Säulen keine Wandvorlagen; das bemerkte schon Dom Plancher, der das Mauerwerk hinter ihnen als sekundäre Abmauerung kenntlich machte, und das belegt zweifelsfrei eine dritte Säulenreihe im nördlichen Kryptenarm, die Charles Suisse in der zweiten Hälfte des 19. Jahrhunderts aufgedeckt hat (Abb. 57)[152]. In den bei Dom Plancher mit L und K bezeichneten Stollen sind uns demnach Reste des einst über 4 x 12 Säulen eingewölbten Querarms der Krypta überliefert. Kann man aber von einer dreischiffigen Hallenkrypta sprechen, wennschon die starken Pfeilermassive zu seiten des Benignusgrabes den Raum in drei Abschnitte untergliedern und den Fluß der Säulenreihen empfindlich unterbrechen? Tatsächlich muß man sich fragen, ob diese Mauermassive zum ursprünglichen Bestand der Kryptenanlage gehören.

Die Reduzierung der Hallenkrypta auf den Raum des Benignusgrabes und auf die beiden Stollen, die zu den äußeren Querhausapsidiolen führen, war bedingt durch den Neubau der gotischen Abteikirche (1271 ff.), die mit einer fast doppelt so breiten Apsis, wie sie der Wilhelm-von-Volpiano-Bau besessen hatte, nicht nur alle Mittelabschnitte

---

152 Vgl. dazu Chomton 1900, p. 342. *Nachtrag 1977:* Durch die Stichgrabung von Carolyn Malone (1976) ist auch die nördlichste (Eck-)Säule der vierten Stützenreihe freigelegt worden.

der alten Krypta, sondern auch einen Teil ihrer Querarmjoche überdeckte (vgl. Fig. 5). Der alte Benignussarkophag und die Altäre der Kryptenapsidiolen sollten an ihrem alten Ort und in ihrer alten architektonischen Umgebung respekiert werden; an den Kryptenquerarmen hingegen, die von den schrägen Fundamentzügen der neuen Apsis und ihrer Strebevorlagen durchzogen wurden, war man nicht länger interessiert. So wurden die Kryptenflügel bis auf die Gänge vor den Apsidiolen kurzerhand zugeschüttet oder zumindest abgemauert[153]. Komplizierter war die Situation im Bereich um das Benignusgrab. Die Säulen, die östlich der Flucht Querarmostwand—Apsidenansatz standen, mußten am Ort bleiben, da lotrecht über ihnen die Stützen der doppelgeschossigen Apsis und der Querhausostwand standen (und weiter stehen sollten). Die Wölbung zwischen den Fundamenten der neuen Apsis und der alten Wölbung über dem Benignusgrab mußte neu eingerichtet werden. Die gotischen Strebevorlagen der Apsisstirn verstellten mit ihren Fundamenten den direkten Weg vom Benignusgrab zu den Resten der ehemaligen Kryptenquerarme. Da sie in das Verbindungsjoch quer hineinragten, lag es nahe, durch ihre Ummantelung das ganze betroffene Kryptenjoch massiv auszufüllen. Versucht man sich den Zustand des 11. Jahrhunderts zu vergegenwärtigen, so müßte mit den vier starken Säulen am Apsisansatz je eine kleinere Stütze (aus der östlichen Zwölferreihe des Kryptenquerarms) gekoppelt gewesen sein. Es ist möglich, daß noch heute die dünne Säule zu seiten des Benignusgrabes (Abb. 58) auf diese Anordnung zurückweist.

Die ursprüngliche Erscheinung der Krypta war die einer weitläufigen, aus über 50 Einzeljochen bestehenden, niedrigen Halle, an die im Osten zu seiten der Apsis mit dem Benignusgrab vier Nebenapsidiolen anschlossen; diese enthielten *die* Altäre und Reliquien, von denen der Chronist sagt, daß sie die Gebeine des hl. Benignus umgeben. Da das Benignusgrab seit der Abfassungszeit der Chronik von St. Bénigne seinen Standort nicht verändert hat, seine Plazierung an der Nahtstelle von Kryptenquerarm und Kryptenapsis als die ursprüngliche gelten muß, findet das Bild des Chronisten noch heute in der Grundrißanlage der gestaffelten Apsiden seine anschauliche Entsprechung.

All diese Überlegungen erweisen hinlänglich, daß der dreischiffige Kryptenquerarm aus den Gängen K und L (Abb. 40) heraus zu rekonstruieren ist[154]. Fig. 5 gibt eine Pro-

---

153 So dürften zwei oder mehr Joche des Kryptensüdarms als Keller weiterbenutzt worden sein, der durch eine Treppe vom Gelände südlich der Abteikirche her erschlossen wurde (vgl. oben p. 29).

154 Damit erübrigen sich alle Rekonstruktionsversuche, die den Kryptenquerarm weiter westlich anordnen. Einen solchen Vorschlag machte erstmals Mabillon (vgl. Abb. 62), wo die Säulenstellungen des Kryptenquerarms gegen die Kryptenapsis um rund 10 m nach Westen verschoben sind. Dieser Rekonstruktion folgten Sagot (Abb. 65), Charles Suisse und Alice Sunderland. Ausgangspunkt ihrer Überlegungen ist offensichtlich der Standort des Basilikenquerhauses; sofern man meint, das Querhaus von seinen Apsiden abrücken zu müssen, wird man auch den Kryptenquerarm — den mit dem Querhaus in eins zu sehen naheliegt — nach Westen verschieben. Der Raum zwischen dem dreischiffigen Kryptenquerarm und den Apsidiolen muß dann willkürlich untergliedert werden; die verschiedenen Rekonstruktionsvorschläge hierzu geben ein beredtes Zeugnis davon, wie weit man sich auf Grund reiner Spekulation von der klar geschilderten Kryptengestalt des Chron. S. B. — der Dominanz der T-förmigen Säulenanordnung — entfernen konnte. Conant gibt wohlweislich keinen Plan der Kryptenanlage; die Projektion seines Basilikengrundrisses auf die Krypta, so wie er sie in Worten beschreibt (1965, p. 187/189; vgl. auch seinen Längsschnitt, meine Abb. 71), erweist seine Rekonstruktion als zusammenhanglos und seiner Forderung »the dimensions of the crypt and those of the nave are interdependent« (1965,

jektion des Grundrisses von Dom Plancher (Abb 40) mit seiner mutmaßlichen Erweiterung nach Westen auf den Grundriß der heutigen Anlage. Aus ihr läßt sich eine ungefähre Vorstellung von der Gliederung der ehemaligen Krypta und von dem Umfang ihrer Zerstörung durch den gotischen Neubau der Abteikirche gewinnen[155].

Gleichwohl bleiben zahlreiche Einzelfragen offen. Weder der heutige Bestand noch der 1843 ff. aufgedeckte entsprechen der Bauaufnahme bei Dom Plancher (Abb. 40) genau. Während die Länge des nördlichen Kryptenarmes, zwischen dem genannten Mauermassiv und der Nordwand gemessen, mit 684 cm dem bei Dom Plancher angegebenen Maß von 650 cm nahekommt, ist der südliche Arm mit 780 cm über einen Meter länger als auf dem Grundriß. Das größere Maß kann nicht auf eine Erweiterung des Kryptenarmes durch die Restauratoren von 1843 ff. zurückgehen, da die Flucht der Nordwand ebenso wie die Lage des Benignusgrabes und der südlichsten Apsidiole (die ja in ihrem alten Mauerbestand respektiert wurde) festlagen. Daß die Querhausarme und damit auch ihre Kryptenjoche in den absoluten Maßen differieren, ist in der Frühromanik nichts Ungewöhnliches. Der Zeichner Dom Planchers hat diesen Unterschied nicht registriert, da ihm der südliche Kryptenquergang nicht zugänglich war; seine Wiedergabe dieser Baupartie spiegelt lediglich die Anlage des nördlichen Kryptenarmes[156].

---

p. 187) wenig angemessen. Rechnet Conant Dom Planchers Stollen »L« und »K« als alten Bestand des Kryptenquerarms, dann unterfängt dieser in seiner Rekonstruktion allenfalls zwei Drittel vom Presbyterium der Basilika (vgl. dazu Abb. 71); soll der dreischiffige Kryptenquerarm aber der Dreierarkade zwischen dem Presbyterium und seinen Seitenschiffen entsprechen, dann bleiben die Stollen »L« und »K« als überflüssige Zwischenjoche übrig. Ganz phantastisch ist schließlich Conants Plazierung der »secreta vestibula« unter den Querhausflügeln der Basilika (Abb. 71, in punktierter Linie) und ihre Rekonstruktion als breite, niedrige, tonnenübergewölbte und fensterlose Räume.
Es ist unvernünftig, den klaren Sachverhalt der Chronicon-Baubeschreibung durch eine vorweggenommene These zur Lage des Basilika-Querhauses zu verfälschen. Die Krypta ist mit ihren T-förmig angeordneten Säulenstellungen und ihren Apsidiolen, die das Benignusgrab umgeben, klar beschrieben und im Plan des Dom Plancher so weit erhalten, daß eine Identifizierung außer Frage steht. Schon für Dom Plancher gab es hierin keinen Zweifel, wenn er von den inneren Apsidiolen (E und F) schrieb (p. 483): »la longueur des mêmes chapelles étoit de 21 pieds depuis le fond de leur rond-point jusqu' au premier rang de colonnes qui forment la tête du prétendu T, dont l'Auteur de la Chronique attribue mal à propos la figure à l'ancienne Eglise inférieure«; und von den äußeren Apsidiolen G und H (484): »leur longueur aboutit au premier rang de ces colonnes, qui par leur arrangement, font ou forment comme la tête d'un T«. Dieser Ansicht folgten im Prinzip Chomton (1900, Pl. IV) und Martindale (1962, Fig. II, vgl. meine Abb. 68/69).

155 Fig. 5 deckt Ungenauigkeiten in Dom Planchers Rissen auf, wie beispielsweise, daß die nördliche Außenmauer des Kryptenquerarms »innerhalb« des ehemaligen Kapitelsaales steht. Meine Rekonstruktion der westlichen Joche der Krypta ist nur als andeutende zu verstehen; diese Abschnitte können — solange Grabungen ausstehen — ebensogut oblong wie quadratisch rekonstruiert werden.

156 Die südliche Querhausapsidiole war im frühen 18. Jahrhundert einsturzgefährdet und daher unzugänglich; Dom Plancher (p. 484, cap. XXVIII) beschreibt »la seconde aile du coté du midi *(gemeint: die äußere Apsidiole und ihr Vorraum)* fut entièrement détruite lorsqu'on bâtit sur la fin du 13e siècle, la nouvelle église qu'on voit aujourd'hui«. »entièrement détruite« kann schwerlich zutreffen, da Baudot gegen Ende des Jahrhunderts den jüngst restaurierten Kryptenraum besucht und beschreibt (vgl. die folgende Anm.). Richtig ist, daß zur Zeit Dom Planchers der Raum K (Abb. 40) gegen die Kapelle F hin abgemauert war.

Im Gegensatz zu Baudots Bericht von 1792, der den bei Dom Plancher nur vermuteten Bestand des südlichen Kryptenraumes bestätigt[157], gibt eine Zeichnung aus der Zeit der Aufdeckung unter Henri Baudot (Abb. 55) ein merkwürdig abweichendes Bild. Dem Grundriß ist zwar eine Pause nach Dom Plancher zugrunde gelegt, die nur in einem Punkt ergänzt wird: an der Südwestecke des starken Mauermassivs, also in der Flucht der zweiten Säulenreihe des Kryptenquerarms, wurde eine Säule aufgefunden (die unsere These von der Lage des Kryptenquerarms an dieser Stelle von neuem unterstreicht). Der Aufriß hingegen hält einen Befund fest, der nicht nur dem Grundriß des Dom Plancher, sondern auch der Beschreibung Louis-Bénigne Baudots widerspricht. Unverständlich sind insbesondere die Öffnung im Wandabschnitt B–C und die weiterführende Arkade südlich von E; wohin sollte eine Türöffnung im Mauermassiv zwischen Kryptenquerhaus und dem inneren Apsidiolenvorjoch führen, und wie sollte nach rechts eine weitere Arkade anschließen, wo doch die Chronik von St. Bénigne durch die Festlegung der Kryptenbreite wie der Jochzahl die Säule E als Eckvorlage ausweist?

Selbstverständlich liegt der Verdacht nahe, Baudots Aufriß sei in allen Teilen so unzuverlässig gezeichnet wie in der Bogenführung von Säule A zu Säule B, die nach Ausweis des Grundrisses gar nicht in einer Flucht stehen können. Doch dürfen wir nicht zu schnell urteilen, da wir durch Dom Plancher immer wieder darauf aufmerksam gemacht werden, daß in den Kryptenarmen und in ihren Apsidiolen umfangreicher Bestand des vorwilhelminischen Baus stecke[158], der erst durch Umbauten und Vermauerungen dem Neubau angepaßt worden sei. Von daher stellt sich die Frage so: Sollte Baudot etwa — ohne sich darüber Rechenschaft zu geben — Vermauerungen aus der Bauzeit des Wilhelm von Volpiano entfernt und damit karolingische Dispositionen freigelegt haben?

Für Dom Plancher galten die gesamten Kryptenreste als vorwilhelminische Bausubstanz. Diese Behauptung und ihre Begründung sind die wichtigsten Anliegen seines Exkurses über den Kirchenbau von St. Bénigne. Es ging Dom Plancher darum, Mabillon zu widerlegen, der die alte Kirche hinter dem gotischen Chor in allen Teilen als Bauleistung des Wilhelm von Volpiano angesprochen hatte, und es lag ihm daran, Gregor von Langres, den »Gründer« des Klosters und Initiator des Benignuskultes, als Urheber noch aufrechtstehender Bausubstanz nachzuweisen (p. 476).

---

[157] Ich gebe den Bericht L.-B. Baudots (Ms. 1602, f 62v s) im Wortlaut: »vis avis lad^e chapelle *(gem. die innere, südliche Querarmapsidiole)* est un autre endroit dont l'ouverture vis avis de lad^e chapelle a 2^pi–1^po d'ouverture et faisant angle que l'on dit etre vulgairement la prison de St. Bénigne ou le souterain qui allait jusquá talent *(Talent = Vorort Dijons im Westen)*; tel que je l'ay vue y compris les deux lignes de l'angle il y a 29^pi la première ligne en a 22 la seconde et il y a 8^pi de largeur dans le fond que j'ai pas vue se prolonger aussi loing qu'on le dit, il y a dans cet endroit une fenestre grillée en fer plus haute que le sol de cet endroit de 3^pi–6^po elle donne dans le rond *(also das Fenster im Scheitel der äußeren Apsidiole)*, dans le fond de cette prison de St. Bénigne est une ouverture bouché que l'on dit encore d'une autre manière avoir été un escalier (?), cet endroit est plus haut que le sol du rond d'environ 1^pi on y voit par deux escaliers sépares dont l'un conduit a la d^e chapelle *(die innere Apsidiole)* dont j'ay parlé et l'autre aud. caveau. dans le cavaeau on voit les chapiteaux et les surplassements de 7 colonnes dont quelques unes y sont encore et les autres depuis peu d'années ont étés suprimees parce qu'elles menacaient ruinne et remplacees par des Massifs quarres de Maconnerie qui rendent plus solide la voute.«

[158] Dom Plancher 1739, p. 483 ff. Vgl. auch die Datierungen des Mauerwerks in Dom Planchers Grundrissen.

Die Kriterien, die Dom Plancher angewandt hatte, um die unteren Partien der Kapellen östlich der Rotunde als älteren, vorwilhelminischen Baubestand anzusetzen, fußten auf einer sorgfältigen Untersuchung des Mauerwerks; sie wurden von Autoren verschiedener Zeiten durch weitere Beobachtungen am Bau bestätigt. Die Frühdatierung des Kryptenquerarmes und der anschließenden Apsidiolen hingegen begründet Dom Plancher mit vagen Angaben, die von späteren Autoren nicht gestützt werden. Ausgangspunkt ist für Dom Plancher der Befund der inneren Apsidiolen (p. 483): »... derrière chaque Autel il y avoit trois fenêtres qui dans leur premiere origine éclairoient et les Autels et les basses ailes de cette Eglise, et qui dans la suite ont été bouchées, étant devenues inutiles par les deux Tours élevées depuis de chaque côte de la Rotonde, devant et tout proche les trois fenêtres de l'une et l'autre de ces Chapelles placées dans le fond des deux ailes. Preuve que ces ailes ou collatéraux sont plus anciens que ces Tours[159].« Baudot (f. 62^{v}) äußert sich in der Frage der Fenster widersprüchlich; zur südlichen, inneren Apsidiole meint er: »dans laquelle est une fenestre de 5^{pi}–6^{po} (ca. 180 cm) plus haute que le sol de laditte chapelle«, ohne daß dieses Fenster mit dem der Kapellensüdwand identifiziert werden dürfte, da er jenes bereits besprochen hat. Von der entsprechenden nördlichen Apsidiole meint Baudot (f 63^{r}): »dans le fond derrière l'autel sont trois niches à 2^{pi}–8^{po} plus haut que le sol de cette chapelle«. Damit dürfte die Gliederung der nördlichen Apsidiole zutreffend beschrieben sein: in der Apsisrundung saßen über einem fast 90 cm hohen Sockel flache Blendnischen, die mit Lisenen alternierten[160]. Diese Gliederung findet sich auch auf dem Grundriß bei Dom Plancher (Abb. 40) angedeutet; der nicht mehr ganz vorurteilsfreie Prior wird die flachen Blendnischen als vermauerte Fenster und damit als eine Stütze seiner These vom hohen Alter der Krypta aufgefaßt haben. Der Vorstellung, die Apsidiolen stammten von einem karolingischen oder merowingischen Vorgängerbau, widersprechen Dom Planchers eigene Bemerkungen zur Mauertechnik der Zeit des Wilhelm von Volpiano bzw. seiner Vorgänger (vgl. oben p. 44). Die einzige noch heute erhaltene Mauerpartie des Kryptenquerarmes, die äußere Apsidiole im Süden, zeigt ein sorgfältig geschichtetes Mauerwerk, das so genau als nur möglich Dom Planchers Beschreibung des Rotundenmauerwerks entspricht. Ebenso wie die Existenz einer Hallenkrypta vor der Jahrtausendwende aus architekturgeschichtlichen Erwägungen ausgeschlossen werden kann, ist auch die Legende von der Übernahme einer älteren gestaffelten Apsidenanlage in den Bau des Wilhelm von Volpiano unglaubwürdig.

Die Aufrißzeichnung des südlichen Kryptenarms durch Henri Baudot (Abb. 55) findet von dieser Seite keine Erklärung. Wennschon sie als einziges Bilddokument von der Aufdeckung des Kryptenquerhauses in den 1840er Jahren von größtem Interesse ist, bestätigt ein Vergleich mit älteren Bild- und Schriftzeugnissen den Verdacht, daß sie oberflächlich und kopflos hingeworfen worden sei.

Abschließend versuchen wir nochmals, uns die Gestalt der Krypta im 11. Jahrhundert

---

159 Ähnlich äußert sich Dom Plancher auch auf p. 497; dort versteigt er sich allerdings zu einer Behauptung, die unschwer als abwegig erkannt werden kann: »le corps de la Rotonde bouche deux fenêtres de chacune de ces chapelles et les rend inutiles; les deux Tours bâties des deux côtés de la Rotonde, l'une au septentrion, et l'autre au midi, bouchent la troisième fenêtre de l'une et l'autre Chapelle.«

160 Eine ähnliche Gliederung gibt Dom Plancher für die hängenden Apsidiolen des Rotundenmittelgeschosses (Abb. 41, E + F).

zu vergegenwärtigen. Das Benignusgrab, das heute an der Peripherie der Rotunde liegt, bildete einst das Zentrum der Altar- und Gräberanordnung der Krypta. Das Grab und der unmittelbar westlich vor ihm stehende Benignusaltar[161] bildeten das Ziel für die Wallfahrt der Gläubigen wie für die Prozessionen der Klostergemeinschaft durch die lange Hallenkrypta. Die Krypta wies in allen Teilen die gleiche Höhe auf; die Niveaudifferenz von einem halben Meter, die heute den Bereich ums Benignusgrab von den seitlichen Kryptenjochen scheidet, beruht auf modernem Arrangement[162]. Die Belichtung der Krypta muß im 11. Jahrhundert sehr spärlich gewesen sein; bevor der Konvent in die Krypta herabstieg, mußte der Kustos die Kerzen anzünden, »damit man nicht im Dunkeln herumstehe« — wie die älteren Consuetudines erklären[163]. An die Nordwand des Querarms grenzte — 260 cm über dem heutigen Niveau der nördlichen Kryptenapsidiolen — der Kapitelsaal an; folglich war diese Mauer blind. Im Süden könnte es Fenster gegeben haben, sofern das Terrain tiefer lag als Kreuzgang und Klosterbauten im Norden. In den äußeren Apsidiolen saßen kleine Fenster, von denen das südliche im 19. Jahrhundert freigelegt wurde; hier lag das Terrain folglich nur um 1 bis 2 Meter höher als das Kryptenniveau[164]. Der Längsarm der Krypta kann allenfalls aus den Seitenschiffen des Langhauses Licht empfangen haben, da er diese um gut zwei Meter überragte. Zugänge aus den Seitenschiffen in die Kryptenquerhausarme zur Bewältigung der Pilger- und Prozessionsbewegungen sind zu vermuten, wenngleich die Quellen keinen direkten Hinweis auf sie geben. Verglichen mit der weiträumigen Anlage und dem breiten Westzugang der Krypta war die Verbindung zwischen ihr und der Rotunde auf ein Minimum reduziert. Die Durchlässe zwischen der halbkreisförmigen Arkade ums Be-

---

161 Vgl. unten Anm. 299.

162 Der Chronist gibt als Höhe der Krypta 10 cubitus, und zwar unmittelbar anschließend an die Beschreibung der Säulenstellung »in longitudine et latitudine« (S. 6). Der Grundriß des Dom Plancher gibt bezeichnenderweise keine Stufen gegen die Kryptenquerflügel. Erst Baudot klagt, daß das Niveau in der Westpartie mit der Zeit erhöht worden sei; die Niveaudifferenz zwischen südlichem Kryptenquerarm und dem Bereich zwischen Benignegrab und Rotunde gibt er mit 1pi an; eine Stufe führt zum inneren Apsidengang, eine zweite von dort zum Kryptenquerarm empor. Heute beträgt die Differenz 55 cm: drei Stufen führen vom Rotundenniveau zu den Kryptenstollen (vgl. Abb. 58). Dieser halbe Meter macht sich an den Säulen und an den gesamten Proportionen der Kryptenquerarme bemerkbar; sie wirken durchweg gestaucht.

163 Vgl. die Bestimmung der älteren Consuetudines von St. Bénigne, cap. 20 (BN, coll. Bourgogne, t. XI, f. 130v): »est autem ipsius Editui ipsam cryptam antequam illuc processio percurriat totam in circuitu illuminare necdum inibi statio fit conventus in obscuritate consistat.«

164 Mém. CACO, t. V, 1856—1860, p. LVI: »L'architecte chargé de construire la nouvelle sacristie a été amené, pour asseoir les fondations de cet édifice, à mettre a nu pour un moment la paroi extérieure de l'absidiole St. Jean de Réome. On a pu alors constater, que les dehors de cette absidiole sont appareillés avec autant de soin que l'intérieure. De plus, la fenêtre, depuis longtemps aveugle, qui occupe le fond de la chapelle, se trouve être extérieurement évasée dans tout le sens, non seulement par la haut, mais aussi dans la direction du sol. Ces deux remarques ne prouvent-elles pas que cette construction, depuis longtemps sous terre, était primordialement en grande partie à fleur du sol? M. Foisset dit »en grande partie«, parce que le bas des murs n'offre plus les parois lisses et soignées dont il vient de parler, mais en contraire un appareil incohérent avec des queues de pierres forment saillie, ce qui est une confirmation de plus de la conclusion tirée par M. Foisset de cet état des lieux.«

nignusgrab und den starken Zungenmauern gegen die inneren Apsidiolen besaßen kaum einen Meter Breite. Die Abgrenzung, die das Chron. S. B. zwischen Krypta und Rotundenuntergeschoß vornimmt (Satz 18), findet somit auch in der architektonischen Disposition ihren Niederschlag.

DAS QUERHAUS

Die Lage des frühromanischen Querhauses ist umstritten. Nach Martindale stand es unmittelbar vor dem bis 1792 erhaltenen Ansatz der Mittelapsis und der äußeren Nebenapsidiolen (Abb. 69), nach Sunderland und Conant hingegen um einen langen, mehrschiffigen Chorarm von diesen getrennt (Abb. 67/71). Die Argumente, die von der einen wie von der anderen Seite vorgebracht wurden, sind wenig triftig; was den genannten Autoren fehlt, ist eine genaue Kenntnis der baulichen Umgebung der frühromanischen Klosterkirche und die Möglichkeit einer zutreffenden Sonderung alten und neuen Baubestandes auf den Grundrissen des 17./18. Jahrhunderts.

Ich beginne mit der Frage nach dem Standort des Querhauses. Im Unterschied zu Conant und Martindale gehe ich nicht von allgemeinen architekturgeschichtlichen Prämissen ex analogon aus, sondern von der speziellen Frage, ob der Platz des Querhauses nicht bereits durch die Anlage der Krypta vorbestimmt sei. Meine Untersuchung zielt hier zunächst weniger auf eine Rekonstruktion des Grundrisses als auf die Wiedergewinnung der Bodenhöhen von Mönchschor, Langhaus, Krypta, Kreuzgang und Kapitelsaal in ihrem wechselseitigen Bezug.

Wir fragen dann, welche Teile der frühromanischen Abteikirche vom Abbruch der Jahre 1271 ff. verschont geblieben sind, und in welcher Weise sie mit den gotischen Neubauten verbunden wurden; wir ermitteln die baulichen Veränderungen, die im Bereich zwischen der gotischen Abteikirche und der Rotunde später vorgenommen wurden, sowie die Partien des Querhauses, die auf den Plänen des 17./18. Jahrhunderts als Bestandteil des Wilhelm-von-Volpiano-Baus angesprochen werden können. Wir versuchen schließlich, eine Vorstellung vom Aufriß der Querhausostwand zu gewinnen, indem wir die Querhausgliederung, die in zwei Grundrissen Dom Planchers angeschnitten ist, in den Aufriß projizieren.

Zum Standort des Querhauses

Es gibt nur wenige Beispiele der mittelalterlichen Architekturgeschichte, wo die Anlage der Krypta ohne Bezug auf die Disposition der darüberliegenden Basilika bleibt. Die Interdependenz der beiden Bauteile wird dann besonders zwingend, wenn die Krypta nicht unter dem Boden der Kirche versenkt ist, sondern über ihn herausragt. Diese Form der wechselseitigen Bedingtheit trifft auf die frühromanische Anlage von St. Bénigne zu.

Das Niveau des Rotundenmittelgeschosses lag 85 cm über dem Langhausniveau der heutigen Kathedrale (dieses setzen wir: ± 0, vgl. Fig. 1 und 8). Da der Chronist für die

Krypta wie für das Rotundenuntergeschoß eine gleichbleibende Höhe von 10 cubitus angibt (Satz 6 und 18), und Dom Plancher wie Baudot dies (zumindest für die ihnen bekannten Kryptenteile) bestätigen (vgl. Anm. 162), müssen wir das Niveau des Querhauses und des Mittelschiffs, soweit dieses von der Krypta unterfangen wird, auf dem des Rotundenmittelgeschosses, also bei + 85 festsetzen. War dies aber das Niveau des Langhauses in allen Teilen[165]?

Es gibt eine Reihe von zwingenden Gründen, die dagegen sprechen (vgl. zum Folgenden: Fig. 8):

a) Um 1160 wurde dem Langhaus ein dreijochiger, dreischiffiger Narthex angefügt, der ebenso wie das Langhaus des Wilhelm von Volpiano dem Neubau von 1271 ff. zum Opfer fiel; erhalten blieb allein sein Westportal, welches in die Fassade des Neubaus unversetzt übernommen wurde. Die alte Schwelle dieses Portals liegt bei + 33 cm, das Niveau des ehemaligen Narthex lag (nach Ausweis einer 1880 in situ aufgefundenen Pfeilerbasis) bei — 110 cm[166]. Zwischen der Portalschwelle, die auf die Umgebung der Abteikirche (ansteigendes Terrain von Südost nach Nordwest) Rücksicht nahm, und dem Narthexpaviment mußte eine fast 150 cm hohe Treppe vermitteln. Das tiefe Niveau des Narthex wäre aber sinnlos und unverständlich, wenn die westlichen Abschnitte des Langhauses wieder auf einem höheren Niveau gelegen hätten, und zwar auf einem noch höheren als die Schwelle des Narthexwestportals, nämlich bei + 85 cm. Der Niveausprung zwischen Narthexportal (+ 33 cm) und Narthex (— 110 cm) ist nur dann erklärlich, wenn die Westteile der Basilika auf dem Niveau des Narthex oder tiefer lagen.

b) Das Chronicon S. B. gibt die Differenz zwischen den westlichen Langhausteilen und dem Kryptenlängsarm mit 15 Stufen an (Satz 43). Läge das gesamte Langhaus auf dem Niveau des Rotundenmittelgeschosses, also bei + 85 cm, müßten die 15 Stufen des westlichen Kryptenzugangs eine Höhe von ca. 520 cm überwinden; eine Stufenhöhe von

---

165 Conant nahm solches an (vgl. 1966, Fig. 27 / meine Abb. 71). Für ihn gibt es zwischen Langhaus, Querhaus und Rotunde (abgesehen von drei inkonsequent — bald im Mittelschiff, bald im Seitenschiff — eingetragenen Stufen) sowie zwischen Kirche, Dormitoriumsuntergeschoß und Kreuzgang *keine Niveauunterschiede.* Diese Vorstellung läßt sich bei einiger Kenntnis der Situation am Ort nicht aufrechterhalten. Das Untergeschoß des Dormitoriumsflügels liegt 120 cm unter dem Paviment des gotischen Langhauses und dementsprechend 205 cm unter dem Niveau des frühromanischen Querhauses und des Rotundenmittelgeschosses. Eine direkte, niveaugleiche Verbindung zwischen der Ostpartie der frühromanischen Abteikirche und dem Dormitoriumsuntergeschoß gab es daher nie. *Ich stelle hier die im heutigen Baubestand gegebenen Niveauhöhen, die auf den folgenden Seiten immer wieder genannt werden, zusammen:*

+ 270	Dormitorium
+ 180	Kämpferniveau des barocken Kreuzgangs (Ostflügel), zugleich: Kämpferniveau des gotischen Portals in der südöstlichen Kreuzgangsecke
+ 150	Unterkante des Majestastympanons (vom Portal zwischen dem südlichen Kreuzgangsflügel und dem frühromanischen Langhaus) laut Grabungsbefund
+ 33	Schwelle des Westportals (im 12/13. Jhdt. Portal des Narthex)
± 0	Die gotische Abteikirche (Lang- und Querhaus)
— 40	Schwelle des gotischen Portals in der südöstlichen Kreuzgangsecke
— 110	Narthex des 12. Jhdts. (entsprechend der 1880 in situ aufgefundenen Pfeilerbasis)
— 120	Dormitoriumsuntergeschoß (darin: der Kapitelsaal)
— 380	Kryptenapsidiolen heute
— 435	Untergeschoß der Rotunde

166 Vgl. W. Schlink, Zwischen Cluny und Clairvaux, 1970, p. 98 ff.

35 cm ist für den Hauptzugang zum Benignusgrab aber auszuschließen[167]. Lagen die westlichen Langhausabschnitte hingegen auf einem tieferen Niveau als das Rotundenmittelgeschoß, nämlich auf dem des Narthex (— 110 cm) oder noch tiefer, dann ergibt sich für die 15 Stufen ein vernünftiges, wennschon immer noch vergleichsweise großes Höhenmaß von 20 bis 22 cm.

c) Im Verlauf des 19. Jahrhunderts wurden flüchtige Sondierungen nach dem Langhaus des Wilhelm von Volpiano durchgeführt. Dabei stieß man zwischen den westlichen Vierungspfeilern, das heißt ca. 36 Meter westlich des frühromanischen Hauptapsidenansatzes und folglich knapp drei Meter jenseits der Westarkade des Kryptenlängsarms *maximaler* Länge (vgl. Fig. 9) auf ein altes Paviment, welches man mit dem Bau des Wilhelm von Volpiano in Zusammenhang brachte[168]. Der Fund lag in einer Tiefe von mehr als zwei Metern, das heißt über 100 cm unter ± 0, da der Boden der Kathedrale in Vierung und Chorpartie nach 1792 um drei Fuß (über ± 0) erhöht worden war[169].

Die Beschreibung des 11. Jahrhunderts, der Grabungsbefund des 19. Jahrhunderts und die Situation der Gesamtanlage im 12. Jahrhundert bestätigen sich wechselseitig: die westlichen Abschnitte des Langhauses lagen auf einem um rund 2 Meter tieferen Niveau als die über die Krypta erhöhten östlichen Abschnitte[170]. Wie verhielten sich aber die Seitenschiffe zu der über den Kryptenlängsarm erhöhten Mittelschiffsostpartie? Folgten sie dem Niveausprung des Mittelschiffs auf der gleichen Höhe oder liefen sie bis zum Ansatz des Kryptenquerarms auf dem niedrigen Niveau (— 110 cm) weiter?

1820—1833 wurden die Fundamente der einsturzgefährdeten Außenmauer des nördlichen Chorseitenschiffs und der nördlichen Querhausfassade völlig erneuert[171]. Dabei stellte man fest, daß die betreffenden Mauern der gotischen Kirche auf Resten des Vorgängerbaus standen[172]. Das ältere Mauerwerk muß nach 1271 in beträchtlichem Ausmaß in das Aufgehende des Neubaus übernommen worden sein, denn während seiner Auskratzung fand man 1832/33 ein komplettes Portal des 12. Jahrhunderts samt Ge-

---

[167] Conants Beharren auf einem so hohen Stufenmaß (1965, p. 189) trotz der Einwände Martindales (1962, p. 44) ist unverständlich; die Stufenhöhe einer schmalen Wendeltreppe im Querhaus von Cluny III läßt sich gewiß nicht auf die breite, für Pilgerscharen und Prozessionen angelegte Treppe von St. Bénigne übertragen. Schließlich beträgt die Höhe der Krypta inklusive Gewölbe nicht — wie von Conant angenommen — 442 cm, sondern rund 5 m. (Die Frage der Stufenzahl ist ein altes Problem. Sagot zeichnete in seiner Rekonstruktion von 1864 [Abb. 65] eine Treppe von 25 Stufen. Chomton [1900, p. 109, col. I] vermutete zwei hintereinanderfolgende, durch ein Podest voneinander getrennte Treppenläufe von je 15 Stufen; der Chronist habe nur den einen Treppenlauf beschrieben.)

[168] Petit (Rapport fait à la Commission départementale d'Antiquités de la Côte-d'Or sur la découverte d'un bas-relief trouvé dans un mur de l'église St. Bénigne de Dijon, Mém. CACO, 1832—1835 [Rapport vom 1. März 1833], p. 225 f.) kennt bereits »parties de l'église (gemeint des Wilhelm von Volpiano) dont les carrelages étaient au dessous de celui de l'église actuelle«. Sagot in der Legende zu seinem 1864 publizierten Plan (Abb. 65): »chiffre ›L‹: restes très frustes de l'ancien pavé de la nef découvert en 1837 pendant les travaux de restauration«. Chomton (1900, p. 109): »on a découvert, dans l'église actuelle, entre les deux piliers occidentaux du transept, à une profondeur de plus de deux mètres au-dessous de pavé, les restes d'un ancien dallage . . .«

[169] Chomton 1900, p. 310, col I.

[170] Einen solchen Niveausprung hatte bereits Martindale (1962, Fig. 9/10 — meine Abb. 68/69) vermutet.

[171] Zu Einzelheiten vgl. Baudot, Ms. 1602, f 249^r sowie f 284^v.

[172] Vgl. hierzu und zum Folgenden: W. Schlink, Zwischen Cluny und Clairvaux, 1970, p. 122 f.

wände und Tympanon in situ auf. Unter dem Strebepfeiler in der östlichen Verlängerung der nördlichen Querhausfassade (vgl. Fig. 1, »A«) bemerkte der Architekt Petit »qu'il existait, sous le pilier même, une porte dont l'usage e été impossible depuis la construction de l'église telle qu'elle est. Car sa hauteur depuis le carrelage jusque sous le linteau n'est que de l mètre 50 cent. environ. Elle servait donc de communication à des parties d'église dont les carrelages étaient au dessous de celui de l'église actuelle. Cette baie de porte est terminée par un demicercle dont les voussoirs sont construits en pierre blanche, sa largeur est de 2 Mètres environ et les piedtrois (sic) sont construits de même que les voussoirs ... (le tympan) est d'un seul morceau et était appuyé sur l'architecture des chapiteaux des colonnes qui décoraient la baie de porte dont il était le couronnement«[173].

In unserem Zusammenhang sind allein Standort und Niveau des sogenannten Majestasportals von Bedeutung. Seiner Plazierung ist in einem knapp 4 m langen Mauerstück kein großer Spielraum gegeben; 20—24 Meter westlich des frühromanischen Apsidenansatzes gelegen, traf seine Achse das frühromanische Langhausmittelschiff in jedem Fall auf dem hohen, durch den Kryptenwestarm unterfangenen Niveau (Fig. 9). Die Unterkante des Tympanons lag nach der Auskunft Petits 150 cm über dem Niveau des gotischen Langhauses (Fig. 8). Wäre das Seitenschiff, in welches das Portal einst mündete, in der gleichen Weise wie das Mittelschiff östlich des Kryptenzugangs aufs Niveau + 85 erhöht worden, dann müßte sich die lichte Höhe des Portals auf völlig absurde 75 cm reduzieren. Nur wenn wir annehmen, das Seitenschiff habe das Niveau der westlichen Basilikenteile fortgesetzt, mit anderen Worten: es sei zu seiten des erhöhten Mittelschiffs auf dem Niveau von — 110 geblieben, nur dann gewinnen wir eine vernünftige, lichte Portalhöhe von 260 cm, die der von Petit angegebenen lichten Weite des Portals (rund 200 cm) angemessen ist.

Man könnte einwenden, der Standort eines Portals, das nach Ausweis seiner Bauzier erst gegen 1160 entstanden ist[174], gebe keine zuverlässige Auskunft über die Anlage

---

[173] Zur Quelle vgl. Anm. 168. Das Tympanon mit der Darstellung der Majestas wurde erst anläßlich des Abbruchs der Annexbauten nördlich der Kathedrale, also bald nach 1792, vermauert. Vorher war es stets sichtbar gewesen, zunächst vom südlichen Kreuzgangsflügel aus (auch nach der Vermauerung der Portalöffnung anläßlich des Neubaus der Abteikirche von 1271 ff.), später — nach 1680/83 (vgl. Chomton 1900, p. 280 und 283, col. 1) — aus dem kleinen Anbau, der zwischen Treppenhaus, Kirche und einer gegen das Querhaus angebauten Sakristei vermittelte (vgl. Abb. 46). In den Materialien, die von den Maurinern für Mabillon zusammengestellt wurden, ist das Tympanon mehrfach genannt. Das Portal war inzwischen zur Grabnische umgearbeitet worden und überfing ein Abtsgrab, welches — ursprünglich gegen die Querhausfassade plaziert — unter Kardinal de Givry (1542—1553) hierher transferiert worden war (BN lat. 12661, 289 f° unten). In dem 1680—1683 errichteten Verbindungsraum zur Sakristei sah auch Baudot (f 60r) das Majestasportal und bestätigte Petits Befund: Die Unterkante des Tympanons lag damals fast 5pi über dem Boden des mit der Kirche niveaugleichen Anbaus. Auch bei der Aufdeckung weiß Baudot Petit zu ergänzen (1602, f 307v) »M. Lacordaire ingénieur de ces travaux ... a vu dans l'excavation faite par le creusage des murs, des ceintres et tout ce qui annonce une construction plus basse que le sol actuel de l'église.« Das Majestastympanon gelangte nach 1839 über die Académie de Dijon ans Musée Archéologique, wo es heute als Nr. 1139 aufbewahrt wird. Von den Skulpturen des Gewändes, die zunächst im Besitz der Kathedralbauhütte blieben, hat sich jede Spur verloren.

[174] Vgl. W. Sauerländer, Gotische Skulptur in Frankreich 1140—1270, 1970, p. 75, col 1, und: W. Schlink, Zwischen Cluny und Clairvaux, 1970, p. 136.

des frühromanischen Baus. Daran, daß das Portal aus dem Kreuzgang in die Abteikirche führte, ist jedoch kein Zweifel möglich. Auch schließen wir aus dem Mangel an Baunachrichten in den Abtsviten des 12. Jahrhunderts und aus dem architektonischen Bestand, wie er in den Quellen des Mittelalters angesprochen wird, daß die Abteikirche des Wilhelm von Volpiano im großen und ganzen bis 1271 erhalten blieb[175] und nur geringfügige Veränderungen am Außenbau erfuhr, wie wir sie beispielsweise an der Rotunde und am Ostkapellenturm nachweisen konnten. Schließlich beschreibt schon die Chronik von St. Bénigne das Langhaus als fünfschiffige Anlage[176]. All dies setzt außer Zweifel, daß die Flucht der nördlichen Außenmauer des frühromanischen Baus mit dem Standort des Majestasportals zusammentraf.

Ich fasse zusammen: Allein der östliche Bereich des Mittelschiffs war auf eine Länge von mindestens 18, höchstens 25 Meter durch den Kryptenlängsarm um rund zwei Meter über die westlichen Langhausabschnitte erhoben. Die Seitenschiffe hingegen führten das Niveau des westlichen Langhauses nach Osten weiter. Theoretisch könnten sie an beliebigem Ort (zwischen Majestasportal und Querhaus) dem Krypten- oder dem Querhausniveau sich angeglichen haben. Wahrscheinlich ist aber, daß sie ihr Niveau von —110 bis kurz vor den Kryptenquerarm beibehielten und daß erst dieser — ebenso wie im Mittelschiff der Kryptenlängsarm — zu einem Niveausprung zwang (vgl. Fig. 9). Bei doppelten Seitenschiffen liegt es nahe, durch Treppen hier das eine mit der Krypta, das andere mit dem Querhaus zu verbinden.

Die Interdependenz von Kryptenlängsarm und erhöhtem Mönchschor läßt eine ebensolche von Kryptenquerarm und Querhaus erwarten. Stollen, die den Kryptenlängsarm unter den Seitenschiffen der Basilika auf seiner ganzen Länge begleiten (Martindale 1962), sind nach Lage des Majestasportals ebenso ausgeschlossen, wie ein nach Westen verlegtes, allein im Mittelabschnitt — über dem Kryptenwestarm — erhöhtes Querhaus ungewöhnlich wäre. In der Grundrißanlage der Krypta scheint daher die Anordnung von Querhaus und Mittelschiff vorgegeben.

Die Verbindung der gotischen Abteikirche mit der Rotunde (1271—1792)

Im vorangegangenen Abschnitt versuchten wir, einen Standort des frühromanischen Querhauses westlich des Kryptenquerarms auszuschließen. Wenn das Querhaus aber über dem Kryptenquerarm lag, dann müssen wir in Erwägung ziehen, daß die Pläne des 17. und 18. Jahrhunderts in dem Bereich zwischen der gotischen Abteikirche und dem Rotundenbau Teile der alten Querhausanlage wiedergeben könnten. Die Frage nach der architektonischen Verbindung von gotischem Neubau und frühromanischer Rotunde mag in diesem Zusammenhang zunächst abwegig scheinen; doch bietet sie uns die sicherste Handhabe, auf den Grundrissen des 17./18. Jahrhunderts Partien des 11. Jahrhunderts vom Baubestand der gotischen Abteikirche und von jüngeren Zwischenbauten abzugrenzen.

Als man 1271 mit der Planung des gotischen Neubaus begann, hielt man sich in vielen Teilen überraschend eng an die Disposition des Vorgängerbaus: die nördliche

---

175 Vgl. oben p. 23 f.

176 Vgl. meinen Kommentar zu Satz 34 des Chron. S. B.

Außenmauer erhob sich über Resten des Vorgängerbaus, und das Westportal des ehemaligen Narthex wurde zum Hauptportal der neuen Abteikirche. Merkwürdigerweise verfuhr man im Osten anders: hier suchte man nicht die alten Teile in den Neubau zu inkorporieren oder durch eine neue Choranlage zu ersetzen, sondern ließ die Apsis des Neubaus knapp drei Meter vor der des Wilhelm-von-Volpiano-Baus enden. Das Benignusgrab blieb außerhalb des Neubaus und mit ihm nicht allein die Rotunde und die alte Apsis, die sich nun mit dem Axialabschnitt des Chorpolygons und seinen seitlichen Strebepfeilern zu einem halb rund — halb polygonal gestalteten Zentralraum verband, sondern auch die mit dem Apsidenansatz fluchtenden Ostmauern der ehemaligen Querhausflügel. *Diese Querhausostwand bildete nun die Westfassade der Rotunde.* Ziel der Neubauplanung war es offensichtlich, die Rotunde als Memorialbau oder Marienkirche bestehen zu lassen und eher auf die Einbeziehung des Benignusgrabes in den neuen Kirchenbau zu verzichten, als die prekäre Statik im Bereich der alten Apsis durch eine neuzeitliche Umgestaltung in Gefahr zu bringen. So blieb die Rotunde weiterhin von Westen, aus ihrem ehemaligen Querhaus, zugänglich. In den Querhausapsidiolen standen vom 14. Jahrhundert an keine Altäre mehr; nur *die* Altäre waren nach 1271 beibehalten worden, die aus der Rotunde selbst zugänglich waren: die Altäre der Kryptenapsidiolen, des Rotundenkörpers und der Ostkapellen[178].

Die Risse des Dom Plancher (Abb. 40, 41, 43) zeigen zu seiten des ehemaligen Querhauses kurze Mauerstücke seiner Querhausnord- und -südwand. Waren diese bereits im 13. Jahrhundert zu kurzen Strebepfeilern der Querhausostwand reduziert worden oder blieben sie zunächst in der gesamten Querhaustiefe aufrecht?

Das älteste Bilddokument der gotischen Abteikirche, ihre Darstellung auf der Grabplatte des Abtes Hugo von Arc († 1300), verzichtete auf die Wiedergabe der Rotunde. Von der Grabplatte ist nur ein Fragment der Kirchendarstellung erhalten geblieben, das ausgerechnet dort, wo der Chorschluß sein sollte, beschädigt ist[178a]. Zwei Zeichnungen des späten 17. Jahrhunderts geben die Grabplatte im ganzen wieder, nicht ohne in den Proportionen wie in Details voneinander und von dem Fragment des Musée Archéologique beträchtlich abzuweichen (Abb. 44a/44b). Martindale hielt die Zeichnung der Coll. Bourgogne (Abb. 44b) für die genauere und schloß aus ihrer Darstellung der Chorpartie — in dem Türmchen rechts glaubte er die südöstliche Ecke des alten Querhauses mit der Wendeltreppe »ad suprema tecti« wiedergegeben —, daß die Gliederung des gotischen Neubaus bis an die alte Querhausostwand nahtlos fortgeführt war[179].

Dieser leicht hingeworfenen Hypothese steht aber manches im Wege: 1. Die Schwierigkeit, die aufs alte Querhaus zulaufenden Seiten- und Hochschiffmauern mit diesem zu verbinden; bei erheblich dünneren Mauern ist die lichte Breite des gotischen Baus größer als die des romanischen Querhauses (wennschon die Außenflucht — zumindest im Norden — überein-

---

[178] 1377 bittet der Sakristan des Klosters, Guillelmus de Corra, sich in der Kapelle des Evangelisten Lukas (vgl. Abb. 41, Altar »M«) einrichten zu dürfen. Es wird ihm gestattet »quod dicta capella ad officium sacristae pertinet ab antiquo, et quod in eadem nunquam viderunt aut sciverunt divina celebrari, quodque dicta capella nullam habet dotationem seu fundationem« (zit. bei Chomton, 1900, p. 232, Anm. 1). Nach Chomton (dass. p. 208, col. 1 sowie tableau II und III) wurden in den Nebenapsiden des gotischen Neubaus die Patrozinien beheimatet, die zuvor den beiden äußeren Apsidiolen des frühromanischen Querhauses gegolten hatten.

[178a] Dijon, Mus. Archéol. No. 1227.

[179] Martindale, 1962, p. 23 oben und Anm. 2; p. 31, Anm. 2. Die Zeichnung in t. XIV der Coll. Bourg. (BN, Paris).

stimmt). 2. Hat Pierre Quarré die Kirchendarstellung auf der Zeichnung der Coll. Gaignières (Abb. 44a) anders interpretiert[180]. In den drei Chorabschnitten sieht er zwei Chorjoche und den ersten, gerade verlaufenden Abschnitt des Chorpolygons wiedergegeben; von einem Verbindungstrakt zur Ostwand des frühromanischen Querhauses weiß Quarré nichts[181]. 3. Wäre eine solche gemeinsame Flankenmauer von gotischer Abteikirche und ehemaligem Querhaus sinnlos, wo doch alle Apsiden des gotischen Neubaus geschlossen waren, also keine Verbindung zu den östlich angrenzenden Partien des Vorgängerbaus besaßen[182]. Anstelle einer Verbindung Kirche — Rotunde gab es nach 1271 lediglich aus der südöstlichen Kreuzgangsecke einen Zugang in den Bereich zwischen Abteikirche und Rotunde (vgl. unten p. 77). 4. Die nächstälteste Bildquelle zur Abteikirche, die Bestandsaufnahme der Mauriner aus dem Jahre 1652 (Abb. 26) gibt nicht den geringsten Hinweis auf eine Fortführung der gotischen Seitenschiffe bis an die ehemalige Querhausostwand. Ganz im Gegenteil wurde das Areal zwischen den Seitenapsiden der gotischen Kirche und der alten Querhausostwand damals als Garten beschrieben, in dem eine Weinlaube auf die Zugänge der inneren Querhausapsidiolen hinführte[183].

Eine Fortführung des gotischen Baukörpers bis an die Fassadenmauern des frühromanischen Querhauses unter Verwendung seiner alten Flankenmauern ist somit auszuschließen. Vielmehr dürfte das Querhaus bald nach 1271 bis auf die Ostwand und die mehr oder weniger weit ausgreifenden seitlichen Strebevorlagen (die Reste seiner alten Fassadenmauern) abgetragen worden sein. Die alte Apsis wurde durch die Strebevorlagen der neuen, gotischen Apsis geschickt stabilisiert. Eine direkte Verbindung zwischen Abteikirche und Rotunde gab es nicht.

Erst die Mauriner versuchten, die radikale Trennung der beiden Baukörper rückgängig zu machen. Das Umbauprojekt von 1652 (Abb. 27) schlägt eine ähnliche Verbindung vor, wie sie Martindale als gotischen Bauzustand angenommen hatte: die Seitenschiffsaußenmauern sollten bis an die Rundschneggen fortgeführt und die Nebenapsiden der gotischen Abteikirche sowie die Apsidiolen des ehemaligen Querhauses ausgebrochen werden, um — bei Wahrung des Mönchschores zwischen Hauptapsis und Vierung — eine enge räumliche und kultische Verschmelzung beider Bauten herbeizuführen. Wie die meisten Bauvorhaben der Mauriner scheiterte auch dieser Plan an der Zahlungsunwilligkeit der Commendataräbte. Bis in die 1670er Jahre blieb folglich eine Art Pergola zwischen dem gotischen Portal in der südöstlichen Kreuzgangsecke und der nördlichen, inneren Querhausapsidiole die einzige Verbindung zwischen Klausur und

---

180 P. Quarré, St. Bénigne de Dijon d'après la tombe de l'abbé Hugues d'Arc, in: BM 1945, p. 231—242. Die Zeichnung in Ms. franc. 20 891 der BN, Paris, f 152.

181 Sicher ist P. Quarré darin zuzustimmen, daß die Zeichnung der Coll. Gaignières die gotische Grabplatte als solche treffender wiedergibt als die ganz disproportionierte Zeichnung der Coll. Bourg.; und doch hat der Zeichner des erstgenannten Blattes das Querhaus in einer perspektivischen Sicht wiedergegeben, die dem Originalfragment des Musée Archéologique fehlt (dort ist die Flanke der Abteikirche völlig orthogonal wiedergegeben). Schließlich ist überhaupt zu fragen, ob der gotische Bau in der Kirchendarstellung der Grabplatte exakt wiedergegeben sein soll; die Westfassade war im Todesjahr des Abtes Hugo von Arc (1300) gerade erst begonnen worden.

182 Die Altäre der alten Querhausapsidiolen waren nach 1271 aufgehoben bzw. in den Neubau transferiert worden.

183 Der Chronist des Klosters schreibt 1676, zwischen Abteikirche und Rotunde »il n'y avait au paravant (vor dem Bau des Verbindungsganges im Jahre 1676) qu'un jardain et une traille de raisins dans laquelle on passait pour aller de l'une à l'autre« (BN, coll. Bourg. t. XI, f 475v).

Rotunde[184]. Erst 1676 wurde der südliche Verbindungsgang zwischen der gotischen Chornebenapsis und der Rotunde in Stein errichtet[185]; ein Jahr später folgte sein Pendant im Norden[186].

Diese Verbindungsgänge sind in den Plänen des 18. Jahrhunderts, mit Ausnahme der Risse Dom Planchers, stets eingetragen (Abb. 33, 45, 54): Der Axialabschnitt der gotischen Nebenapsidiolen war nun aufgebrochen; in der Achse der Seitenschiffe führten gut drei Meter breite Gänge auf die alte Querhausostwand, genauer: auf die alten äußeren Querhausapsidiolen zu. Vor der Querhausostwand und unter Verwendung der alten Querhausfassadenansätze errichtete man in der Tiefe der Chorpolygonstrebevorlagen je einen kurzen Quergang, der — ähnlich den seit 1271 respektierten Querstollen vor den Kryptenapsidiolen — von den äußeren Querhauskapellen zu den inneren und damit zur eigentlichen Rotunde vermittelte[187].

Das gotische Portal in der südöstlichen Kreuzgangsecke, das bis in die zweite Hälfte des 17. Jahrhunderts die einzige Verbindung zwischen Klausur und Rotunde gebildet hatte, führte nach Errichtung des nördlichen Verbindungsganges nurmehr auf einen schmalen Lichthof zwischen diesem, der nördlichen Nebenapsis und dem Dormitorium; Lichthöfe lagen auch zwischen den Verbindungsgängen und der gotischen Apsis, von den starken Strebevorlagen in schmale Schächte untergliedert.

Martindale äußerte den Verdacht, Conant und A. Sunderland hätten die Außenmauern der Verbindungsgänge irrtümlich als Bestand des 11. Jahrhunderts in ihre Re-

---

184 Vgl. Chomton 1900, p. 246 und 280.

185 Der Chronist des Klosters berichtet 1676 (BN, coll. Bourg. t. XI, f 475v): »... on commença à jetter les fondements de ce nouveau collatéral ... d'un marché fait avec André Forgeot Maître architecte du Monastère ... par lequel il estait obligé de faire un collatéral sur la forme de celui qui estoit au septentrion, sinon qu'il seroit vouté; et que pour ce sujet il demoliroit la chapelle et l'Autel dédié à St. Claude et St. Etienne qui estoit à l'extrémité de ce collatéral dans la grande église, et on ouvriroit la muraille de derrière ...«
Aus der Erwähnung eines bereits vorhandenen hölzernen Verbindungsganges im Norden (vgl. auch die folgende Anmerkung) muß man darauf schließen, daß dort die gotische Nebenapsis bereits um einige Jahre früher aufgebrochen worden war. Der Chronist spricht schon 1675 von einer »porte nouveau qui sépare les deux églises« (dass. 449 f°), so daß man den ersten Schritt zur Verbindung beider Bauten zwischen 1670/75 wird ansetzen können.

186 (BN, coll. Bourg. t. XI, f 553v): »Le lundi 26e Avril (des Jahres 1677) on fit abbatre la charpente de bois qui composait l'allée de communication de la grande église à la même chapelle (Nôtre-Dame-de-Bon-Secours) en la place de laquelle on fit deux murs de pierre accompagnez de 3 fenestres de chaque costé et une 4e vis avis les marches qui conduisent en la rotonde ... Cet ouvrage ayant duré 15 jours, on lambrissa le dessus le 5e mai. Et on ossa une ancienne balustrade qui fermait de haut en bas la chapelle de St. Crucifix, du bois de laquelle on se servit pour faire les croisées des 7 fenestres qu'ayant esté vitrées furent blanchies.«

187 Der Abbruch der Rotunde im Jahre 1792 führte auch zur Zerstörung der Verbindungsgänge. Die Chorpartie der Kathedrale, die im Laufe des 19. Jahrhunderts mehrfach einschneidend restauriert wurde, zeigt heute weder außen noch innen irgendwelche Spuren der im 18. Jhdt. anschließenden Bauten. Einzig zu seiten der Treppe, die heute aus dem Verbindungsgang zwischen südlicher Chorapsis und Sakristei in die Krypta hinabführt, hat sich ein kurzes Mauerstück des Maurinerverbindungsganges mitsamt seinem vermauerten Fenster erhalten.

konstruktion übernommen[188]. Tatsächlich können der Rücksprung der Chorjochaußenwand und ihre Gliederung durch zwei Strebepfeiler auf den Grundrissen Conants (Abb. 67/71) allein in der Wiedergabe der Verbindungsgänge im Directoire-Plan (Abb. 54) ihren Ursprung haben. Zwar hatte schon Chomton die Baugeschichte der Verbindungsgänge zutreffend angesprochen[189], es aber versäumt, in seiner Umzeichnung des Directoire-Plans die Bauphasen durch Schraffur kenntlich zu machen. Flipo (1928) schlug die Verbindungsgänge der Bausubstanz des 11. Jahrhunderts zu[190], und Jean Hubert folgte ihm darin[191]. Damit hatte sich in der Bestimmung der von den Plänen überlieferten Bausubstanz ein Irrtum eingeschlichen, der die Vorstellung eines langen Chorarms ungemein fördern mußte. Im Zusammenhang mit der Frage nach dem Querhausaufriß und nach den starken Pfeilern zu seiten des frühromanischen Apsidenansatzes werden wir auf die Verbindungsbauten des 17. Jahrhunderts erneut zu sprechen kommen.

Kreuzgang und Dormitoriumsflügel

An den Kirchenbau des Wilhelm von Volpiano grenzten im Norden zwei Baukomplexe, die bis heute aufrecht geblieben beziehungsweise in den Plänen des 17. und 18. Jahrhunderts gut überliefert sind: der sogenannte Dormitoriumsflügel und der Kreuzgang. Vom Kreuzgang versuchen wir das ursprüngliche Niveau zu ermitteln, am Dormitoriumsflügel den Baubestand des 11. Jahrhunderts herauszuarbeiten.

Das Untergeschoß des Dormitoriumsflügels (Abb. 25) wird in der Regel in die Abtszeit des Nachfolgers von Wilhelm von Volpiano, des Abtes Halinard (Prior seit 1027, Abt von 1031 bis 1052), datiert[192], von dem es in der Chronik S. B. heißt: »officinas huius monasterii renovavit (Halinardus)«. Die Anlage des niedrigen Saales mit den mächtigen, aus Haustein geschichteten Rund- und Rechteckpfeilern und mit der schweren, tief ansetzenden Wölbung, spricht tatsächlich für eine Entstehungszeit im ersten oder zweiten Drittel des 11. Jahrhunderts. Längst ist beobachtet worden[193], daß die Lösung des Übergangs vom Rundpfeiler zu den sich durchkreuzenden Tonnen: die eigentümliche dreieckige Vorblendung des Tonnenansatzes vor dem runden Pfeilerkern, mit ähnlichen Bildungen in Romainmôtier, Beaume-les-Messieurs, Arbois und besonders in Chapaize sich vergleichen lasse[194]. Auch in Chapaize ist der Fußpunkt der schildartigen Vorblendung im Rundpfeiler durch einen größeren Quaderblock markiert.

---

188 Martindale 1962, p. 31, Anm. 2. Auch nach Martindales Richtigstellung hält Conant (1965 und 1966) kommentarlos an seiner Rekonstruktion der Chorarmaußenwand fest.

189 Chomton, 1900, p. 280.

190 V. Flipo, La cathédrale de Dijon, Petites Monographies des Grands Edifices de France, Paris 1928. Plan nach p. 100.

191 Hubert 1952, No. 91; ders. La place faite aux laiques etc. 1968 (vgl. Anm. 340) Pl. VII, fig. 13.

192 Chomton, 1900, p. 133; Poinssot, BM 1954, p. 311—314; Conant, Cluny 1968, p. 64, col. I.

193 Vgl. Poinssot, BM 1954, p. 311 ff. und die dort angegebene ältere Literatur.

194 Zu Romainmôtier (ca. 1000—1030) vgl. H.-R. Sennhauser, Romainmôtier und Payerne, 1970,p.24 f.; die anderen Beispiele abgebildet ebenda, Abb. 86, 90, 91. Beaume-les-Messieurs entstand um 1100 (Sennhauser, dass. p. 41), Arbois in der ersten Hälfte des 12. Jahrhunderts (p. 41) und Chapaize um 1050 (Oursel, L'art de Bourgogne, 1953, p. 35: vor 1050; Conant, 1959, p. 110: »c. 1050 and later«). Vergleiche auch die Pfeilerbildung des Nar-

Die drei rechteckigen Kammern, die im Süden an das Querhaus des Wilhelm von Volpiano angrenzten (Fig. 1), fanden im allgemeinen keine Aufmerksamkeit. Lange Zeit unzugänglich, wurden sie erst 1963 als Dépot des Musée Archéologique hergerichtet und aus dem Treppenturm der Mauriner zugänglich gemacht. In einer kurzen Notiz stellte Jean Marilier 1963 die wichtigsten baugeschichtlichen Fakten zusammen[195]. Die drei Abschnitte bildeten einst den Kapitelsaal, dessen heute vermauerte Arkaden gegen den einstigen Kreuzgang in zwei Wandabschnitten noch erkennbar sind. Der ursprünglich fast quadratische Raum wurde nachträglich durch Zwischenwände und Quertonnen gründlich entstellt. Spuren einer umlaufenden Bank wurden erst im Verlauf der Restauration von 1963 beseitigt. Eine Rekonstruktion des Kapitelsaales in seiner ursprünglichen Erscheinung ist möglich. Der heutige Eingangsabschnitt zwischen Treppenturm und südlicher Kammer weist so deutliche Spuren der einstigen Arkadengliederung auf (Abb. 18 und 19), daß diese leicht im vollen Umfang ergänzt werden kann.

Die Mittelachse des Abschnittes wird über einer durchlaufenden, rund 100 cm hohen Mauerbank von einem gegen den Kapitelsaal in Haustein, gegen den Kreuzgang hin in Quadern[196] gemauerten Pfeiler markiert, an den sich seitlich jeweils eine schlanke Doppelarkade anschließt. Diese ist links wie rechts — durch die später eingezogene Tonnenwölbung gestört — nurmehr in Ansätzen erhalten und völlig vermauert. Zu ergänzen ist in der Doppelarkade eine (Zwillings-?) Säule mit einem weitausladenden Kämpferkapitell, da die Arkadenleibung eine Stärke von mehr als einem halben Meter aufgewiesen haben muß. Gegen den Kapitelsaal zu bleibt der Mittelpfeiler mit seinen drei unteren Steinlagen über der Flucht des Sockels, dann springt er zurück und macht einer Basis Platz, über der ein schlanker Pilaster den Mittelfuß eines doppelten Blendbogens bedient, welcher die beiden Doppelarkaden überfängt (Fig. 6). Rechts ist zu seiten der später eingezogenen Zwischenmauer von der alten Wandvorlage genug erkennbar, um sie als mehrfach abgestufte Vorlage zu rekonstruieren, deren Glieder den Schildbogen, den Fuß des Gratgewölbes und den Gurtbogen bedient haben müssen. Auch in der nördlichen Kammer des ehemaligen Kapitelsaales sind Spuren der Arkade gegen den Kreuzgang vorhanden. Den drei Abschnitten der knapp 14 Meter langen Westwand entsprechen drei Abschnitte der wenig kürzeren Nordwand (Fig. 1); dreifach abgetreppte Vorlagen deuten auch hier auf die einstige Anlage einer Gratwölbung über Schildbögen und Rechteckgurten.

Wir gewinnen damit einen fast quadratischen, über vier Freistützen gewölbten Saal, der dem Kreuzgang durch ein Portal im Mittelabschnitt und durch je zwei schlanke Doppelarkaden in den seitlichen Abschnitten verbunden war (Fig. 6 und 7).

---

thexuntergeschosses von Tournus (Vallery-Radot, St. Philibert de Tournus, 1955, Abb. 12) aus dem frühen 11. Jh., wo der Gurtbogen des Seitenschiffs weit unter dem Kämpfer der Mittelschiffs-Arkade in den Rundpfeiler eingearbeitet ist. Mit Payerne I glaubt man neuerdings gemauerte Rundpfeiler in Art der genannten Beispiele bereits für die Zeit um 970 nachweisen zu können (vgl. A. A. Schmid, Die ottonische Klosterkirche von Payerne, in: Beiträge zur Kunstgeschichte und Archäologie des Mittelalters, Akten zum VII. Internationalen Kongreß für Frühmittelalterforschung, 1958, Graz-Köln 1962, p. 249).

195 Jean Marilier, Abbaye St. Bénigne, in: Mém. CACO, 26, 1963—69, p. 106/107. Ich verdanke dem Abbé Jean Marilier und M. Pierre Gras zahlreiche Auskünfte zur Restauration von 1963. Durch die Freilegung und Instandsetzung des ehemaligen Kapitelsaales ist die Untersuchung von Claude Poinssot (BM 1954, p. 303—330), die in der Auswertung der Quellen wie in der Einschätzung des architektonischen Bestandes ohnehin recht lässig war, vollends überholt.

196 So scheint mir jedenfalls aufgrund des einen freigelegten Quaders (vgl. Abb. 19).

Die alten Wandvorlagen sind trotz der späteren Einziehung der Zwischenmauern und der Tonnenwölbung fast durchwegs erhalten geblieben (vgl. Fig. 1). Die Südwand wurde im Zusammenhang mit der Tonneneinwölbung neu errichtet; einzig in der Südostecke hat sich ihre alte Vorlagengliederung erhalten, die aber in einer Höhe von 130 cm abbricht (Abb. 24). Die Ostwand wurde im Laufe der Zeit mehrfach umgestaltet, wenngleich die alten Vorlagen am Ort blieben[197]. Spätere Fenster- und Portaldurchbrüche, die heute allesamt wieder vermauert sind, erlauben mir hier keine eindeutige Rekonstruktion der Wandgliederung des 11. Jahrhunderts[198]. Ob der Mittelabschnitt der Westwand — mit dem großen, 330 cm hohen (heute vermauerten) Portal — in dieser Form aus dem 11. Jahrhundert stammt, scheint mir anbetrachts der flüchtigen Maurerarbeit und des extrem verzogenen Rundbogens über dem Portal zweifelhaft.

Wann hat der Kapitelsaal seine ursprüngliche Gestalt verloren? Wann wurden die Trennmauern und die Tonnengewölbe eingezogen? Marilier glaubt, dieser Eingriff sei unter den Maurinern in der zweiten Hälfte des 17. Jahrhunderts vorgenommen worden, und verweist auf die Nachricht der Zuarbeiter Mabillons (ca. 1670), das Grab des Abtes Jarenton »estoit placée au milieu de l'ancienne chapitre ... parmy les ruines de ce chapitre dont les voutes sont tombées[199].« Damals mußte die Wölbung des Kapitelsaales erneuert werden. Und doch ist es ausgeschlossen, daß der Kapitelsaal bis zu diesem Datum in seiner ursprünglichen Gestalt aufrecht geblieben war; bereits im späten 13. Jahrhundert muß der Bau des Obergeschosses, des weiten elfjochigen und dreischiffigen Dormitoriumssaales, zu einer einschneidenden Veränderung im Baubestand des alten Untergeschosses geführt haben.

Der Kapitelsaal war bei einer Wölbungsscheitelhöhe auf rund fünf Metern ca. 160 cm höher als der im Norden angrenzende Trakt (Fig. 6). Durch den elfjochigen Dormitoriumssaal wurden beide Räume aber auf *einem* Niveau überbaut, welches zwar die Wölbung des (größeren) Nordtraktes respektierte, die des Kapitelsaales aber um ca. 160 cm tiefer zu setzen zwang. Wie die damals neugeschaffene Einwölbung des Kapitelsaales aussah, bleibt unklar; weder in Grundrissen oder Quellen der Abtei noch im Baubestand selbst vermag ich einen Hinweis darauf zu finden[200]. Daß bereits die Dormito-

---

197 Die Vorlagen brechen allerdings in unterschiedlicher Höhe ab: die südliche — wie gesagt — bei 130 cm, die folgende bei 175 cm (südlich der Zwischenmauer) bzw. 200 cm (nördlich der Zwischenmauer); die dritte Vorlage wird von der Tonnenwölbung überschnitten, die der Nordostecke fehlt.

198 Im mittleren und nördlichen Abschnitt der Ostwand finden sich Spuren ehemaliger Öffnungen mit einer Sohlbankhöhe von 110 cm über dem Boden, also auf etwa demselben Niveau wie die Doppelarkade der Westwand; dies ist wohl kein Zufall. Im Mittelabschnitt sitzt außerdem, um 55 cm aus der Achse des Abschnitts nach Norden verschoben, eine 300 cm hohe (heute vermauerte) Portalöffnung. Auch diese mag zur ursprünglichen Disposition des Kapitelsaales gehören, bestimmt doch eine Prozessionsordnung der jüngeren Consuetudines S. Ben. (Chomton, 1900, p. 101 Anm.): »Exeunt per ostium claustri (also von der Kirche in den Kreuzgang), et vadunt per medium capituli ad Sanctum Benedictum . . .« (die Infirmenkapelle außerhalb des Kreuzgangsgevierts im NO).

199 BN, Ms. lat. 12662, f 289.

200 Poinssot (BM 1954, p. 319) bildet einen Plan ab (AN, N III Côte-d'Or 5^6), der die Überschrift trägt »l'ancien dortoir tel qu'il est à présent«. Der Plan stammt aus St. Germain-des-Prés, der Zentrale der Mauriner (über die uns auch die Plan-Serie von St. Bénigne in den AN erhalten blieb). Elie Lambert, der das Konvolut der Maurinerpläne geordnet hat, legte den Plan unter St. Bénigne. Poinssot hielt ihn für den ältesten Grundriß des Dormitoriumsflügels, für die Wiedergabe des Zustandes vor 1651, dem Ankunftsdatum der

riumsbaukampagne des späten 13. Jahrhunderts die Zwischenwände eingezogen habe, ist unwahrscheinlich, denn noch im 14. und 15. Jahrhundert wurden hier Bestattungen vorgenommen, wobei der Raum ausdrücklich als Kapitelsaal genannt wird[201]. So dürfte die heutige Anlage mit den drei Quertonnen erst aus der Zeit der Mauriner herrühren[202].

Die Frage nach der Entstehungszeit des Kapitelsaales in seiner ursprünglichen Gestalt, insbesondere die Frage, ob er etwa gemeinsam mit dem Nordtrakt errichtet sein kann, setzt uns in Verlegenheit. In seinem Gliederungsreichtum, in der Verwendung von Gurten, in der Stufung der Wandvorlagen und in ihrem Bezug auf Grate und Schildbögen, schließlich auch in der fragmentarisch erhaltenen Bauzier[203] könnte der Kapitel-

---

Mauriner. M. E. hat der Plan mit St. Bénigne nichts zu tun. Weder die absoluten Maße: lichte Breite des Grundrißgebäudes (die Meßlatte am unteren Rand des Blattes fehlt in der Wiedergabe bei Poinssot) = 28 pi = 910 cm gegen 1360 cm im Kapitelsaal von St. Bénigne, noch die Raumaufteilung, die Treppen und die Zugänge haben irgendeinen Bezug auf das Dormitoriumsuntergeschoß von St. Bénigne.
Von den Plänen des Klosters aus dem 17./18. Jahrhundert gibt keiner das Dormitoriumsuntergeschoß. Einzig Plan 5^2 der AN-Serie aus dem Jahr 1651/52 (Abb. 26) gibt eine Art Projektion der Untergeschoßzugänge auf den Grundriß des Hauptgeschosses. Der Zugang im zweiten südlichen Abschnitt entspricht dem ursprünglichen Kreuzgangsportal in der Mittelachse des Kapitelsaales (selbst nach dem Bau des Treppenhauses und der Erneuerung des Kreuzgangs wurde dieser Zugang beibehalten; vgl. Abb. 33); auch die Inschrift »chapitre« möchte ich — zumal der dortoir nicht unterteilt ist — auf das Untergeschoß beziehen (ebenso wie sich der Vermerk »porte du cloitre« nur auf das ebenerdige Untergeschoß beziehen kann). Plan 5^9 der AN-Serie (Abb. 29) scheint — zumal er gut mit der Nordansicht der Abtei von Dom Prinstet aus dem Jahre 1674 (Abb. 28) übereinstimmt — eher vorhandenen Baubestand wiederzugeben, als ein Projekt zu entwickeln; hier hätten wir das Dormitoriumshauptgeschoß nach Abschluß der ersten Maurinerarbeiten: der Dormitoriumsflügel um ein neues (mit Einzelzellen versehenes) Dormitoriumsgeschoß aufgestockt und nach Norden erweitert, durch ein Treppenhaus im Südosten des Kreuzgangs über alle Etagen und mit dem Kreuzgang und den Kirchen (Abteikirche, Rotunde) verbunden; Refektoriums- und Kapitelsaal sind durch Spannmauern innerhalb der alten Dormitoriumshalle ausgeschieden, ebenso im Süden drei Kammern, deren Trennmauern wohl die Zwischenmauern im alten Kapitelsaal des Untergeschosses voraussetzen. (Der Plan ist zu datieren zwischen 1660 / Fertigstellung der Maurinerarbeiten — und 1677 / Bau des nördlichen Verbindungsganges zwischen Kirche und Rotunde. Quermauern standen im Dormitoriumshauptgeschoß bis zur Restaurierung unter Tillet in der 1920er/30er Jahren. Die südlichen 2 Säulenpaare wurden damals neu gearbeitet.

201 1379: Pierre de Corbetau (Chomton 1900, p. 233). 1416: Simon de Saulx (Chomton 1900, p. 233, col. II, und Marilier, vgl. Anm. 195. Dieses Grab wurde 1963 unter der südlichen Zwischenmauer aufgefunden). Ende des 15. Jahrhunderts: Hubert de Sambiez (Chomton 1900, p. 243, col. II).

202 Die Einwölbung mittels Quertonnen muß in jedem Fall vor 1768 durchgeführt worden sein, da das während dieser Kampagne ausgeführte Fenster in der Ostwand der südlichen Kammer nach diesem Datum durch den hier angrenzenden Saintpère-Flügel sein Licht verlor. Mariliers Vermutung, die Tonnen seien im späten 17. Jahrhundert eingezogen worden, hat viel für sich. Weite Partien der Tonnenwölbung bestehen aus Säulenabschnitten in dickem Mörtelbett; bei der chronisch schlechten Finanzlage der Mauriner liegt es nahe, dies ungewöhnliche Wölbungsmaterial mit dem Abbruch der alten Kreuzgänge (entweder des östlich des Dormitoriumsflügels gelegenen »petit cloitre« — vgl. Abb. 26 —, der zwischen 1651 und 1674 abgebrochen wurde, oder des »grand cloitre« zwischen Kirche und Dormitoriumsflügel, der 1680—1683 erneuert wurde) in Verbindung zu setzen.

203 Dabei denke ich weniger an die Basis der Pilastervorlage im Innern des Südabschnittes

saal etwas jünger sein als der im Norden anschließende Saal mit seiner schweren, niedrigen Wölbung aus durchschossenen Tonnen. Damit ist aber keine absolute Datierung gewonnen, zumal wir auch vom Nordtrakt nicht wissen, in welchem Jahrzehnt er erbaut worden war; noch nicht einmal sicher ist, welche Funktionen er erfüllen sollte[204]. Je nachdem ob man den Nordtrakt unter Wilhelm errichtet glaubt (so Pierre Quarré)[205] oder erst unter Abt Halinard, wird man den Südtrakt im ersten oder zweiten Drittel des 11. Jahrhunderts ansetzen.

Mit der Rekonstruktion und der Zweckbestimmung der Südabschnitte des Dormitoriumsuntergeschosses ist nicht allein ein neues, frühes Beispiel benediktinischer Kapitelsaalarchitektur gewonnen, sondern auch neues Material, um in die kontroverse Frage der Interdependenz von Dormitoriumsflügel und Abteikirche Klarheit zu bringen.

Conant und Martindale glaubten, jeder auf andere Weise, aus der Voraussetzung einer solchen planerischen Interdependenz auf die Lage des Querhauses schließen zu können. Für Conant war zweifelsfrei »an easter range of cloister buildings set in line with the sanctuary, as at Cluny II«[206]; aus der Lage des Dormitoriumsflügels zur Apsis des Wilhelm-von-Volpiano-Baus folgte für ihn die Annahme eines der Dormitoriumsflanke anliegenden langen Chorarms und eines westlich des Kryptenquerarms liegenden Querhauses. Martindale hingegen meint: »one would naturally expect this (adjacent to the site of the dorter range) to be the site of the transept of the main church«[207]; für Conants Disposition erwarte man das Vorliegen zwingender Gründe, denn als Ausdruck eines freiwilligen Planungsaktes stünde sie einzig in der abendländischen Klosterarchitektur. Beider Autoren Argumente sind unbefriedigend. Conant geht von einer nie näher erläuterten, grundsätzlich fragwürdigen These aus: »basically and functionally, the church (of William of Volpiano) had to be like Cluny II«[208] —, Martindale hingegen von einem Klosterschema, das erst im 12. Jahrhundert (besonders durch die Zisterzienser) kanonisch wurde.

Eine architektonische Interdependenz von Dormitoriumsflügel und Querhaus ist nur dann

---

(Abb. 22), die am ehesten den Basen der Kathedralkrypta von Auxerre (um 1030) zu vergleichen ist (die Marilier — vgl. meine Anmerkung 195 — jedoch für eine Spolie hält), als vielmehr an das stark beschädigte Kapitell der einstigen Arkadengliederung im nachmittelalterlichen Treppenhaus (Abb. 19/21), dessen Blattformen eine Datierung um die Jahrhundertmitte nahelegen.

[204] Poinssots Vorschlag (BM 1954, p. 309), im Nordtrakt das »auditorium« zu lokalisieren, geht mit der Bestimmung der jüngeren Cons. S. B. (vgl. Anm. 338) gut überein, die die Prozession von der Krankenkapelle S. Benedicti in den Kreuzgang »per auditorium« zurückkehren heißt. Offen bleibt nach wie vor die von Poinssot gestellte Frage, ob der Nordtrakt im 11. Jahrhundert durch Trennmauern — etwa zwischen den rechteckigen Pfeilern — unterteilt war. Der Plan 5^2 der AN-Serie (Abb. 26) zeichnet im siebten Joch von Süden, d. h. im Anschluß an die Nordostecke des Kreuzgangs, den Treppenaufgang zum Dormitoriumsgeschoß; es ist nicht auszuschließen, daß diese Treppenanlage (und mit ihr die Anlage eines Dormitoriumsgeschosses über dem Nordtrakt) aus dem 11. Jahrhundert herrührt, zumal die jüngeren Cons. S. B. mehrfach von den »gradus dormitorii« sprechen. Bei der Restauration von 1963 fand man im Nordtrakt eine gemauerte, über 3 x 3 m messende, 176 cm hohe Vertiefung, die Marilier als nachträglich eingerichtetes Mönchsbad auffaßt (p. 107 vgl. meine Anm. 195). In der Klosteranlage des Odilo lagen die Mönchsbäder allerdings außerhalb des Klostergevierts (Braunfels, 1969, p. 291/292).

[205] Pierre Quarré, le Christ au croix de St. Bénigne de Dijon, in: La revue du Louvre, Bd. 16, 1966, N° 1, p. 7.

[206] Conant 1965, p. 187.

[207] Martindale 1962, p. 34.

[208] Conant 1965, p. 185.

zwingend, wenn das Dormitorium und/oder sein Untergeschoß aus dem Querhaus direkt zugänglich waren. Diese Verbindung wurde im frühen 11. Jahrhundert aber nur ausnahmsweise gesucht. Ein Irrtum war es in jedem Fall, wenn Conant und Martindale aufgrund einer falschen Beobachtung Poinssots glaubten, das Dormitoriumsuntergeschoß (der ehemalige Kapitelsaal) liege auf dem gleichen Niveau wie die Chorpartie des Wilhelm-von-Volpiano-Baus und sei mit diesem durch einen Zugang verbunden gewesen[209]. Wie wir sahen, kann davon bei einem Niveauunterschied von gut zwei Metern keine Rede sein. Die einzige Verbindung zwischen Kirche und Kapitelsaal führte durch das Seitenschiffsportal und weiter durch die Kreuzgangflügel[210], der einzige Weg zum Dormitorium — welches wahrscheinlich nur die Grundfläche des Nordtraktes hatte und nicht bis an die Kirche heranreichte — über die Treppe in der Nordostecke des Kreuzgangs. Diese Anordnung findet sich im 11. Jahrhundert häufig, wennschon nicht als unabänderliche Regel[211].

Eine Interdependenz zwischen der Klosteranlage und dem Standort des Querhauses konnte freilich in der Form auftreten, daß sich der östliche Kreuzgangsflügel bei einer Kirche mit ausladendem Querhaus dem Winkel zwischen Querhaus und Langhaus einpaßte und damit den fluchtgleichen Anschluß des Dormitoriumstraktes an das Querhaus nahelegte. Diese Grundrißlösung ist (wie gesagt: bei Bauten mit ausladendem Querhaus) als Regel anzusprechen; davon abweichende Anlagen lassen auf eine Zwangslage schließen, welche die freie Planung behinderte. Eine solche Situation lag in Cluny II vor[212]: Conant rekonstruiert den ersten provisorischen Kreuzgang, den Majolus zusammen mit der Abteikirche (Cluny II) in einem bauplanerischen Akt konzipiert hatte, als quadratische, dem Winkel zwischen Querhaus und Langhaus eingepaßte Anlage, deren Ostflügel (Kapitelsaal und Dormitorium) ans südliche Querhaus direkt angeschlossen habe. Erst der Neubau des Ostflügels unter Odilo (nach Conant: 1025—30) sei (unter Beibehaltung des Provisoriums bis zum Abschluß der Bauarbeiten) um Querhaustiefe nach Osten versetzt worden[213]. Die neue Grundrißlösung mit dem um die südwestliche Querhausecke herumgeführten Kreuzgang und dem Lichthof zwischen Presbyterium und Kapitelsaal[214], eine aus dem etappenweisen Bauverlauf und aus

---

209 Poinssot, BM 1954, p. 307, Anm. 2; Martindale 1962, p. 36, Anm. 2; Conant, Grundrisse von 1965 und 1966 (Abb. 129); ich selbst vertrat 1970 noch diese falsche Vorstellung (Zwischen Cluny und Clairvaux, p. 122, Anm. 361). Conant gibt in seinem Grundriß von 1965 die Verbindung zwischen Dormitoriumsuntergeschoß und Presbyteriumsnebenräumen in doppelter Linienführung — als »features determined by modern measurements«. Diese Angabe kann nicht vom Baubefund genährt worden sein, obschon Conant meint: »when Abbot Halinards monastic buildings (1031 ff.) were opened up and excavated, it was found by us that Dr. Wetheys (geb. Sunderland) insights were largely corroborated« (1965, p. 185).

210 Die älteren wie die jüngeren Consuetudines von St. Bénigne sprechen mehrfach ausdrücklich von nur einem Portal zwischen Kirche und Kreuzgang.

211 Cluny und Hirsau kannten keine direkte Verbindung zwischen Dormitoriumstrakt und Kirche; in beiden Klöstern lag die Schlafsaaltreppe in dem der Kirche entfernteren Kreuzgangswinkel (vgl. Mettler, Die zweite Kirche in Cluny und die Kirchen in Hirsau, Z. f. Gesch. der Arch. 1909/10, p. 275, Anm. 1). Analoges gilt für die frühen normannischen Dormitoriumstrakte, die von Bernard Beck (Recherches sur les salles capitulaires en Normandie ... Bull. Soc. Antiqu. Normandie, t. LVIII, années 1965—66 [1968], p. 1—126) vorbildlich bearbeitet wurden. Forsyth rekonstruierte für St. Martin von Angers einen im 11. Jh. entstandenen Kapitelsaal, der ans Querhaus niveaugleich anschloß und zu diesem Verbindung hatte (G. H. Forsyth, The Church of St. Martin at Angers, Princeton 1953, p. 118 und seine Abb. 189). Eine umfassende Arbeit zu den bestehenden und rekonstruierbaren Dormitoriumsflügeln des 11. Jahrhunderts wäre ein wichtiges Desiderat.

212 Der Kompromißcharakter der Odilo-Klosteranlage wird von Braunfels (Die abendländische Klosterbaukunst, 1969, p. 70 oben) mit Recht hervorgehoben.

213 Conant, Cluny, 1968, p. 54, 59, 60, 64. Ders. 1965, p. 182.

214 Conant versucht, einen entsprechenden Lichtschacht (von 1 m Breite!) auch in Dijon zu rekonstruieren (vgl. Abb. 71), was abwegig ist.

der schnellen Vergrößerung der Mönchszahl erklärbare Sonderform, fand bei einigen Cluny nahestehenden Klosteranlagen Nachahmung, zumal die Beschreibung der Klosteranlage Clunys in den Consuetudines Farfenses die Sonderlösung zum Vorbild erhoben hatte[215]. Auf St. Bénigne wird diese Anordnung keinen Einfluß mehr genommen haben, da die Planung der Abteikirche durch Wilhelm von Volpiano der Erneuerung und Erweiterung des Kreuzgangs unter Odilo von Cluny um gut zwei Jahrzehnte voranging.

Das Ergebnis dieses Untersuchungsschrittes ist ein negatives: das Dormitoriumsuntergeschoß und die Chorpartie der Abteikirche hatten keine direkte Verbindung. Eine Regel, nach der ein Dormitoriumsflügel an einen bestimmten Raumteil der Abteikirche anzuschließen habe, gibt es im frühen 11. Jahrhundert nicht, auch nicht im Reformkreis von Cluny. Selbst die zweckmäßige Gewohnheit, den Kreuzgang dem Winkel zwischen Langhaus und Querhaus einzupassen, trifft auf St. Bénigne nicht zu, da dort die Querhausflügel über die Flucht der Seitenschiffe nicht ausluden. Die Argumentation von Martindale ist daher ebenso gegenstandslos wie die von Conant.

Wir setzen die Untersuchung des erhaltenen beziehungsweise rekonstruierbaren Klosterbestandes fort mit der Ermittlung der Naht zwischen Wilhelms frühromanischer Abteikirche und den jüngeren Klosterbauten im Bereich des südlichen Kreuzgangsflügels und der Südfassade des Dormitoriumstraktes.

Von dem Majestasportal, das im 12. Jahrhundert aus dem südlichen Kreuzgangsflügel in ein Seitenschiff der Basilika führte und das im Mauerwerk der gotischen Abteikirche bis zu seiner Aufdeckung im Jahre 1833 in situ erhalten blieb, sprach ich schon. Aus den Nachrichten zu seiner Aufdeckung geht hervor, daß die Außenflucht der nördlichen Seitenschiffsaußenmauer von 1271 ff. die des Vorgängerbaus übernahm. So konnte auch die spätromanische Arkade des südlichen Kreuzgangsflügels beibehalten werden[216]. Wegen des erhöhten Bodenniveaus des Neubaus wurde das Majestasportal unpassierbar; gegen das neue Seitenschiff wurde es vermauert, gegen den Kreuzgang blieb es als Blendnische, später als Grabnische erhalten.

Wir schlossen aus der Höhe des Majestasportals, daß das nördliche Seitenschiff des Wilhelm-von-Volpiano-Baus auf dem gleichen Niveau gelegen habe wie der Narthex von ca. 1160, nämlich bei −110, und schlugen dasselbe Niveau auch für den Kreuzgang vor. Diese Annahme wird bestätigt durch die Reste des östlichen, 1680 – 1682 anstelle des spätromanischen Vorgängers erbauten Kreuzgangsflügels, dessen Bogenansätze auf der Höhe von + 180 liegen und folglich ein Bodenniveau verlangen, das beträchtlich unter dem der gotischen Abteikirche liegt (vgl. Abb. 17). Ein Architektenbericht aus dem Jahre 1738[217] gibt die lichte Höhe dieses (im Lichten drei Meter breiten, tonnen-

215 Bruno Albers (Ed.), Consuetudines Monasticae, I, 1900, p. 137; vgl. auch Braunfels, Die abendländische Klosterbaukunst, 1969, p. 289.

216 Ich halte den Kreuzgang, wie er in Dom Prinstets Nordansicht des Klosters aus dem Jahre 1674 wiedergegeben ist (Abb. 28), für den spätromanischen (vgl. W. Schlink, Zwischen Cluny und Clairvaux, 1970, p. 125, Anm. 378).

217 Arch. Dép. Côte-d'Or, 1 H 134. Der Plan des d'Ailly von 1719 (Abb. 32) gibt den östlichen Kreuzgangsflügel im Grundriß. Poinssots Angabe (BM 1954, p. 305), die Mauriner hätten den Kreuzgang um 2 m erhöht, um den durch das neue Dormitoriumsgeschoß überhöhten und in seiner Statik gefährdeten Klosterflügel zu stabilisieren, ist abwegig. Erhöht wurde allein das Gelände des bald nach 1651 abgerissenen, im Osten des Dormitoriumsflügels liegenden kleinen Kreuzgangs; der große Kreuzgang zu seiten der Abteikirche blieb auf seinem alten Niveau.

gewölbten) Kreuzgangsflügels mit 430 cm an; sein Bodenniveau lag demzufolge im 18. Jahrhundert bei ca. —100. Dabei ist auszuschließen, daß die Mauriner den Kreuzgang tiefer als seinen mittelalterlichen Vorgänger gelegt hätten; da sie das Dormitoriumsuntergeschoß und das alte Refektorium (am Nordflügel) nurmehr als Keller und Kelter benutzten, hätten sie allen Grund gehabt, den Kreuzgang höher, möglichst nahe ans Niveau der gotischen Abteikirche oder des Ostflügelhauptgeschosses (mit den neuen Refektoriums- und Kapitelsälen) zu verlegen. Der mittelalterliche Kreuzgang muß also auf einem Niveau von —100 cm oder tiefer rekonstruiert werden.

In der Südostecke des ehemaligen Kreuzgangs hat sich die Verbindung zwischen Kloster und Rotunde aus der Zeit des Neubaus der Abteikirche (1271 ff.) bis heute erhalten. Im östlichen Abschnitt der Treppenturmsüdwand blieb — gegen das Innere des Treppenhauses vermauert, nur gegen den Hof zwischen Dormitoriumsflügel und Kathedralapsiden freiliegend (Abb. 9/12) — ihr Portalgewände stehen[218]. Die Höhe der

---

218 Auch nach Errichtung des Treppenhauses 1653/1654 behielt das Portal seine Funktion als einzige Verbindung zwischen Kloster und Rotunde zunächst bei. Die Pläne 5^4 (Projekt) und 5^9 (Ausführung) der AN-Serie (Abb. 27/29) bezeugen dies. In dem gegen Westen folgenden Wandabschnitt des Treppenhauses wurde eine Grabnische (die Grabplatte des 1026 verstorbenen Otto-Wilhelm mit dem Datum 1579 befand sich unter ihr) gegen die nördliche Chorapsis durchbrochen (Fig. 2 und Abb. 23). Die Treppe zum Dormitoriumshauptgeschoß setzte erst nach Passieren dieses 2. Portals an; das Niveau des Kreuzgangs lief also bis zur Westwand des Treppenhauses, genauer, bis zur Passage in den alten Kreuzgangssüdflügel fort (vgl. Abb. 28/33). 1738 wurde der hohe Dachreiter über der Vierung der Abteikirche vom Sturm abgeschlagen und beschädigte im Sturz das Treppenhaus sowie die angrenzenden Kreuzgangsabschnitte. Das in den Folgejahren völlig neu und über etwas größerem Grundriß errichtete Treppenhaus trug eine im Untergeschoß wesentlich veränderte Disposition (Chomton 1900, p. 275, col. II und Poinssot 1954, p. 327 setzen das heute aufrechte Treppenhaus zu Unrecht mit dem 1652/53 erbauten gleich). Der südliche Kreuzgangsflügel war inzwischen abgerissen und durch kleine Bauten: einen Kapitelsaal zwischen den Strebevorlagen der Querhausfassade und einen Vorraum zwischen Kapitelsaal und Treppenhaus

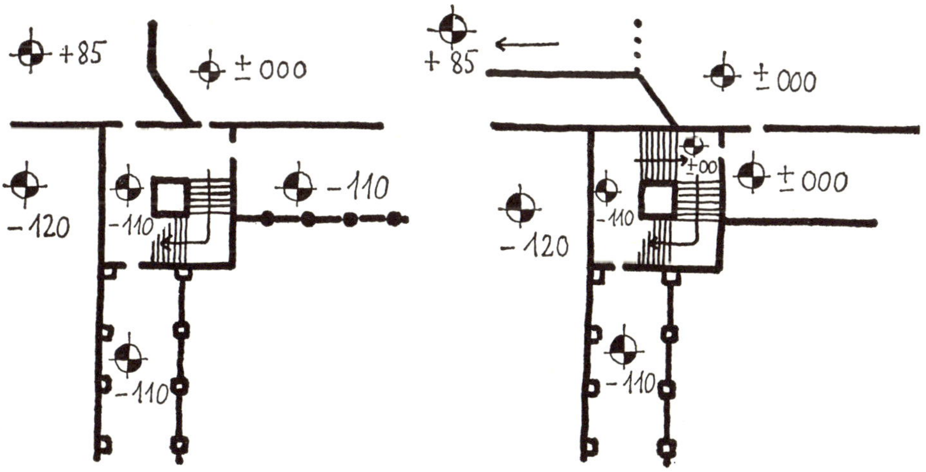

Der Maurinertreppenturm und seine Zugänge.
Links: Zustand nach 1653,
rechts: Zustand nach 1738.

Schwelle (die moderne Schwelle verdeckt den Gewändesockel) dürfte ursprünglich bei –40 cm gelegen haben; die qualitätsvollen – in der Kunstgeschichte der burgundischen Skulptur bislang unberücksichtigten – Prophetenkonsolen (Abb. 13) und der neuerdings im Innern des Treppenhauses freigelegte Archivoltenscheitel (Fig. 2/3) geben nurmehr eine blasse Vorstellung von dem aufwendig konzipierten Portal. Seine Schauseite war nach Norden, also gegen den Kreuzgang gerichtet.

Das Portalgewände steht im Verband mit der nördlichen Nebenapsidiole der gotischen Abteikirche. Das bedeutet: Das Portal gehört der ersten, bald nach 1271 in Angriff genommenen Baukampagne der gotischen Abteikirche an. Es ist ein Element der Neukonzeption, die das Ziel verfolgte, Abteikirche und Rotunde voneinander abzutrennen und die alten Bauteile aus dem Kreuzgang neu zugänglich zu machen. Bevor wir uns fragen, wohin das Portal eigentlich führte, müssen wir uns der Frage zuwenden, die Martindale angesprochen hatte: Sind in der Südfassade des Dormitoriumstraktes Teile des frühromanischen Querhauses bis heute erhalten geblieben[219]? (Vgl. zum Folgenden die Abb. 11, 14, Fig. 1 und 4).

Soviel läßt sich mit Gewißheit sagen: Das gotische Kreuzgangsportal steht nicht allein mit der nördlichen Apsis im Verband, sondern auch mit der Südwestecke des Dormitoriumsflügels. Nach einem knappen Absatz werden die Gewändequader schräg nach Südosten, fast parallel zur gegenüberliegenden Polygonseite der Nebenapsis, weitergeführt, bis die Flucht der Dormitoriumswestwand erreicht ist; diese wird von der Eckquaderung aufgenommen und nach Süden weitergeführt, so daß schließlich zwischen Dormitoriumsecke und Strebevorlage der Nordapsidiole eine lichte Weite von nur 120 cm bleibt. Durch Abfasung der Dormitoriumsecke (in Fortsetzung des schräggeführten Quaderwerks; heute ist die Ecke vorgemauert) bis zu einer Höhe von 220 cm über Portalschwelle war die Passage ursprünglich auf 170 cm erweitert (vgl. Fig 1 und 3). Die gequaderte Ecke des Dormitoriumstraktes stammt bis zu einer Höhe von zumindest 650 cm (über der modernen Portalschwelle gemessen) aus der Bauzeit der gotischen Choranlage von 1271 ff.[220]. Veränderungen der Mauriner, des 19. Jahrhunderts und schließlich der Restauration Tillets 1920/30 haben aus der Dormitoriumssüdfassade als Ganzem aber einen Flickenteppich gemacht, der bei durchgängiger Verwendung von Bruchstein nicht mehr nach dem anteiligen Baubestand einer jeden Periode aufgeschlüsselt werden kann.

Zwar ist es angesichts unserer Projektion des nach Dom Plancher ergänzten frühromanischen Kryptengeschosses auf den heutigen Baubestand im Bereich der gotischen Chorpartie und des Dormitoriumsuntergeschosses (Fig. 5) nicht ausgeschlossen, daß die besprochene gotische Quaderecke des Dormitoriumsflügels in der Flucht des frühromanischen Querhauses saß. Bei Baubeginn wird man sich schwerlich die Chance haben entgehen lassen, den neuen

---

ersetzt worden, welche über dem Niveau des ehemaligen Kreuzgangs, ungefähr auf der Höhe der gotischen Abteikirche lagen (Abb. 54). Das gotische Portal in der Südostecke des Kreuzgangs war überflüssig geworden, nachdem die Mauriner (vor 1674) einen provisorischen Verbindungsgang zwischen nördlicher Chorapsis und Rotunde angelegt hatten. Der Grabnischendurchbruch, der seit 1653 vom Treppenhaus in die Chorapsidiole vermittelte, wurde nach 1738 wieder geschlossen. Nun führten die ersten Stufen des Treppenhauses bereits an der südlichen Wangenmauer hinauf zum Eckpodest, von dem ein Durchgang zum Kapitelsaalvorraum und zur Abteikirche führte (vgl. Abb. 54).

219 Martindale 1962, p. 36, Anm. 2.

220 Die mit der Apsis und der Dormitoriumsecke im Verband stehende Aufmauerung über dem Kreuzgangsportal reichte, wie sich an der Ausflickung des nördlichen Apsisstrebepfeilers leicht erkennen läßt (Abb. 9), ehemals um etwa 150 cm höher, so daß der bei einer Höhe von ca. 6½ m über dem Paviment des Kreuzgangs von Norden anfallende Dachstuhl des südlichen Kreuzgangsflügels hier sein Widerlager gefunden haben kann.

Dormitoriumssaal gegen die alte Querhausnordfassade anzuschließen[221]. So zeigt noch 1652 die Bauaufnahme der neuangekommenen Mauriner (Abb. 26) die Südfassade des Dormitoriumstraktes als ungewöhnlich starkes, unbefenstertes Mauermassiv[222]. Von da an scheint dieses aber in mehreren Etappen beträchtlich umgewandelt worden zu sein. Das von den Maurinern neuaufgesetzte dritte Geschoß des Dormitoriumsflügels erhielt im Süden Fenster[223]; seine Südmauer war erheblich dünner und gegenüber der alten Außenflucht um ca. 120 cm zurückgesetzt. Gleichzeitig suchte man nach Möglichkeiten, auch dem Dormitoriumshauptgeschoß von Süden Licht zuzuführen[224]. Der Directoire-Plan von 1792 (Abb. 54) zeichnet ein Fenster in seiner Südwand, das über der Nahtstelle des Verbindungsganges von 1677 mit dem Rest der nördlichen Querhausfassade liegt. Der Bericht des Architekten Ducret vom Jahre 1768 spricht anläßlich einer Besichtigung des schmalen Hofes zwischen Dormitoriumssüdfassade und Verbindungsgang von einem »empatement d'un ancien mur contre celuy du dortoir[225]«. Bis 1792 scheinen sich mithin Teile der alten Querhausnordfassade im Mauerwerk des Dormitoriumsflügels erhalten zu haben.

Der Abbruch der Rotunde und ihrer »Westfassade« führte im 19. Jahrhundert aber zu einer völligen Umgestaltung der beiden östlichen Drittel der Dormitoriumssüdfassade, also gerade der Partie, die am ehesten bis 1792 Teile der alten Querhausnordfassade bewahrt hatte. So bleibt uns allein das starke Mauerwerk des westlichen Abschnittes zu beurteilen (Abb. 11 und Fig. 4). Als Bestand des Wilhelm-von-Volpiano-Baus kann es nicht angesprochen werden, da es gegen die westliche, gequaderte Ecke von 1271 ff. angeschoben ist. Auch sind die (heute z. T. abgearbeiteten) 250 cm über dem modernen Hofniveau auskragenden Konsolen (Abb. 11) nicht nachträglich in die Fassade eingearbeitet, sondern während der Hochführung der Mauer gesetzt worden. Da diese Konsolen aber nur in Verbindung mit einer Außenmauer (nicht als Gliederung der Querhausinnenwand) verständlich sind, können sie nur einer nach Abbruch der frühromanischen Abteikirche an die Dormitoriumsfassade angeschobenen Architektur gedient haben.

Aus dem hier vorgelegten Material ergibt sich von neuem, daß die gotische Abteikirche und die Rotunde zunächst nicht direkt miteinander verbunden waren. Bald nach 1271 errichtete man in der südöstlichen Kreuzgangsecke ein Portal, das die einzige Verbindung zur Rotunde bot. Bei einer Schwellenhöhe des Portals auf —40 cm müssen bereits im Kreuzgang 3 bis 4 Stufen zu ihm hinaufgeführt haben; weitere 125 cm galt es bis zur ehemaligen Querhausostwand zu überwinden. Die Verbindung zwischen Kreuzgangsportal und Querhausostwand, der Weg zahlloser Prozessionen, kann schwerlich über einen offenen Hof geführt haben. Abgesehen von den Konsolen im westlichen Ab-

---

221 Baudaten des neuen Dormitoriumssaales sind nicht überliefert; Chomton (1900, p. 226) datiert ihn in die erste Hälfte des 14. Jahrhunderts, Poinssot (1954, p. 322) in die Abtszeit des Hugues d'Arc, aber vor 1271. Eine Datierung in die Zeit vor Baubeginn an der gotischen Abteikirche scheint mir abwegig; die Tellerbasen und die kräftigen, polygonal gebrochenen Deckplatten der Kapitelle heben sich von der Feingliedrigkeit der ersten Bauphase (nach 1271 an Chor und Kreuzgangsportal) ab und entsprechen vielmehr dem eintönigen, aber markanten Gliederungsrepertoire der Langhausbauetappe. Ich schließe mich der Datierung von Pierre Quarré (1961) an: »Ende 13. Jahrhundert« und setze somit eine Zäsur zwischen die Arbeit am Kreuzgangsportal und die Bauausführung des Dormitoriumsobergeschosses.

222 Die oben (p. 67) offengelassene Frage, wieweit die Querhausfassaden beim Abbruch der frühromanischen Basilika 1271 ff. respektiert wurden, ist somit beantwortet. Im Norden wurden große Partien der Fassade in den Aufriß des neuen Dormitoriums übernommen, im Süden, wo keine Neubauten angrenzten, genügte ein strebevorlagenähnlicher Rest.

223 Plan des d'Ailly von 1719: Arch. Dép. Côte-d'Or, 1 H 132/3.

224 Plan der südlichen Dormitoriumsabschnitte von d'Ailly, ca. 1719: Arch. Dép. Côte-d'Or, 1 H 132/15.

225 Dijon, Bibl. Munic. Ms. 1867, f 83.

schnitt der Dormitoriumsfassade lassen sich aber keine Spuren einer festen Verbindungsarchitektur nachweisen. Das vor 1676 bestehende »Provisorium« einer Pergola gab den Zustand des späten 13. Jahrhunderts möglicherweise angemessen wieder[226]. Auszuschließen ist in jedem Fall die Vorstellung, es hätten sich im Mauerwerk der Dormitoriumssüdfassade Partien der frühromanischen Abteikirche bis heute erhalten.

Zum Aufriß des Querhauses

Die Architektur, die in den Grundrissen des Dom Plancher (Abb. 41/43) zu seiten der Hauptapsis angegeben ist, verstehe ich als Ostwand des Querhauses. Ihr Aufriß läßt sich — teils zwingend, teils hypothetisch — rekonstruieren, indem man (unter Zuhilfenahme des Dom-Plancher-Längsschnittes und der vom Chron. S. B. und von Baudot gelieferten Informationen) die etagenweise Wandgliederung, wie sie auf den beiden genannten Grundrissen angeschnitten ist, in den Aufriß projiziert (Fig. 11). Als Anhalt für die Höhenverhältnisse der Aufrißgliederung in den Querhausflügeln dient die Geschoßgliederung der Hauptapsis, welche uns in ihrer architektonischen Erscheinung wie in den Maßen durch den Schnitt des Dom Plancher (Abb. 39) und durch präzise Beschreibungen Baudots[227] zuverlässig bekannt ist. Wir sehen dabei zunächst ab von den seitlichen Mauermassiven vor der Hauptapsis (Abb. 41 »P«; 43 »L«).

Die Flucht der Querhausostwand liegt unmittelbar vor den beiden starken Säulenpaaren zu seiten der Hauptapsis (Abb. 41). Auch die gekoppelten Säulen zu seiten der Außenapsidiolen stehen hinter der Mauerflucht[228]; dies und ihr geringer Durchmesser machen deutlich, daß sie nicht — wie die Säulen im Bereich zwischen Rotunde und Apsis — Gewölbestützen sind, sondern hinter die Wandflucht eingestellte, die unterschiedlichen Weiten von Außen- und Innenapsidiolen durch eine Blendgliederung ausgleichende Elemente des Querhausaufrisses. Die Außenapsidiolen sitzen unmittelbar hinter dieser Säulengliederung an; die Innenapsidiolen sind durch einen ca. 720 cm langen, tonnenüberwölbten Gang (durch asymmetrische Stichkappen in der Tonne verschnitten), dessen Innenflanke gegen Apsis und Rotunde geöffnet ist, auf eine apsidenförmig gekrümmte Zungenmauer hingeführt. Die zwei parallelen Linien, die Abb. 41 vor den Säulen der Querhausostwand einträgt, deute ich als Stufen; die obere fällt mit einer hier

---

226 Reicht der Wandabschnitt mit den Konsolen ins 13. Jahrhundert zurück? Wie soll man sich die beiden ca. 4 m über der heutigen Kreuzgangsportalschwelle eingearbeiteten (Abb. 9 und Fig. 3), 220 cm (Dormitoriumsecke) beziehungsweise 170 cm (Apsisstrebepfeiler) hohen Eckabfasungen erklären? Besaß die Verbindung vom Kreuzgangsportal zur Rotunde irgendwann ein Obergeschoß, eine »cavalcavia« zwischen einem Kreuzgangsobergeschoß (wie es solche zwischen dem 14. und 18. Jahrhundert häufig gab) und dem Dormitorium? Dafür spricht, daß der Ansatz der Eckabfasung nur wenig (um 1 Quader — das heißt: um eine Balkendecke) über den Konsolen der Dormitoriumssüdfassade sitzt und nur 1 m über dem Niveau des Dormitoriumshauptgeschosses. In jedem Fall ist auszuschließen (Fig. 4, eine Projektion des aus Dom Plancher ermittelten Querhausaufrisses auf den heutigen Bestand der Dormitoriumsfassade, ist darin deutlich), daß die Eckabfasungen mit dem Aufriß des frühromanischen Querhauses in Verbindung standen.

227 L. B. Baudot, Ms. 1602, f 65^{r}.

228 Conants Grundriß (Abb. 71) weicht in der Wiedergabe dieser Partie von Dom Plancher unverständlicherweise ab.

zu erwartenden punktierten Linie (Ansatz der Tonne der Innenapsidiole, Blendbogen vor der Außenapsidiole) zusammen.

Die Aufrißprojektion des zweiten Geschosses (Abb. 43) bietet insofern eine Schwierigkeit, als Dom Plancher (resp. sein Zeichner) die Mauerflucht der Querhausflügel gegenüber der unmittelbaren Umgebung der Apsis zurücksetzt (vgl. die Textabb.: Projektion des oberen Geschosses — dünne Linie — auf das Hauptgeschoß — starke, durchbrochene Linie —, bei lotrechter Plazierung der Apsisarkadenstützen).

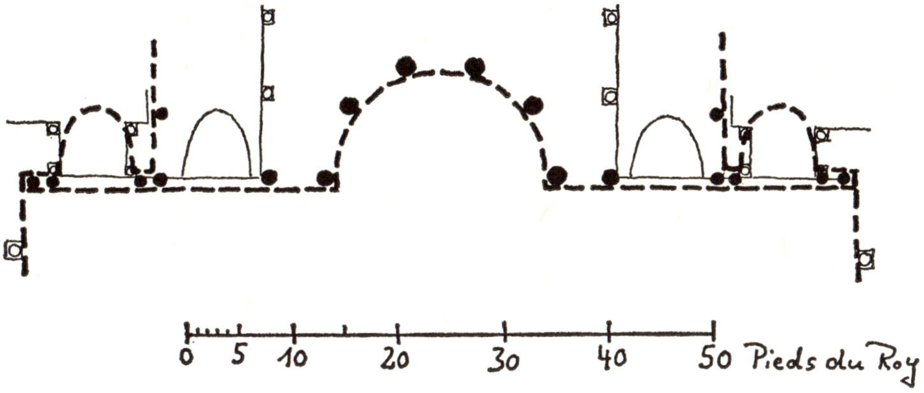

Da die Wand durch die starke Linie vor Nische und Arkade im Grundriß (Abb. 43) als Hochwand charakterisiert ist und ein Mauerabsatz (wie ein solcher beispielsweise rund um die Rotunde gewissenhaft eingetragen ist) nicht angedeutet ist, fragen wir uns, ob nicht ein Messungsfehler vorliegt; durch die Mauermassive »L« und die gegen sie anlaufenden Flankenmauern des Verbindungstraktes war die Grundrißrelation von Apsis und Querhausflügeln — anders als im Plan des Mittelgeschosses — nicht direkt zu ermitteln. Ich setze in meiner Rekonstruktion (Fig. 11) die Flucht der Hochmauer in den Querhausflügeln mit der des Mittelgeschoßgrundrisses gleich (so wie ja auch die Flucht der Querhausstirnwände — respektive ihrer Überreste — in beiden Plänen übereinstimmt), ohne die Möglichkeit ausschließen zu wollen, daß die Hochwand über dem Fußsims von Nische und Arkade (einer Fortsetzung des geschoßmarkierenden Gesimses in der Hauptapsis) zurücksprang und nur die beiden Säulenpaare zu seiten der Apsis lotrecht über denen des unteren Apsisgeschosses blieben.

Der Blick aus der Achse des Langhauses gegen die Rotunde — durch den Säulenwald des Mittelgeschosses und die Säulengitter des Obergeschosses hindurch — muß ein außerordentlicher gewesen sein, der sich weder in der Zeichnung noch in der Vorstellung angemessen wiedergewinnen läßt. Im Aufriß der doppelgeschossigen Apsis mit den seitlich angehängten schmalen Arkadenöffnungen projiziert sich die Gliederung der Rotunde in den Chorraum der Basilika (Fig. 11). Auch der Aufriß der Querhausflügel ist in seiner etagenweisen Gliederung vom Aufbau der Rotunde geprägt. Die Wandgliederung der unteren Zone ist jedoch in der oberen nicht unverändert wiederholt: saß dort der tonnengewölbte Durchgang innen und die Altarnische außen, so im Obergeschoß umgekehrt: eine im Grundriß stark gestelzte, zugangslose Nische innen und ein tiefer Arkadeneinschnitt gegen den Laufgang außen.

Von den oberen Teilen des Aufrisses ist nur weniges sicher rekonstruierbar. Die

Apsiskalotte ist im Längsschnitt des Dom Plancher mit einer Scheitelhöhe von 36^{pi} (rund 12 Meter) angegeben. Die Höhe der Wandöffnungen und der eingestellten Säulchen in den Querhausflügeln habe ich unter der (sehr wahrscheinlichen, aber nicht beweisbaren) Voraussetzung gezeichnet, daß Basen, Kapitelle und Bogenansätze auf der gleichen Höhe lagen wie bei der Apsis. Dabei versteht es sich von selbst, daß die sehr dünnen Ecksäulchen der Arkadenöffnung über der äußeren Apsidiole beispielsweise auf einem höheren Sockel gestanden haben könnten, als ich ihn angenommen habe. Die »angehängte Arkade« zu seiten der Apsis habe ich im Obergeschoß der des Untergeschosses gleich rekonstruiert, obschon hier nach Dom Plancher (Abb. 43) eine schmale, abgetreppte Vorlage des starken Mauermassivs den Wölbungsansatz des Zwischentraktes bedient haben soll. Da Dom Plancher diese Vorlage als Teil des starken Mauermassivs »L« bezeichnet (Schraffur!), welches – wie ich im Folgekapitel ausführe – nach 1271 und teilweise überhaupt erst im 18. Jahrhundert aufgemauert wurde, scheint die frühromanische Disposition in diesem Bereich gestört und eine Rekonstruktion nur bedingt durchführbar.

Die Höhenmaße von Vierung und Querhausflügeln stehen in Übereinstimmung mit Maßangaben des Chronicon S. B. (Satz 32): »Habet in altitudine quaquaversum permaximos triginta et unum cubitus, in medio autem quadraginta.« Die erste Zahl beziehe ich auf das Mittelschiff – soweit es über die Krypta erhoben war – und die Querhausflügel, das zweite Maß auf die Vierung. Es ist einzig und allein der Begriff »quaquaversum«, der nahelegt, die erste Höhenangabe nicht nur fürs Langhausmittelschiff, sondern auch für die Querhausflügel gelten zu lassen. Zugegebenermaßen ist das keine sichere Rekonstruktionsgrundlage; ein »transept bas« läßt sich daher nicht völlig ausschließen. Den massiven Umfassungsmauern und der durchgängigen Einwölbung der Rotunde entsprechend, könnten die Querhausflügel mit Tonnen überwölbt gewesen sein. Der Turmaufsatz und die Vierungskuppel sind freie Rekonstruktionen im Stil der Zeit (vgl. etwa Romainmôtier).

In den groben Umrissen – und in den unteren Partien genauer als in den höheren – läßt sich aus Dom Planchers Grundrißaufnahmen ein vernünftiger Wandaufriß ermitteln. Wie bereits angedeutet, war es für die Bauplanung von 1271 ff. das Gegebene, die östliche Mauer der Querhausflügel als Eingangsfassade der Rotunde zu erhalten. Die Hauptapsis blieb – gegen Westen durch das gotische Chorpolygon und seine Strebevorlagen völlig abgeschlossen – Innenraum; die Wandöffnungen der erhaltenen Mauerzüge der ehemaligen Querhausflügel konnten verschlossen oder verschließbar gestaltet werden, und die Altäre der Außenapsidiolen wurden aufgehoben. Nach Errichtung der Verbindungsgänge zwischen den gotischen Nebenapsiden und der Rotunde (1676/77) blieben die unteren Teile der ehemaligen Querhausostwand nicht länger Außenfassade, sondern wurden erneut Innenwand der Querräume; Dom Plancher (1739) gibt dementsprechend in den Außenapsidiolen neue Altäre an. Die Verbindungsgänge waren keinesfalls höher als der tonnengewölbte Gang der inneren Apsidiole, auf den sie letztlich zuführten. Ihre Verbindung mit der ehemaligen Querhausostwand war denkbar einfach: Der schmale Querraum zwischen der Mündung des Verbindungsganges und der ehemaligen Querhausostwand war in Höhe des geschoßmarkierenden Gesimses zwischen den Apsisarkaden eingedeckt; die Obergeschoßgliederung der Ostwand: Nische und Wandöffnung verschwanden – zumindest teilweise – hinter dem Pultdach, das über dem neuen Querraum gegen die alte Querhausostwand anfiel.

Unsere Deutung der in Dom Planchers Rissen angeschnittenen »Rotundenwestfassade« als ehemaliger Querhausostwand — eine Deutung, die durch eine Beschreibung Baudots von 1792 bestätigt wird[229] — läßt Vorstellungen, wie sie Conant und seine Schule ihrer Rekonstruktion eines langen Chorarms zugrunde gelegt haben, nicht aufkommen. A. Sunderland und Conant schlossen den bei Dom Plancher (Abb. 41) eingetragenen Apsiden einen fünf- bis siebenschiffigen Chorarm an (Abb. 71); über den rotundengeschoßhohen Seitenschiffen rekonstruierten sie einschiffige Emporen in der Breite der Presbyteriumsnebenräume, die durch mächtige, gegen das Chorarmmittelschiff angreifende Viertelstonnen überspannt seien[230]. Ob dieser Rekonstruktionsvorschlag auf etwas anderem gründet als auf der immer neu vorgebrachten Behauptung, St. Bénigne müsse einen ausgreifenden Chorarm besessen haben wie Cluny II, ist mir fraglich. Die der Wandflucht eingestellten Säulenpaare zu seiten der äußeren Querhausapsidiolen eignen sich jedenfalls nicht als Stützen einer mehrschiffigen Seitenschiffsanlage[231], und die Rekonstruktion der Emporen mit Viertelstonnen ist völlig aus der Luft gegriffen[232]. Nach Conant müßten an der von mir als Querhausostwand gedeuteten Mauer seit 1271 Abbruchspuren der ehemaligen Chorarmseitenschiffswölbung und der Viertelstonne über den ehemaligen Emporen festzustellen gewesen sein. Baudot, der diese Mauer anläßlich des Abbruchs 1792 untersuchte, weiß davon aber nichts zu berichten; im Gegenteil, für ihn ist diese Partie die *Westfassade der Rotunde,* »un grand mur«[233] oder »mur de l'église«, die sich »audessus du toit« (des Querraumes) fortsetzte[234].

---

229 Baudot (Ms. 1602, f 76^r) beschreibt die linke Ecksäule der Wandöffnung im Obergeschoß des südlichen Querhausflügels folgendermaßen: »dans le 2e Etage audessus du toit contre *un grand mur* a gauche d'une chapelle adroitte de la grande Eglise et vis a vis la porte a droitte de l'autel de cette grande Eglise par laquelle on allait dans la rotonde, dans un angle enfoncé de ce mur qui l'est de cette chapélle collatéralle de la rotonde est une colonne plus petite que les autres a baze du même ordre et chapiteau . . . cette colonne peut avoir 3^{pi} et le chapiteau 1^{pi}—6^{po} de hauteur elle parait être de niveau avec celle du 3e Etage quoi qu'elle en soit isolée.« Bedeutet die Höhenangabe von 3 pieds, daß die Säule erst in halber Höhe der Öffnung ansetzte, oder war nicht vielmehr — in Anbetracht des hohen Kapitells — ihre untere Partie durchs Pultdach des Querganges von 1676 verdeckt (»elle peut avoir 3 pieds«)?

230 So ist der Chorarm im Schnitt wiedergegeben bei Sunderland, 1946. Conant hat diesen Schnitt nie reproduziert, doch zeigt seine Außenansicht, daß er den Rekonstruktionsvorschlag akzeptiert hat.

231 Es fällt auf, daß die Rekonstruktionsvorschläge Conants und seiner Schule gerade in diesem Punkt immer wieder abgeändert wurden. 1942 trennte Conant die beiden Chorseitenschiffe durch eine Reihe gekoppelter Säulen (Abb. 67), Sunderland 1946 durch einfache Säulen; 1965 und 1966 (Abb. 71) zeichnet Conant einen dreischiffigen Säulenwald, sozusagen eine Fortsetzung des Rotundengeschosses in den Chorarm der Basilika hinein.

232 Möglicherweise las Conant die punktierte Linie zwischen den Querhausstirnmauern und den starken Pfeilermassiven vor der Apsis (Abb. 43) als Andeutung einer Viertelstonne. Die Linie scheint mir allenfalls das Pultdach des Maurinerquerraumes anzudeuten.

233 Baudot, Ms. 1602, f 76^r.

234 Dass., f 122^r.

In den Grundrissen aller drei Rotundengeschosse zeigt Dom Plancher zu seiten und unmittelbar vor der Hauptapsis zwei mächtige Mauermassive von rund 260 cm Tiefe und 180 cm Breite. In seiner Legende zum Grundriß des Mittelgeschosses (Abb. 41) beschreibt er diese Pfeilermassive als »deux de quarante grosses piles quarrées sur lesquelles étoit apuyée l'ancienne église, et qui étoient ornées aux quatre coins d'en haut de quatre colonnes«. Der Bezug auf die Beschreibung der Langhauspfeiler im Chron. S. B. (Satz 33) ist offenkundig. Alice Sunderland und Conant haben sich daher Dom Plancher ohne Bedenken angeschlossen: für sie folgt aus dem Standort der Pfeiler und ihrer Gliederung die Evidenz eines Chorarmes und die Aufrißrekonstruktion des Langhauses.

Es scheint mir zweifelhaft, ob Dom Plancher in diesem Punkt absolutes Vertrauen verdient. Daß sich zu seiner Zeit Mauermassive zwischen der gotischen Hauptapsis und dem Ansatz der frühromanischen Apsis befanden, steht wohl außer Frage – die Zeichnung der Kryptenaufdeckung im Jahre 1844 (Abb. 55) und die Grundrisse des späten 18. Jahrhunderts sind in diesem Punkte eindeutig. Ungewiß ist aber, ob die Mauermassive genau die von Dom Plancher angegebene, dem Chronicon S. B. entsprechende Form hatten und ob sie wirklich in die Zeit Wilhelms von Volpiano zurückreichten.

Die starken Pfeilermassive scheinen mir in der bei Dom Plancher mitgeteilten Form erst nach Abbruch des frühromanischen Querhauses und seines Turmes in den Jahren nach 1271 aufgemauert. Auf dem Niveau des Kryptengeschosses mußte der gotische Chor neue Fundamente suchen; die Substruktionen seiner Strebevorlagen reichten in die Wölbungsabschnitte zwischen den Reststollen der ehemaligen Kryptenquerarme und der Apsis mit dem Benignusgrab. Diese Abschnitte wurden völlig ausgemauert, wobei ihre westlichen Stützen aufrecht blieben, die östlichen aber zum Teil entfernt wurden (Abb. 55)[235]. Darüber, zu seiten der ehemaligen Hauptapsis, wurden die ausgreifenden Strebevorlagen des Neubaus bis an die ehemalige Ostwand des Querhauses herangeführt. So war der Raum zwischen der einstigen Apsis und dem gotischen Chor abgeschlossen und gleichzeitig der Neubau mit den frühromanischen Resten fest verstrebt. Diesen Bauzustand geben uns die Pläne aus der Zeit vor Dom Plancher (Abb. 26, 27, 29, 33); von rechteckigen Pfeilermassiven findet sich auf ihnen keine Spur. Erst die Pläne von Saintpère (1766) und Pasteur (1792) geben die Strebevorlagen der gotischen Hauptapsis mit einer massiven Ummantelung, die jedoch den Kern, die gotische Strebevorlage immer noch deutlich in Erscheinung treten läßt (Abb. 45 und 54). Diese (alles andere als rechteckige) Ummantelung paßt sich dem Grundriß der 1676–1678 errichteten Verbindungsgänge zwischen Abteikirche und Rotunde an: durch sie sollten die toten Winkel zwischen den Verbindungsgängen und den Strebevorlagen bzw. der ehemaligen Querhausostwand aufgefüllt werden. Wir wissen von Restaurationsarbeiten im Bereich der alten Apsis um 1676, als die alte Apsiskalotte erneuert werden mußte[236], und gegen 1720/21, als die Verbindung zwischen der gotischen Abteikirche und der Rotunde völlig überarbeitet wurde[237]. Nach Ausweis der Grundrisse (Abb. 33 von 1719!) wurden die gotischen Strebevorlagen erst bei der jüngeren Restauration ummantelt.

---

[235] Vgl. oben, p. 57 f.
[236] BN, coll. Bourg. t. XI, f 478. Chronik zum Jahr 1676 (zit. bei Chomton, 1900, p. 277).
[237] Baudot, Ms. 1602, f 65^r.

Schließlich ist die zeichnerische Wiedergabe der Pfeilermassive bei Dom Plancher keineswegs eindeutig. Der Längsschnitt (Abb. 39) gibt schwerlich ein Pfeilermassiv, wie es den Grundrissen entspricht, sondern bloß eine dem Winkel zwischen gotischer Strebevorlage und frühromanischem Apsidenansatz auf dem Niveau des Rotundenobergeschosses applizierte Säule, die keine funktionale Bedeutung trägt[238]. War es eine willkürlich montierte Spolie, die Dom Plancher auf den Gedanken brachte, an dieser Stelle einen der im Chron. S. B. genannten Langhauspfeiler zu rekonstruieren? In seinem Text (p. 490) nennt Dom Plancher außer den sechs Säulen des oberen Apsidengeschosses nur »deux autres aux deux extrémitéz de ce cintre, et apliqueéz au coin et en haut d'une de ces grosses piles de maçonnerie qui regnoient le long de l'ancienne église au nombre de quarante, et qui lui servoient d'apui«. Wird aus diesem Satz nicht deutlich, daß es nur *eine* Säule war, die Dom Plancher auf jeder Seite zwischen Strebevorlage und Apsisansatz vorfand[239], und daß alle weiteren Angaben durchs Chronicon genährte Spekulation sind? Auffällig ist endlich, daß Dom Plancher gerade dort, wo eine Verzahnung von Pfeilermassiv und Querhausostwand am ehesten zwingend scheint: in Höhe des Rotundenobergeschosses, beide als nicht zusammengehörige, in ihrer Entstehung durch fast 5 Jahrhunderte getrennte Bauteile charakterisiert (Schraffur auf Abb. 43).

Ich resümiere das Ergebnis dieses Abschnittes: Die Pfeilermassive, die man mit den starken Pfeilern des Chron. S. B. identifizierte, haben in der von Dom Plancher angegebenen Form nie bestanden. Was Dom Plancher – mehr rekonstruierend als beobachtend – als Rechteckpfeiler mit Ecksäulchen in Höhe des Obergeschosses wiedergibt, waren in Wirklichkeit die Strebevorlagen des gotischen Chores, die sich seitlich der alten Apsis gegen die Querhausostwand des Wilhelm-von-Volpiano-Baus anlehnten und die – wahrscheinlich um 1720 – gegen die Verbindungsgänge hin mehr oder weniger rechteckig ummantelt wurden[240]. Hinter diesen Strebevorlagen war die Ostwand des alten Querhauses intakt geblieben.

ÜBERLEGUNGEN ZUR REKONSTRUKTION DES LANGHAUSES UND ZUR GESAMTERSCHEINUNG DER BASILIKA

Die bis heute vorgelegten, mehr oder weniger detailliert ausgearbeiteten Rekonstruktionsvorschläge zur Basilika und insbesondere zum Langhausaufriß basieren allesamt und ausschließlich auf den Angaben des Chronicon S. Benigni. So wichtig die Baubeschreibung des 11. Jahrhunderts ist, sollte man sich doch davor hüten, alle dunklen Be-

---

238 Bei Dom Planchers Längsschnitt ist vor Augen zu halten, daß es sich um die Aufnahme des Dom Prinstet aus den 1660er Jahren handeln könnte (vgl. p. 194). Dann gäbe der Längsschnitt einen um etwa 70 Jahre älteren Bauzustand wieder als die Grundrisse.

239 Ist es die Säule, die ich (Fig. 11) zu seiten der Apsis eingestellt habe und die durch die hier anfallende Strebevorlage der gotischen Apsis frei geworden war?

240 Damit erübrigen sich auch die Vorschläge von Charles Oursel (1928, p. 28) und Martindale (1962, p. 35 f.), die starken Pfeilermassive als Sicherungsvorkehrungen nach dem Vierungsturmeinsturz von 1100 anzusehen.

griffe des Textes mit einer Anschauung auffüllen zu wollen, die nur aus Analogieschluß gespeist werden könnte. Wir kennen zu wenige aufgehende Strukturen des 11. Jahrhunderts, um mit Gewißheit sagen zu können, ein »deambulatorium« sei eine Empore oder die »pilae fortissimae« des Chronisten seien Rechteckpfeiler mit Halbrundvorlagen. Ganz abwegig ist aber der Versuch Conants und seiner Schule, die Basilika bis in Details ihrer Gliederung wiederherstellen zu wollen — die im letzten Satz der Baubeschreibung genannten 371 Säulen, 120 Fenster und 27 Türen beispielsweise ohne Rest und an fixem Ort in der Rekonstruktion aufgehen zu lassen (Abb. 71).

Selbst die Grundzüge der Langhausstruktur lassen sich nur mit einem bald mehr, bald weniger hohen Grad an Wahrscheinlichkeit skizzieren. In manchen Punkten der Rekonstruktion scheinen alle denkbaren Übersetzungs- und Interpretationsmöglichkeiten des Chronicon S. B.-Textes durch die Überlegungen von Chomton, Mortet, Charles Oursel, Conant, Sunderland, Grodecki und Martindale bereits erschöpft; und doch zeigt die Kontroverse zwischen Conant und Martindale, wie weit man von einer klaren und verbindlichen Vorstellung immer noch entfernt ist.

In diesem Abschnitt wird nur dargestellt, welche Konsequenzen unsere Ergebnisse aus dem Nivellement der Basilika sowie zur Lage und zum Aufriß des Querhauses für die Deutung der Langhausbeschreibung im Chronicon S. B. haben könnten. In manchen Punkten werden wir den Resultaten älterer Bearbeiter, gerade auch Conants und seines Kreises, nahekommen. Eine Rekonstruktion des Langhauses im eigentlichen Sinne des Wortes liegt mir aber fern[241].

»Ad instar crucis aedificata« beschreibt der Chronist die Basilika Wilhelms von Volpiano (Satz 32). Seit den ersten Rekonstruktionsversuchen durch die Mitarbeiter Mabillons (Abb. 62) vermutete man hierin einen Hinweis nicht nur auf ein Querhaus, sondern auch auf einen ausladenden Chorarm[242]. Läßt sich unsere Annahme einer unmittelbar ans Querhaus anschließenden Hauptapsis mit dieser Bestimmung des Chron. S. B. in Einklang bringen?

Sicher darf man den Begriff »ad instar crucis« nicht zu eng fassen. Seit der berühmten Kontroverse zwischen Hugo Graf und Georg Dehio, in der zwischen kreuzförmigen und T-förmigen Bauten — also solchen über der »crux immissa« beziehungsweise über der »crux commissa« — zu kategorisch unterschieden worden war[243], haben wir das Vertrauen in die

---

241 Vgl. hierzu meine Bemerkungen im Kommentar der Baubeschreibung des Chron. S. B., Anhang 2.

242 Wozu man sich um so berechtigter glaubte, als des Chronisten Bild »ad instar crucis« für die Basilika sich von der Beschreibung der Kryptenanlage »in figuram T litterae facta« ebenso deutlich wie anschaulich unterscheidet. Dabei übersah man leicht, daß die Bestimmung »in figuram T litterae facta« sich *nicht auf die Grundrißanlage der Krypta bezieht, sondern auf die Ordnung der Säulenreihen in der Krypta*, der Chronist in diesem Fall also nicht den Grundriß eines Bautypus anspricht, sondern eine bloße Anschauungshilfe gibt.

243 Hugo Graf, Neue Beiträge zur Entstehungsgeschichte der kreuzförmigen Basilika, in: Repertorium für Kunstwissenschaft, XIV, 1892, 4 Artikel. Georg Dehios Entgegnung ebenda, XV, 1893, und schließlich Grafs Zusammenfassung, ebenda, 17, 1894, p. 128 ff. Sicher ging Dehios These, die St. Galler Plankirche sei eine der ersten Kreuzbasiliken gewesen und die »ad-formam-crucis«-Bauten des merowingischen Frankreich seien über der »crux commissa« errichtet worden, am frühmittelalterlichen Bautenbestand ebenso vorbei wie Grafs penetrantes Beharren auf den autonomen Typen von Kreuzbasilika und T-förmigem Grundriß. Soweit ich sehe, hat sich allerdings bis heute keine am Baubestand überprüfbare Beschreibung gefunden, die eine »more romano« errichtete Basilika, also einen Bau

absolute Geltung architekturgeschichtlicher Begriffe über alle Zeiten hinweg verloren. Wer könnte heute noch mit Gewißheit behaupten, all die in merowingischen und karolingischen Quellen[244] »in modum crucis« beschriebenen Bauten seien kreuzförmige Gebilde nach der Definition Grafs gewesen[245]? Zeigt uns doch das Beispiel der zum Teil erhaltenen und weitgehend rekonstruierbaren »Basilica Apostolorum« (heute S. Nazaro Maggiore) in Mailand, daß ein Bau auch dann kreuzförmig genannt werden konnte, wenn die »Querhaus«-Arme nur durch niedrige Säulenarkaden mit dem durchlaufenden Langhaussaal verbunden waren[246].

Mag sein, daß die Existenz eines Querhauses und die Überhöhung seines Mittelabschnittes[247] allein den Chronisten zur Prägung des Bildes »ad instar crucis« veranlaßten[248] oder daß die Grundform der Basilika, »quae ad instar crucis aedificata«, der Grundform der Rotunde, »rotundo schemate factum«, gegenübergestellt werden sollte, ohne daß damit mehr ausgesprochen wäre, als daß die Basilika eben ein Längsbau (mit Querhaus) ist. Selbst wenn der Begriff »ad instar crucis« die Verlängerung der Längsachse über den Querarm hinaus implizieren müßte, würde unsere Rekonstruktion dieser Vorstellung nicht im Wege stehen; denn die Apsis des Wilhelm-von-Volpiano-Baus schließt die Basilika auf der Höhe des Querhauses nicht ab, sondern öffnet sich gegen die auf gleicher Achse und auf gleichem Niveau anschließende Marienkirche.

Die Fünfschiffigkeit des Langhauses scheint mir zu den bestgesicherten Eigenschaften der frühromanischen Abteikirche zu gehören[249]. Im 12. Jahrhundert war das Langhaus nach Lage des Majestasportals zwischen Kreuzgang und Basilika in jedem Fall fünfschiffig. Doch muß bereits der Chronist eine solche Anlage vor Augen gehabt haben, von der er schreibt: »habet hinc et inde geminas porticus« (Satz 34); in den Seitenschiffen (»in quibus«) nennt er Altäre, die nach Ausweis der älteren Consuetudines mit den Altären der vier Querhausapsidiolen identisch sind. Martindale vermutete in Satz 34 eine Textauslassung[250], da er sich scheute, die Querhausapsidiolen mit den Seitenschiffen gleichzusetzen. Mir scheint das vom Chronisten gebrauchte Bild klar, auch wenn der Verfasser einmal mehr Dinge als zusammengehörig und ineinandergrei-

---

über T-förmigem Grundriß als »ad instar crucis aedificata« überliefern würde. Noch H. Paulus (Der Gesinnungscharakter des merowingisch-westfränkischen Basilikenbaus, Würzburg 1944, p. 147) läßt »ad instar crucis aedificata« (er zitiert diesen Passus ausdrücklich aus dem Chron. S. B.) nur für die Kreuzbasilika und nicht für eine Kirche mit T-förmigem Grundriß gelten. Eine neuere Untersuchung zur Reichweite des Begriffes »forma crucis« und zum Wandel seiner Bedeutung von frühchristlicher zu romanischer Zeit auf dem Hintergrund des heute bekannten Bautenmaterials wäre sehr erwünscht.

244 Lückenhaft zusammengestellt bei Paulus, Gesinnungscharakter, 1944, Anhang II, und bei Knoegel, Schriftquellen zur Kunst der Merowingerzeit, 1936, passim.

245 So möchte Richard Krautheimer die Entscheidung, ob mit »instar crucis« ein kreuzförmiger, T-förmiger oder Zentralbau angesprochen sei, nur dem Einzelfall überlassen (Introduction to an ›Iconography of medieval architecture‹, 1942, wieder abgedruckt in: Studies in early-christian, medieval and renaissance art, New York—London 1969, p. 121).

246 »Beatus Ambrosius ... basilicam ad modum crucis ... condidit ... unde usque hodie Basilica Apostolorum vocatur« (XI. Jahrhundert). Zum Bau vergleiche G. Bovini, La ›Basilica Apostolorum‹ e la ›Basilica Martyrum‹ di Milano, in: VIII Corso di cultura sull'arte ravennate e bizantina, Ravenna 1961.

247 Mit dem überhöhten Mittelabschnitt des Querhauses läßt sich St. Bénigne schließlich auch nicht ohne weiteres unter die Kategorie der »crux commissa« subsumieren.

248 So auch Ch. Oursel, L'art roman de Bourgogne, 1928, p. 25.

249 Vgl. meine Bemerkungen zu Satz 34 des Chron. S. B. im Anhang 2.

250 Martindale 1962, p. 51.

fend bezeichnet, die in einer modernen Baubeschreibung auseinandergehalten werden müßten[251]: Seitenschiffe und Querhausapsidiolen bilden für ihn eine Einheit, weil jedem Seitenschiff jenseits des Querhauses eine Apsidiole entsprach, weil es ebenso viele Seitenschiffe gab wie Altäre in den Apsidiolen, nämlich vier[252].

Die fünf Schiffe des Langhauses lagen nicht durchgängig auf einem Niveau. Wie wir feststellten, lag das Mittelschiff so weit, als es von der Krypta unterfangen war, ebenso wie das über dem Kryptenquerarm liegende Querhaus, auf einem um rund 2 Meter höheren Niveau als die Seitenschiffe und die Westpartie des Mittelschiffes. Es ist anzunehmen, daß die Flankenmauern des Kryptenlängsarms gegen die Seitenschiffe, die bis zum Querhaus auf dem niedrigen Niveau fortgeführt waren, Fenster besaßen.

Schwieriger steht es mit der Rekonstruktion des Langhausaufrisses. Besaß das Langhaus von St. Bénigne Emporen? Der Chronist spricht von den »deambulatoria« und könnte damit Emporen angesprochen haben. Im Kommentar zu Satz 30/31 der Chron.-Baubeschreibung habe ich gezeigt, daß die erste Strecke der »deambulatoria« in Dom Planchers Grundriß des Rotundenobergeschosses zutreffend wiedergegeben ist[253] und daß die zweite Strecke, die sich »per arcus deambulatorios« gegen das Innere der Basilika hin öffnete, zwischen Querhaus und Westfassade gelegen haben muß[254]. Allerdings — und das macht die eigentliche Schwierigkeit aus — haben wir keinen Hinweis auf das Niveau der Langhausdeambulatoria. Östlich des Querhauses lag es durch Dom Plancher fest; dann wurde es — der Chronist beschreibt es, und der Zeichner Dom Planchers gibt die Wendeltreppe dazu — »ad suprema tecti« hinaufgeführt; ohne mit einem Wort zu berühren, wie man von den »suprema tecti« wieder hinuntergelangte, läßt der Chronist die »deambulatoria«, um »pariles scalas XX graduum« über das niedrige (westliche) Langhausniveau erhöht, an die westliche Innenfassade anlaufen. Selbst bei einer extrem hohen Stufenhöhe von 25 cm würden Treppen von 20 Stufen kaum die

---

251 Vgl. meine Bemerkungen zum Vorgehen des Chronisten in seiner Beschreibung, p. 189 f.

252 Stichgrabungen nach den mutmaßlichen Fundamenten oder Mauerzügen dürften diesen Sachverhalt leicht nachweisen. Bis heute sind solche leider nicht unternommen worden, obgleich schon Baudot, Ms. 1602, f. 65^{v} beim Fundamentenaushub für den neuen Hauptaltar feststellte: »ce terrain n'est autre chose que pierrailles et pierres« (gemeint des Wilhelm-von-Volpiano-Baus). Chomton (1900, p. 76) berichtet von Mauerzügen, die bei Restaurierungsarbeiten an den Langhausfundamenten der gotischen Kirche, 1884 ff., im südlichen Querhaus zum Vorschein gekommen seien und die er in seinem Plan IV mit den Buchstaben B, C, D vage angibt (wobei nicht mehr unterschieden werden kann, was aufgedeckter Bestand und was Rekonstruktion ist). Vgl. dazu bereits Martindale 1962, p. 28.

253 Baudot bestätigt die Anordnung der Gänge auf Dom Planchers Obergeschoß-Riß durch seinen Bericht von der Auffindung von den Resten einer Falschmünzerwerkstatt in den verwinkelten, schwer zugänglichen oberen Teilen der nördlichen Querhausostwand (Ms. 1601, f 95^{r}—97^{r}).

254 Abwegig ist die Vermutung Pierre Héliots (Les antécédents et les débuts des coursières anglonormandes et rhénanes, in: Cah. Civ. Médievale, 2/1959, p. 432 Mitte), die deambulatoria »dont on ne voit malheureusement nulle trace sur les gravures que publia Dom Plancher« (!) hätten hinter dem Konsolfries des Rotundendachansatzes gesessen. Ebenso abwegig scheint mir die Rekonstruktion der deambulatoria von St. Bénigne in Analogie zu der frühestens 30 Jahre später einsetzenden Entwicklung des normannischen Laufgangs (die ersten Beispiele: Bernay und Jumièges beschränken die Laufgänge aufs Querhaus. Laufgänge über Emporen — wie A. Sunderland und Conant sie in St. Bénigne rekonstruieren (Abb. 71) — treten erst gegen Ende des 11. Jahrhunderts auf) oder die Bestimmung als »passage extérieure«, wie sie u. a. Bony, BM 1939, p. 156, vorgeschlagen hat.

Höhe der Langhausarkaden erreichen. Sollte »pariles scalae« etwa Treppen meinen, die aus mehreren (oder einem Paar von) Läufen von je 20 Stufen zusammengesetzt sind?

Die bei der Rekonstruktion des Querhausaufrisses getroffene Feststellung, daß sich die Geschosse der Rotunde ebenso wie im Außenbau auch im etagenartigen Wandaufriß des Querhauses spiegelten, legt nahe, die Rotunden- bzw. Querhaus-Geschoßhöhen im weiteren auch auf das Langhaus zu projizieren[255]. Aus der Interdependenz von Querhaus- und Langhausaufriß würde folgen, daß die Scheitel der Seitenschiffsarkaden auf ein Niveau von rund 4,5 Meter über dem Chorus und rund 6,5 Meter über den Seitenschiffen zu liegen kämen; darüber die »deambulatoria«, wobei es nach den Angaben des Chronisten offenbleiben muß, ob es sich um voll ausgebaute Emporen handelt[256].

Zu der Frage, was für eine Pfeilerform der Chronist vor Augen gehabt habe (Satz 33, vgl. meinen Kommentar dazu), ist viel geschrieben worden. Die Interpretationen seiner Beschreibung differieren je nach dem, welches Wort oder welcher Bestandteil des angesprochenen Bildes zum Schlüssel der rekonstruierenden Vorstellung genommen wurde. Eine oberflächliche Lesart des 19. Jahrhunderts griff ausschließlich die Idee von den starken und den schwachen Pfeilern auf und konstatierte für St. Bénigne Stützenwechsel[257]. Grodecki richtete sein Augenmerk hauptsächlich auf das Wort von den Säulen, deren Länge nicht gleich sei, und rekonstruierte Pfeiler mit Halb- oder Dreiviertelrundvorlagen (die drei Vorlagen unter Arkadenbögen und Seitenschiffsgurt kurz, die Mittelschiffsvorlage lang) in Analogie zu den Langhausstützen von Saint-Germain-des-Prés in Paris[258]. Erst die behutsame Aufschlüsselung und Interpretation des Chronicon-Satzes 33 durch Alice Sunderland (1958) hat deutlich gemacht, wie kompliziert das vom Chronisten gewählte Bild ist, und wie voreilig es wäre, die Rekonstruktion aus einem einzigen Charakteristikum entwickeln zu wollen.

Was die Form des Pfeilers und besonders des Stützenkranzes »iuxta capita« anlangt, wird eine Rekonstruktion um so schwieriger, je enger man sich an den Text der Baubeschreibung des Chronisten hält. Für Sunderland und Conant war die Interpretation des Textes kein Problem, da sie in Dom Planchers Pfeilermassiven zu seiten der romanischen Apsis zwei der im Chron. S. B. beschriebenen Pfeiler wiedergegeben

---

255 Eine so enge Verknüpfung von Langhaus- und Querhausaufriß ist selbstverständlich nicht zwingend — am allerwenigsten im frühen 11. Jahrhundert. Doch ist mir kein Bau jener Zeit bekannt, der den etagenweisen Aufriß so entschieden betont wie St. Bénigne in Querhaus und Außenbau.

256 Zur Emporengestaltung ums Jahr 1000 vgl. L. Grodecki, l'architecture ottonienne, Paris 1958, p. 200 f.

257 So Chomton 1900, p. 107/Pl. VII, und noch 1939 im BM: Jean Bony, p. 155, Anm. 4.

258 Louis Grodecki, BM 1950, p. 23—24, und ders. L'architecture ottonienne, Paris 1958, p. 234, Anm. 8. Grodeckis Pfeilerrekonstruktion übernimmt Pierre Héliot (Du carolingien au gotique, l'évolution de la plastique murale etc. Extraits des Mémoires présentés par divers Savants à l'Académie des Inscriptions et Belles-Lettres, XV/2, Paris 1966, p. 13, 14, 17, 28 Anm. 4). Grodeckis Rekonstruktion der Pfeilerform interpretiert »iuxta capita pilarum« als »an der Front (frons = caput) der Pfeiler«. Das ist möglich, doch bleiben dann die anderen Bestimmungen »quadrangulatim statutae« und »quasi una corona coronari videntur« unberücksichtigt. Unklar bleibt Grodeckis Behauptung (1958, p. 234, Anm. 8) »la technique de colonnes engagées aux murs de la rotonde donne une base suffisante à l'explication du texte de la ›Chronique‹ du XIe siècle«.

glaubten. Nachdem ich diese Pfeilermassive als Bestand des 13. und 18. Jahrhunderts gedeutet habe, steht für die Rekonstruktion der frühromanischen Langhauspfeiler wieder jede Form offen, sofern sie sich nur mit der Beschreibung des Chronisten in Einklang bringen läßt. Auffallend ist allerdings, daß sich die Conant'sche Interpretation der Chronicon-Pfeilerbeschreibung, die mit der vorgeblichen Wiedergabe der starken Pfeiler bei Dom Plancher verbunden wurde, ebenso durch eine andere gut überlieferte Partie des Wilhelm-von-Volpiano-Baus stützen läßt, und zwar durch die Ecksäulengliederung an den Gewändevorder- und Rückkanten der Maueröffnungen über den äußeren Querhausapsidiolen (Fig. 11, Abb. 43).

Wenn man Langhausemporen auf dem Niveau des Rotundenobergeschosses annimmt, liegt es nahe, die Öffnungen der Emporen gegen Mittelschiff und Querhausflügel nach den Wandöffnungen der »deambulatoria« in der Querhausostwand zu rekonstruieren[259]. Doch beruft sich dieser Vorschlag von neuem auf die Interdependenz der Aufrißgliederung von Querhaus und Mittelschiff, die sich — so bestechend sie ist — schlechterdings nicht beweisen läßt. Problematisch dünkt uns auch die Vorstellung, der Chronist habe die achsial übereinandersitzenden Mauerpfeiler der Seitenschiffs- und Emporenarkaden (wie sie uns beispielsweise im Langhaus von Vignory — Abb. 106 — erhalten sind) als *ein* Bauglied, als »pilae fortissimae« beschrieben, wobei die oberen Pfeiler die »capita« der unteren Pfeiler bilden müßten.

Marcel Aubert und Charles Oursel meinten, man käme mit der im Chronicon angegebenen Zahl von 70 Fenstern (Satz 33) für die Basilika schwer zurecht, wenn man nicht in jedem Rang des dreifach gestaffelten Langhauses direkte Belichtung annehme[260]. Sofern das Langhaus — wie ich es mit Conant für wahrscheinlich halte — Emporen besaß, wird die Einrichtung eines Mittelschifflichtgadens allerdings problematisch. Die Höhe des Mittelschiffs ist vom Chronisten mit 31 cubitus (rund 14 Meter, zu verstehen wohl über dem Mönchschor) angegeben, ein Maß, das zwischen dem Dachanfall einer Empore und dem Ansatz der Mittelschiffstonne kaum noch eine Fensterreihe zuließe (vgl. Textabbildung).

Marcel Aubert schloß daraus, das Mittelschiff sei flach gedeckt gewesen; Conant hingegen suchte durch die Rekonstruktion von Viertelstonnen über den Emporen und einer extrem gedrückten Tonne über dem Mittelschiff beides: Lichtgaden und Wölbung über allen Teilen der Basilika miteinander zu verbinden (vgl. Abb. 71, Querschnitt). Die spärlichen Angaben des Chron. S. B. zum Langhaus weisen aus diesem Problem keinen Ausweg. Nur für die Seitenschiffe ist »Wölbung« (Satz 34) genannt. Daß der Bau auch in allen übrigen Teilen gewölbt gewesen sei, erscheint angesichts der schmalen Proportionen seiner Räume und der ungewöhnlich starken Mauern des Querhauses (vgl. Abb. 41) möglich und wird durch das Vertrautsein der frühromanischen Bauleute mit Wölbungsfragen, das in allen Teilen der Rotunde zum Ausdruck kommt, nahegelegt. Nachdem H. R. Sennhauser für die Abteikirche von Romainmôtier eine vollständige Tonneneinwölbung aus ihrer Bauzeit (ca. 1000—1030) hat sichern

---

[259] Diese Vorstellung würde ungefähr Conants Rekonstruktion der Langhausempore entsprechen (vgl. Abb. 71). Die blinde Fortführung der Emporenarkaden an den Querhausstirnseiten halte ich allerdings für ein hochromanisches Motiv.

[260] Charles Oursel, L'architecture romane en Bourgogne, 1928, p. 26. Marcel Aubert, église St. Bénigne, CA 1928, p. 20.

Rekonstruktionsidee zum Langhaus von Saint-Bénigne. Querschnitt mit verschiedenen Wölbungsmöglichkeiten: li: mit überwölbtem Mittelschiff ohne eigenen Lichtgaden, re: mit flachgedecktem Mittelschiff und eigenem Lichtgaden. Die Proportionen nach den Maßangaben im Chron. S. B.

können[261], ist die Vorstellung eines in allen Teilen eingewölbten Saint-Bénigne heute nicht mehr so befremdlich wie zur Zeit Marcel Auberts.

Der Vierungsturm mit einer Höhe von 40 cubitus unter dem Vierungsgewölbe (oder einer Flachdecke) muß direkt über der Apsiskalotte aufgesessen haben. Wir wissen nicht, ob die mutmaßlichen Tonnen der Querhausflügel gegen die Vierung mit einem Gurtbogen endeten oder glatt ausliefen. Sofern man im Sinne der Dom Plancher-Grundrisse das obere Wandfeld der Querhausostwand hinter die Flucht des Apsisansatzes zurückgestuft denkt (vgl. oben p. 81), könnte der breite Lisenenstreifen über den beiden Säulen seitlich der Apsis als Gurtbogenansatz verstanden werden (meine Rekonstruktionszeichnung, Fig. 11, deutet dies an). Der Turm selbst wäre längsrechteckig, mit lichten Maßen von ca. 8x6,5 Meter. Merkwürdig ist, daß der Turm zweimal, 1100 und 1271 einstürzte, wogegen die Rotunde bis 1792 ohne größere Schäden aufrecht blieb und ohne Gewaltanwendung noch länger hätte aufrecht bleiben können. Möglicherweise war die östliche Basis des Vierungsturmes, die Apsiskalotte über der doppelgeschossigen Säulenarkade, dem Gewicht des Turmaufbaus nicht gewachsen.

Wie stark der Turm die Außenerscheinung bestimmte, wissen wir nicht. Doch halte ich es für unwahrscheinlich, daß er die Vierungstürme von Romainmôtier oder von

261 Sennhauser, Romainmôtier und Payerne, Basel, 1970, p. 24 und die Rekonstruktionszeichnungen.

Saint-Vorles in Châtillon-sur-Seine an Höhe überstieg. Die Hauptapsis und der Verbindungstrakt zwischen Querhaus und Rotunde lagen im 17. und 18. Jahrhundert unter einem gemeinsamen Satteldach, das gegen den Dachkegel der Rotunde in halber Höhe anlief[262]. Ob diese Dachlösung der frühromanischen Disposition entsprach, ist unklar.

Conant hat den Außenbau der frühromanischen Abteikirche in Vogelschau (Abb. 70) und Modell (Cluny, Musée Ochier) ebenso detailliert wiederherzustellen versucht wie die Innengliederung. Unter Tilgung aller Detailangaben und des von uns abgelehnten langen Chorarms sowie unter Verzicht auf die Wiedergabe der nicht lokalisierbaren Türme kann eine auf Conants Vogelschau basierende Skizze des Gesamtumrisses die Abfolge der einzelnen Baukörper – Langhaus, Querhausriegel mit Vierungsturm, Rotunde mit Rundschneggen und Ostkapellen mit Turmaufsatz – gut verdeutlichen (Textabb.).

[262] Vgl. BN, Coll. Boug., t. XL, f 478. Die Apsiskalotte und das Dach des Verbindungstraktes wurden 1676 in den alten Formen vollständig erneuert.

DIE BAUZIER DER FRÜHROMANISCHEN ABTEIKIRCHE EINE BESTANDSAUFNAHME

Die alten Kapitelle, die bei der Rekonstruktion der Krypta von St. Bénigne im 19. Jahrhundert wiederverwendet wurden, gelten der Architekturgeschichte des Mittelalters als »heißes Eisen«. Lange Zeit schwankte ihre Datierung um 400 Jahre und mehr[263]. Obschon heute eine Ausarbeitung zumindest der reicher skulptierten Kapitelle während der Bauausführung unter Wilhelm von Volpiano als ziemlich sicher gilt[264], wird immer wieder der Versuch unternommen, einzelne Stücke dem karolingischen Vorgängerbau oder Erneuerungsarbeiten des späten 11. Jahrhunderts zuzuschreiben[265].

---

[263] *Viollet-le-Duc* (Dict. VIII, 1869, p. 123) hielt die reichgearbeiteten Kapitelle zwischen Rotunde und Benignusgrab (Nr. 3 und 4; vgl. zu den Ziffern und zum Standort der Kapitelle Abb. 58) für Überreste vom Bau des 6. Jahrhunderts. Seine Argumentation: »... les chapiteaux retrouvés dans les massifs du commencement du XIe siècle ... par conséquent ne peuvent avoir appartenu qu'à un monument plus ancien ...« hält dem Zeugnis von Baudot 1792 und der Ansicht des Rotundenuntergeschosses von 1722 (Abb. 34) nicht stand: die beiden Kapitelle (3 und 4) standen vor 1792 an dem gleichen hervorgehobenen Ort, an dem sie sich noch heute befinden. *Lasteyrie* (L'architecture romane, 1911, p. 156 f.) schloß sich Viollet-le-Ducs Frühdatierung an, ohne doch für einzelne Stücke eine Entstehung unter Wilhelm von Volpiano ganz auszuschließen (p. 616 zu Kapitell 6: »ne pas posterieure aux premières années du XIes.«). *Charles Oursel* (l'architecture romane en Bourgogne, 1928, p. 19) hielt die ganze Krypta im Bereich des Benignusgrabes, also auch ihre Kapitelle, für vorkarolingisch. *Marcel Aubert* (CA, 1928, p. 22 f.) glaubte nur von einigen Kapitellen, daß sie »remontent peut-être à un édifice ancien«. *Rivoira* (Lombardic architecture, II, 1933, p. 6 ff.) hielt die einfacheren Kapitelle der Rotunde für »pre-lombardic cubicles« (was ist prelombardic?), die reichausgearbeiteten Stücke am Benignusgrab und im Kryptenquerarm datierte er jedoch in die Zeit nach dem Einsturz des Vierungsturmes: 1096 bis 1107. *Focillon* (BM 1938, p. 65) sprach schließlich nurmehr ganz vage von den »chapiteaux ... qui, dans les diverses parties de l'édifice, s'échelonnent sur plusieurs campagnes«, womit nichts weiter als eine Selbstverständlichkeit und zur Datierung überhaupt nichts gesagt ist.

[264] Vgl. Louis Grodecki, la sculpture du XIe siècle en France, état de questions, in: L'information de l'hist. de l'Art, III, Jan.-Febr. 1958, p. 105, und z. B. Georges Zarnecki, in Prop. KG. Mittelalter I (ed. Fillitz) 1969, p. 234, Nr. 276a.

[265] *Francastel* (L'Humanisme roman [1942]. Nachdruck 1970, p. 188 und 190) setzt die gesamte Bauzier von St. Bénigne zögernd ins späte 11. Jahrhundert. Toni *Sauvel* (BM 1948, p. 28 ff.) datiert Kapitell 6 in karolingische Zeit (Vergleich mit Buchmalerei). Jean *Hubert* (1952 Nr. 91) wandelt Focillons Urteil (vgl. Anm. 263) etwas ab: »les chapiteaux sculptés que l'on voit aujourd'hui dans la rotonde appartiennent à diverses campagnes, l'édifice ayant été probablement remanié ou agrandi quelques années après sa construction«. François *Mauer* (Romanische Kapitellplastik in der Schweiz, Bern 1971, Anm. 6, 11 und 67) meint, man müsse sich die einstimmige Datierung der Orantenkapitelle (Nr. 1/2) auf 1001—1018 »neu überlegen«, und für die reichen Stücke am Bénignegrab (No 3 und 4) habe allein Rivoira »eine entsprechende aber vermutlich doch etwas zu späte Datierung ... 1096/1107« vorgeschlagen.

Bis heute fehlt eine Bestandsaufnahme der erhaltenen und in Zeichnungen überlieferten frühromanischen Bauzier von St. Bénigne. Obgleich es in der heutigen Krypta — abgesehen von den schweren Blockkapitellen der Rotunde und der Kryptenapsis — nurmehr 14 alte Kapitelle gibt, von denen nur die Hälfte in reicheren Formen ausgearbeitet ist, sind diese bis heute nicht in brauchbaren Abbildungen zugänglich gemacht worden. In der Regel wurden die Kapitelle losgelöst vom Bau und seiner Geschichte betrachtet, so als seien sie schon vor 1792 Spolien gewesen oder als lasse sich ihr ehemaliger Standort nicht mehr ermitteln. Gerade in diesem Punkt scheint mir ein neuer Ansatz sinnvoll. Mit Hilfe der Beschreibungen und Ansichten der Rotunde aus der Zeit vor ihrem Abbruch und während ihrer Aufdeckung läßt sich für sechs der reich ausgearbeiteten Kapitelle der alte Standort nachweisen. Aus seiner Vergegenwärtigung wird aber deutlich, daß die Kapitelle integrierender Bestandteil des Neubaus unter Wilhelm von Volpiano sind und daß im Baubestand nicht der geringste Hinweis auf ihre Rückdatierung in Karolingische Zeit oder auf ihre Verbindung mit den Restaurationsarbeiten nach dem Turmeinsturz von 1100 vorliegt.

*

Als Henri Baudot 1843 ff. den östlichen Abschnitt des südlichen Kryptenarmes aufdeckte (Abb. 55), fand er über den Wandvorlagen zwei reichgearbeitete Kapitelle:

Kapitell Nr. 5 (Abb. 82), Höhe: 41 cm, Breite oben: zwischen 38 und 40 cm; heller, gelblich patinierter, weicher Kalkstein (oolithe blanc), z. T. stark versintert (besonders an der reich ausgearbeiteten Ecke).

Das Kapitell wurde von Baudot über der südlichen Wandvorlage vor der äußeren Nebenapsidiole der Krypta aufgefunden. Heute steht es — wie alle Kapitelle des Kryptenquerarms — über einer modernen Säule inmitten des Kryptenraumes.

Über einem rundumlaufenden Knotenflechtband stehen breite Eckblätter, die in kräftig vorspringenden, breiten Voluten enden; die Einrollung stützt sich auf Stege, die vom Flechtband aufsteigen. Zwischen den Eckblättern steht auf einem niedrigen Konsolblatt ein schlanker, bärtiger Engel (?), dessen Flügel (?) in leichter Schwingung auf die Ecken des Kapitellblocks hinführen[266]. Nur am summarisch, aber in hinreichend deutlichen Zügen angelegten Kopf wird die Figur erkannt; das übrige könnte ebensogut als ornamentale Umspielung des korinthischen Kapitellaufrisses gelten: die Flügel als spiralförmig aufgelöste Helices, der langgezogene Leib als Stengel der Abakusblüte.

Bis auf eine Ecke ist das Kapitell an allen vier Seiten gleich ausgearbeitet. Dort ist das breite Eckblatt zu einem Netz von verschiedenartigen, z. T. spiralförmigen Flechtbandmotiven aufgelöst, die Eckvolute weggearbeitet und der Ecksteg — selbst mit einem Flechtband besetzt — à jour gesetzt. Es handelt sich offenkundig um eine zusätzliche Bearbeitung einer Bossenform, die dem breiten Lappenblatt der drei anderen Ecken entsprochen haben dürfte. Gleichwohl scheint es mir nicht zwingend, letztere als bloße Bossenformen anzusprechen[267], da die Ausarbeitung der Eckvoluten dann ein überflüssiger Arbeitsschritt gewesen wäre. Schließlich saß das Kapitell über einer Wandvorlage, wo die reicher ausgearbeitete Ecke die Schauseite (also wie heute die Nordwestecke) gebildet haben könnte.

Kapitell 6 (Abb. 79—81), Höhe: 41 cm (inkl. Schaftring), Breite (in Höhe der Voluten): 38 cm. Steinmaterial wie Nr. 5. Die Hälfte der Nordseite ist nachträglich abgemeißelt; starke Versinterung (Abb. 80, rechts).

Baudot fand das Kapitell 1843/4 über der Säule A oder B (vgl. Abb. 55)[268], also über der

---

[266] So beschreibt auch Henri Baudot das Kapitell (in seinem Bericht an den Präfekten vom 10. Aug. 1845, Arch. Dép. Côte-d'Or, XXX T 2 c/10): »de chaque face un ange d'une exécution de plus barbare.«

[267] Dieser Ansicht war Henri Baudot, der das Kapitell nach der reicheren Ecklösung zeichnerisch rekonstruieren ließ (Abb. 55 oben rechts).

[268] Das Kapitell kann nicht über der Säule »C« (Abb. 55) gesessen haben, weil dort (nach

Wandvorlage seitlich des Eingangs zur inneren Apsidiole (dies ist das Wahrscheinlichere) oder über einer Freisäule des Kryptenquerarms; heute über einer modernen, im Verhältnis zum alten Schaftring zu dünnen Säule inmitten des Kryptenraums.

Hervorstechend ist die eigentümliche Blockform des Kapitells: ein nur schwach ausbauchender Zylinder, der im oberen Drittel durch horizontal auskragende, kubische Eckkonsolen dem quadratischen Auflager angepaßt wird. Die auf allen vier Seiten des Kapitells gleich sorgsam ausgeführte Reliefzeichnung bringt die beiden Kapitellzonen in einen Zusammenhang, der sich von fern am korinthischen Schema orientiert: zwei bis vier parallel geführte Stege ziehen sich vom Schaftring zu den Eckkonsolen empor, wo sie sich einrollen und jeweils mit der Stegzeichnung der Nachbarseite zu einer im Relief angedeuteten Volute verbinden. Der übrige Kapitellkörper wird unter den Eckkonsolen von breiten Palmetten, zwischen den Eckkonsolen durch gerahmte Felder und zwischen den Stegbändern durch weitere Ornamentfelder gegliedert. In den Rahmenfeldern, die dem Kapitellkörper betont vorgesetzt wirken, und in den Ausgangskreisen der Stegbänder erscheinen, von Kapitellseite zu Kapitellseite wechselnd, Tiere und sternförmige Ornamente. Gegenständliches und Ornamentales sind auf diesem Kapitell klarer getrennt als auf dem Engel-Voluten-Kapitell Nr. 5). Der Steinmetz weiß die Mittel seiner Reliefkunst gezielter einzusetzen: das Scherenmotiv der Stegbänder arbeitet er in scharfen Graten, das Palmettenwerk hingegen in breit gekerbtem oder löffelförmigem Gefieder; das aufrecht schreitende Tier des oberen, gerahmten Feldes umreißt er silhouettenhaft (Abb. 80), das dem Stegrund einbeschriebene kauernde Tier hingegen modelliert er in rundplastischen Formen (Abb. 81).

Neben diesen beiden Kapitellen, deren alter Standort ermittelt werden kann, finden sich heute im südlichen Kryptenquerarm und in den anschließenden Apsidiolen weitere alte Stücke, deren Herkunft unbekannt ist. Da sie — mit Ausnahme des Kapitells in der inneren Querhausapsidiole (Nr. 14) — bereits 1846 an ihren heutigen Standort gelangten, wird man annehmen können, daß sie von Baudot anläßlich seiner Aufdeckung der westlichen Kryptenabschnitte gefunden wurden.

Kapitell 8 (Abb. 84), Höhe: 47 cm (mit Schaftring), Breite oben: 35 cm; Steinmaterial wie Nr. 5.

Auf dem nur zweiseitig ausgearbeiteten, schlanken Kapitell wachsen über dem Schaftring abwechselnd niedrige, breite und — unter den Kapitellecken — hohe, schmale Palmetten. Tierköpfe ersetzen tiefansetzende Eckvoluten. Über und zwischen den Tierköpfen füllen jeweils zwei verflochtene Schlangenleiber (die aus den Kronen[?] der Tierköpfe wachsen?) die oberen Kapitellfelder.

Die übrigen drei Kapitelle, *Kapitell 7* (Abb. 86, Höhe inkl. Schaftring: 43 cm, Breite oben: 40—42 cm, dreiseitig bearbeitet); *Kapitell 9* (Abb. 85, Höhe inkl. Schaftring: 39 cm, Breite oben: 39 cm x 32 cm, vierseitig ausgearbeitet); *Kapitell 10* (Höhe inkl. Schaftring: 37 cm, Breite oben: 29 cm x 33 cm, also betont rechteckig; dementsprechend unten oval verzogener Schaftring; vierseitig bearbeitet) sind (im Vergleich zu den bisher beschriebenen, reich ausgearbeiteten Stücken 5, 6, 8) aus ähnlich hellem, aber erheblich härterem Steinmaterial gearbeitet. Der Aufbau der einander sehr ähnlichen Kapitelle 9 und 10 ist eine im frühen und hohen Mittelalter geläufige Abbreviatur des korinthischen Kapitellaufrisses: zwei Blattzonen mit grobplastisch angedeuteten Blattüberfällen, Caulices und Abakusblüten sowie markant hervorgehobenen Blattmittelstegen. Kapitell 8 folgt grundsätzlich dem gleichen Schema, bindet den unteren Blattkranz aber zu einer nicht weiter bearbeiteten Manschette zusammen, von der sich

---

L. B. Baudot, Ms 1602, f 333v) kein Kapitell aufgefunden wurde: »Cette chapelle ... est accompagnée des deux côtés d'une colonne dont une n'y est plus l'autre est encore surmontée d'un chapiteau ... sur ce chapiteau on voit un ange avec de grandes ailes déployées ...« Die Vorlage zu Abb. 55 konnte in den Archiven der Mon. Hist. nicht mehr aufgefunden werden, so daß mir die Verweischiffre über dem Kapitell fehlt. Da das Kapitell aber an einer Seite abgemeißelt ist und wir wissen, daß zwischen der inneren Apsidiole und dem Kryptenquerarm, also an Säule »B« angreifend, im 17. Jahrhundert eine Mauer eingezogen wurde (vgl. Anm. 156), ist es wahrscheinlich, daß Kapitell 6 über Säule »B« saß.

die feinziselierten Volutenblätter und die breit ausfächernden Palmetten der oberen Zone abheben.

In der inneren südlichen Kryptenapsidiole befindet sich ein Kapitell unbekannter Provenienz, das stilistisch den reich gearbeiteten Kapitellen des Kryptenquerarms (5 und 6) nahesteht: *Kapitell 14* (Abb. 83). Höhe inkl. Schaftring (dieser z. T. abgearbeitet): 38,5 cm, Breite oben: 38—40 cm. Das Kapitell ist vierseitig ausgearbeitet; sein Steinmaterial entspricht dem von Kapitell 5; die Nordseite ist stark versintert.

Der Grundform nach ein einfaches Blockkapitell mit Eckabfasung, die bereits auf halber Höhe des Blocks endet (also vom Typ der schweren Rotundenkapitelle). In der Mitte einer jeden Blockseite thront ein bärtiges Monster, das sich mit leicht angewinkelten Armen auf Keulen(?) stützt; aus Mund und Ohren wachsen ihm Pflanzenstiele, von denen zwei, zu einem Tau gedreht, zu seiten seines Kopfes emporgeführt werden, sich knapp unter dem oberen Rand verknoten und schließlich in Palmwedeln öffnen, die links und rechts des Monsters, die ganze Kapitellbreite bedeckend, herunterfallen[269]. Unter der Eckabfasung und zu seiten des Monsters sind durch Kerbschnitt Blattfächer angedeutet. Das dargestellte Motiv ist uns unverständlich; die ältere Interpretation: »Judas in der Schlinge« ist abwegig, die Lesart François Maurers: »kniender Faun mit liniensprühendem Laubwerk verquickt« zu allgemein[270]. Das Kapitell schließt sich nicht allein im Steinmaterial und in seiner Größe den reich ausgearbeiteten Kryptenkapitellen (5 und 6) an, sondern auch in der künstlerischen Haltung seines Dekors: hier wie dort derselbe »horror vacui«, demzufolge der Kapitellblock von einem Netz zeichnerischer, pflanzlicher und figürlicher Motive lückenlos bedeckt wird; hier wie dort die gleiche Unbestimmtheit einzelner Motive nach ihrer ornamentalen, pflanzlichen oder figürlichen Bestimmung.

Von den drei letzten Kapitellen, die nach 1858 im Bereich der rekonstruierten Krypta des Wilhelm von Volpiano wiederverwendet wurden (Nr. 11—13), ist der Ort ihrer Auffindung unbekannt. *Kapitell 11* (Abb. 59) ist stark beschädigt und nur bedingt mit den einfacheren Blattkapitellen des südlichen Kryptenarmes zu vergleichen. *Kapitell 12* (inkl. Schaftring 43 cm hoch, oben: 45 x 38 cm; dreiseitig ausgebreitet, ehemals wohl vierseitig) steht im Steinmaterial wie in der Blockbildung der Gruppe der schweren Rotundenuntergeschoßkapitelle nahe. Die Eckabfasung, die dort von den älteren Autoren zu Unrecht als Eckblatt bezeichnet wird[271], ist hier (Kapitell 12) durch einen tiefausgearbeiteten Kontur tatsächlich zum aufgelegten Eckblatt umgedeutet. Im Nachbar-*Kapitell 13* (Abb. 87, Höhe inkl. Schaftring: 41 cm, Breite oben 40 x 38 cm; nur die Frontseite bearbeitet, hinten flach der Wand anliegend, weicher, heller Oolithe wie Kapitell 5) hält sich wie Kapitell 12 und 14 im Blockumriß an die Form der schweren Rotundenkapitelle; doch zeigt es — bei gröberen Schmuckformen allerdings — eine ähnliche Verknüpfung der Kapitellzonen durch emporwachsende und herunterhängende Palmwedel, wie sie Kapitell 6 und Kapitell 14 — letzteres im Scherenmotiv — aufweisen.

*

Die Stützen des Rotundenuntergeschosses tragen bis auf vier skulptierte Stücke einfache Blockkapitelle mit abgefasten Ecken (Abb. 5). Während die beiden ausgearbeiteten Kapitelle des äußeren Stützenkranzes (3 und 4) kleiner sind und mit ihren schlanken und höheren Säulen zwischen den schweren Stützen der Rotunde und den schlankeren der ehemaligen Krypta vermitteln, sind die beiden skulptierten Kapitelle des mittleren Stützenkranzes (1 und 2) im groben Umriß den Nachbarkapitellen gleich gebildet.

Kapitell 1 und 2 stehen noch heute an dem Ort, den sie bis 1792 eingenommen haben (vgl. Abb. 61).

Das reicher ausgearbeitete Stück, *Kapitell 1* (Abb. 77, Höhe inkl. Schaftring und Deckplatte: 70 cm, Breite der Deckplatte: 58 cm; sehr harter, grobkörniger Kalkstein, vermutlich vom Plateau de Langres), zeigt langbärtige Büsten mit erhobenen Armen im Oranten-(oder Atlan-

---

269 Ähnlich wird das Kapitell auch von Grodecki (1950, p. 33) beschrieben.

270 Maurer (vgl. Anm. 265) Anm. 6.

271 Dom Plancher 1739, p. 480 und 481 »taillé aux quatre coins en forme de feuille de palme, sans aucun ornement«.

ten-?)Gestus[272]. F. Maurer beschreibt sie als »bärtige Engel in ekstatischem Orantengestus«[273]. Selbst die vergleichsweise einfachen Formen dieses Kapitells sind nach ornamentaler und gegenständlicher Bestimmung schwer zu unterscheiden. Kopf und Hände sind zwar in deutlichem Relief und kräftigem Kontur ausgebildet, die »Flügel« lassen sich aber nur mit einem gewissen Maß an Phantasie ausmachen, während die unteren Partien, durch bloße Riefelung bearbeitet, vollends im unbestimmten bleiben. Das Pendant, *Kapitell 2* (Abb. 78, gleiche Maße und gleiches Material wie Kapitell 1), gibt die Engelsbüsten in einer ornamentalen Abbreviatur. Diese wurde stets als Bossenform angesprochen, die zu einer Kapitell 1 entsprechenden Deutlichkeit hätte weiter ausgearbeitet werden sollen.

Die beiden interessantesten und meistgenannten Kapitelle der heutigen Krypta von St. Bénigne (Nr. 3 und 4) sitzen über den beiden Freisäulen des äußeren Stützenkranzes, die dem Benignusgrab am nächsten stehen (Abb. 1). Ihr heutiger Standort ist der gleiche, den sie vor 1792 einnahmen (vgl. Abb. 34, Zeichnung von 1722). Anstelle der 1858 zu breit geformten, plumpen Gewölbefüße besaßen beide Kapitelle ursprünglich Kämpferplatten; von diesen trug die südliche — seit 1858 verschollene — eine Inschrift »WILINGUS LEVITA«[274], die nördliche ein Rautenmuster (?). Der halsringlose Übergang der Säule zum Kapitell, der heute irritiert, ist bereits vom Zeichner Dom Planchers (Abb. 34) 1722 hervorgehoben. Das nördliche Kapitell ist stark beschädigt, unter anderem durch Louis-Bénigne Baudot, der ihm 1792 eine Ecke — zur Verwendung als Briefbeschwerer — abschlug[275]. Um die Eckbeschädigungen weniger auffallen zu lassen, wurde das Kapitell bei der Neuversetzung 1858 ff. gegenüber dem (richtig, achsgerecht gesetzten) Südkapitell um ca. 20° gedreht; es korrespondiert daher nicht mit dem Gewölbeansatz.

Die Kapitelle saßen vor 1792 unbeschädigt und achsgerecht über den Säulen des äußeren Stützenkranzes, die der Gebäudeachse und dem Benignusgrab am nächsten standen — eine an der Bedeutung der Räume und ihrer Folge orientierte Anordnung des reichgearbeiteten Kapitellpaares, die der Plazierung der bunten Marmorsäulen im Rotundenmittelgeschoß entsprach (vgl. oben, p. 49).

Kapitell 3 (Abb. 72—74), Höhe: ca. 40 cm, Breite oben: 55 x 55 cm, Steinmaterial wie Kapitell 5, an zwei Ecken (nach 1792) beschädigt.

Kapitell 4 (Abb. 75/76), Höhe: ca. 40 cm. Steinmaterial wie Kapitell 5, stark beschädigt (nach 1792).

Im Aufbau fast identisch, sind die beiden Kapitelle auch im Gegenständlichen aufeinander bezogen. Am Südkapitell wird die Mitte dreier Seiten von hockenden und männchenmachenden Tieren (Monster?) en face eingenommen, die vierte Seite von einem Vogel mit Kreuznimbus im Profil. An den Ecken stehen geschuppte, aufrechte Ungeheuer über Mischwesen mit Schlangenschwänzen. Eine Identifizierung und eine Sonderung der einzelnen Tierleiber gelingt nicht; von einer Deutung der dargestellten Wesen sind wir dementsprechend weit entfernt. Das nördliche Kapitell hebt die menschliche Figur — die am Pendant nur an einer Ecke auftrat (Abb. 74) — stärker hervor: neben einem Monster, das den Mitteltieren des Südkapitells entspricht, finden wir hier Pegasus, an dessen Flügeln und Hufen sich Menschen festklammern (Abb. 75), und einen Kentaur (Abb. 76). Schwankt die Deutung des Südkapitells zwischen »Evangelistensymbole« (Vogel mit Kreuznimbus)[276] und »Monster«, so weist die Bildwelt des Nordkapitells eher auf ein Programm, das Antik-Mythologisches, Christliches und Allgemein-Apotropäisches miteinander vermengt.

*

Bevor wir auf die Frage nach der stilistischen Zusammengehörigkeit der erhaltenen Kapitelle

---

272 Focillon (1938, p. 65) sprach von einer »figure acrobatique heureusement composée«.

273 Maurer (vgl. Anm. 265), Anm. 11.

274 Die Inschrift, die schon Mabillon und 1792 Louis-Bénigne Baudot (Ms. 1602, f 66^{v} und 121^{r}) beschäftigt hatte, wurde 1858 mitsamt den beiden Kapitellen (3 und 4) in situ aufgefunden (Bougaud, in: Les Moniteurs de la Côte-d'Or, 1. Dezember 1858). 1891 gilt die Inschrift als »depuis longtemps perdue« (Mém. CACO, XII 1889—1895, p. LXVIII).

275 Baudot, Ms. 1602, f 67^{r} und 78^{v}.

276 So die ältere Literatur, z. B. Chomton 1900, p. 114.

eingehen, vergegenwärtigen wir uns die *verlorene Bauzier der Rotunde, soweit sie in Zeichnung oder Beschreibung überliefert ist.*

Das Rotundenuntergeschoß besaß an skulptierten Kapitellen vor 1792 nicht nur die vier von der Rekonstruktion 1858 ff. wiederverwendeten Stücke. Dom Plancher (p. 480) sprach von zahlreichen »chapiteaux chargez d'ornements gothiques, travaillez sur une pierre différente en espèce (de pierre tendre et blanche), de celle de la tige qui les porte« über dem dritten Stützenring. Damit sind unter anderem (und neben den erhaltenen Kapitellen 3 und 4) gemeint die beiden Palmettenkapitelle zu seiten des Eingangs der Johanneskapelle, wie sie in der Zeichnung von 1722 (Abb. 35) wiedergegeben sind. Ein weiteres, mit Palmetten (?) reich bedecktes Kapitell des Rotundenuntergeschosses hat Baudot 1792 skizziert (Abb. 94, 2. Zeile links)[277].

Das Rotundenmittelgeschoß war nicht nur mit wertvollerem Säulenmaterial, sondern wohl auch mit reicherer Bauskulptur versehen als das Untergeschoß. Dom Plancher (p. 487) beschrieb die Säulen des dritten Stützenrings als »ornées de chapiteaux travaillez de différentes manières, et dont plusieurs sont peu propres aux colonnes où il sont apliquéz«. Baudot gibt mehrere Kapitelle des Rotundenmittelgeschosses in Zeichnung wieder: Abb. 94, oben rechts, »le dessin du chapiteau le plus simple et un des plus anciens des colonnes qui sont encore dans le 2eme étage de la Rotonde presque de niveau à la rue«; Abb. 94, 2. Zeile Mitte, »un chapiteau sur lequel on voit en relief en figures barbarement faittes une famille entière de petits enfants et le perre au milieu ayant son sabre devant lui; il y a onze personnages en tout y compris le perre qui a le sabre devant lui et la mèrre qui occupe seulle un côté du chapiteau avec quatre têtes de chevaux qui forment le dessus des quatre angles« (Ms. 1602, f 91^{r}). Der Beschreibung nach möchte man vermuten, das Kapitell habe den vielfigurigen Stücken zwischen Rotunde und Benignusgrab (Kapitelle 3 und 4) nahegestanden. Drei weitere Kapitelle, die sich wahrscheinlich im Rotundenmittelgeschoß befanden, skizziert Baudot auf Abb. 94 unten. Während das Stück rechts zweifelsfrei dem 11. Jahrhundert angehört, ist eine so frühe Ansetzung für die beiden anderen Kapitelle ausgeschlossen. Mit ihrem Rankenwerk, in das Figuren geschlungen sind, und mit den großen Ecksirenen erinnern die beiden Stücke an die Kämpferfragmente des Musée Archéologique von Dijon oder an die Sirenenkapitelle von Til-Châtel, Sens/Kathedrale und Genf/Kathedrale, die um die Mitte des 12. Jahrhunderts und später gearbeitet wurden[278]. Tatsächlich scheinen einzelne Kapitelle des Rotundenmittelgeschosses im 12. Jahrhundert neu gearbeitet worden zu sein; Baudot berichtet von einem Kapitell unter der Arkade am Eingang der Marienkapelle, das hier nachträglich eingearbeitet schien (Ms 1602, f 94^{v}); es trug Szenen der Verkündigung, der Heimsuchung und der Geburt. 1805 erinnert sich Baudot, »le basrelief qui represente St. Bénigne est du gout

---

277 Auf dem anonymen Aquarell von 1852 (Abb. 60 links) ist ein (Wandvorlagen-)Kapitell wiedergegeben, dessen Standort nach der dubiosen Zeichnung rechts zwischen Benignusgrab und innerer südlicher Apsidiole anzunehmen ist. Das Stück steht Kapitell 11 nahe, auch die Maße sind annähernd gleich.
Bei der Aufdeckung des Kryptensüdarms 1844 fand Henry Baudot ein skulptiertes Fragment von 37 x 50 cm (Abb. 55, rechts): »il présentait des détails de sculpture du même style que celui des châpiteaux que nous avons décrits (gemeint das Engel-Voluten-Kapitell N° 5); c'était la partie supérieure d'une figure d'ange dont la tête nimbée offrait un caractère particulier« (Bericht Baudots vom 10. VIII. 1845 an den Präfekten, Arch. Dép. Côte-d'Or, XXX T 2 c/10). Das Fragment wurde in den Fundamentmauern der nach 1805 errichteten Pferdeställe aufgefunden; Provenienz und Datierung stehen daher offen.

278 Vgl. die Abb. bei Pierre Quarré, la diffusion en Bourgogne du décor de Nantua, in: la Revue du Louvre, 1971, p. 1—12. Schon F. Baylé-Masson (Mém. CACO, XXIII, 1947—53, p. 199) brachte Baudots Kapitellzeichnungen mit dem berühmten Sirenenkapitell von Til-Châtel (Quarré, Abb. 22) in Zusammenhang. Freilich kennt auch das 11. Jahrhundert (vgl. die Kapitelle im Lapidarium neben der Abteikirche von Jumièges; BM 1950, p. 65, Abb. 26, und R. Liess 1967, Abb. 96 ff.) Kapitelle, die mit Figuren (Vögeln und Menschen) verquicktes Rankenwerk aufweisen. Der geschweifte Abakus und die deutlich hervorgehobenen Ecksirenen auf Baudots Zeichnung scheinen mir aber gegen einen Vergleich mit so frühen, blockhaften Kapitellen zu sprechen.

du chapiteau de colonne de la rotonde de St. Bénigne représentant la naissance de j. c.«. Das Tympanon mit der Bénignemarter, das Baudot zum Vergleich nennt, entstand aber erst um die Mitte des 12. Jahrhunderts[279]. Das Thema Verkündigung, Heimsuchung und Geburt Christi war in der Kapitellzier des mittleren und fortgeschrittenen 12. Jahrhunderts beliebt, dem frühen 11. Jahrhundert hingegen unbekannt; Pierre Quarré stellte die Beispiele im Umkreis von Dijon zusammen und schloß darunter auch das von Baudot genannte Stück der Rotunde ein[280].

Von den Kapitellen der Querhausostwand gibt Baudot eines in Zeichnung wieder (Abb. 94, 3. Zeile); es stand über der in die Wand eingestellten Säule unmittelbar neben dem Eingang zur inneren südlichen Apsidiole (Ms. 1602, f 77^v). In den alternierend langen und spitzen, bzw. breiten und kurzen Blättern des unteren Kranzes, in der markanten Voluteneinrollung der Eckblätter und in der freien Hinterarbeitung (?) der Eckstege, die zwischen oberen und unteren Eckblättern vermitteln, scheint mir der großzügige Aufriß des Engel-Voluten-Kapitells (Nr. 5) im südlichen Kryptenquerarm wiederholt[281].

Weder Dom Plancher noch Baudot nennen skulptierte Kapitelle im Rotundenobergeschoß. Ein Teil der alten Säulen und Kapitelle wurde während des Abbruchs der Rotunde im Jahre 1792 verkauft. Louis-Bénigne Baudot und die Mitglieder der Commission des Antiquités de la Côte-d'Or wußten bis in die zweite Hälfte des 19. Jahrhunderts immer wieder von Säulen und Kapitellen der ehemaligen Rotunde zu berichten, die sie in Privatbesitz — zumeist in Gärten der Umgebung von Dijon — ausfindig machen konnten. Heute hat sich ihre Spur verloren. Ein Aufruf in der Dijoner Lokalpresse förderte nur zwei (identische) Kapitelle zutage, die ihren Maßen, ihrer Form und ihrer Provenienz nach aus dem Obergeschoß der Rotunde stammen dürften (Abb. 91; Höhe: 54 cm, Breite oben: 43 cm)[282].

Im Dépot des Musée Archéologique fand sich ein Kapitellfragment (Abb. 90; Sign. Trémouille 40; ich messe das Fragment über der abgebildeten Seite mit maximal 36 cm Höhe und 30 cm Breite; das Steinmaterial ist dem von Kapitell 5 gleich), das nicht nur im Steinmaterial und im Motiv — eingerollte Schlangenschwänze unter den Ecken, aufrechte Mittelfigur —, sondern auch in der Art der Oberflächenbehandlung (Kerbschnitt und zarte Linienritzung über schweren, rundplastischen Körperformen) engste Verwandtschaft zu den beiden reichgearbeiteten Kryptenkapitellen 3 und 4 aufweist. Von daher ist es wahrscheinlich, daß das Fragment aus dem frühromanischen Bau von Saint-Bénigne stammt[283].

Die Vergegenwärtigung der verlorenen Kapitelle zeigt, daß die Kapitellzier der Rotunde — abgesehen von einigen Stücken des Mittelgeschosses, welche (ebenso wie das Ma-

---

279 Vgl. Abb. 108, in: Schlink, Zwischen Cluny und Clairvaux, 1970.

280 Pierre Quarré (vgl. Anm. 278), p. 1/2.

281 Baudot beschreibt außerdem (Ms. 1602, f 76^r) ein Kapitell zu seiten der Arkadenöffnung gegen den Laufgang im oberen Geschoß der Ostwand des südlichen Querhauses. Darauf soll eine zweihenklige Vase oder Schale im Relief dargestellt gewesen sein — ein typisches Motiv merowingischer Kapitellplastik (vgl. das merowingische Kapitell aus St. Remi von Reims — Foto Marburg 137699 — und Jean Hubert, in: Arte del primo Millennio, 1950, p. 332 f.). Also eine Spolie?

282 Ich danke Herrn Guy Debost, dem Besitzer von Champmoron und Bonvaux, der mir die Kapitelle auf meinen Bericht (in »Le Bien Public« vom 29. IX. 72) hin bekannt machte. Baudot, Ms. 1602, f 309^r, notierte 1836 mehrere Säulen und Kapitelle aus St. Bénigne im Besitz von M. Bonnet, dem Vorbesitzer von Champmoron. Nach Auskunft von Herrn Debost waren die Kapitelle bis 1958 als Wandvorlagen in einem Stall von Champmoron angebracht; dann ließ er sie nach Bonvaux bringen.

283 Pierre Gras nannte mir die Fundstelle: Beim Abbruch einer Bastion des 17./18. Jahrhunderts nördlich des Cellier de Clairvaux wurde das Kapitell nebst zahlreichen spätgotischen Maßwerkfragmenten in einer wahrscheinlich noch jüngeren Mauer aufgefunden.
Für ein zweites Fragment des Musée Archéologique (Abb. 98; Dépot ohne Nummer; max. Höhe: 24 cm, max. Breite: 41 cm) schlage ich nur zögernd die Provenienz aus dem frühromanischen St. Bénigne vor. Die teils löffelförmigen, teils gekerbten Palmetten, die mit Stegen gezeichneten Eckvoluten und die gegenläufigen Palmetten des Abakus lassen sich mit dem Formrepertoire der erhaltenen Stücke in der heutigen Krypta von St. Bénigne (besonders Kap. 6) jedoch gut vergleichen.

jestastympanon des nördlichen Seitenschiffs) erst im 12. Jahrhundert hinzugekommen sind — einen an Zahl und Formen reichen Bestand frühromanischer Bauskulptur umfaßt haben muß. Den vielfigurigen Monsterkapitellen (3 und 4), die heute als Einzelpaar gelten, dürften im 11. Jahrhundert das Kapitell des Musée Archéologique (Abb. 90) und das von Baudot beschriebene »Familien«-Kapitell (Abb. 94, 2. Zeile rechts) nahegestanden haben. Und doch reicht auch der rekonstruierbare Kapitellbestand nicht aus, um von einem »Kapitellzyklus« zu sprechen[284]. Abgesehen vom Kapitellpaar zwischen Rotunde und Benignusgrab läßt sich »Zyklisches« weder in der Plazierung der Kapitelle noch im wechselseitigen Bezug der auf ihnen dargestellten Figuren erkennen. Gewiß ist der apotropäische Grundzug der gegenständlichen Bauzier im Bereich von Rotundenuntergeschoß und ehemaliger Krypta, d. h. um das Benignusgrab herum, in der Versammlung von Engeln und Monstern insgesamt spürbar; bei unserem gegenwärtigen Stand der Deutung bleibt die Aussage der Einzelkapitelle aber zusammenhanglos und ihre Plazierung eher willkürlich.

Schließlich sind aus frühromanischer Zeit vier Reliefs erhalten, die nach 1792 ans Musée Archéologique gelangten. Nr. 1129 (Abb. 92) und Nr. 1130 (Abb. 93; beide haben eine Höhe von 75 cm und eine maximale Breite von 58 cm) saßen — wie an provençalischen oder oberitalienischen Bauten häufig — als Zierplatten in der zur Schmuckfassade ausgestalteten Außenwand der Ostkapellen (vgl. Abb. 42). Ihre Datierung ist nicht zwingend an die Bauzeit der Rotunde gebunden, da sie in eine nach 1018 mehrfach umgestaltete Mauerpartie eingelassen waren (vgl. oben p. 50 ff.). Allerdings ist eine Ansetzung vor die Jahrtausendwende ebenso unbegründet wie eine Datierung nach 1100; das flache, nur im Negativ ausgetiefte Relief, die spärliche Binnenzeichnung und die Maßstabslosigkeit zwischen den Tierleibern und ihren Extremitäten (Schwanzquaste!) rücken die beiden Platten in die stilistische Nähe des Tierfeldes auf dem Kapitell 6 oder der Orantenbüsten auf den Kapitellen 1 und 2. Auch die beiden Adlerreliefs (Nr. 1131, Abb. 95; Nr. 1132, Abb. 96; beide 65 cm hoch, 46 cm breit) stammen nach dem Zeugnis L.-B. Baudots (M. 1602, f 85^v) von der Ostfassade. Ähnlich den Löwenreliefs saßen die Adler ursprünglich in einem rundum gerahmten Muldenfeld. Von neuem begegnet uns hier das Nebeneinander von Bosse und Endausführung ein und derselben Gegenstandsform. Anders als bei den Kryptenkapitellen bleibt die Musterung der Endausführung aber nicht in der Schwebe zwischen Ornament und dinglicher Präzisierung, sondern dient allein der gegenständlichen Charakterisierung (Brustflaum und Schwungfedern). Der dem Reliefgrund fast vollplastisch vorgesetzte Körper, der auf dem Rand des Relieffeldes kräftig aufsteht, findet in seiner ausgewogenen Tektonik nichts Entsprechendes unter den Figuren der Kryptenkapitelle. So ist es unwahrscheinlich, daß die beiden Adlerreliefs vor der zweiten Hälfte des 11. Jahrhunderts gearbeitet wurden.

Die alten Kapitelle der »Krypta von St. Bénigne« lassen sich nach Art ihres Dekors zwanglos in drei Gruppen aufgliedern: a) Die Orantenkapitelle des mittleren Rotundenstützenkranzes (Kap. 1 und 2), b) die einfachen Lappenblattkapitelle des Kryptensüdarms (7 und 9—11) und c) die reicher ausgearbeiteten Stücke (3 bis 8, 13 und 14). Zu den beiden ersten Gruppen erübrigt sich eine Charakterisierung der jeweiligen Gemeinsamkeiten. Auch die stilistische Zusammengehörigkeit der reichgearbeiteten Kapitelle haben wir schon mehrfach hervorgehoben; es genügt, an Kapitell 14 — das »missing link« zwischen dem mehr pflanzlich-ornamental gestalteten Aufriß der Kapitelle 5, 6 und 13 und den aus Figurenknäueln aufgebauten Kapitellen 3 und 4 — zu erinnern: der Kopf des thronenden Ungeheuers läßt sich direkt mit den Fratzen der aufrechten Monster auf den Kapitellen 3 und 4 vergleichen, die Anordnung und die Ausarbeitungsweise der Palmetten hingegen mit Kapitell 6[285].

---

[284] Von einem »Kapitellzyklus« spricht G. Zarnecki (in der Propyläen-Kunstgeschichte, Mittelalter I, ed. Fillitz 1969, N° 276a).

[285] So auch Grodecki, BM 1950, p. 34: vom Meister des Kapitells 14 »on connait d'autres oeuvres à Dijon«.

Die Unterschiede zwischen den drei genannten Gruppen liegen nicht allein im Motivischen begründet, sondern auch und vor allem in dem unterschiedlichen Steinmaterial. Die Lappenblattkapitelle der Krypta sind in einem sehr harten Kalkstein gearbeitet, die reichskulptierten und vielfigurigen Kapitelle hingegen durchgängig in einem weichen, äußerst leicht zu bearbeitenden »oolithe blanc«. Die beiden Orantenkapitelle schließlich sind — wie alle großen Kapitelle des Rotundenuntergeschosses — aus einem grobkörnigen, äußerst resistenten »calcaire à entroques« gearbeitet; man mag sich wohl fragen, ob der Bossenzustand des zweiten Kapitells nicht Ausdruck der Resignation vor dem unbequemen Material ist. Wer das vor zwei Jahrzehnten teilweise freigelegte Kapitell der Krypta von St. Aignan in Orléans kennt, dessen schwaches, unpräzise umrissenes Relief — ganzfigurige Oranten oder Atlanten, die den Dijoner Figuren sehr ähnlich sind (Abb. 121 links) — durch zweifarbige (rote und schwarze) Bemalung an entschiedenster Deutlichkeit gewonnen hat, der wird nicht daran zweifeln, daß auch die Dijoner Orantenkapitelle bemalt waren. Wurden Bart, Kleidung und Kapitellgrund aber in großen farbigen Flächen gegen die nur im Umriß hervorgehobenen Figuren abgesetzt, dann spielte es keine wesentliche Rolle, ob die Figur mehr oder weniger deutlich mit dem Meißel herausgearbeitet worden war. Auch scheint es mir nicht ausgeschlossen, daß selbst die unbearbeiteten »Blockkapitelle mit abgefasten Ecken« bemalt oder gar mit Stuckreliefs figürlich gestaltet waren.

In Anbetracht des materialbedingten Unterschiedes in der Ausarbeitung ist der Vergleich zwischen den Orantenkapitellen und den reicher ausgearbeiteten Stücken im Kryptenquerarm und am Benignusgrab sehr eingeschränkt. Gemeinsam ist beiden Gruppen die starke Prägung durch das Schema des korinthischen Kapitelaufrisses, das ebenso unübersehbar in der flachen, geometrischen Reliefzeichnung (Kap. 6) durchschlägt wie in dem stark ausladenden Blattwerk (Kap. 5) oder in den figürlichen Motiven — gleichgültig ob diese mehr in flachem Relief (Kap. 1) oder in vollplastisch sich auswölbenden Leibern und Gliedern (Kap. 3) gebildet sind. Jurgis Baltrusaitis hat die Doppeldeutigkeit von »figure abstraite« und »être animé« grundsätzlich beschrieben[286]; Louis Grodecki hat sie an den vielfigurigen Kapitellen (3 und 4)[287], Willibald Sauerländer am Orantenkapitell als frühromanisches Charakteristikum nachgewiesen[288].

Mehr als diese stilistischen Überlegungen zählen aber die Hinweise zur Provenienz. Sechs der heute in der Krypta wiederverwendeten Kapitelle (und zwar die am reichsten ausgearbeiteten) konnten wir an ihrem Standort vor 1792 nachweisen. Die beiden Orantenkapitelle und die vielfigurigen Kapitelle am Benignusgrab saßen über Stützen des von Wilhelm von Volpiano errichteten Rotundenuntergeschosses, die beiden anderen im Kryptenquerarm, der in Verbindung mit dem Rotundenuntergeschoß zwischen 1001 und 1018 eingewölbt worden war. Dieses Kapitellensemble kann der noch heute so unklaren Geschichte der frühromanischen Bauzier als Fixpunkt dienen: in den unteren Partien der gegen 1018 geweihten Rotunde und Basilika eingearbeitet, dürfte es bald nach Baubeginn, d. h. bald nach 1001 geschaffen worden sein.

---

286 Jurgis Baltrusaitis, La stylistique ornamentale dans la sculpture romane, Paris 1931, p. 86.

287 Louis Grodecki, Guillaume de Volpiano et l'expansion Clunisienne, in: Centre International d'Etudes Romanes, Bulletin 1961/1, p.30.

288 W. Sauerländer, Die Skulptur des Mittelalters, Ullstein-Kunstgeschichte, 1963, p. 42.

Louis Grodecki ist in mehreren Aufsätzen der Frage nachgegangen, welche Bedeutung den Kapitellen von St. Bénigne innerhalb der Geschichte der französischen Bauzier des 11. Jahrhunderts zukommt[289]. In dem Forschungsbericht von 1958 hat er die zeitliche Abfolge der frühromanischen Kapitellgruppen zwischen Normandie, Loire und Rhône in einer bis heute unübertroffenen Weise festzulegen versucht, ohne doch die Lücken unserer Kenntnis und die Unmöglichkeit einer entwicklungsgeschichtlich gliedernden Betrachtung zu verschweigen. Die Kapitelle aus St. Bénigne hält er für »datés sans conteste possible entre 1001 et 1017«, selbst wenn sie innerhalb der französischen Entwicklung so isoliert stehen sollten, daß man ihnen »une qualité ›revolutionnaire‹ décisive dans la création des combinaisons formelles romanes« zuschreiben müsse[290]. Über diese Feststellung kommt man auch heute nicht hinaus. Der Bestand frühromanischer Bauzier ist zu dezimiert, als daß sich ein entwicklungsgeschichtliches Bezugsnetz zwischen den vereinzelten Kapitellgruppen des robertinischen Frankreich knüpfen ließe. Selbst Grodeckis Versuch, auf dem Hintergrund des Itinerars und des Reformwerks des Wilhelm von Volpiano den Einfluß oberitalienischer Bauzier auf St. Bénigne und die Bedeutung Dijons für die »Anfänge der romanischen Skulptur in der Normandie« nachzuweisen, gingen zu weit; es ließ sich letztlich nur eine vordergründige Ähnlichkeit einzelner Motive oder abstrakter Aufrißschemata konstatieren, die hier wie dort aus frühromanischem Bemühen um eine Synthese von korinthischem Kapitellaufriß und figürlichem Kapitelldekor geboren waren[291].

---

289 Louis Grodecki, Les débuts de la sculpture romane en Normandie: Bernay, in: BM 1950, p. 1—67. Ders. La sculpture du XIe siècle en France, état des questions, in: L'information d'histoire de l'art, III/1958, p. 98—112. Ders. Guillaume de Volpiano (vgl. Anm. 287), 1961.

290 Grodecki 1958, p. 105/106. Grodecki ging mit solchen Feststellungen den entgegengesetzten Weg wie Jean Hubert (Les débuts de la sculpture française, in: Journal des Savants, Paris 1949, p. 62—73), der einer imaginierten Entwicklung der frühromanischen Skulptur zuliebe die baugeschichtlich fundierten Daten von Saint-Aignan in Orléans und Saint-Bénigne in Dijon anzweifelte.

291 Auf die italienische und die normannische Frage gehe ich später im Zusammenhang ein.

DIE LITURGISCHE ORDNUNG DER ABTEIKIRCHE UND DIE IKONOLOGIE DER ROTUNDE

DIE HEILIGENGRÄBER UND DIE ALTARANORDNUNG

Der Chronist von St. Bénigne beginnt seine Beschreibung der Abteikirche mit der Feststellung, »forma et subtilitas« des Baus seien so lange nicht erkannt, als man nicht im übertragenen Sinn des anschaulich Gegebenen — gemäß dem Verfahren der biblischen Hermeneutik — seine tiefere Bedeutung wahrnehme. Der Chronist gibt uns selbst das Material an die Hand, um den »sensus misticus[292]« zu ermitteln, indem er nicht nur die Architektur beschreibt, aber auch nicht bloße Listen der Ausstattungsstücke vorlegt, sondern beides verknüpft — indem er die einzelnen Bauteile in ihrer architektonischen Struktur *und* in ihrer Ausstattung durch Altäre und Gräber kenntlich macht. Die Abteikirche des Wilhelm von Volpiano ist kein willkürlich zusammengewürfeltes Konglomerat verschiedenster Bautypen und Bauelemente[293], sondern ein sinnvoll konzipierter Organismus. Um diesen zu verstehen, versuchen wir, die Gräber- und Altaranordnung des 11. Jahrhunderts zu rekonstruieren und ihre wechselseitigen Bezüge, ihre Ordnung und ihre Hierarchie zu ermitteln[294].

Die Schriftquellen zur Gräber- und Altaranordnung sind außerordentlich ergiebig.

---

292 Zum Begriff »sensus mysticus« vgl. Henri de Lubac, Exégèse médiévale, Paris 1959, Bd. I/2, p. 396 ff.

293 So fiel Conants Urteil über St. Bénigne aus (1958, p. 85): »the church ... was a real architectural epitome, a summa of what had thus far been created in church architecture«. Mit Summa ist hier selbstverständlich nicht die scholastische Idee der Ganzheit angesprochen, sondern deren Gegenteil: ein mixtum compositum.

294 Über die Altaranordnung im früh- und hochmittelalterlichen Kirchenbau handelten wegweisend: Günter Bandmann, Früh- und hochmittelalterliche Altaranordnung als Darstellung, in: Das erste Jahrtausend. Textband I, Düsseldorf 1964, p. 371—411 (manche Überlegungen dieses Aufsatzes sind weiterverfolgt in ders. Verf. »Die vorgotische Kirche als Himmelsstadt«, in: Frühmittelalterliche Studien, Bd. VI, 1972, p. 67 ff.), und Edgar Lehmann, Anordnung der Altäre zu Centula, in: Karl der Große, Bd. III/1965, p. 374 ff. Weiter sind zu diesem Thema anzuführen: P. O. Rave, Der Emporenbau, 1924, p. 18 f.; A. Schmidt, Westwerke und Doppelchöre, in: Westfälische Zeitschrift 106, 1956, p. 364 ff.; Carol Heitz, Architecture et liturgie processionelle à l'époque romane, in: Revue de l'Art, 1974, Heft 24, pp. 30—47. Abgesehen von dem Überblick Bandmanns betreffen Untersuchungen zur Altaranordnung zwischen frühem Christentum und Gotik fast ausschließlich karolingische Bauten und hier vor allem Probleme im Zusammenhang mit der Westwerkfrage. Hier wäre noch vieles in monographischer Hinsicht zu leisten, wie die ergebnisreichen Untersuchungen von Warren Sanderson über »Die frühmittelalterlichen Krypten von St. Maximin in Trier«, in: Trierer Zeitschrift für Geschichte und Kunst, 31/1968, p. 5—172, zeigen. Bedenklich ist auf der anderen Seite, daß Conants Cluny-Monographie von 1968 in Fragen der Altaranordnung und der liturgischen Ausstattung hinter Mettlers Aufsätzen (in der Zeitschrift für Geschichte der Architektur) von 1910/11 weit zurückbleibt.

Neben die Aussagen des Chronisten treten die präzisen Angaben der älteren Consuetudines von St. Bénigne zu den Altären, zu ihren Patrozinien und zu ihrem Standort[295]. Beide Quellen wurden im 11. Jahrhundert verfaßt, das Chronicon S. B. gegen 1060, die älteren Consuetudines gegen 1080, und nichts hindert uns anzunehmen, daß beide — zumal sie in der Zahl und in den Patrozinien der Altäre übereinstimmen — die liturgische Ausstattung des frühen 11. Jahrhunderts wiedergeben.

Ein erster Versuch, diese aus den Quellen zu rekonstruieren, wurde von den Mitarbeitern Mabillons unternommen[296]. 1900 gab Chomton eine neue Übersicht vom Standort und von den Patrozinien der Altäre in der romanischen Kirche[297]. Ebenso wie für Martindale (vgl. sein Schema der Altaranordnung von 1962)[298] war schon für Chomton mit der Plazierung der Altäre der Zweck der Zusammenstellung erfüllt; nach dem Sinn der Altaranordnung, nach der *Altarordnung*, fragte er nicht weiter. Ich gebe ein neues Schema der Altaranordnung und der sicher zu ermittelnden Heiligengräber, das uns leichter als die unanschaulichen Darstellungen Chomtons und Martindales die wechselseitigen Bezüge der Patrozinien über die verschiedenen Achsen und Geschosse des frühromanischen Kirchenbaus hinweg zu begreifen erlaubt (Fig. 10)[299].

---

295 Zu den älteren Consuetudines von St. Bénigne, ihrer Entstehungszeit und ihrer Überlieferung vgl. Anhang 3. Das für die Altaranordnung wichtige Kapitel 11 ist unter den »Quellen und Regesten« ad annum 1077 bis ca. 1085 im Wortlaut wiedergegeben.

296 In den Entwürfen (BN, Ms. lat. 12662, f. 330) zu den Kupfern, die Mabillons Ann. OSB (1703—1739) illustrieren sollten (Abb. 62), sind alle im Chron. S. B. und in den Consuetudines S. B. — vereinzelt auch in späteren Quellen — genannten Gräber, Altäre, Portale etc. eingetragen. Die beigegebene, ausführliche Legende verweist auf die jeweilige Quelle. Da nur zu sechs Gräbern einigermaßen genaue Standorte überliefert sind, verfahren die Mauriner in der Verteilung der Gräber auf Krypta, Rotundenuntergeschoß und Basilika sehr freizügig. Auch Dom Plancher nennt in seiner Grundrißlegende von 1739 (Abb. 40 ff.) Altar-Patrozinien, die er nur aus Quellen hatte ermitteln können; 1739 entsprach allein das Marienpatrozinium der mittleren Ostkapelle noch der Altaranordnung des 11. Jahrhunderts.

297 Chomton 1900, Tableau II, p. 470.

298 Martindale 1962, p. 53.

299 Zu Fig. 10 sind einige Erläuterungen zu geben. Denn selbst die vergleichsweise genauen Angaben des Chron. S. B. und der Cons. S. B. ließen keinen Konsens zum Standort aller Altäre aufkommen.
Den Benignusaltar der Krypta plazierte Dom Plancher in dem Verbindungsjoch zwischen Kryptenapsis und Rotundenumgang — wohl kaum aufgrund von Quellen oder Resten alter Ausstattung, als vielmehr in Analogie zum Standort des Trinitätsaltars im Rotundenobergeschoß (vgl. Dom Plancher, p. 489). Die Consuetudines S. B. sprechen vom Benignusaltar als d e m Altar der »crypta confessionis«; der nach Osten zelebrierende Priester dürfte das Benignusgrab sich gegenüber und nicht im Rücken gehabt haben. So kann die Plazierung des Altars unmittelbar westlich des Heiligengrabes als ziemlich sicher gelten.
Der Hauptaltar der Basilika wird — der Patrozinienidentität entsprechend — über dem Benignusaltar der Krypta oder (noch wahrscheinlicher!) über dem Heiligengrab der Kryptenapsis gestanden sein. Die Nebenaltäre des Raphael und des Markus können seitlich vor (also westlich, so Chomton, 1900, Pl. II, und Martindale, p. 53) oder — bei vorgezogenem Standort des Hauptaltars — seitlich hinter (also östlich; so Mabillon, vgl. Abb. 62) dem Hauptaltar angenommen werden. Abwegig scheint mir Conants Plazierung der beiden Nebenaltäre in der Hauptapsis; eine Orientierung an der Altaranordnung im Chorscheitel von Cluny II ist nicht zwingend, da die Funktionen der Nebenaltäre in St. Bénigne und in Cluny II deutlich differieren.
Der Standort des Kreuzaltars wird im Chron. S. B. (Satz 43) westlich des Kryptenzugangs angegeben; Conants Plazierung unmittelbar östlich des mittelschiffsbreiten Kryptenzu-

Kultisches Zentrum der Abteikirche ist der Leichnam des hl. Benignus, das Grab des Heiligen, zu dessen Ehren das Kloster eingerichtet war. Ein Abschnitt der Baubeschreibung des Chron. S. B. (Satz 44 ff.) handelt von der künstlerischen Ausgestaltung des Grabes. Chronicon und Ordo S. B. lassen keinen Zweifel daran, daß sich das Benignusgrab – jedenfalls in der zweiten Hälfte des 11. Jahrhunderts – in der Krypta der Abteikirche befand[300]. Die Heiligengebeine dürften damals (entsprechend dem Bericht des Rodulfus Glaber) noch im Sarkophag gelegen haben[301]. Erst anläßlich des Vierungsturmeinsturzes von 1271 ist von einem hölzernen Reliquienschrein die Rede, der – in der Krypta über zwei Säulen (wohl zwischen Benignusaltar und Sarkophag) aufgestellt – die Benignusgebeine bis dahin geborgen hatte[302]. Da die alte Kryptenapsis auch nach 1271 als Kultstätte beibehalten wurde, obschon die Gebeine des Heiligen in den von Hugo von Arc neugestifteten Reliquienschrein über oder hinter den Hochaltar des Neubaus übertragen waren[303], ist kaum daran zu zweifeln, daß der spät- und nachmittelalter-

---

gangs ist abzulehnen, zumal die starke Erhöhung des östlichen Mittelschiffs über das westliche Langhaus den Kreuzaltar von der Gemeindekirche zu stark abgesondert hätte.
Die Altäre, die ich in den Langhausemporen plaziere, könnten auch in den Seitenschiffen gestanden haben. Das Chron. S. B. spricht von Altären »ad occidentalem plagam aecclesiae«, die Cons. S. B. von solchen »in superioribus porticus ecclesiae«. Da ich Langhausemporen aus anderen Gründen für wahrscheinlich halte, neige ich dazu, die »superiores porticus« als Emporen zu interpretieren; indessen läßt sich nicht ausschließen, das »superior« mit »occidentalis« gleichzusetzen sei, also nicht die Höhe, sondern die Richtung anzeigt (entsprechend der Bedeutung von »ante« im Chron. S. B., vgl. Satz 36 und 43).
Von Mabillons Rekonstruktionsplänen an besteht darin Übereinstimmung, daß der Trinitätsaltar des Rotundenobergeschosses entsprechend den Angaben des Chronisten (vgl. meinen Kommentar zu Satz 28) nahe der oberen Apsisarkade, also in Dom Planchers Joch »D« (Abb. 43), oder unmittelbar östlich davon plaziert werden muß.
Der Paulusaltar ist nicht genau zu lokalisieren. Das Chron. S. B. nennt ihn »ante aram S. Trinitats«, was auf eine enge räumliche Verbindung beider Altäre schließen läßt und Mabillon wie Dom Plancher zu einer Plazierung westlich des Rotundenmittelschachtes veranlaßte. Die Cons. S. B. nennen den Paulusaltar aber »in parte orientali eiusdem (superioris) ecclesiae«, was eher auf einen Standort zwischen den beiden Treppenläufen zur Michaelskapelle hinweist.
Sofern Altarstellen des 11. Jahrhunderts im 17./18. Jahrhundert noch oder wieder genutzt wurden, habe ich auch ihre neuen Patrozinien angegeben. Dabei handelt es sich allein um die vier Querhausapsidiolen, die nach Einrichtung der Verbindungsgänge zwischen der gotischen Abteikirche und der Rotunde wieder liturgisch genutzt werden konnten, und um die Altäre der mittleren und der unteren Ostkapelle. Einzig die Marienkapelle scheint von 1018 bis 1792 stets unter dem gleichen Patrozinium gestanden zu haben. Die übrigen Altäre waren z. T. in den gotischen Neubau übernommen (die Petrus- und Stephanuspatrozinien der äußeren Querhausapsidiolen gingen auf die Nebenapsidiolen der gotischen Abteikirche über), z. T. – nach Auflösung ihres alten Sinnzusammenhanges – aufgehoben worden.

300 Vgl. Chron. S. B., Satz 5 und 8; Cons. S. B., cap. 11: »altare de crypta confessionis . . . ubi et sacratissimum corpus ipsius (Benigni) requiescit.«

301 Vgl. Rodulfus Glaber, Vita Willelmi, c. 15 (im Anhang 1). Allerdings sprechen schon die Cons. S. B. des späten 11. Jahrhunderts (c. 50: zit. bei Martène, col. 813/814) von Benignusreliquien, die bei Prozessionen außerhalb des Klosters mitgeführt wurden.

302 Vgl. Anhang 1, ad annum 1271.

303 Eine Elevatio der Heiligengebeine aus der Krypta in das Presbyterium wurde im 13. Jahrhundert allerorten vorgenommen, z. T. unter heftigen Kämpfen zwischen »konservativen und modernen Tendenzen der Reliquienverehrung« (Reinle 1968, p. 145, zu St. Maurice

liche Standort des Sarkophages mit dem des Benignusgrabes im frühen 11. Jahrhundert identisch war[304]. Dies ist um so glaubhafter, als wir nach der Verschiebung des Benignussarkophages durch Wilhelm (zwischen 1001 und 1030, wahrscheinlich 1016) von keiner weiteren Versetzung des Grabes mehr hören.

Schwierig ist es, das »sepulcrum« in der vom Chronisten beschriebenen Form mit dem Standort des Grabes in der Kryptenapsis in Einklang zu bringen. Das Chron. S. B. schildert eine rechteckige, aus Quadern gemauerte Grabkammer[305] von ca. 360 cm Länge und ca. 225 cm Breite; ihr steinernes Dach wurde von vier Säulen getragen[306]. Die Rekonstruktion, die Charles Suisse im fortgeschrittenen 19. Jahrhundert vorgeschlagen hat[307], ging davon aus, daß die noch heute erhaltene (wennschon stark restaurierte) Brüstung um den Benignussarkophag (Abb. 1) mit dem Quaderwerk der »tumba« gleichzusetzen sei. Das ist durchaus denkbar, sofern man sich an die Innenmaße des heutigen Grabgevierts hält (ca. 400 x 210 cm). Kann aber mit dem »cacumen lapideum« die Einwölbung der Krypta gemeint sein, die heute tatsächlich durch vier Säulen über der Grabbrüstung abgestützt wird? Das entspricht der Bedeutung von »cacumen« nur entfernt und hieße eine Stützengliederung aufs frühe 11. Jahrhundert zurückprojizieren, die erst infolge des Turmeinsturzes von 1271 zugleich mit dem gotischen Neubau eingerichtet

---

d'Agaune). Zum neuen Schrein des Hugo von Arc vgl. Chomton (1900, p. 208 II ff.) und Prost (Le trésor ... 1894, pp. 19/Anm. 1, 192—195 und 30 ff.: Beschreibung des Schreins im Inventar von 1519). Er ist auf der Grabplatte des Hugo von Arc wiedergegeben; 1562 seines Schmuckes beraubt, ging er 1792 zugrunde (vgl. Baudot, Ms. 1602, f 59r). Ein Stück des Tuches, in welches die Gebeine eingewickelt waren, hat sich dank dem Eingreifen Baudots im Musée Cluny (Paris) erhalten (Inv. Cl-2156). Im 17./18. Jahrhundert war von dem Sarkophag nurmehr der Boden vorhanden, über dem aus drei gleichlangen Steinplatten ein rechteckiger Kenotaph mit offenen Schmalseiten gesetzt war (vgl. Abb. 34; Dom Plancher p. 483; Baudot, Ms. 1602, f 62r). Der auf Dom Planchers Zeichnung (Abb. 34) erkennbare, an der Westwand montierte Reliquienschrein ist schwerlich mit dem des 12./13. Jahrhunderts identisch (wie Chomton 1900, p. 210, meinte); vielmehr dürfte man den ehemaligen Begräbnisplatz des Heiligen durch eine Teilreliquie ausgezeichnet haben.

304 Dies hat die gesamte Forschung stets als selbstverständlich angenommen.

305 »tumba« bedeutet von der Zeit Gregors von Tours bis ins hohe Mittelalter den — in der Regel reich geschmückten — Überbau eines Sarkophages oder eines Bodengrabes (vgl. dazu die wichtigen Ausführungen von Hilde Claussen 1950, p. 246 ff.). Die »tumba« kann aus Stein (Krypten von Jouarre) oder Holz (in der Regel mit Goldverkleidung; so beispielsweise in Fulda unter Abt Rabanus — vgl. Schlosser 1892, Nr. 379) bestehen, sie kann unmittelbar über dem Sarkophag aufsitzen (Jouarre) oder ihn völlig umhüllen (Fulda). Die aus Quadersteinen errichtete »tumba« von St. Bénigne muß als regelrechte Grabkammer verstanden werden.

306 »cacumen« in Verbindung mit »tumba« ist ungewöhnlich. »Cacumen« tritt in mittelalterlichen Baubeschreibungen bisweilen im Sinn von »Turmspitze« auf (Schlosser 1892, Nr. 664 »turris cacumen«; auch Lehmann-Brockhaus, Englische Quellen, 1955, Bd. I, Nr. 1838: »turris extructa erat, quem necdum ulla in supremo cacumine tectura claudebat«). »Cacumen« meint regelmäßig die Spitze, etwa die Spitze des Berges oder in übertragenem Sinn den Zenit der Sonne (Lehmann-Brockhaus, Englische Quellen, 1955, Bd. I, Nr. 3159 und 4683). Die »tumba« traditioneller Art hat einen Giebel, da sie die Sarkophagform nachahmt. Von daher liegt es nahe, »cacumen« mit Deckel oder richtiger (wegen der monumentalen Maße) mit Dach zu übersetzen; so wie Gregor von Tours (Glor. confess., c. 51) »cacumen« zur Bezeichnung des Firstes eines Sarkophagdeckels verwendet.

307 Eine alte Photographie nach Suisses (verlorener) Rekonstruktionszeichnung des Benignusgrabes liegt in den Archiven der CACO (Déposés aux Arch. Dép. Côte-d'Or).

wurde. Und doch muß bereits die Kryptenapsis des 11. Jahrhunderts — in Angleichung an die Jochmaße des Kryptenquerhauses — Zwischenstützen oder Zwischenwände besessen haben[308]; diese Vorstellung schließt aus, daß sich der quadergemauerte Grabbau als eigenwertige Architektur, d. h. ohne Verbindung mit dem Stützenapparat der Krypta frei hätte erheben können. Folglich müssen die Säulen oder das Mauerwerk der »tumba« in irgendeiner Weise mit der Kryptenarchitektur direkt verbunden gewesen sein.

Auf die Beschreibung der »tumba« folgt im Chron. S. B. die Schilderung einer Grabarchitektur, die dem Autor nur noch aus der Erinnerung oder vom Hörensagen bekannt sein konnte, da sie unter Wilhelm von Volpiano abgebrochen worden war. Ist mit der in Satz 45 beschriebenen Ciboriums-ähnlichen Architektur eine solche gemeint, die früher an Stelle des säulengestützten »cacumen« *über dem Grab* stand, oder eine solche, die einst als zweites Geschoß *über dem »cacumen«* aufragte? »Desuper« am Satzanfang läßt zunächst an die zweite Möglichkeit denken[309]. In diesem Sinne wurde der Grabaufbau von Chomton rekonstruiert[310]: über der niedrigen, knapp 2 Meter hohen Grabkammer ein überkuppeltes Ciborium, das einen hölzernen Schrein, die »absida auro et argento vestita« einschließt. Chomton tut dem Text des Chron. S. B. viel Zwang an: ein doppelgeschossiger Grabaufbau, von dem allein das Obergeschoß 340 cm Höhe mißt, läßt sich in der Krypta des Wilhelm von Volpiano bei einer durchgängigen Gewölbescheitelhöhe von 450 cm nicht unterbringen; und von der »absida lignea« heißt es im 11. Jahrhundert, daß sie von den Säulen getragen wurde, nicht aber, daß sie unter dem Baldachin stand.

Des Chronisten Beschreibung der vier marmornen Säulen mit den dazwischengespannten Bögen ist unmißverständlich die eines Ciboriums; und über den Arkaden des Ciboriums befand sich eine »absida lignea«. Was der Chronist unter einer »absida« versteht, ist unklar; die Bedeutungsbreite des Wortes ist groß[311]. »Chorwölbung«, »Apsiskalotte« in unserer Architektursprache, kommt zweifellos nicht in Frage. Im übertragenen Sinne meint »absida« auch »die Wölbung« ganz allgemein, womit angesichts der näheren Bestimmung »lignea, auro et argento vestita« aber nichts gewonnen ist, sofern man nicht den Wortsinn wieder einengt, und zwar auf die Bestimmung »Aufsatz, Dach«. In diesem Fall würden wir uns den Aufbau über dem Benignusgrab in ähnlichen Formen vorstellen, wie er uns — in stark verkleinertem Maßstab — von dem karolingischen Reisealtärchen des Arnulf in der Schatzkammer der Münchner Residenz bekannt ist[312]: ein Ciborium über rechteckigem Grundriß, mit einem der Schreinform angenäherten mächtigen, gekreuzten Giebelaufbau, an dessen Stirn- und Schrägflächen Szenen aus dem Leben Christi in Treibarbeit wiedergegeben sind.

Allerdings ist diese Deutung der Chronicon-Passage nicht die einzig mögliche; »absida« könnte auch einen Schrein meinen[313], wie er in den Quellen sonst eher mit »tumba«

---

308 Chomton (1900, p. 117 und Pl. XIV) rekonstruierte die Kryptenapsis unsinnigerweise frei von Zwischenstützen.

309 Doch ist zu bedenken, daß der Tonfall des Satzes, der der Litanei entlehnt ist, den Akzent aufs letzte Wort, also auf »antiquitus« legt.

310 Chomton 1900, Pl. XIV.

311 Vgl. Mittellateinisches Wörterbuch, ed. Otto Prinz, I/1967, col. 49/50.

312 Abb. in: Propyläen Kunstgeschichte, Mittelalter I, ed. Fillitz 1969, N° 96. Die Maße: Höhe 59 cm, Länge 31cm, Breite 24 cm.

313 Die im Zusammenhang mit einem Heiligengrab genannten »absidae« der merowingischen

bezeichnet wird. Nach dieser Interpretation würde das Ciborium in Art einer Reliquienbühne den hölzernen Schrein tragen. Doch bleibt diese Vorstellung insofern unbefriedigend, als dies Arrangement für so frühe Zeit unikal wäre und da wir in der Plazierung eines Schreines über dem Sarkophag keinen rechten Sinn sehen, solange die Heiligengebeine im Sarkophag selbst eingeschlossen waren[314].

In jedem Fall dürften die in Satz 44 beschriebene »tumba« und die über vier Säulen erhobene »absida« des Satzes 45 den gleichen Zweck erfüllt haben, nämlich als Baldachin bzw. als Grabkammer den Sarkophag des Heiligen zu überfangen. Satz 45 ff. gibt also nicht ein zusätzliches Glied des Grabaufbaus an; »desuper« kann nicht über dem »cacumen lapideum« meinen; vielmehr ist ein älterer, wertvoller, reichgeschmückter Grabüberbau (»desuper« im Sinne von »super sepulcrum«) beschrieben, der während der Abtszeit des Wilhelm von Volpiano verkauft und durch die steinerne Grabkammer ersetzt wurde[315]. Es liegt nahe, das alte Ciborium mit dem Vorgängerbau in

---

und karolingischen Quellen meinen sicher nicht monumentale Chorapsiden, sondern — besonders wenn sie mit Gold und Edelsteinen geschmückt sind — Grabüberbauten; ihre jeweilige Form bleibt im allgemeinen allerdings unklar. »Absidae« als Grabüberbauten nennen beispielsweise die Vita S. Filiberti Abbatis, cap. 7 (»basilicam constructam habebat, cum absida auro argentoque decorata«), die Hist. Franc. des Gregor von Tours, lib. IV, c. 10 (»ecclesia S. Martini — gemeint von Tours — a furtibus effracta fuit, qui venentes ad fenestram absidae cancellum, quod super tumulum cuiusdem defuncti erat, ascendentes per eum, effracta vitrea, sunt ingressi«), die Vitae patrum des Gregor von Tours, c. 2, § 4 (»constructa in circuitu miro opere absida«) und die Gesta Dagoberti, c. 17 (»absida illa, infraquam martyrum corpora tumulaverat«, dass. auch c. 50). Die Miracula S. Benigni (AASS Nov. I, p. 175 D), die nach 1031 verfaßt wurden (Chevrier-Chaume 1943, p. 249) berichten von einem Gelähmten, der am Benignusgrab Heilung sucht, »exorans et saepius invocans illum pervenit usquem ad unam ex columnis marmoreis quibus absida continetur . . .«; hier dürfte mit »absida« dasselbe gemeint sein wie im Chron.-Text mit »tumba«, da die nach 1031 abgefaßten Miracula nicht mehr den reichvergoldeten Zustand ansprechen können.

314 Für Dom Plancher (p. 482) war es selbstverständlich, daß »ces quatre colonnes de marbre soutenaient deux arcades de Pierre sur lesquelles étoit posée la Châsse de St. Bénigne«; ebenso G. v. Hoff (AASS Nov. I, 145 col. I), der meint, die »absida« sei an hohen Feiertagen in der Prozession herumgetragen worden. Daß — zumindest im späten 11. Jahrhundert — Benignusreliquien (aber wohl nur einzelne Partikel) bei Prozessionen mitgeführt wurden, ist sicher (vgl. Anm. 301); daß der Sarkophag im frühen 11. Jahrhundert leer gewesen sei, widerspricht aber Rod. Glabers Vita Willelmi, c. 15.

315 Eine Liquidierung von Altargerät und wertvollen Ausstattungsstücken zur Speisung der Hungernden geschah häufig (vgl. den Verkauf des goldenen Altarbaldachins von Cluny II, der erst kurz zuvor aus der Beute der spanischen Rekonquista gestiftet worden war, durch Odilo anläßlich der Hungersnot im Jahre 1033; Conant, Cluny, 1968, p. 57 col. I, und Rod. Glaber, Hist. Lib. IV, c. IV, Abs. 13). In der gesamten Literatur wird Wilhelms Veräußerung der Goldreliefs vom Benignusgrab mit der Hungersnot des Jahres 1028 in Verbindung gebracht (so schon die Zuarbeiter Mabillons, Arch. Dép. Côte-d'Or, 1 H 144, p. 61; Prost, le trésor . . . 1894, p. 164; Chomton 1900, p. 126, col. I; zuletzt: H. Dauphin, Richard de St. Vanne, 1964, p. 269). Soweit ich sehe, beruht dies Datum auf einer Kombination des Chron. Satzes 47 mit der bei Rod. Glaber geschilderten Hungersnot um 1033, die in Anbetracht des von R. Glaber ausdrücklich genannten Intervalles zwischen Wilhelms Tod (Abschn. 9) und der »sequenti itaque tempore« (Abschn. 10) einsetzenden Hungersnot unzutreffend ist. Rodulfus Glaber hält aber eine weitere Hungersnot der Jahre 1005—1009 für gravierend genug, um von ihr in den Hist. lib. (II, cap. IX, Abschn. 17) zu berichten. Die Liste der Hungersnöte bei Chaume (les origines de Bourgogne, Teil 2/1925, Bd. 1, p. 255 f.)

Verbindung zu bringen, die neue Grabkammer hingegen mit dem Neubau von 1001 bis 1018.

Daß die Beschreibung des Chron. S. B. keine doppelgeschossige Grabarchitektur ansprechen kann, wird aus der Baugeschichte um die Jahrtausendwende deutlich, die wir nochmals zusammenfassen[316]. Der Chronist nennt (anläßlich der Ereignisse des Jahres 989) als Standort des »sepulcrum« im Vorgängerbau die Krypta. Dieses »sepulcrum« war sicher keine doppelgeschossige Anlage. Nach 1001 wurde der Sarkophag mit den Gebeinen gefunden und — wohl gegen 1016/1018 — an seinen endgültigen Standort in der Krypta des Neubaus gebracht. Auch hier hatte — in Anbetracht der geringen Kryptenhöhe — allenfalls ein grabkammerartiger Überbau des Sarkophages Platz, nicht aber eine doppelgeschossige Architektur. Damit soll nicht gesagt sein, daß ich doppelgeschossige Grabarchitekturen in karolingischer oder frühromanischer Zeit grundsätzlich für ausgeschlossen hielte[317]. Wollte man die Beschreibung des Chron. S. B. jedoch in diesem Sinne interpretieren, dann hätte das Benignusgrab im Zentrum der Rotunde stehen

---

nennt während der Abtszeit Wilhelms insgesamt acht Zeiträume, von denen ein jeder durch Satz 47 des Chron. S. B. angesprochen sein könnte.

316 Vgl. oben p. 16 ff.

317 Mehrgeschossige Heiligengrabüberbauten dürfte es in der Architektur der Jahrtausendwende durchaus gegeben haben; selbst für die karolingische und vorkarolingische Zeit — darin stehe ich im Widerspruch zu Hilde Claussen (Heiligengräber im Frankenreich, 1950) — können wir sie nicht kategorisch ausschließen. Ist eine Grabarchitektur wie die der Lazarus-Gebeine in Autun (aus der zweiten Hälfte des 12. Jahrhunderts), eine kreuzförmige und bei einer Gesamthöhe von etwa sechs Metern viergeschossige Anlage, denkbar ohne frühmittelalterliche Vorgänger? Geben die mehrgeschossigen Grabbauten der Szene »die drei Frauen am Grabe« auf karolingischen Elfenbeinen (vgl. die Abb. bei Carol Heitz 1963, Tf. XLI ff.) nicht eher einen landläufigen Typus des Heiligengrabüberbaus wieder als eine Nachbildung des Grabes Christi in der Anastasisrotunde von Jerusalem? Neuere Untersuchungen zum Grab Christi wie auch zu seiner reinen (also nicht mit dem Typus der Anastasisrotunde vermischten) Kopie in der mittelalterlichen Heilig-Grab-Architektur (ich denke etwa an das Reliquiar von Narbonne) machen es unglaubwürdig, daß jede Darstellung des Heiligen Grabes in der Kleinplastik oder in der Elfenbeinschnitzerei bzw. jeder architektonische Aufbau über einer Kreuzreliquie als Kopie des Grabes Christi in Jerusalem zu werten sei (vgl. hierzu die vorzügliche Studie von John Wilkinson, The tomb of Christ, an outline of its structural history, in: Levant, Bd. 4/1972, p. 83—97). Eher als das konstantinische »sepulcrum Domini« scheint im frühmittelalterlichen Frankreich der spätantike Typus des doppelgeschossigen Mausoleums nachgewirkt zu haben (vgl. das Mausoleum von Saint-Remy — Bouches du Rhône; abgeb. bei Lassalle, l'influence antique ... Paris 1970, Pl. XIII, 1).
So glaube ich, daß der »turritus« über dem Grab des hl. Dionysius (um 500; vgl. Gregor von Tours, Glor. Martyrum, cap. 72) oder das »tugurium« des Eligius über demselben Heiligengrab (Vita S. Eligii, lib. I, c. 32; zit. bei Paul Clemen, Merowingische und karoling. Plastik, in: Jahrbuch des Vereins von Altertumsfreunden im Rheinlande, 92/1892, p. 37) keinesfalls bloße Tumben waren, sondern zumindest hohe baldachin- oder grabkammerartige Gebilde (so auch Clemen), wenn nicht überhaupt mehrgeschossige Aufbauten in Art des Lazarusgrabes von Autun.
Vgl. zu den mehrgeschossigen Grabaufbauten auch die Bemerkungen von G. H. Forsyth (The church of St. Martin at Angers, Princeton 1953, p. 152, Anm. 277). Seit der Arbeit von Hilde Claussen (1950) ist zur Geschichte der Heilig-Grab-Bauten viel neues Material bekannt geworden, das im Zusammenhang aufzuarbeiten sich wohl lohnen würde, und das auch für eine Entwicklungsgeschichte der architektonischen Aufbauten über dem Heiligengrab neue Aspekte liefern könnte.

müssen; in der nur 10 cubitus hohen Krypta hätte es keinen Platz gefunden. Allein, diese Vorstellung ist von allen Rekonstruktionsmöglichkeiten die unwahrscheinlichste, da das Benignusgrab in allen frühen Beschreibungen in der Krypta und nicht im Rotundenuntergeschoß lokalisiert wird.

*

Der Chronist grenzt Krypta und Rotundenuntergeschoß entschieden voneinander ab. Als Ort des Benignusgrabes ist die Krypta der heiligste Bezirk der ganzen Klosteranlage, der nach wenigen einleitenden Daten zum Gesamtbau vorrangig beschrieben wird. Hier lagen die Gräber der Heiligen, die im 6. Jahrhundert in Einzeloratorien »ad basilicas« verehrt worden waren, die Gräber auch der Äbte und Bischöfe, die dem Christentum oder dem Benignuskult in Burgund zum Durchbruch verholfen hatten. Nahe dem Altar des Abtes Johannes (St.-Jean-de-Réome) lagen die Gräber seiner Eltern: des Hilarius und der Quieta[318] sowie das Grab des am gleichen Altar verehrten Priesters Eustadius, welcher der ersten unter Gregor von Langres eingerichteten Gemeinschaft am Benignusgrab vorgestanden hatte. Vor dem Altar der Paschasia die Gräber der Florida und der Paschasia sowie das Grab des Tranquillus, des Nachfolgers des Eustadius. Nahe dem Benignusgrab die Gräber der Langroiser Bischöfe Urban und Gregor, die zunächst im frühmittelalterlichen Saint-Jean beigesetzt worden waren, sowie des Bischofs Isaak von Langres, der das Kloster im 9. Jahrhundert zu neuem Leben erweckt hatte. Nahebei die Gräber der heiligen Radegundis und des Bischofs Agrimus. Von keinem Grab erfahren wir, daß es etwa im Untergeschoß der Rotunde gelegen hätte, selbst relativ junge Gräber wie die des Abtes Bertilo[319] oder des Bischofs Jakob aus Toul[320] werden ausdrücklich »in cripta« oder »apud sepulcrum Sancti Benigni« angegeben.

Daß die genannten Gräber in der Vorstellung des Mittelalters nicht nur räumlich, sondern auch hagiographisch eine Einheit bildeten, wird aus der Bestimmung des Martyrologiums von Saint Bénigne deutlich, die »translatio corporum Sanctorum Urbani, Eustadii et Hylarii confessorum et sanctorum Radegundis regine ac Paschasiae virginis necnon et beate Quiete conjugis prefati beati Hilarii« (Dijon, Bibl. Munic. MS. 634) an einem Tage (am 7. Juli) zu feiern. Zu einem hagiographischen Kosmos ordnen sich auch die Patrozinien der vier Nebenaltäre der Krypta: neben den Klostergründern aus Dijon und Umgebung gilt die Verehrung — wie überall — allen Märtyrern, allen Bekennern und allen Jungfrauen, Gruppen also, die jeweils von einem Dijon besonders eng verbundenen Heiligen angeführt werden[321]. Diese runden den Kult am Benignusgrab nach der

---

318 Wenngleich die Gräber des Hilarius und der Quieta, des Tranquillus und der Florida nicht im Zusammenhang der Baubeschreibung, sondern der Gründungsgeschichte des Klosters zu Anfang des Chron. S. B. genannt sind, gibt der Chronist dort ihren *gegenwärtigen* Standort, also den nach der Neuordnung von 1001 ff. an, und nicht den des 6. Jahrhunderts (vgl. hierzu Charlotte Dahlmann, Untersuchungen zur Chronik von St. Bénigne in Dijon, Phil. Diss. Bonn, 1931, p. 306, die annimmt, die Grabstätte eines Abtes sei oft die einzige Quelle für seine Nennung durch den Chronisten gewesen).

319 Abt Bertilo (gest. ca. 878) war in der »crypta Sancti Benigni« beigesetzt; 1045 wurde sein Grab unter Abt Halinard verschoben, da es den Zugang zur Krypta behinderte (vgl. Anhang 1, ad annum).

320 Zu seinem Tod am Grab des hl. Benignus und seiner Beisetzung dass.: Chron. S. B., ed. Bougaud, p. 159/160. Vgl. auch die Gesta Episc. Tullensium (verf. in den ersten Jahren des 12. Jahrhunderts, in: MGH SS. VIII, p. 637).

321 Das gilt auch für Irenäus (von Lyon): in den Benignusakten wird er — am Vorabend sei-

allgemeineren und umfassenderen Bedeutung ab, die der Chronist wie der Autor der älteren Consuetudines in ihrer Charakterisierung der Krypta als Kultraum anklingen lassen: »domus orationis ... ubi sanctorum corpora quiescentia sepedicti testis Christi beata ambiunt membra« (Chron. S. B., Satz 5 und 8) beziehungsweise »crypta confessionis ... ubi et ... corpus ipsius (Benigni) requiescit« (so die älteren Consuetudines S. B., cap. 11).

*

Mit der Krypta ist das *Untergeschoß der Rotunde* verbunden; so sagt der Chronist (Satz 18) und setzt doch eine Zäsur, indem er von zwei verschiedenen Oratorien spricht; war es im Westen die »inferior domus orationis« (Satz 5), so ist es im Osten das »oratorium Sancti Johannis Baptistae« (Chron. S. B., Satz 20). Das Rotundenuntergeschoß gilt ihm als Vorraum der Ostkapelle mit dem Johannesaltar. Von einer Funktion dieses Raumes im Zusammenhang mit dem Kult an den Heiligengräbern berichtet er nichts. Auch die Consuetudines S. B. gehen auf das Rotundenuntergeschoß mit keinem Wort ein[322]; die Prozessionen, die sie vom Kreuzaltar zum Benignusgrab anordnen, kehren auf demselben Wege zurück; eine Fortsetzung des Prozessionsweges vom Benignusgrab in das Rotundenuntergeschoß und von dort über die Rundschneggen zurück in den Chorus kennen sie nicht[323].

Die architektonische Disposition macht deutlich, daß zwischen Krypta und Rotundenuntergeschoß wohl eine räumliche Verbindung gesucht wurde — dafür stehen die beiden gegenläufigen Säulenarkaden von Kryptenapsis und äußerem Rotundenstützenkranz —, und doch gilt diese nicht eigentlich in der Bedeutung einer Passage. Die Gänge zwischen den Mauermassiven der inneren Apsidiolen und dem Säulenkranz ums Benignusgrab messen bei Dom Plancher kaum 3^{pi} (knapp 1 Meter) Breite. Der Grund für diese Enge liegt nicht etwa im Statischen; an Stelle der Mauermassive hätten mit Rücksicht auf die Disposition der Obergeschosse ebensogut Säulen plaziert werden können. Offensichtlich sollte der Durchgang zwischen Krypta und Rotundenuntergeschoß ermöglicht, aber doch auf ein Minimum beschränkt werden.

Von daher scheint es mir fraglich, ob die Pilgerscharen um die Apsisarkade hinter dem Benignusgrab herumgeführt wurden, fraglich auch, ob die Passage zwischen der Apsisarkade und den Mauermassiven als ein Beispiel des Typus »Umgangskrypta« angesprochen werden darf[324].

---

nes Todes Polykarp im Traum erscheinend — als der Promotor der Missionsreise des hl. Benignus genannt (vgl. Chomton 1900, p. 28, col. I).

322 Wobei stets einschränkend zu berücksichtigen ist, daß die älteren Consuetudines nur unvollständig erhalten sind.

323 Vgl. aus den älteren Cons. cap. 70 (zit. bei Martène, IV/1738, col. 549 unten), aus den jüngeren Consuetudines (ed. Chomton 1900, im Anhang) cap. 12 (p. 364, col. 1), cap. 68 (p. 409, col. 2), 75 (p. 415, col. 1), 76 (p. 416, col. 2) und cap. 82 (p. 430/431). Auch die Worte des Chronisten (Satz 43) deuten darauf hin, daß die Prozessionen durch den Westflügel der Krypta zurückkehrten (»ascenditur«!).

324 So spricht Deshoulières (Les cryptes en France et l'influence du culte des reliques sur l'architecture religieuse, in: Mélanges Fr. Martroye, Paris 1940, p. 229) die Durchgänge an als »un couloir dont le pourtour extérieur est en hémicycle« und setzt sie in eine Reihe mit den Krypten der Kathedrale von Auxerre, von St. Aignan in Orléans etc. Zwischen der Breite eines Umgangs und der Größe des eigentlichen Grabbezirkes besteht aber meist ein Wechselverhältnis. Einer kleinen Confessio entspricht eine schmale Ringkrypta, einer gro-

Die liturgische Bestimmung des Rotundenuntergeschosses bleibt unklar. Dem 17./18. Jahrhundert galt es natürlich (infolge der nach 1271 vorgenommenen Zuschüttung der Krypta und entsprechend der Umorientierung des Benignusgrabes) als Vorhalle des Grabraumes in der ehemaligen Kryptenapsis, als »crypta confessionis«[325]; einige Sarkophage, die wohl nach 1271 in das Rotundenuntergeschoß überführt worden waren[326], ließen den Raum als Grab- oder Gedenkbau über dem Grab des Heiligen erscheinen. All dies war aber eine neuzeitliche Ausdeutung einer baulichen und kultischen Situation, wie sie erst seit 1271 bestand[327].

Fürs 11. Jahrhundert läßt sich nur das absolute Schweigen aller Quellen zur Bestimmung des Rotundenuntergeschosses konstatieren. Weder kennt der Bestattungsritus der Mönche eine Aufbahrung im Rotundenuntergeschoß[328], noch wird vom Aufenthalt Hei-

---

ßen Grabkammer ein breiter Umgang. Wir wissen nicht, wie verbreitet der alte Brauch, sich »ad pedes Sanctorum« aufzuhalten, im 11. Jahrhundert noch war. Die Anlage der Krypta von St. Bénigne mit ihrer weiten Ausdehnung westlich des Benignusgrabes spricht eher dagegen, daß hier der Aufenthalt östlich des Grabes noch eine Rolle spielte.

325 1676 nennt man das Rotundenuntergeschoß die »chapelle St. Bénigne« (zit. bei Chomton 1900, p. 278), Ende des 17. Jahrhunderts spricht ein Mitarbeiter Mabillons von »la rotonde du bas-étage, du plan du sépulcre du Saint« (Arch. Dép. Côte-d'Or, 1 H 144, f 4), und 1739 meint Dom Plancher: »la rotonde sert comme d'ornement au tombeau de St. Bénigne« (p. 479). Mabillons Plan von Krypta und Rotundenuntergeschoß mit seiner gleichmäßigen Verteilung der Gräber über beide Bezirke projiziert den Zustand des 17. Jahrhunderts auf das 11. Jahrhundert zurück (vgl. Abb. 62).

326 Baudot traf 1792 auf vier (leere) Sarkophage im Untergeschoß der Rotunde (Ms. 1602, f 112r). Einen davon, den an der Rotundenaußenmauer rechts des Zugangs zum nördlichen Rundschneggen, hielt man für das Grab der Aleth, der Mutter Bernhards von Clairvaux (Baudot, dass. f 5 und 63; Lanthenas, in: BN Ms. lat. 12662, f 288). Spätestens 1271 wurden die Heiligengebeine in Reliquiare gefaßt, die zumeist in einem Schrank neben dem Hochaltar aufbewahrt wurden (Chomton 1900, p. 247 ff.).

327 Carol Heitz nahm den Standort des in cap. 11 (nicht cap. 2, wie Heitz in Anm. 52 angibt!) der älteren Consuetudines genannten Kreuzaltares im Untergeschoß der Rotunde, »au centre de la rotonde« an (in: Revue de l'Art, 24, 1974, p. 39, und andeutungsweise schon in ders. Zeitschr. 1972, p. 87). Kapitel 11 der älteren Consuetudines (BN, Coll. Bourg. vol. XI, f 83 recto und verso; das ganze Kapitel wiedergegeben in meinem Anhang 1) nennt aber nicht allein die Altäre der Rotunde, sondern auch die Altäre der Basilika — mit Ausnahme des Hauptaltares und seiner beiden Trabantenaltäre (vgl. p. 191). »In medio ecclesiae« meint daher den üblichen Standort des Kreuzaltares auf der Achse des Langhauses (vgl. die p. 184 zitierte Literatur), nicht »im Zentrum der Rotunde«. Im Vergleich mit der Baubeschreibung des Chron. S. B. wird deutlich, daß der Kreuzaltar der Consuetudines S. B. und der Kreuzaltar des Chron. S. B., welcher ausdrücklich hinter dem Kryptenzugang und damit im westlichen Langhausmittelschiff lokalisiert wird, identisch sind. Damit werden alle weiteren Beziehungen, die Heitz zwischen St. Bénigne, St. Riquier in Centula und der Anastasisrotunde in Jerusalem knüpft, hinfällig.

328 Hiervon handelt cap. 15 der älteren Consuetudines S. B. »De unctione fratris infirmi et de eius obitu et sepultura« (in extenso bei Martène, IV/1738, col. 734 ff.). Die Bestattungszeremonien spielen sich ab zwischen Infirmenhaus, der »ecclesia S. Benedicti« (d. h. der Infirmenkapelle östlich des Dormitoriumsflügels), der Abteikirche, wo der Leichnam »in sinistro membro ante altare S. Petri Apostolorum Principis«, also nahe dem Chorgebet der Brüder und dem Hochaltar, aufgebahrt wurde, und dem Friedhof, der (analog der Situation von Cluny) zwischen Rotunde und Benediktkapelle gelegen sein dürfte. (Ähnlich, aber weniger präzis die neueren Cons. S. B., cap. 12; Chomton 1900, p. 359 ff.) Der Stollen, der unter dem nördlichen Rundschneggen aus dem Rotundenuntergeschoß auf den Mönchsfriedhof hinausführt (vgl. p. 35), ist in den Quellen nie — auch nicht direkt — erwähnt.

lungsuchender »ad pedes Sancti« berichtet[329]; auch wüßten wir keinen Grafen, Abt oder Bischof zu nennen, der ausdrücklich im Rotundenuntergeschoß sein Grab gefunden hätte[330]. Selbst zum Johannesaltar erfahren wir (aus den jüngeren Consuetudines) nur so viel, daß die »Processio in die Johannis Baptistae ad suum altare« geführt wird[331], eine Bestimmung, die Form und Weitläufigkeit des Rotundenuntergeschosses keineswegs motiviert. Es ist daher nicht auszuschließen, daß das Rotundenuntergeschoß nicht einer bestimmten liturgischen Nutzung wegen errichtet wurde, sondern vor allem als Sockelgeschoß, als Substruktion der beiden Rotundenobergeschosse, die aus liturgischen Gründen mit dem Presbyterium niveaugleich, bzw. darüber erhöht liegen sollten.

*

In der *Basilika und im Rotundenmittelgeschoß* beschreiben wir die Hauptstätten des liturgischen Tagesablaufs. Das Zentrum der Anlage bilden das Presbyterium und der Chorus: das Presbyterium mit dem Hochaltar, der wohl halb im Querhaus, halb in der Apsis stand, also alter Tradition gemäß lotrecht über dem Heiligengrab, ausgezeichnet durch ein Ciborium[332] und flankiert von den beiden Nebenaltären; westlich davon der Mönchschor, der weit ins Langhaus hineinreichte und um fast zwei Meter über die Seitenschiffe und das westliche Mittelschiff erhoben war[333]. Für eine Mönchszahl, die auch

---

329 Wie die Vorfälle ums Jahr 841 — vor den Heiligengräbern haben Frauen konvulsivische Anfälle — (vgl. den diesbezüglichen Brief des Erzbischofs von Lyon in den AASS Nov. I, p. 148 ff., und Chomton 1900, p. 67 II f.) deutlich machen, war der Bezirk mit den Gräbern damals allgemein und jederzeit zugänglich gewesen. In der Folge war vom Erzbischof von Lyon strikte Begrenzung des Laienbesuchs auf die wichtigsten Feste angeordnet worden. Auch im 11. Jahrhundert wurde dem Volk nur an bestimmten Festtagen der Zugang zu den Gräbern gestattet (vgl. den Liber Miraculorum S. Benigni, cap. 5, in: AASS Nov. I, p. 174 E; am Tag der Kreuzerhöhung beispielsweise wird die Kirche morgens aufgeschlossen, und der »concursus populi orationis gratia ad sepulcrum Sancti« kann beginnen). Vereinzelt berichtet der Liber Miraculorum zwar auch von Heilungssuchenden, die über einen längeren Zeitraum hinweg am Benignusgrab verweilten. Aber zum einen dürfte dies eine seltene Ausnahme gewesen sein, sonst hätte der Dieb, der sich am Vorabend der Kreuzerhöhung in der Kirche einschließen ließ, schwerlich auf einen Erfolg seiner Aktion rechnen können; zum anderen scheinen sich die Kranken in der Krypta und nicht im Rotundenuntergeschoß aufgehalten zu haben, denn nur von dort aus konnte der Lahme (cap. 17) eine Taube auf den Benignusaltar niederfliegen sehen.

330 Mehr beiläufig (aus Anlaß von Stiftungen) erfahren wir im Chron. S. B. von Adligen, die ums Jahr 1000 in St. Bénigne bestattet wurden. So p. 127: Graf Hugo von Dijon (»petiit se tumulari in atrio sancti Benigni«), p. 167: die Grafen Richard und Letaldus von Dijon (»quorum corpora sepelierat in hoc monasterio Divionensi«) und p. 181: Otto-Wilhelm, der erfolglose Anwarter auf den Burgundischen Herzogstitel (»in hoc sancti Benigni monasterio sepultus«). — Auch Bischof Brun von Langres († 1016) »tantum sepedictum monasterium dilexit, ut sepulture sue locum inibi omnimodis destinavit« (Nekrolog von St. Bénigne, verf. spätestens im 13. Jahrhundert, Dijon, Bibl. Mun. Ms. 634, f 163), womit er, wäre es wirklich dazu gekommen, eine alte Tradition der Langroiser Bischöfe wiederaufgegriffen hätte.

331 Chomton 1900, p. 424, col. 1.

332 Cap. 5 der älteren Cons. (bei Martène, IV/1738, col. 508) bestimmt für die hohen Feiertage »ad vigilias omnibus cereis, quae sunt in circuitu *ciborii* ... ad cantica incepta accensis Ecclesia illustratur«.

333 Diese Vorstellung, die uns heute ungewohnt ist, dürfte sich von anderen bekannteren Formen der Chorusbegrenzung gar nicht so weit entfernen. Jean Hubert hat in seinem

unter Wilhelm von Volpiano kaum über 80 anstieg, war der Chorus sehr geräumig. Zwischen den einander gegenüberstehenden Mönchschören waren die pueri, im Retrochorus, d. h. zwischen Mönchschor und Kryptenzugang, die Novizen plaziert[334]. Wir müssen annehmen, daß der Novizenchor nicht nur aus dem »chorus maior« zugänglich war, sondern einen eigenen Treppenaufgang besaß; die jüngeren Consuetudines S. B. bestimmen nämlich mehrfach, daß die Prozessionen nach ihrer Station am Kreuzaltar den Hochaltar »per medium chorum« erreichen – eine Anweisung, die angesichts des mittelschiffsbreiten Arkadenzugangs der Krypta schwerlich den direkten Weg auf der Gebäudeachse, sondern eher die Besteigung des Chorpodestes über seitlich dem Novizenchor angebaute Treppen meinen wird[335].

Vom Chorus nahmen alle Prozessionen ihren Ausgang: zum Kreuzaltar[336] und von hier gegebenenfalls weiter zum Benignusgrab oder ins »Galilea«[337]; in den Kreuzgang, von dort durch den Kapitelsaal zur Benediktskapelle und zurück in den Kreuzgang durchs Auditorium[338]; oder schließlich zum Marienaltar in der Ostkapelle des Rotundenmittelgeschosses. Besonders die letzte Prozession, die mindestens einmal täglich stattfand, spielte im liturgischen Leben von St. Bénigne eine große Rolle[339]. Westlich

---

(Anm. 340 zitierten) Aufsatz von 1968 die Chorumfassungen von St. Denis (9. Jahrhundert), Nizza/Kathedrale (11. Jahrhundert) und Malval (12. Jahrhundert) genannt, die nach den am Ort vorfindlichen Resten allesamt sehr hohe Mauern gehabt haben müssen; er sagt (p. 479) zu den Chorschranken von St. Denis: »son épaisseur assez grande lui permettait d'atteindre la hauteur qui sera celle des jubées du moyen-âge.«

334 So die älteren Cons. S. B. (cap. 30, in: Martène, IV/1738, col. 636): »in Ecclesia in loco sibi deputato manent, scilicet inter chorum et crucifixum«. Der Retrochorus wird erstmals in den cluniazensischen Gewohnheiten des Bernard und Ulrich, also gegen 1080, genannt. Gab es ihn schon im frühen 11. Jahrhundert?

335 So heißt es beispielsweise vom Diakon, der am Benignusaltar der Krypta und am Kreuzaltar den Ritus der Inzensation vollzogen hat (Chomton 1900, p. 367, col. I): »cum revertitur de Crucifixo, redit per medium chori«. Daß es von den westlichen Abschnitten der Kirche zwei Wege zum Presbyterium gab, geht auch aus der folgenden Anweisung hervor (Chomton 1900, p. 383, col. 2): »Si vero qui suscipitur seculari habitu indutus fuerit, per aliam viam quam per chorum ducit eum idem abbas vel prior ad maius altare«, wie auch aus der Bestimmung, daß die Novizen, sofern sie am Weihwasserbecken vorbei wollen, ausnahmsweise den Weg durch den Mönchschor nehmen müssen (Chomton 1900, p. 352, col. 2). Von den älteren Consuetudines sind die Parallelstellen nicht erhalten; in den übrigen Kapiteln werden keine besonderen Angaben zum Weg vom Kreuzaltar zum Presbyterium gemacht, so daß wir nicht wissen, ob der westliche Zugang des Novizenchores bereits im 11. Jahrhundert existierte.

336 Auch am Kreuzaltar stand der Konvent westlich des Altars. Dies wird deutlich aus der Kombination zweier Bestimmungen der Cons. S. B.: a) »ad omnes horas facies puerorum est contra occidentem . . . ut videri possint a Prioribus« (cap. 47; bei Martène, IV/1738, col. 662) und b) »cum vadunt ad crucifixum stant semper coram prioribus versus maiorem portam ecclesiae« (cap. 50 der neueren Consuetudines bei Chomton 1900, p. 391, col. 1).

337 Die älteren Consuetudines S. B. sprechen mehrfach von einem »galilea« oder »vestibulum« vor der Abteikirche (c. 50; Martène, IV/1738, col. 806. cap. 18; BN Coll. Bourg. XI f 100. cap. 28 »de Processionibus ad defunctorum suscipiendum«; BN Coll. Bourg. XI, f 130r. cap. 67; Martène, IV/1738, col. 483). Über die Baugestalt des »galilea« erfahren wir nichts. Conant rekonstruiert als Vorläufer des 1150/60 an seiner Stelle erbauten Narthex ein offenes Portikusgeviert (vgl. Abb. 71).

338 Vgl. hierzu die besonders komplizierten Palmsonntagsprozessionen (Chomton, 1900, p. 403/4).

339 Vgl. die älteren Cons. S. B., cap. 50 (in: BN, coll. Bourg. XI, p. 99 f., und bei Martène,

des Kreuzaltares war der Platz der »populares«, d. h. der dem Kloster unterstellen Bevölkerung des burgus Sancti Benigni, die hier jeden Sonntag zusammenkamen[340], der »pauperes«, die am Gründonnerstag im Kloster aufgenommen wurden, und der Pilgergruppen[341]. Ein Priester hielt ihnen am Kreuzaltar die Messe und sprach zu ihnen von einem »pulpitum«[342].

Auffällig ist die weite Öffnung der Krypta mit den Heiligengebeinen gegen den Bezirk um den Kreuzaltar. Darin, daß das Heiligengrab nicht in einer Ring- oder Stollenkrypta dem Blick der Gläubigen entzogen war, sondern sich über den Längsarm der Krypta (durch dessen Säulenstellungen »vergittert«) gegen das Volk im Westteil der Kirche öffnete, zeigt sich, welche Bedeutung dem Laienelement in St. Bénigne eingeräumt wurde.

Von den übrigen Altären, zu denen ich hier auch die des Rotundenobergeschosses rechne, erfahren wir nicht viel. Sie dienten den privaten Messen, die gerade bei den Cluniazensern und in ihrem Reformumkreis nach wie vor eine große Rolle spielten[343]. Darüber hinaus bestimmten die älteren Consuetudines S. B.: »in omnibus quoque solempnitatibus verum sanctorum in quorum honor dedicata sunt altaria, quae sunt in membris ecclesiae processio ad ipsa fit in vesperis atque laudibus et cantatur etiam ibi missa matutinalis«[344]. Wie bei stets wechselnden Tagesheiligen das Ziel der Prozessionen sich immerfort ändert, läßt sich folgerichtig an den Bestimmungen der jüngeren Consuetudines zur Weihnachtswoche ablesen.

Die Prozessionen und der täglich oder zumindest häufig und regelmäßig wieder-

---

IV/1738, col. 805) »... fit processio ad S. Mariam in Natali Domini totis octo diebus, et in Epiphania prima et octova die, et in festis ipsius, et etiam omnibus diebus, exceptis his, de quibus praescripsimus, totius anni, in quibus consuetudinaliter post vesperas fit processio.«

340 Als Pfarrkirche scheint St. Bénigne im 11. Jahrhundert keine große Rolle gespielt zu haben. Cap. 28 der älteren Consuetudines (bei Martène, IV/1738, col. 817, und übereinstimmend BN Coll. Bourg. t. XI, 131v) hat nur *eine* Bestimmung zur Gottesdienstordnung der Laien: »praecipitur, ut omnes populares die Dominica ad maiorem ecclesiam conveniant: et tunc cantatur Missa matutinalis ad crucifixum«. Vgl. zu dieser Frage Jean Hubert, La place faite aux laics dans les églises monastiques et dans les cathédrales aux XIe et XIIe sieècles (in: I laici nella Societas Christiana nei secoli XI e XII, Atti della terza settimana internazionale die Studi Mendola 1965, Milano 1968, p. 470—487).

341 Davon handelt cap. 58 der älteren Consuetudines (in Martène, IV/1738, col. 360 E).

342 Ob das Pulpitum freistand oder über dem Kryptenzugang — nach Art eines italienischen »pontile« — angebracht war, wissen wir nicht.

343 Vgl. Servan Simonin, le culte eucharistique à Cluny de St. Odon à Pierre le Vénérable, in: Centre international d'Etudes Romanes, Bulletin 1961/I, p. 3—13. Nach den Cons. Bernardi, cap. 3 (Herrgott 1726, p. 143) macht der Prior den Rundgang durch die Kirche und achtet darauf, daß an allen Altären Messen zelebriert werden; anderenfalls erteilt er den Priestermönchen im Kapitel eine Rüge. Rod. Gaber (Hist. Lib. V, Einleitung) schreibt, in Cluny seien von morgens bis abends ununterbrochen Messen gelesen worden. Nach den älteren Cons. S. B., cap. 12, und den Cons. Bernardi, cap. 71, wurden die »missae minores« nach der Matutin gelesen.
Allerdings darf die große Zahl von Altarstellen nicht oder jedenfalls nicht allein aus der Praxis der »missae minores« begründet werden; davor haben Jean Hubert (1938, p. 51 f.) und Bandmann (Früh- und hochmittelalterliche Altaranordnung als Darstellung, in: Das erste Jahrtausend, 1964/I, p. 375 f.) zu Recht gewarnt.

344 Cap. 28 (BN, coll. Bourg. XI, 131 v°) und 50 (bei Martène, IV, 1738, col. 805) der älteren Cons.

kehrende Ablauf des liturgischen Rituals spielten sich vorwiegend auf den Ebenen von Basilika und Rotundenmittelgeschoß ab. Durch den weit nach Westen vorgezogenen Längsarm der Krypta war die Basilika fast zu einer Doppelkirche geworden, die auf beiden Ebenen in getrennten liturgischen Akten simultan genutzt werden konnte. Angelpunkt der verschiedenen Bezirke war der Kreuzaltar, gleichzeitig Meßaltar der Gemeindekirche wie auch Station des Konvents auf seinen Prozessionen zwischen Atrium (Galilea) und Chorus, Atrium und Benignusgrab oder Chorus und Benignusgrab. Sein Antipode war der Marienaltar im Ostannex des Rotundenmittelgeschosses, der vom Konvent tagtäglich nach der Vesper, bisweilen auch nach der Matutin, an hohen Festtagen gar noch unter Tage besucht wurde[346].

Insgesamt läßt sich die Systematik der Altarstellen, ihre Verflechtung mit der Raumanordnung und das Bezugsnetz der Patrozinien aus der liturgischen Praxis des Konvents allein nicht erklären. *Die Benutzbarkeit einer Abteikirche, die Vergegenwärtigung der Heiligen in einer bestimmten Altarordnung und die Wahl der Bauformen sind dreierlei Dinge, die nicht immer ohne Rest ineinander aufgehen müssen.* So kann es nicht überraschen, daß sich die zeitgenössischen Bestimmungen zur Benutzung des Kirchengebäudes und zum liturgischen Handlungsablauf nur auf einzelne Partien des Gebäudes beziehen, uns aber hinsichtlich zahlreicher Räume und Altarstellen ratlos lassen.

Die Abteikirche St. Bénigne besaß nach Ausweis der älteren Consuetudines S. B 22 Altäre — eine hohe, aber keine außergewöhnliche Zahl. Das unter Robert dem Frommen neuerrichtete St. Aignan von Orléans besaß — ebenso wie St. Michael in Hildesheim — 19 Altäre und Saint Germain-d'Auxerre — ebenso wie St. Bénigne — 22, denen der junge Rodulfus Glaber Dedikationsverse in Hexametern aufgemalt hatte[347]. Von den oben beschriebenen Prozessionen wurde nur ein Viertel bis ein Fünftel dieser Altäre täglich berührt. Auch durch die Praxis des Privatmessen-Lesens läßt sich die hohe Zahl der Altäre nicht erklären und noch weniger die Wahl ihrer Patrozinien begründen.

In den Altären und Gräbern der Krypta erkannten wir einen Komplex »ad sanctos«, der bereits von der Friedhofskirchenfamilie des 6. Jahrhunderts vorgeprägt war. Von daher läge es nahe, auch die übrigen Altarpatrozinien der frühromanischen Abteikirche aus dem Vorgängerbau oder aus der frühmittelalterlichen Kirchenfamilie am Benignusgrab herzuleiten. Doch lassen uns die Quellen hierbei im Stich. Einzig das Doppelpatrozinium des Hauptaltars (Benignus und Mauritius)[348] und das Marienpatrozinium

---

346 Vgl. oben Anm. 339 zur Marienprozession nach der Vesper. Nach der Matutin bewegt sich der Convent zum Marienaltar nur an bestimmten Tagen (vgl. die jüngeren Consuetudines zu Weihnachten, Ostern etc.).

347 Zur Gesamtzahl der Altäre vgl. Braun, Der christliche Altar, p. 377, und Jean Hubert 1938, p. 51 ff. Die Altarzahl von St. Germain-d'Auxerre ist genannt bei Rodulfus Glaber, Hist. lib. V, Einleitung.

348 Vgl. Chomton 1900, p. 63 f. In Deutschland spielte der Mauritiuskult auch in karolingischer und ottonischer Zeit noch eine große Rolle (vgl. Brackmann, Die politische Bedeutung der Mauritius-Verehrung im frühen Mittelalter, 1937; wiederabgedruckt in: Gesammelte Aufsätze, Darmstadt 1967, p. 211 ff.). In Burgund wurden Mauritiuspatrozinien des 5./6. Jahrhunderts später häufig durch andere verdrängt (so nahmen St. Germain-d'Auxerre oder Moutier-St. Jean, die beide von ihren Gründern dem Mauritius geweiht waren, wenig später die Namen ihrer Gründerheiligen an). In Dijon hingegen blieb das schon im 6. Jahrhundert genannte Doppelpatrozinium (»ecclesia S. Maurici ubi et S. Benignus jacet«, vgl. Anm. 14) bis ins hohe Mittelalter gültig.

der Rotunde[349] lassen sich in die Frühzeit des Klosters zurückverfolgen. Darüber hinaus berichten die Quellen des ersten Jahrtausend weder von einem Johannes-Baptista-Patrozinium[350] noch von einem solchen der Trinität, des Erzengels Michael oder Aller Apostel. Hier kann nur die Interpretation der Altaranordung, die Wilhelm von Volpiano seinem Neubau zugrunde gelegt hat, weiterführen (vgl. zum Folgenden Fig. 10).

Die drei Altäre des Rotundenobergeschosses haben einen »sprechenden« Standort. Den Altar des Erzengels Michael, des »praepositus paradisi«, des »aethereus princeps primusque magister aeterni regis« (Alcuin), pflegte man schon längst in einem der höchstgelegenen Räume aufzustellen[351]. Dieselbe symbolische Ebene sprechen auch die beiden anderen Altäre an: der Paulusaltar (der vom Chronisten ausdrücklich mit dem Gedanken der ekstatischen Himmelsschau gemäß II Kor. 12, 2—4, in Verbindung gesetzt wird) den dritten Himmel, das Paradies[352]; der Trinitätsaltar den Gegenstand der Paulinischen Vision, das Ziel seiner Entrückung[353]. Es ist vorzugsweise der Paulusaltar in der vom Chronisten hervorgehobenen Bedeutung, der das Obergeschoß der Ro-

---

349 Vgl. oben p. 18 f.

350 Wenngleich die Quellen nichts davon melden, ist es nicht auszuschließen, daß St. Bénigne im frühen Mittelalter Taufrecht und damit ein Baptisterium besaß. Edgar Lehmann sagt zu Recht (Vom neuen Bild frühmittelalterlichen Kirchenbaus, in: Wissenschaftliche Zeitschrift der Martin-Luther-Universität Halle-Wittenberg, VI/2, 1956, p. 215, col. 2): »... man findet solche Kirchengruppen (Kirche des Ortsheiligen, Marienkirche und Baptisterium) häufig an frühen Kultplätzen, besonders an den Orten, wo große Heilige verehrt wurden, ja sogar auch in frühen Klosteranlagen.« Das betrifft nicht nur die internationalen Kultstätten, wie das Kloster Abu Menas oder die Grabeskirche von Jerusalem, die ein eigenes Baptisterium besaßen, sondern auch »provinziellere« Anlagen wie die Bautengruppe über dem Heiligengrab des Germanus von Auxerre, die, keine zweihundert Meter von der Kathedrale entfernt, ebenso wie diese drei Kirchen des 5./6. Jahrhunderts, darunter ein Baptisterium, zählte (Renè Louis, Les églises d'Auxerre des origines au XIe siècle, Paris 1952, p. 18 oben und Fig. 2).

351 Kaum ein zweites Grenzphänomen zwischen Patrozinienkunde und Architekturikonologie ist so gründlich und so übereinstimmend klargelegt wie der »sprechende« Standort des Michaelsaltars. Vgl. Jean Vallery-Radot, Note sur les chapelles hautes dédiées à St. Michel, in BM 88/1929, p. 453—478; Paolo Verzone, Les églises du haut moyen-âge et le culte des anges, in: L'art mosan, ed. P. Francastel Paris 1953, p. 71—80; Carol Heitz 1963, p. 221 ff. Michael als heiligen Krieger, als Schutzpatron der Langobarden, und weniger als Wächter über den Toren der himmlischen Stadt (Apk. 21, 12) behandelt Armando Petrucci, Aspetti del culto e del pellegrinaggio di S. Michele arcangelo sul Monte Gargano, in: Pellegrinaggio e culto dei Santi in Europa fino alla prima crociata, Congresso 1961, Todi 1963, p. 147 ff.

352 In den einschlägigen ikonographischen Handbüchern gilt das Thema der Entrückung Pauli als der Kunst des Mittelalters nicht bekannt (Emile Mâle, L'art religieux de la fin du XVI[e]s. etc. ... Etude sur l'iconographie après le concile de Trente, Paris 1951[2], p. 191; Louis Réau, Iconographie de l'art chrétien, III/3, Paris 1959, p. 1044 f.; Bibl. Sanctorum, X, p. 223). Die Tatsache, daß ein neutestamentliches Ereignis nicht im Medium Malerei, wohl aber im Zusammenwirken von Architektur und Altaranordnung anschaulich dargestellt wird, scheint mir wert, in anderem Zusammenhang weiterverfolgt zu werden.

353 Moderne Auslegungen von II. Kor. 12, 2—4 meinen, mit »tertium caelum« und »paradisum« bezeichne Paulus zwei verschiedene Himmelssphären, zwei hintereinanderliegende Stadien der Himmelsreise (Handbuch zum Neuen Testament, Bd. 9, Korinther I/II von H. Lietzmann, Tübingen 1949, p. 153/154; Hans Dieter Betz, Der Apostel Paulus und die sokratische Tradition, Beiträge zur historischen Theologie, Bd. 45, Tübingen 1972, p. 91). Der Chronist macht diese Unterscheidung nicht; in der engen Verbindung von Trinitäts- und Paulusaltar ist sie aufgehoben.

tunde in einer viel lebendigeren und betonteren Weise zum Abbild der himmlischen Sphäre werden läßt, als es die Patrozinien des Michael und der Trinität allein in mittelalterlichen Bauten anzudeuten pflegen[354].

In dem Ereignis der Paulusentrückung kommt besonders augenfällig der anagogische Zug zum Ausdruck, der nicht allein die Symbolik des Rotundenobergeschosses bestimmt, sondern der Geschoßeinteilung der gesamten Rotunde ihren Stempel aufdrückt und den Patrozinien ihren Platz in der Hierarchie zuweist. Das Konzept der Altaranordnung verdeutlicht das christliche Erlösungswerk in der Abfolge dreier Stufen. Die untere Ebene nimmt Johannes der Täufer ein als der Vorläufer Christi, als der erste Spender der Taufe[355], als Fürbitter beim Jüngsten Gericht[356] und als Repräsentant des Mönchstums[357] – in all diesen Bedeutungen sinnfällig dem Wirken des auf der gleichen Ebene »in persona« verehrten Benignus verbunden[358].

Darüber folgt die Ebene Mariens – der Gottesgebärerin, wie der Chronist ausdrücklich hinzufügt –, die Stufe, auf der sich das Erlösungswerk vollzog (und im Sakrament der Konventsmeßfeier jederzeit vollzieht), auf der sich Martyrium und Vorläufertum des Untergeschosses mit dem vom Obergeschoß ausgehenden Erlösungsgedanken begegnen. Hier stehen die Altäre der Apostel und Evangelisten, die sich deutlich um das Rotundenzentrum als Mittelpunkt herumgruppieren[359], wennschon die Altäre des cluniazensischen Hauptheiligen Petrus und des Evangelisten Markus in hervorgehobener Weise nach Westen verlegt sind[360].

---

354 Ich frage mich, ob die Bestimmung der jüngeren Consuetudines von St. Bénigne (Chomton 1900, p. 379): Novizen dürfen das Rotundenobergeschoß nicht betreten, mit der symbolischen Bedeutung des Raumes zusammenhängt.

355 Das Neue Testament unterscheidet zwischen der Johannestaufe und der von Christus eingesetzten Taufe. Der mittelalterlichen Auffassung von Johannes als dem Vollzieher der Taufe Christi und damit als dem Patron der Taufe schlechthin war diese Unterscheidung wohl fremd.

356 So etwa bei Alcuin, zit. in Heitz 1963, p. 226 f.

357 Louis de Ste. Thérèse schrieb 1662 (zit. in Gazette des Beaux-Arts, 1972, p. 143): »Les Pères de l'église ont reconnu deux auteurs de la vie monachale, Saint Eli pour le vieil testament et Saint Jean pour le nouveau«. Zur Analogie zwischen Taufe und Mönchsweihe vgl. auch die Hierarchia Ecclesiastica des Dionysios Areopagita (René Roques, Structures théologiques de la Gnose à Richard de St. Victor, Paris 1962, p. 200 ff.).

358 Die Verbindung von Johannes-Bapt.-Altar und Grablege geht letztlich zurück auf die Verknüpfung von Taufe und Tod durch Paulus (Röm. VI, 3–5; I Kor. XV, 29; Kol. II, 12) und die Schriften der Kirchenväter (wie Johannes Chrysostomus, Homilie XXIV in Johannem; Dionysios Areopagita in der Hierarch. Eccl.). Bischof Gregor von Langres ließ sich in einer Kirche der beiden Johannes beisetzen (vgl. oben p. 13), Benedikt von Aniane gründete 782 auf dem Klosterfriedhof eine Kirche zu Ehren des Täufers (I. Müller, in: Studien zum St. Galler Klosterplan, 1962, p. 102 f.) u. s. f. Vergleiche hierzu auch: Edward E. Malone OSB, Martyrdom and monastic profession as a second baptism, in: Vom christlichen Martyrium, gesammelte Arbeiten zum Gedächtnis von Odo Casel OSB, Düsseldorf 1951, pp. 115–134. Rotunden oder Rotundenuntergeschosse, die dem Täufer geweiht waren, gab es auch andernorts, beispielsweise auf der Burg Elten (um 962, vgl. G. Binding, W. Janssen, F. K. Jungklaaß, Burg und Stift Elten am Niederrhein. Rheinische Ausgrabungen Bd. 8, Düsseldorf 1970, p. 73 f.) oder in der Ostrotunde von St. Peter in Löwen (Bandmann 1974). Auch dort ist das Joh.-Bapt.-Patrozinium eher rätselhaft.

359 Zur Verbindung der Apostelaltäre mit dem Marienpatrozinium vgl. auch die Beispiele bei Bandmann 1964, p. 395, und Krautheimer 1950 (1969), p. 110 f.

360 Vgl. Conant 1959, p. 13: »The altar near the cloister doorway was more important than the

Die Hierarchie der Rotundenaltäre kann verstanden werden als monumentale Deesis[361], als Fürbitte der in ihren Altären angerufenen Heiligen und Engel, die die Wirkung des Heiligengrabes verstärkt und überhöht. Der Gedanke des heilvermittelnden Heiligengrabes verbindet sich mit dem des göttlichen Erlösungswerkes und findet in der Gruppierung der Kulträume wie in der Wahl ihrer Patrozinien seinen anschaulichen Ausdruck.

Neben die bisher beschriebene Stufung der Hierarchie, die den Vermittlungsgedanken vorwiegend in anagogischer Weise ausspricht, tritt aber ebenso unübersehbar die ihr dialektisch verbundene, gegenläufige Tendenz: die Trinität offenbarte sich Paulus in der himmlischen Herrlichkeit Gottes, Maria und den Aposteln als Gottessohn auf Erden, Johannes dem Täufer schließlich als der, welcher nach ihm kommen wird.

Wir fragen uns, ob nicht in derselben Weise, wie der Rang einer jeden Hierarchie durch eines der drei Rotundengeschosse verdeutlicht ist, auch die Grade der Selbstoffenbarung Gottes durch die Teilhabe eines jeden Ranges am Licht anschaulich gemacht sind. In der Rekonstruktion der Rotunde versuchte ich die in allen Berichten des 11. bis 18. Jahrhunderts als erstaunliche und ungewöhnlich unterschiedlich bezeichneten Lichtverhältnisse der einzelnen Rotundenstockwerke in der Vorstellung wiederzugewinnen. Muß man nicht einen Zusammenhang sehen zwischen der »eximia claritas«, die dem Chronisten (Satz 26) im Obergeschoß auffiel (vgl. Abb. 36), und der Deutung dieses Geschosses als »tertium caelum«? Und einen entsprechenden Zusammenhang erkennen zwischen dem Rotundenuntergeschoß als dem Raum der niedrigsten Hierarchie und dem durch den Lichtschacht nurmehr schwach vermittelten, von den kleinen Fenstern in der Rotundenperipherie kaum verstärkten Rotundenkuppelscheitellicht?

Der Architekturhistoriker, der sich mit Fragen der Lichtmetaphysik befaßt, denkt zuerst und vor allem an die Schriften des Pseudo Dionysios Areopagita. Erwin Panofsky und Otto von Simson haben ihre Bedeutung für die Baukonzeption des Abtes Suger von Saint Denis wie auch für die französische Frühgotik im allgemeinen eindrücklich klargelegt[362]. Zur Erklärung vorgotischer Architektur und zur Interpretation ihrer Lichtverhältnisse sind sie bisher kaum herangezogen worden[363]. Und doch waren die

---

other minor altars because relics placed there were venerated by each monk as he entered.« Dies scheint mir besonders dann zuzutreffen, wenn sich das Kloster im Norden der Kirche befindet und folglich die Nähe des Altars zum Kreuzgangsportal und seine Ehrenstellung auf der Evangelienseite in eins fallen. Verglichen mit Cluny ist die Bedeutung Petri im liturgischen Leben von St. Bénigne eher bescheiden. Der in Cluny unter den 5 höchsten Festen des Kirchenjahres genannte Peter-und-Paul-Tag war in Dijon durch das Allerheiligen-/Benignusfest ersetzt. Erst im 13. Jahrhundert wurde in St. Bénigne ein Peter- und-Paul-Altar geweiht (Nachtrag zum 21. März im Martyrologium von St. Bénigne; Dijon, Bibl. Munic. Ms. 634). Warum das Markuspatrozinium aus der Altargruppe auf der Peripherie der Rotunde herausgelöst wurde, ist mir unklar.

361 Vgl. hierzu Bandmann, Altaranordnung, 1964, p. 394 f.

362 Erwin Panofsky, Abbot Suger, Princeton 1948², p. 18 ff., und Otto von Simson, The gothic cathedral, Harper Torchbooks, 1964, besonders p. 50 ff. und 103 ff.

363 Den Versuch von O. Gruber (Das Westwerk, Symbol und Baugestaltung germanischen Christentums, in: Zeitschr. des Deutschen Vereins f. Kunstwiss. III/1936, p. 149 ff.), die drei Geschosse des Westwerks mit der Dreiteilung der Dionysischen Hierarchien in Verbindung zu setzen, können wir übergehen (vgl. dazu C. Heitz 1963, p. 229 f.). R. Assunto spricht von der Bedeutung des Dionysios Areopagita für die ottonische Kultur (in: Die

Hauptschriften des Areopagiten nicht erst unter Suger und nicht in St. Denis allein bekanntgeworden, sondern spielten seit ihrer Übersetzung und Kommentierung durch Johannes Scotus Eriugena (810—877) eine hervorragende Rolle unter den neuplatonischen Kirchenväterschriften[364]. Von Majolus von Cluny berichten die Viten (Syrus und Odilo) ausdrücklich, daß er die Hierarchien gelesen habe[365], und ein Manuskript der »Expositiones Joannis Scoti super Jerarchias sancti Dionisii Areopagite« aus der Klosterbibliothek von Cluny (10. Jahrhundert) hat sich bis heute erhalten[366]. Man kann voraussetzen, daß Wilhelm von Volpiano durch seinen Mentor Majolus mit ihnen bekannt gemacht wurde, sofern er sie nicht überhaupt selbst besessen hat.

Von den ersten Abschnitten an weist die Hierarchia Caelestis in immer neuen Worten auf die Grundvoraussetzung aller mittelalterlichen Mystik: nämlich das Bestreben des Gläubigen, im Sinnfälligen das Unsichtbare zu erfassen. Darin allein unterscheidet Dionysios Areopagita sich aber nicht von den Vorstellungen des christlichen Neoplatonismus und der frühen Gnostik — von den Lehren Augustins, des Ambrosius oder des Johannes Scotus Eriugena[367]. Wichtiger ist uns daher seine dialektische Theologie von der Selbstoffenbarung Gottes im Universum und dem meditativen Streben des Menschen auf Gottesnähe hin, eine Dialektik, die der Areopagite mit Vorliebe an dem anschaulichen Bilde des Lichtstrahles demonstriert. Gott »teilt von dem eigenen Lichte nach Gebühr jedem mit, um ihn nach sich umzugestalten und zu vollenden[368]«. Die erste Berührung mit dem göttlichen Licht geschieht im Sakrament der Taufe. Sie gilt als Einweisung in die Geheimnisse der Hierarchie[369], als Voraussetzung »für alle anderen Mysterien und als Keimzelle für die geheime Gnosis[370]«. Der Gläubige wird »die materiellen Lichter als ein Sinnbild der immateriellen Lichtergießung betrachten[371]« und verstehen, er wird sich im Akt der Meditation in die Geheimnisse der Trinität und ihres Heilsplans versenken, und doch ist es nur wenigen vorbehalten, in der Ekstase die unverhüllte Schau der Geheimnisse Gottes zu gewinnen. Paulus gilt Dionysios Areopagita als Vorbild ekstatischen Erlebens[372], und »in der Erkenntnisweise der Engel

---

Theorie des Schönen im Mittelalter, Köln 1963, p. 82 f.), hält sich aber zu sehr im Allgemeinen. Wichtiger zur Bedeutung des D. A. in der vorgotischen Ikonographie ist: A.-M. Friend, Carolingian Art in the Abbey of Saint Denis, in: Art Studies I/1923, pp. 67—75.

364 Hierzu Albert Siegmund, Die Überlieferung der griechisch-christlichen Literatur in der lateinischen Kirche bis zum 12. Jahrhundert, München 1949, p. 185 ff., und: Philippe Chevallier, Influence de Pseudo-Denys en Occident, 6.—12. s. in: Dictionnaire de la Spiritualité III/1957, col. 318—323.

365 Vgl. Jean Leclercq, Maiolo fondatore e reformatore di monasteri a Pavia, in: Atti del 4° Congr. internaz. di studi sull'alto medioevo, Spoleto 1969, p. 160. Die Majolusvita in Mabillons AASS OSB V, p. 764 ff.

366 J. Hourlier, Saint Odilo, abbé de Cluny, Louvain 1964, p. 155.

367 Vgl. Raymond Klibanski, the continuity of the Platonic tradition, London 1950, p. 23 ff., und Edgar de Bruyne, Etudes d'esthétique médiévale I, 1946, p. 348 ff.

368 Hierarchia Caelestis III, § 1, Satz 2 (nach der Übersetzung von Josef Stiglmayr, in: Bibliothek der Kirchenväter, München 1911, p. 17. Die entsprechenden Übersetzungen des Johannes Scotus Eriugena jeweils in: Migne, PL 122, hier z. Bsp. col. 1045).

369 Ebda. II § 2.

370 Walter Völker, Kontemplation und Ekstase bei Pseudo Dionysius Areopagita, Wiesbaden 1958, p. 32.

371 Hierarchia Caelestis, I, § 3.

372 Völker, Kontemplation, 1958, p. 212.

wird man die reinste Ausprägung der Ekstase sehen dürfen[373]«. So stehen Johannes der Täufer und Paulus in der mystischen Spekulation des Areopagiten als Repräsentanten für Anfang und Vollendung der Gotteserkenntnis, als (dem Grade nach unterschiedene) Zeugen des Lichts als eines Sinnbildes göttlicher Offenbarung und menschlicher Teilhabe an ihr[374]. Zwischen diesen beiden Polen entwickelt sich aber auch die symbolische Ordnung der Rotunde von Saint Bénigne; auch in ihr konkurrieren die Bedeutung des Lichts als einer Theophanie und der anschaulich vorgetragene Heilsplan Gottes mit dem Gedanken der Entrückung durchs Licht und der auf Gott hinzielenden Meditation der in der Altarordnung »anwesenden«, ihm zugeordneten Hierarchien[375].

Die umständliche Differenzierung der himmlischen Hierarchien nach ihren Qualitäten und Verhältnissen (wie den drei mal drei Ordnungen der Engel, über die Dionysios Areopagia so ausführlich handelt) hat in die Altaranordnung und Raumgliederung der Rotunde keinen Eingang gefunden. Vielmehr ist die Trennung der Hierarchien in eine (zunächst) nur intelligible Hierarchia Caelestis und eine grundsätzlich im Materiellen existierende Hierarchia Ecclesiastica im Konzept von St. Bénigne bereits aufgehoben in einer Hierarchie von Patrozinien, die ein lebendiges Verhältnis zwischen dem trinitarischen Gott und den Gläubigen, zwischen dem Kult des Klosters und der Erhebung zu Gott vermittelt.

Den Gedanken des Erlösungsvollzugs durch die Taufe, durch die Erlösungstat Christi und durch die Teilhabe an der Herrlichkeit Gottes hat Wilhelm von Volpiano in seiner — von Rodulfus Glaber mitgeteilten Predigt zur Weihe der Basilika 1016/18[376] — aufgegriffen: »in qua (Ecclesia — und zwar verstanden im dreifachen Sinn als Maria, Christenheit und Abteikirche) abluti ac renovati a culpa veteris piaculi per salutaris undam baptismatis sicque induimini primi stola angelicae beatitudinis ... Deinde vero editis carnem ac potatis sanguinem illius omnipotentis Agni, qui vos prae caeteris mundi creaturis formans et redimens, invicta benignitate elegit ad sui atque Patris regnum sanctique Spiritus gloriam possidendam.«

Freilich ist die hier ausgesprochene Glaubensgewißheit keine originell Wilhelminische, sondern dieselbe, die auch unter Wilhelms Zeitgenossen galt. Und doch macht es einen Unterschied, ob die Schau der Hierarchien im Gebet und in der mystischen Erfahrung der Kontemplation ausgesprochen ist — wie bei Wilhelms Schüler Jean de Fécamp[377] — oder unter dem areopagitischen Gesichtspunkt der Analogie von Sinn-

---

373 Ebda. p. 200. Zur »Ekstase« bei Dionysios Areopagita vgl. auch Otto Semmelroth, Die Lehre des Ps.-Dionysius Areopagita zum Aufstieg der Kreatur zum göttlichen Licht, in: Scholastik XXIX, 1954, p. 51 f.

374 Das Bild der Entrückung durchs Licht hat Suger — von den Schriften des Areopagiten stark beeinflußt — in einer Weise beschrieben, die dem Entrückungsbericht des Paulus sehr nahe kommt (vgl. Panofsky, zit. in Anm. 362, p. 62 ff.).

375 Völker, Kontemplation, 1958, p. 205/6 spricht von der »Spannung zwischen a) dem hierarchischen Prinzip der strengen τάξις, der ἀναλογία, Einhaltung des Instanzenweges, wobei alles einzelne Glied eines geordneten Kosmos ist, an bestimmter Stelle steht und eine genau festgesetzte Funktion zu erfüllen hat, und b) dem mystischen Innenleben, das den Gläubigen in glühender Sehnsucht und unaufhaltsamem ekstatischen Antrieb direkt in Gottes Nähe emporführen will«. Dies scheint mir mutatis mutandis auch auf die Rotundenarchitektur und ihre Altarordnung zuzutreffen.

376 Rod. Glaber, Vita Willelmi, c. 25 (Bulst 1973, p. 482).

377 Jean Leclercq, Un maître de la vie spirituelle au XIe siècle, Jean de Fécamp, Paris 1946.

lichem und Übersinnlichem in der Baugestalt und in der Altaranordnung realisiert wird.

Den Anstoß zur Darstellung der Heiligen- und Himmelshierarchie in der architektonischen Anlage der Rotunde und in ihrer Altaranordnung scheint Wilhelm aber nicht in erster Linie die Lehre des Dionysius Areopagita gegeben zu haben, sondern eine kalendarische Zufälligkeit: die »commemoratio Benigni martyris«, das Benignusfest des 1. November, fällt auf denselben Tag wie das Allerheiligenfest.

DIE ROTUNDE ALS »SANCTA MARIA AD MARTYRES«

Das seit dem 6. Jahrhundert am 1. November gefeierte Benignusfest[378] trifft sich mit dem durch Papst Gregor IV. (827–44) auf denselben Tag angesetzten und seither an diesem Tag gefeierten Allerheiligengedenken. In St. Bénigne galt Allerheiligen neben den Christusfesten Weihnachten und Ostern sowie neben Pfingsten und Mariä Himmelfahrt als die fünfte und letzte »excellentissima solemnitas«, und zwar »ob amorem specialis Patroni nostri praeclari, ac gloriosi Martyris Benigni qui ipsa die pro Christo Martyrium sumsit«[379]. Daß das über dem Gräberfeld »ad sanctos« eingerichtete Kloster die (ohne sein Zutun geschaffene) Koinzidenz von weltweitem Allerheiligenfest und ortsgebundenem Märtyrerkult in besonderer Weise berücksichtigen würde, liegt auf der Hand; die Ausprägung, in der dies geschah, greift aber über die liturgische Kombination zweier hoher Feste weit hinaus.

Die Rotunde wurde an einem 13. Mai (des Jahres 1018) geweiht. Das in einer Handschrift des 12. Jahrhunderts überlieferte, wahrscheinlich erheblich früher abgefaßte Martyrologium von St. Bénigne vermerkt unter diesem Tag (entsprechend dem Martyrologium des Usuard von ca. 875): »Natalis sanctae Mariae ad martyres. quando beatus bonefacius papa. ecclesiam in honore sempiternae virginis Marie et omnium martyrum dedicavit« und fügt (abweichend von Usuard) als nur das eigene Kloster betreffenden Vermerk hinzu: »Divioni. cenobio beati Benigni martyris. dedicatio oratorii in honore praefate dei genitricis«[380].

Der 13. Mai als Weihetag der Dijoner Marienrotunde wird durch den Eintrag in die Annales Sancti Benigni (fürs Jahr 1018) bestätigt[381]; in der Wahl dieses Tages sollte – zweifellos in voller Absicht – eine Verbindung zu der römischen Kirche »Sancta Maria ad Martyres« und zu ihrem Weihetag kenntlich gemacht werden. Sancta Maria ad Martyres ist aber nichts anderes als das alte Pantheon, das als Geschenk des oströmischen Kaisers Phokas am 13. Mai 609 oder 610 durch Papst Bonifaz IV. auf den Namen »Sancta Maria ad Martyres« geweiht worden war[382].

---

378 Die »celebratio passionis Benigni martyris« wird erstmals am 1. Nov. genannt bei Gregor von Tours, Glor. Martyr., c. 50.

379 Aus den älteren Consuetudines S. B., c. 5 (bei Martène, IV/1738, col. 509).

380 Das uns in einer Handschrift des 12. Jahrhunderts bekannte Martyrologium von St. Bénigne liegt in der Bibl. Munic. von Dijon, Ms. 634. Das Martyrologium des Usuard (Ende 9. Jahrhundert) benutze ich in der Edition von Jacques Dubois, le martyrologe d'Usuard = Subsidia Hagiographica n° 40, Brüssel 1965.

381 Vgl. Anhang 1, ad annum.

382 Erst die Martyrologien des 9. Jahrhunderts, keine zeitgenössischen Quellen, nennen den Weihetag. Daran dürfte es liegen, daß man in der Literatur neben dem 13. Mai auch andere Daten findet: den 10. Mai (Krautheimer, Sancta Maria Rotunda, 1953, wiederabgedruckt in: Richard Krautheimer, Studies in early christian, medieval and renaissance art, New York–London, 1969, p. 107 ff.) oder auch den 1. November (Fine Licht, The Rotunda in Rome, Jutland Archeological Society Publ. VIII, 1966).
Vgl. zur Weihe des Pantheon und zur Einsetzung des Allerheiligenfestes auch: A. Wilmart,

Ob und auf welchem Wege das Patrozinium des alten Pantheon und der Jahrestag seiner Weihe zur Einrichtung des Allerheiligenfestes durch Alcuin und Papst Gregor IV. führten, ist umstritten[383]. Jedenfalls versuchten die Liturgiker vom 9. Jahrhundert an, das Allerheiligengedenken des 1. November aufs 7. Jahrhundert zurückzuführen und es mit der Weihe und mit dem neuen Patrozinium des Pantheon zu verbinden[384]. Die Martyrologien des 9. Jahrhunderts behaupteten in knapper Form, Bonifaz IV. habe mit der Weihe des Pantheon das Allerheiligenfest begründet[385].

BEZUGSSCHEMA

Rom/Sancta Maria ad Martyres — Rotunde von St. Bénigne

A. DIE LITURGISCHEN VORAUSSETZUNGEN

1. Patrozinien — Maria — ad martyres	1. Patrozinium — Maria — (ad Benignum martyrem)
2. gilt vom frühen Mittelalter an als Stiftungsbau von — Allerheiligen	2. der Tag der Passio S. Benigni ist zugleich — Allerheiligen

B. AUSDRUCK DER BEZIEHUNGEN ZWISCHEN BEIDEN BAUTEN

1. Weihe am 13. Mai (609/10)	1. Weihe am 13. Mai (1018)
2. Bauform: Rundbau mit Opaion	2. Bauform: Rundbau mit Opaion

Den Kern der Beziehung, die Wilhelm von Volpiano zwischen St. Bénigne in Dijon und der römischen Sancta Maria ad Martyres knüpfte, bildete das Allerheiligenfest, welches nach Auffassung des Mittelalters durch die Weihe des Pantheon eingesetzt worden war, und das sich in St. Bénigne in so schlüssiger Weise mit dem Gedenken der Benignuspassion verbunden hatte. Indem Wilhelm den 13. Mai, den Weihetag des Pantheon, zum Weihetag der Rotunde von St. Bénigne bestimmte, gab er seine Assoziation auf eine zeittypische Weise[386] offen zu erkennen. Aber es blieb nicht bei einer

---

in: Revue Bénédictine XLVI, 1934, p. 51—56, und Th. Klauser, Rom und der Kult der Gottesmutter Maria, in: Jahrbuch für Antike und Christentum XV, 1962, p. 120—135, bes. p. 122 ff.

383 Zum Allerheiligenfest vgl. Jean Leclercq, in: DACL, Artikel »Panthéon« und »Toussaint«; Schneemelcher, in: Reallexikon für Antike und Christentum, Bd. I, Sp. 299 f.; Frank, in: L ThK, ad vocem »Allerheiligenfest«; und Aurenhammer, in seinem Lexikon der christlichen Ikonologie, unter »Allerheiligenbild«, mit der jeweils genannten Literatur. Besonders auch: Wilmart — wie in Anm. 382.

384 John Henning, The meaning of all the Saints, in: Medieval Studies, X/1948, p. 147 ff.

385 Vgl. das Martyrologium des Ado von Vienne, Mitte 9. Jahrhundert (Migne PL 123, col. 387): Bonifazius richtete das Pantheon als Kirche der Maria und aller Märtyrer ein »ut ibi deinceps omnium fieret memoria sanctorum; quae ab illo tempore Kal. Nov. in urbe Roma celebris et generalis agitur«.

386 Nur ein Beispiel aus der unmittelbaren Umgebung des Klosters St. Bénigne: Hugo von Semur wurde am Festtag »Petri Stuhlfeier« zum Abt von Cluny gewählt; für seine Nachfolger wurde der Brauch dann beibehalten (vgl. Wollasch 1973, p. 157).

bloß gedanklichen, kalendarischen oder liturgischen Assoziation. In die Architektur der Dijoner Rotunde wurde zumindest ein Motiv des alten Pantheon eingearbeitet, das als typisch mittelalterliche Kurzformel[387] die Marienrotunde von St. Bénigne zum Nachfolgebau der römischen »S. Maria rotunda« stempelte: das Opaion. Wir kennen neben St. Bénigne keinen zweiten Bau des mittelalterlichen Frankreich, der den Scheitel seiner Kuppel zum Opaion öffnete[388]. Die Übereinstimmung zwischen dem römischen und dem burgundischen Rundbau im Weihedatum, im Patrozinium und im Jahrestag der Märtyrercommemoratio lassen aber keinen Zweifel daran, daß das Opaion — wohl das auffälligste Architekturmotiv des ehemaligen Pantheon — in Dijon als Zitat, als bewußtes Bezugsmerkmal aufgegriffen ist und nicht etwa als beliebig verwendbare Bauform ohne nähere Bedeutung.

Auch auf die Außenerscheinung der Dijoner Rotunde könnten Merkmale der Pantheonsarchitektur eingewirkt haben. Hier wie dort ist die Höhe des Baus seinem Durchmesser ungefähr gleich[389], hier wie dort die Silhouette der Kuppel durch einige rundumlaufende Stufen aufgelockert (vgl. Abb. 38/39 und 100)[390]. Auch die dreigeschossige Außengliederung des Zylinders ist in den Gesimsen des Pantheon vorgebildet; selbst die reichgestufte Blend- und Leibungsgliederung der Fenster in den beiden oberen Geschossen der Dijoner Rotunde könnte durch die im Ziegelwerk sichtbaren Entlastungsbögen der oberen Pantheonsgeschosse angeregt worden sein[391].

---

387 Vgl. hierzu Richard Krautheimer, Introduction to an »Iconography of medieval architecture«, 1942, wiederabgedr. in: Studies in early christian, medieval and renaissance art, New York—London 1969, p. 116 ff.

388 Noch vor wenigen Jahren glaubte man einen Kuppelbau mit Opaion aus frühmittelalterlicher Zeit in der Notre-Dame-la-Daurade bei Toulouse zu kennen. Raymond Rey bestimmte den einst zehnseitigen Zentralbau mit der mächtigen Kuppel als Bau der Westgoten aus den Jahren um 560 (Le sanctuaire paléo-chrétien de la Daurade à Toulouse . . ., in: Annales du Midi, t. 61, fasc. 3, 1944, p. 249—273). Die nicht in allem überzeugende Wiedergabe des 1764 abgerissenen Baus durch Dom Martin, 1727, zeigt zwar im Scheitel des Klostergewölbes eine Öffnung mit einem Durchmesser von ca. 160 cm, die sich von antiken Opaia aber darin unterscheidet, daß die Wölbung nahe dem Gewölbescheitel (anders als beim Pantheon nicht die geringste, sondern) die größte Stärke von rund 4 m besitzt. Dom Martin war der Auffassung, der Lichtschacht sei die einzige Lichtquelle des im übrigen fensterlosen Zentralbaus gewesen. Heute hält man den Bau für eine heidnisch-römische Anlage. Paul Mesplé (Recherches sur l'ancienne église de la Daurade, in: Mémoires de la Société archéol. du Midi de la France, XXXI, Toulouse 1965, p. 41—56) entschied aufgrund der auf uns gekommenen Säulen, der Bau sei im 4. Jahrhundert errichtet worden; Michel Labrousse (Toulouse antique des origines à l'établissement des Wisigothes, Paris 1968, p. 412 ff.) stimmt ihm vorbehaltlos zu.

389 Im Pantheon entsprechen sich Höhe und Durchmesser im Lichten genau (je 43,80 m); in St. Bénigne entspricht der Durchmesser der Höhe bis zum Gesims unter der Kuppel des Mittelschachtes knapp (55pi, rund 17,80 m).

390 Auch im 16. Jahrhundert gelten die ringsumlaufenden Stufen als vom Pantheon entlehntes Motiv, beispielsweise an Bramantes Sankt-Peter-Projekt von 1506 (Caradosso-Medaille).

391 Der letzte Vergleich trifft freilich nur dann, wenn das Pantheon schon um die Jahrtausendwende das nackte Mauerwerk zeigte, welches die Rom-Veduten vom 15. Jahrhundert an wiedergeben. Das ist allerdings sehr wahrscheinlich. Fine Licht (1966, vgl. Anm. 382), der sich um die antike Außenerscheinung des Pantheon Gedanken machte, schließt (abgesehen von einer niedrigen Zone über dem umlaufenden Sockel) eine Marmorplattenverkleidung aus, da Dübellöcher fehlen (p. 106). Möglicherweise sei der Baukörper ursprünglich von Stuckpilastern und einer Stuckrustika gegliedert gewesen, wie sie Palladio (Quattro libri,

Moderner Betrachtung scheinen die Unterschiede größer als die Gemeinsamkeiten. Tatsächlich wäre es falsch, sie zu verkleinern. Die dreigeschossige Innengliederung, die Verbindung des Opaions mit einem Lichtschacht, und die Enge der Raumverhältnisse in den beiden unteren Geschossen rücken die Dijoner Rotunde von dem weiten, monumentalen Kuppelraum des Pantheon entschieden ab. Die geschoßbildenden Säulenkreise und Gewölbe innerhalb der Rotunde lediglich als statisch notwendige Hilfskonstruktion zu verstehen, von der abstrahiert werden müsse, um die Grundform des Pantheon auch im Innern wiederzufinden, wäre falsch[393]. Vielmehr hat Wilhelm von Volpiano die antike Pantheonsarchitektur im Sinne einer mittelalterlichen Vorstellung von Allerheiligen weiterentwickelt[394] und im Medium der Altäre und Oratorien, die er auf mehrere Geschosse und Annexe verteilte, die Hierarchie der Heiligen als gegenwärtige, hier und jetzt wirksame in den Bau anschaulich einbezogen[395].

*

Rundbauten werden seit mehreren Jahrzehnten vorzüglich unter ikonologischen und typologisch-klassifizierenden Gesichtspunkten untersucht. Die Typen, die an vereinzelten Beispielen mit Bestimmtheit ermittelt werden konnten, gelten als ausschließlich gültige Deutungsmöglichkeiten aller Bauten gleicher oder ähnlicher Form. So rechnet

---

Venedig 1570, IV, p. 76/77) oder Peruzzi (Fine Licht 1966, Fig. 156) wiedergeben; ob Palladio und Peruzzi ihre Rekonstruktion auf Reste einer alten Stuckgliederung gründen konnten, scheint mir allerdings fraglich, denn Stuck wird am Außenbau schwerlich 1½ Jahrtausend gehaftet haben. Auffallend ist, daß die Suggestion, die Entlastungsbögen als eine Folge von Nischen oder von vermauerten Fenstern zu deuten, in der Geschichte der Pantheonvedute immer wieder durchschlägt; vgl. bei Fine Licht die Fig. 15 (ca. 1575), 16 (17. Jahrhundert), 232 (15. Jahrhundert). Eine Herleitung der betonten Geschoß- und Fenstergliederung am Außenbau der Dijoner Rotunde von der Pantheons-Architektur ist um so wahrscheinlicher, als sich unter den Rundbauten nördlich der Alpen vor dem Ende des 11. Jahrhunderts sonst keiner findet, der am Außenbau eine auch nur annähernd ähnlich reiche Gliederung besitzt.

393 Heinrich Glück (Der Ursprung des römischen und abendländischen Wölbungsbaues, Wien 1933, p. 193) argumentiert in diese Richtung: »Im Innern ist ein doppelter Stützenkranz eingestellt, der sich in drei Stockwerken erhebt, und auf den sich die Wölbung stützt. ... im Aufriß könnte man bei Außerachtlassung des inneren Stützenwerks an das Pantheon denken ... Klar ist, daß man den Gesamtraum, etwa im Sinne des Pantheons, einheitlich einwölben wollte, wozu aber die Kräfte nicht reichten.« M. E. läßt sich nur das Obergeschoß als ganzheitlich überkuppelter, monumentaler Raum verstehen, nicht aber die ganze Rotunde.

394 War für Dio Cassius das Bild des Himmels in der monumentalen Kuppel des Pantheon wiedergegeben, so für Wilhelm von Volpiano — etwas überspitzt ausgedrückt — in der vielgeschossigen Altaranordnung (Dio Cassius zit. bei Fine Licht, p. 180. vgl. auch K. Lehmann, The Dome of Heaven, in: Art Bulletin XXVII, 1945, p. 1 ff.).

395 Eine Beziehung zwischen St. Bénigne und dem ehemaligen Pantheon wurde in der Literatur hin und wieder beiläufig vermutet, doch ist man der Sache nie weiter nachgegangen. Die Zuarbeiter Mabillons meinten (Arch. Dép. Côte-d'Or, 1 H 144, p. 10), Wilhelm von Volpiano habe den 13. Mai als Weihedatum gewählt, um den »rapport architectonique« zum Pantheon zu unterstreichen. Ebenso wies Chomton (1900, p. 133) mit Bestimmtheit auf die kalendarischen Bezüge. Conant spricht nur von den architektonischen Formen, wenn er meint »basically, the rotunda went back to the Pantheon in Rome« (1958, p. 87). Das 19. Jahrhundert spricht mehrfach im übertragenen Sinn vom »burgundischen Pantheon«, denkt dabei aber nicht an die römische »S. Maria ad Martyres«, sondern zuerst an das Pariser Pantheon.

man mit Baptisterien, Mausoleen, Martyrien (im weitesten Sinne, wie Apostelkirchen und Heilig-Grab-Anlagen), Marienkirchen und Pfalzkapellen als den Bestimmungstypen, unter die ein Rundbau subsumiert werden müsse. Erst vereinzelt und am entschiedensten in den Arbeiten Deichmanns findet sich die Einsicht, daß die Bedeutungsbreite und die Bedeutungsvariabilität des christlichen Bauwerks durch die typologische Bestimmung ex analogon unzulässig eingeschränkt wird[396]. Auch am Beispiel der Rotunde von St. Bénigne zeigt sich, daß die typologisch-klassifizierende Betrachtungsweise allenfalls einen Orientierungsrahmen liefern kann, den Bedeutungsreichtum der Marienrotunde hinter dem Heiligen Grab auszuschöpfen aber nicht in der Lage ist.

Die älteren Vorschläge zur Bestimmung des Typus und des Bedeutungsgehaltes der Dijoner Rotunde sind sich darin einig, daß sie als Memorialbau über dem Benignusgrab errichtet wurde. Ungeklärt scheint nur, ob sie als Kopie der Anastasisrotunde von Jerusalem den Mausoleumsgedanken mit der Heilig-Grab-Idee verbinde oder ob sie die Tradition burgundischer Memorialrotunden über einem Herrscher- oder Heiligengrab aufgreife[397].

Die Deutung der Rotunde von St. Bénigne als Kopie der Anastasisrotunde in Jerusalem setzte mit den Anfängen mittelalterlicher Architekturgeschichtsschreibung ein[398] und wurde bis heute in immer neuen Wendungen aufrechterhalten[399]. In der Regel scheint sich der Vergleich auf den architektonischen Typus mit den folgenden Merkmalen zu stützen: Rundbau in der Achse und hinter der Chorpartie einer basilikalen Anlage, von mehrgeschossigen Umgängen umgeben und mit einem Opaion im Scheitel

---

396 Vgl. F. W. Deichmann, Das Oktogon von Antiocheia: Heroon-Martyrion, Palastkirche oder Kathedrale? in: Byzantin. Zeitschr. 1972, p. 40—56, mit dem Ergebnis, das Oktogon sei Kathedrale von Antiocheia gewesen, »das erste bekannte Beispiel einer Kirche für den ›normalen‹ Gemeinde-Gottesdienst in der Gestalt eines Zentralbaus«, woraus der Schluß gezogen wird, »es hat in der frühchristlichen Architektur nie die strenge Bindung einer Raumform an einen speziellen Zweck, das heißt an den Zweck der Gemeinde-, Märtyrer- oder Palastkirche, gegeben; wie in der vorausgehenden römischen Architektur waren in der christlichen Architektur von Anfang an Raumform und spezieller Zweck voneinander unabhängige Variable«.

397 Chomton (1900) ist — soweit ich sehe — der einzige, der sich von dieser Alternative hat freihalten können und die Rotunde ihrem Patrozinium gemäß nur als Marienkirche gelten läßt. Auffallend ist, das Krautheimer St. Bénigne unter keiner seiner Rotunden-Kategorien: weder als Marienkirche in Nachfolge des Pantheon noch als Anastasis-Kopie nennt.

398 Zögernd: Kugler, Geschichte der Baukunst, Bd. 2, 1858, p. 150 f.; bestimmter: Viollet-le-Duc, Dict. VIII, 1869, p. 282 ff. ». . . le plan de cet édifice ne fut qu'une imitation de celui du Saint-Sépulcre de Jérusalem.«

399 Bandmann (in: Wallraf-Richartz-Jahrbuch XV, 1953, p. 44) rechnete die Rotunde von St. Bénigne unter die »Bauwerke, die ausdrücklich die Grabesrotunde kopieren«. Erst nach Niederschrift des Ms. lese ich bei ihm (G. Bandmann, zur Bestimmung der romanischen Chorscheitelrotunde an der Peterskirche in Löwen, in: Beiträge zur rheinischen Kunstgeschichte und Denkmalspflege II, 1974, p. 73, Anm. 24): »Da das Grab des hl. Benignus nicht im Zentrum, sondern am Zugang der großen Rotunde lag, wird man die Hauptfunktion der Rotunde in der ›Darstellung‹ der Hierarchie der Heilsordnung sehen müssen, an deren Stelle der Heilige wartet.« Auch Lehmann (Vom neuen Bild frühmittelalterlichen Kirchenbaus, in: Wiss. Zeitschr. der Martin-Luther-Universität Halle-Wittenberg, Ges.-Sprachwiss. VI/2, 1956, p. 217, col. 2) meinte: »großartigstes Beispiel einer Kopie der Grabeskirche von Jerusalem besaß Frankreich mit der Rotunde von St. Bénigne . . .«; ebenso in seiner Rezension zu Carol Heitz (Kunstchronik 1964, p. 162/164).

der Kuppel versehen. Unverständlich ist, daß die Unterschiede zwischen den beiden Bauten stets als »quantité negligeable« gelten konnten. Die Anastasisrotunde war ein monumentaler Zentralraum mit einem Durchmesser von mehr als 20 Metern, umgeben von einem knapp 5 Meter breiten Umgang; die Rotunde von St. Bénigne hingegen eine dreigeschossige Anlage mit einem engen Mittelschacht, der den unteren Geschossen das Licht des Opaion zuführte. Der Unterschied beruht nicht auf einer verschieden großen Dimensionierung des Mittelraumes, sondern liegt in etwas Grundsätzlicherem: In Jerusalem ist der weite Zentralraum das Bestimmende, und das Grab Christi in seinem Zentrum Anlaß und Blickpunkt der konzentrischen Anlage; in Dijon hingegen sind die Geschosse und die auf ihnen angeordneten Altäre und Oratorien das Grundlegende — das Zentrum bleibt »leer« und unbetont.

Die bauarchäologischen Untersuchungen, die seit einem Jahrzehnt an der Grabeskirche durchgeführt werden, haben zu Ergebnissen geführt, die von den Rekonstruktionsvorschlägen von Vincent-Abel und Conant[400] stark abweichen und damit den Vergleich zwischen der Anastasisrotunde und St. Bénigne noch weiter einschränken. Die Anastasisrotunde besaß nach Corbo und Coüasnon[401] keinen rundumlaufenden Umgang, sondern eine gegen Osten, d. h. gegen den Hof zwischen Rotunde und Grabeskirche hin abschließende Schaufassade, die den inneren Stützenkranz der Rotunde tangierte, den Umgang also im Osten abband. An der westlichen Peripherie sind die Umgangsmauern des konstantinischen Baus bis zu einer Höhe von 10 Metern erhalten geblieben, die höheren Partien und die Empore stammen aber erst aus der Rekonstruktion des Constantin Monomachus (um 1048 nach der Zerstörung durch el Hakim im Jahre 1009). Coüasnon hält eine ältere Empore für ausgeschlossen, doch scheint mir hierin noch nicht das letzte Wort gesprochen. Daß die Rekonstruktion eines Opaion vor 1009 eher unwahrscheinlich sei, hat Smith schon 1950 mit guten Gründen nachgewiesen[402]. Die Vorstellung, die Coüasnon von der Anastasisrotunde der Jahrtausendwende gewinnt, entspricht — abgesehen von der Abbindung des Umgangs durch die Ostfassade und abgesehen von der unverbindlichen Rekonstruktion einer doppelschaligen Kuppel mit Opaion — etwa dem römischen Mausoleum der Constantina (S. Costanza) von ca. 350, in keiner Weise aber der dreigeschossigen Anlage von St. Bénigne.

Nun sind wir es allerdings gewohnt, daß sich Heiliggrabbauten, auch wenn sie in

---

400 K. J. Conant, The original buildings at the Holy Sepulcre in Jerusalem, in: Speculum XXXI, 1956, p. 1—48.

401 Ch. Coüasnon, Analyse des éléments du IVe siècle, conservés dans la basilique du S. Sepulcre à Jerusalem, in: Akten des 7. Internat. Kongr. für christl. Archäologie, Trier 1965, p. 447 ff.; Virgilio Corbo, la basilica del S. Sepolcro (Quaderni de »La Terra Santa«), Jerusalem 1969 (mit guten Plänen), und zuletzt: Ch. Coüasnon, the church of the holy sepulcre in Jerusalem, London 1974. Den Untersuchungsergebnissen von Corbo steht Krautheimer (Studies in early christian, medieval and renaissance Art, New York—London 1969, p. 105) reserviert gegenüber, da sie »contrary to the descriptions beginning with Egerias in the late fourth century and continuing with Arculf's« seien. Vgl. zu der Frage auch: Deichmann (in seiner Rezension zu Krautheimer, Early christian and byzantine Architecture, Pelican History of Art, 1965) in: Byz. Z. 1972, p. 104, der die Ergebnisse Corbos akzeptiert, und Y. Tsafir, in: Wessels Reallexikon zur Byzantinischen Kunst, Lieferung 20 (aus Bd. III) 1975, p. 588.

402 E. B. Smith, The Dome, Princeton (1950[1]) 1971[2], p. 16 ff.

den Quellen ausdrücklich als Anastasiskopien bezeugt sind, keineswegs an die architektonische Anlage ihres Vorbildes halten müssen[403]. So verschiedenartige Bauten wie die Busdorfkirche von Paderborn (Abt Wino von Helmarshausen war eigens nach Jerusalem geschickt worden, um ihre »similitudo« zu garantieren), Neuvy-Saint-Sépulcre (»fundata ... ad formam Sancti Sepulcri Jerosolimitani«) und die Mauritiusrotunde von Konstanz (Bischof Konrad, der dreimal nach Jerusalem gepilgert war, hatte sie aufführen und in ihr eine Nachbildung des Grabes Christi errichten lassen) — also ein Zentralbau mit gleichlangen Kreuzarmen, ein Rundbau mit doppelgeschossigem Umgang und ein einfacher Zylinder — sollen expressis verbis nach dem Vorbild der Anastasisrotunde errichtet worden sein.

Bei diesen Bauten war die architektonische Übereinstimmung untereinander und mit dem Vorbild in Jerusalem auf den Typus Zentralbau beschränkt; weder der innere Stützenkranz noch die Kuppel waren Bauelemente, die einer Nachbildung der Anastasisrotunde zwangsläufig angehören mußten. Was indessen das entscheidende Erkennungszeichen einer Heilig-Grab-Kopie im mittelalterlichen Sinne ausmacht, ist das Heilig-Grab- oder zumindest das Salvatorpatrozinium sowie eine oder mehrere Reliquien von der Passion Christi, d. h. vom Grab oder vom Kreuz, oder schließlich eine Nachbildung des Grabes Christi, die wie das historische Grab der Anastasisrotunde im Zentrum des Baus steht. Ist ein mittelalterlicher Zentralbau zu bestimmen, der weder eine dieser drei Voraussetzungen erfüllt noch in seiner architektonischen Anlage die Anastasisrotunde unmißverständlich reproduziert[404], dann liegt kein Grund vor, in ihm ein Bauwerk »in similitudinem Sancti Sepulcri Jerosolimitani« zu sehen[405].

Dieses Axiom gilt auch für St. Bénigne. Die Rotunde war ausdrücklich der Maria genitrix geweiht. Weder der Ortsheilige noch Wilhelm von Volpiano hatten besondere Beziehungen zu Jerusalem gehabt. Zwar besaß St. Bénigne wie jede größere Abtei Partikel vom Kreuz Christi; nach den jüngeren Consuetudines waren sie in einem Kruzifix gefaßt, das während der Karwoche »super gradum presbyterii« aufgestellt wurde[406].

403 Seit Richard Krautheimers Zusammenstellung der Heilig-Grab-Kopien und der Bestimmung ihrer Gemeinsamkeiten (Introduction to an Iconography of medieval Architecture, vgl. Anm. 387) ist über Heilig-Grab-Bauten im Zusammenhang kaum mehr gehandelt worden. G. Schwiering-Illert, (Die ehemalige französische Abteikirche Saint-Sauveur in Charroux . . ., Phil. Diss. Bonn 1963, p. 93 ff.), W. Goetz (Zentralbau und Zentralbautendenz in der Gotik, Berlin 1968, p. 219 ff.) und Damiano Neri (Il S. Sepolcro riprodotto in Occidente, Jerusalem 1971) referieren nur die bekannten Fakten.

404 Ich lasse es dahingestellt, ob ein mittelalterlicher Kopiebezug aus der architektonischen Anlage allein erschlossen werden darf, selbst dann, wenn uns die Übereinstimmung der architektonischen Merkmale dies über allen Zweifel zu erheben scheint. Vgl. den Fall des Baptisteriums von Pisa, welches von Urs Boeck (in: Bonner Jahrbuch 164, 1964, p. 146 ff.) und von Richard Krautheimer (in: Studies 1969, p. 139/140) allein der architektonischen Übereinstimmungen wegen als mittelalterliche Kopie der Jerusalemitischen Anastasisrotunde benannt wird.

405 Versuche, die Anastasisrotunde als Vorbildbau mittelalterlicher Architektur in weitestem Umfang nachzuweisen — beispielsweise den romanischen Umgangschor als »halbes« Anastasiszitat anzusprechen (so Bandmann, Die Bedeutung der romanischen Apsis, in: Wallraf-Richartz-Jahrbuch 15, 1953, p. 28—40) oder das karolingische Westwerk auf Funktion und Baugestalt der Anastasis zurückzuführen (so Heitz, recherches sur les rapports entre architecture et liturgie ... Paris 1963), blieben vage und wurden weitgehend abgelehnt.

406 Cap. 66, bei Chomton 1900, p. 407.

Ein Breviar des 13./14. Jahrhunderts nennt darüber hinaus Partikel »de sepulcro Domini« im Hochaltar und im Altar der Paschasia[407]. Ob diese Reliquien bereits vor den Kreuzzügen nach Dijon gelangt waren, ist ungewiß; auszuschließen ist in jedem Fall, daß die Rotunde über ihnen als Heilig-Grab-Bau errichtet worden sei. Auch die Vorstellung von Carol Heitz: »la rotunde qui abritait en son centre l'autel de la Ste. Croix a pu faire office de Jerusalem au même point que la grande rotonde de croisée de l'abbatiale de Charroux«[408] läßt sich nicht aufrechterhalten, da keine Quelle des 11. bis 18. Jahrhunderts, keine Prozessionsordnung und keine Baubeschreibung von einem Kreuzaltar im Zentrum der Rotunde spricht. Das Zentrum der Rotunde, der Lichtschacht des Rotundenuntergeschosses, war nach allem, was wir wissen, leer, und der Kreuzaltar stand wie allerorten in den westlichen Abschnitten des Langhauses. Die cluniazensisch geprägte Passions- und Osterliturgie von St. Bénigne kannte ohnehin nicht den Aufwand an Prozessionen und szenischen Passionsdarstellungen, wie sie in den Gorzer und Lothringischen Reformkreisen üblich geworden waren[409]. Damit bestand aber auch kein Anlaß, einen Abschnitt der Osterliturgie — etwa das »quem queritis« — vor einem monumentalen Grab Christi aufzuführen und dieses dementsprechend architektonisch auszugestalten[410].

Jean Hubert hat sich seit langem gegen eine Verbindung von St. Bénigne mit der Anastasisrotunde ausgesprochen. Er ordnet die Rotunde von St. Bénigne einem Bautypus unter, welchen er selbst in seinen Merkmalen, in seinem Bestand und in seiner Verbreitung bestimmt hat, den der »église à rotonde orientale«[411]. Kronzeugen dieses Typus sind ihm die Abteikirchen von St. Germain in Auxerre, St. Pierre von Flavigny und St. Pierre-le-Vif in Sens (Abb. 102—104), deren karolingische Außenkrypten im Osten jeweils eine mit der Krypta verbundene Rotunde besaßen. Sekundiert durch die Forschungen Grabars[412], bezeichnet Hubert die genannten Ostrotunden als Mausoleen,

---

407 BN, Coll. Bourg. t. XI, f 29.

408 Carol Heitz, Réflexions sur l'architecture clunisienne, in: Revue de l'Art XV, 1972, p. 87. Die gleichen Gedanken von Heitz ausführlicher wiederholt in ders. Zeitschrift, Bd. 24, 1974, p. 38 f. (vgl. dazu meine Anm. 327).

409 Vgl. zur Osterliturgie der Trierer-Gruppe: K. Hallinger, Gorze-Gluny, 1951, p. 909 ff., und: Warren Sanderson, Monastic refom in Lorraine and the architecture of the outer-crypt, 950—1100, Philadelphia, 1971, p. 26 f.

410 Da weder Dom Lanthenas in seiner Kurzfassung der älteren Consuetudines S. B. (BN, coll. Bourg. t. XI, f 128 ss) noch Martène in seinem Kapitel »de Resurrectione Dominica« (IV, 415—428) Abweichungen der Cons. S. B. gegenüber den Consuetudines Cluniacenses feststellten, scheint die Osterliturgie von St. Bénigne — zumindest im fortgeschrittenen 11. Jahrhundert — der von Cluny entsprochen zu haben. Martène beschränkt das Osterspiel am »sepulcrum Domini« unter den ihm vorliegenden Consuetudines ausdrücklich (»qua singularim ritum«) auf die Concordia Dunstani, den Ordo von St. Apre in Toul und den von Bursfelden (IV, 419/20). Nicht einmal das im Wechselgesang aufgeführte »quem queritis« wurde m. W. in St. Bénigne gepflegt, ebensowenig wie der Brauch von St. Denis (Martène IV, 424 B), eine Osterprozession »infra Sancta Sanctorum« durchzuführen und »ante Corpora Beatorum Martyrum« im Chor zu verkünden: »Christus vincit, Christus regnat, Christus imperat«. Für St. Bénigne wissen wir lediglich von einer Osterprozession nach der Terz zur Marienkapelle und vor den Kreuzaltar (Martène IV, 423 B).

411 Hubert 1938, p. 60 ff.: ders., Les églises à rotonde orientale, in: Frühmittelalterliche Kunst in den Alpenländern, Akten zum III. Internat. Kongreß für Frühmittelalterforschung, Olten-Lausanne 1954, p. 309 ff.

412 André Grabar, Martyrium, Recherches sur le culte des reliques et l'art chrétien antique,

die in Bautyp und Standort an die frühchristlich-merowingische Tradition der Begräbniskapelle »ad pedes« des Heiligen, der in der Apsis der Basilika beigesetzt war, anknüpften (Beispiele: Rom, St. Peter — Mausoleum der Probi; Genf, Kathedrale St. Pierre; Autun, St. Martin, vgl. Abb. 101)[413]. St. Bénigne schließe sich als eines der spätesten Beispiele und als eine wahre architektonische Hypertrophie dieser merowingisch-karolingischen Reihe von Ostrotunden an.

Der Vorschlag Huberts, die Rotunde von St. Bénigne in die Entwicklungsgeschichte der burgundischen Außenkrypten einzubeziehen, spricht eine wichtige Komponente im Bedeutungsreichtum der Dijoner Rotunde an. So wie die Außenkrypta mit ihren Oratorien auf das Heiligengrab der confessio bezogen ist, so auch die Rotunde von St. Bénigne auf das westlich von ihr gelegene Benignusgrab. In der gleichen Weise, wie Benignustag und Allerheiligen zusammenfallen, so sind auch das Benignusgrab und die in den Altären der Rotunde vergegenwärtigte Heiligenhierarchie aufs engste miteinander verbunden. Die »Memoria«, das Gedächtnis des Klosters, galt ebenso allen Heiligen wie dem heiligen Benignus, und Memorialarchitektur war nicht allein die Krypta mit dem »sepulcrum Sancti Benigni«, sondern dementsprechend auch die Allerheiligenrotunde.

Huberts Kerngedanke, die Rotunde von St. Bénigne als »Memorialbau« über dem Benignusgrab anzusprechen, auch wenn sich dieses nicht — wie bei Mausoleen die Regel — im Zentralbau selbst befand[414], wird durch unsere Überlegungen zur Bedeutung der einzelnen Baupartien *(die nicht von typologischen, sondern von liturgisch-hagiographischen Voraussetzungen ausgingen)* bestätigt. Und doch ist Huberts These in zwei Punkten zu modifizieren. Die Rotunde von St. Bénigne war nicht allein Memorialbau des Heiligengedächtnisses, sondern auch — und in ihrem Patrozinium vor allem — Marienkirche. Zum andern scheint mir die genetische Bindung der Dijoner Rotunde an die karolingischen Außenkryptenrotunden Burgunds zu eng und der Neukonzeption

---

2 Bde, Paris 1946; zum Verständnis der Außerkrypten und ihrer Annexe als Mausoleen »ad pedes sanctorum«, Bd. I, p. 495 ff.

413 Die frühmittelalterlichen Beispiele, die nach Ansicht Huberts den frühchristlichen Typus des Mausoleums hinter der Apsis im burgundischen Bereich heimisch gemacht haben sollen: Genf und Autun, sind in ihrer ikonologischen Bedeutung und in ihrer architektonischen Gliederung nur unzureichend überliefert. Die Bestimmung der Rotunde von St. Pierre in Genf (um 515) als Mausoleum der burgundischen Königsfamilie — wie dies Hubert voraussetzt — ist zweifelhaft (so auch Reinle 1968, p. 93). Von der Ende des 6. Jahrhunderts errichteten, 1741 abgerissenen, in Beschreibungen und in einem Plan des 17./18. Jahrhunderts überlieferten Kirche St. Martin von Autun (vgl. Hubert 1938, p. 11—13) läßt sich kaum mehr eine ausreichende Vorstellung gewinnen. Möglich, daß die Kapelle östlich der Abteikirche, die im 17. Jahrhundert als Marienkapelle benutzt wurde, ursprünglich als Grabkapelle der Königin Brunhild errichtet worden war; unwahrscheinlich ist aber, daß sie bereits im frühen Mittelalter mit der Apsis der Kirche verbunden war. Die Westwand der Kapelle und die Leibung des ehemaligen Achsialfensters der Apsis, welches erst nachträglich zum Verbindungsgang gegen die Ostkapelle aufgebrochen worden war, sind auf dem Plan von 1658 (Abb. 101) deutlich zu erkennen; sicher war die Apsis ursprünglich geschlossen.

414 Hubert hat dies klar gesehen, wogegen in der übrigen Literatur Grab und Rotunde oft als übereinander befindlich angegeben werden (zuletzt E. Adam, Vorromanik und Romanik, 1968, p. 72). Unverständlich ist mir das Urteil, das Jean Hubert neuerdings über die Rotunde von St. Bénigne fällt: »(elle était) le mausolée triomphal d'une civilisation« (in: Die Kunst der Karolinger, Becks Universum der Kunst, München 1969, p. 68).

des Wilhelm von Volpiano gegenüber unangemessen. Über den Fall St. Bénigne hinausgreifend fragen wir uns grundsätzlich, ob der Postulierung eines Bautypus »église à rotonde orientale« überhaupt sinnvolle gemeinschaftliche Merkmale zugrunde liegen.

Die Außenkryptenrotunden von Auxerre, Flavigny und Sens scheinen als Mausoleen »ad pedes Sancti« beziehungsweise als Kulträume eines der Abtei nachträglich zugekommenen zweiten Heiligenleichnams errichtet worden zu sein, die mit dem Aufenthaltsraum der Pilger (der Außenkrypta) und mit der confessio des Hauptheiligen verbunden wurden. René Louis hat die Rotunde an der karolingischen Außenkrypta von St. Germain zu Auxerre (Abb. 102) auf den Grabbau des Bischofs Optatus (530–532) und die Memorie der Heiligen Maxima zurückgeführt, die östlich der Abteikirche mit dem Germanusgrab zunächst als selbständige Oratorien eingerichtet worden waren[415]. In die Abteikirche St. Pierre von Flavigny, die den Leichnam des hl. Pretextus besaß, wurden 864 die Gebeine der hl. Regina (Sainte-Reine) aus Alesia übertragen; es liegt nahe, die 1958 aufgefundenen karolingischen Fundamente der Außenkryptarotunde (Abb. 103), die ein Teil der 878 geweihten Abteikirche sein dürfte, mit einem »ad pedes Pretexti« errichteten Grabbau der neuen Heiligen zu identifizieren[416]. In Saint-Pierre-le-Vif von Sens, das über den Gräbern der ersten Märtyrer von Sens errichtet worden war, barg der kleine Zentralbau von 920/40 (?), welcher der Außenkrypta nicht wie bei den vorangegangenen Beispielen im Osten angehängt war, sondern von ihr auf allen Seiten umschlossen wurde (Abb. 104), in seinem Zentrum das Grab des hl. Serotin[417].

---

415 Vgl. René Louis, les églises d'Auxerre des origines au XIe siècle, Paris 1952, p. 37 und Anm. 8, sowie Hubert 1938, p. 28. Neue Bauuntersuchungen und Grabungen in der Krypta während der letzten Jahre dürften bald zu neuen Ergebnissen führen.

416 Eine bei C. Heitz 1973 angefertigte Dissertation über die Krypten von Flavigny wird von Christian Sapin (Dijon) zum Druck vorbereitet. Bisher: Elie Lambert, L'ancienne abbaye bourguignonne de Flavigny et le chevet de son église, in: Les Monuments Historiques de la France, VI/1960, p. 1 ff. (p. 9 ff.: der Grabungsbericht von G. Jouven). Abweichende Interpretation des Baubestandes bei René Louis und Jean Marilier, les cryptes de l'église carolingienne de l'abbaye St. Pierre de Flavigny-sur-Ozerain, in: Revue Archéologique de l'Est, X/1959, p. 1 ff. Die Baugeschichte der Außenkrypta und die Datierung ihrer Bauphasen ist noch unklar. Wann wurde sie doppelgeschossig, und wann erhielt die doppelgeschossige Ostrotunde das Marienpatrozinium (oben) und das der Unschuldigen Kindlein (unten), welche in den Berichten und Plänen des 17. Jahrhunderts genannt sind? Der erhaltene südliche Wandaufriß des Presbyteriums mit einer niedrigen Blendarkade in Höhe des ehemaligen Presbyteriumsniveaus und einer offenen Arkade gegen den oberen Umgang gehört sicher erst ins 11. Jahrhundert (Abb. 117). Die Kapitelle der Blendarkade stehen der von Alain Borg (Arch. Sculpture in romanesque Provence, 1972) zusammengestellten Kapitellgruppe von Tournus/Montmajour/Venasque — zweites Drittel 11. Jahrhundert — nahe, das Ecklappenkapitell der offenen Arkade dem Kap. 12 der Krypta von St. Bénigne. Die Doppelgeschossigkeit der Außenkrypta von Flavigny und ihre enge räumliche Verbindung mit dem Presbyterium scheinen mir daher die Ostrotunde von St. Bénigne und deren zweigeschossige Verbindung mit dem Presbyterium der Basilika vorauszusetzen. Überspitzt gesagt: Die interessante und gegenüber der Krypta zu wenig beachtete Emporenlösung des oberen Umgangs gegen das Presbyterium und gegen die Langhausseitenschiffe hin bilden das Motiv der doppelgeschossigen Apsisarkade von St. Bénigne in die architektonische Konzeption der Außenkrypta zurück, indem sie diese um ein Obergeschoß erweitern.

417 Vgl. Jean Hubert 1938, p. 32 f. Ders. 1952, N° 92; Rolf Wallrath, Zur Bedeutung der mittelalterlichen Krypta, in: Beiträge zur Kunst des Mittelalters, 1950, p. 60 f. Hilde Claussen,

So galten diese Beispiele als der Außenkrypta angehängte oder eingestellte sekundäre Graboratorien, als Sonderfälle im Bemühen des mittelalterlichen Kirchenbaus um eine angemessene räumliche Auszeichnung und Gruppierung der Reliquien und Grablegen. Der Anlaß zur Errichtung einer Ostrotunde ist dort also ein anderer als im Fall von St. Bénigne. Konkurrenzheilige zu Benignus, die einen eigenen Grabbau besaßen, hatte es zwar in der Friedhofskirchenfamilie des 6. Jahrhunderts (etwa die hl. Paschasia) gegeben; im 11. Jahrhundert jedoch waren die Heiligen des 3./4. Jahrhunderts und die Bischöfe, die den Benignuskult eingerichtet hatten, in der Hallenkrypta der Basilika, also in unmittelbarer Umgebung des Benignussarkophages, beigesetzt (vgl. Chron. S. B., Satz 8). Das Rotundenuntergeschoß von St. Bénigne galt — soweit wir dies aus dem Schweigen der Quellen zu seiner Bestimmung schließen dürfen — nicht als Grablege und barg keine Heiligengräber. Seine Funktion entsprach daher nicht ohne weiteres der einer Außenkrypta und schon gar nicht der eines angeschobenen Mausoleums mit dem Grab im Zentrum.

Auch die Ansicht, Wilhelm habe sich durch die burgundischen Außenkryptenrotunden im architektonischen Sinne anregen lassen, scheint mir wenig stichhaltig. Die Rotunden von Auxerre und Flavigny waren vergleichsweise bescheidene Anlagen von knapp acht beziehungsweise weniger als fünf Metern Durchmesser, die der Außenkrypta als Antipoden der Confessio attachiert waren. Die Ostrotunde von Auxerre dürfte zwar in ihren Substruktionen am Steilhang, der von der Abteikirche gegen den Lauf der Yonne abfiel, ein Untergeschoß besessen haben; eine Vorform der dreigeschossigen Rotunde von St. Bénigne können wir in diesen Kapellen ebensowenig erkennen wie in der höchst vage überlieferten (wirklich schon im 10. Jahrhundert zweigeschossigen?) Anlage von St. Pierre-le-Vif in Sens, die in der Durchdringung von Zentralraum und Außenkrypta der Grundrißanlage des Dijoner Rotundenuntergeschosses nähergestanden haben könnte.

Adolf Reinle hat Huberts Kategorie »église à rotonde orientale« um einige süddeutsche Beispiele erweitert und als »Rotunde im Chorscheitel« neu gefaßt[418]. Bei dieser erweiterten Zusammenstellung zeigt sich jedoch mit aller Deutlichkeit, daß von einem durchgängigen »Bautypus« nicht die Rede sein kann, da sich das »tertium comparationis« allein darauf beschränkt, daß ein mit der Basilika irgendwie verbundener Rundbau im Osten derselben liegt[419]. Unter einem so gefaßten Begriff »Rotunde im Chorscheitel« können hinsichtlich ihrer Bestimmung die verschiedenartigsten Kulträume subsumiert werden: Heilig-Grab-Bauten, Mausoleen über Herrschergräbern oder Heiligengräbern, Marienoratorien und schließlich — wie auch schon bei Hubert — eine große Zahl von Rundbauten, deren Bestimmung uns völlig unbekannt ist (wo dann der architektonisch ermittelte »Typus« nur allzuleicht dazu benutzt wird, unsere Unkennt-

---

in: Karolingische und ottonische Kunst, 1957, p. 139, Anm. 80, hält eine Datierung der Außenkrypta erst ins frühe 11. Jahrhundert für möglich.

418 Adolf Reinle, Die Rotunde im Chorscheitel, in: Discordia concors, Festschrift für Edgar Bonjour, Basel 1968, Bd. II, p. 727 ff.

419 Reinle selbst ist sich dieser Lage wohl bewußt und hütet sich, »die konkreten Beispiele ... von vornherein in ein bestimmtes Schema von Gruppen zu pressen«. Auch L. Grodecki (1958, p. 153) lehnt die Konstruktion eines ›Bautyps‹ ab; die Beispiele von Ostrotunden »restent exceptionnels, *à tel point qu'une explication particulière s'impose pour chacun d'eux*«.

nis der liturgischen Nutzung zu kaschieren)[420]. Auch die architektonischen Unterschiede zwischen den angeführten »Rotunden im Chorscheitel« sind groß; sie reichen von den einfachsten zylindrischen Formen (Umgangskryptenrotunde am Dom von Hildesheim)[421] bis zu der dreigeschossigen, in doppelten Umgängen geführten Rotunde von St. Bénigne.

Aus all dem folgt, daß es wohl zweckmäßiger wäre, anstatt von Chorscheitelrotunden von Zentralbauten zu sprechen, die sich mit einer Basilika verbinden[422], beziehungsweise von Oratorien des mittelalterlichen Kirchenkomplexes (Vierung, Teile der Außenkrypta, Apsisscheitelanbauten), die sich der Rundform bedienen können, um ihre hervorgehobene Bestimmung innerhalb des liturgischen und hagiographischen Kirchenkosmos zu verdeutlichen. Dabei handelt es sich aber um Möglichkeiten, die in der mittelalterlichen Architektur latent vorhanden sind, nicht um Wiederholungen ein und desselben bestimmten Bautypus. Die Neigung der Außenkrypta zur Markierung von Nebenoratorien beobachten wir auch in der Architektur Deutschlands: Der östliche Achsialabschnitt kann zur weitausladenden, fast rotundenhaften Apsis gestaltet werden (Trier/St. Maximin und Essen/Münster, beide nach der Mitte des 10. Jahrhunderts) oder zu einer kreuzförmigen, mitunter doppelgeschossigen Anlage (etwa Corvey, nach 870; Stavelot/Abteikirche, Weihe der Außenkrypta 1046[423]), ohne daß man im letzten Fall etwa von der »Kreuzkirche im Chorscheitel« sprechen würde.

Um es noch einmal zu verdeutlichen: Der »Typus« der Heiligkreuzkapelle hinter der Zwillingsapsis von Reichenau-Mittelzell[424] war die Heiliggrabrotunde oder die Reliquienmemorie[425], also ein Typus, der ebensogut auch als freistehender Zentralbau (Bei-

---

420 Hierunter wären zu rechnen die Chorscheitelrotunde der Kathedrale von Genf (vgl. Reinle 1968, p. 93), die Rotunde des Abtes Wulfric in S. Augustines von Canterbury (zuletzt Gervers, vgl. Anm. 426, p. 362), die Krypta der Prioratskirche von Lemenc (zuletzt: André Perret, la crypte de Lemenc, in: Revue de Savoie, 11/1958, p. 3—24), die angebliche Rundkrypta von St. Andoche in Saulieu (zuletzt J. Marilier, in: Mém. CACO, XXV, 1960, p. 44 f.) u. a. mehr.

421 Zur Chorscheitelrotunde von Hildesheim cf. Hilde Claussen, Spätkarolingische Umgangskrypten im sächsischen Gebiet, in: Karolingische und ottonische Kunst, Wiesbaden 1957, p. 121 ff.

422 Hierbei macht es keinen Unterschied, ob die Rotunde und der Längsbau *einer* Bauplanung angehören oder ob beide erst nachträglich miteinander verbunden wurden. Vgl. das Beispiel des 1534 abgebrochenen St. Victor in Genf, wo ein Rundbau des 5. Jahrhunderts (über den Reliquien des hl. Victor) im frühen 11. Jahrhundert durch den Anbau eines cluniazensischen Mönchschores im Osten und durch die Übertragung der Reliquien in diesen seiner alten Bestimmung als Memorialbau verlustigging. Dennoch blieb er als Marienkirche weiterhin aufrecht (L. Blondel, la prieuré Saint-Victor etc., in: Bull. de la Soc. d'Hist. et d'Archéol. de Genève, 11/1958, p. 211—258) und wurde gegen die Ende des 11. Jahrhunderts im Westen angebaute Pfarrkirche »zu einer Art Chorrotunde, die sich hinter dem Kreuzaltar der Gemeinde öffnete« (Reinle, wie Anm. 418, p. 735).

423 Vgl. Warren Sanderson, Monastic Reform in Lorraine and the architecture of the outercrypt, 950—1100, Philadelphia 1971, p. 5 ff. (hier auch p. 11: Malmedy — um 1040 — mit einem Turm über dem Zentrum der fünfschiffigen Außenkrypta genannt). Zu Stavelot auch: Luc. Fr. Genicot, un ›cas‹ de l'architecture mosane: l'ancienne abbatiale de Stavelot, in: Bull. de la Comm. royale des Monuments et des sites, 17/1967—68, p. 122 ff.

424 Vgl. Reinle 1968, p. 735, und Vorroman. Bautenkat., München, 1966—70, p. 281.

425 So auch Warren Sanderson, Die frühmittelalterliche Krypta von St. Maximin in Trier, in: Trierer Zeitschrift, 31/1968, p. 106, Anm. 46.

spiel: Neuvy St. Sépulcre) auftreten konnte oder als Vierungsrotunde einer Basilika (Beispiel: Charroux). Ebenso war der »Typus« der Rotunde von Auxerre nicht die »Außenkryptascheitelrotunde«, sondern das Mausoleum, das sich hier über dem zweiten Heiligengrab der Außenkrypta angeschlossen hatte[426].

Wir schließen den Exkurs zum Typus Chorscheitelrotunde ab und versuchen, die bautypischen Wurzeln der Dijoner Marienrotunde in anderer Richtung weiterzuverfolgen. Die Alternative, ob die Rotunde von St. Bénigne mehr als eine hypertrophe dreigeschossige Wucherung der Außenkrypta zu gelten habe oder mehr als ein dem Presbyterium der Basilika angeschobener und mit ihm verbundener Zentralbau, ist mit der Ausschließung der karolingischen Außenkryptenscheitelrotunde als zwingender Vorform noch nicht entschieden. Ich bezweifle allerdings, daß sich eine Entscheidung nach der einen oder andern Richtung überhaupt herbeiführen läßt. Gewiß ist die Pantheonsidee auf St. Bénigne im Patrozinienbezug und in einigen architektonischen Merkmalen so zwingend übertragen, daß die Suche nach weiteren bautypischen Vorformen überflüssig scheinen könnte. Und doch ist nicht nur in der Mehrgeschossigkeit und im Oratorienreichtum, sondern auch in der Patrozinienwahl eine überraschende Anlehnung an die Außenkrypta des 9.—11. Jahrhunderts nachzuweisen.

Die Außenkrypta nahm seit dem fortgeschrittenen 9. Jahrhundert Formen und Ausmaße an, die sie zu einem »fast unabhängigen Bauwerk hinter dem Chor«[427] werden ließen. Die um 950 erstmals in St. Maximin von Trier und seither mehrfach auftretende Doppelgeschossigkeit, der zunehmende Altarreichtum und die wachsende Verselbständigung der Außenkrypta gegenüber der Confessio (der sie ursprünglich zu- und untergeordnet war) führten zu Oratorienkomplexen, die in ähnlich doppeldeutiger Weise wie im Fall von Dijon sowohl als selbständiger Kapellenkomplex wie auch als Zusatzoratorien der Basilika und ihrer Confessio verstanden werden konnten.

Bereits 832 hatte Abt Hilduin von St. Denis hinter dem Chor seiner Abteikirche eine drei parallele Kammern umfassende Kapelle errichten lassen, die er am 1. November 832 »in honore sanctae et intemeratae semper virginis genitricis Dei Mariae omniumque Sanctorum« weihte. Von Grablegen in der Hilduinskapelle ist nichts bekannt, vielmehr scheint sie als »oratorium« zur Aufbewahrung von Reliquien eingerichtet worden zu sein. Sie stand — nach Crosby — mit der Confessio nicht in direkter Ver-

---

426 Über Rotunden ist in letzter Zeit vergleichsweise häufig gearbeitet worden; A. Merhautová (Einfache mitteleuropäische Rundkirchen, Prag 1970) führte die Arbeit Cibulkas fort, die zahlreichen Rundbauten Mitteleuropas nach Form und Zweck bekannt zu machen. Neben den Aufsätzen von Reinle (für Süddeutschland) und Hubert (für Frankreich) ist zu nennen die Zusammenstellung der englischen Beispiele durch Michael Gervers (Rotundae Anglicanae, in: Akten des 22. Internat. Kunsthistoriker-Kongresses, Budapest 1969 [1972], p. 359 ff.). Die ältere Literatur und ihre Ergebnisse faßte W. Goetz referierend zusammen (Zentralbau und Zentralbautendenz in der gotischen Architektur, Berlin 1968, p. 329 ff). Rotunden an Umgangskrypten wurden auch von A. Verbeek (Die Außenkrypta, Werden einer Bauform des frühen Mittelalters, in: Zeitschrift für Kunstgeschichte, Bd. 13/1950, p. 1—38) und Hilde Claussen (Spätkarolingische Umgangskrypten im sächsischen Gebiet, in: Karolingische und ottonische Kunst, Wiesbaden 1957, p. 118—140) behandelt.

427 Warren Sanderson, Die frühmittelalterlichen Krypten von St. Maximin in Trier, in: Trierer Zeitschrift, 31/1968, p. 119. In Kapitel IV seiner Studie beschreibt Sanderson die Entwicklung der Außenkryptenanlagen vom 8. Jahrhundert an, wobei er sich auf höchst unterschiedlich glaubwürdige Angaben der Literatur stützen muß.

bindung, sondern war aus dem Querhaus der Basilika zugänglich[428]. Im Mittelraum stand vor der Apsis der Marienaltar; Nebenaltäre, die im Diplom Ludwigs des Frommen von 833 genannt sind, galten Johannes dem Täufer und allen Heiligen; ein – nach Crosby – ebenfalls am 1. November 832 geweihter Trinitätsaltar stand in der Basilika selbst. Hilduin war gleichzeitig Abt von St. Médard in Soissons. Hier hatte er bereits 823 eine Dreikammeraußenkrypta unter den Patrozinien der Trinität, Mariens und aller Heiligen errichtet[429]. Ich halte es für möglich, daß solche Oratorienkomplexe wie die Hilduinskapellen von St. Denis und Soissons für die Rotundenkonzeption des Wilhelm von Volpiano eine Rolle gespielt haben könnten. Dies um so mehr, als das Marienpatrozinium in den aufwendigen Außenkrypten des 11. Jahrhunderts immer eine beherrschende Rolle spielte[430]. Neben der Marienkapelle im Obergeschoß der ottonischen Außenkrypta von St. Maximin in Trier ist etwa an die Altaranordnung der Außenkrypta von Centula unter Abt Gerwin (1045 – 1075) zu erinnern: Neben dem Marienaltar als Hauptaltar standen hier Altäre der Herabkunft des Heiligen Geistes, der Auferstehung und der Himmelfahrt Christi sowie (im Westen der Krypta) ein Trinitätsaltar[431].

Der Zweck und die liturgische Nutzung der Marienaußenkrypten konnten von Bau zu Bau variieren. Warren Sanderson erklärt die aufwendigen Außenkrypten des Gorzer Reformkreises und der lothringischen Mischobservanz – vielleicht zu einseitig – als Feierstätten des »Triduum Sacrum[432]«. Für den cluniazensischen Reformbereich kommt eine solche Bestimmung nicht in Betracht (vgl. oben, p. 130). Und doch ist auch in der cluniazensischen Bautradition ein Moment der Dijoner Marienrotunde vorbereitet: die Stellung des Marienaltars im Chorscheitel. Zum Prozessionswesen der Cluniazenser gehören die sekundären Oratorien, wie die Krankenkapelle, die Querhausaltäre etc., besonders aber der in den Consuetudines Farfenses immer wieder genannte »alius chorus« oder »alter chorus«, der vom Konvent zu den »Matutinae omnium Sanctorum« besucht wird, der Marienaltar im Chorscheitel[433]. Wenngleich der Marienaltar von

---

428 Vgl. zu Hilduins Außenkrypta: Sumer McKnight Crosby, the abbey of St. Denis, 475–1122, New Haven 1942, p. 165 ff. Jules Formigé (l'abbaye royale de Saint-Denis, recherches nouvelles, Paris 1960, p. 168) gibt in einer von Crosby abweichenden Baugeschichte als Hilduin-Kapelle einen einfachen Saal mit Apsis; die Dreikammeranlage sei erst im 11. Jahrhundert entstanden. Formigés Deutung des Befundes hat im allgemeinen keine Zustimmung gefunden.

429 Crosby 1942, p. 182, meint, die Dreikammerkrypta habe als »ecclesia triplex« den Trinitätsgedanken anschaulich wiedergeben sollen. Im Falle der Rotunde von St. Bénigne schiene mir ein solcher Bezug zu simpel und den komplizierten hierarchischen Bezügen der drei Geschosse gegenüber unangemessen. Interessant wäre es aber, wenn man bei der karolingischen Außenkrypta bereits an einen ähnlichen Bezug zwischen Patrozinium und Architekturform gedacht hätte, wie er bei der frühromanischen Allerheiligen- bzw. Pantheons-Rotunde von St. Bénigne Berücksichtigung fand.

430 Die Marien-Außenkrypta scheint im 11. Jahrhundert so häufig gewesen zu sein, daß die Consuetudines Sigeberti um 1030 die Klöster der Gorzer Reform ansprechen konnten: »Si habent criptam in honore Sanctae Mariae dedicatam ...« (Bruno Albers, Untersuchungen zu den ältesten Mönchsgewohnheiten, München 1905, p. 77).

431 Vgl. Warren Sanderson, Monastic reform, 1971 (vgl. Anm. 423), p. 25 f.

432 Warren Sanderson 1971, p. 27 ff.

433 Vgl. zur Bedeutung des Marienpatroziniums in Cluny: Patrice Cousin, La dévotion mariale chez les grands abbés de Cluny, in: A Cluny, Congrès 1950, p. 210 ff. Bernhard wid-

St. Bénigne weniger häufig nach der Nokturn als vielmehr regelmäßig nach der Vesper vom Konvent besucht wurde, entsprach seine Bedeutung der seines Pendants in Cluny recht genau. Nicht unwichtig scheint mir in diesem Zusammenhang auch die Vermutung Conants, die um 940 errichtete Marienkapelle südöstlich von Cluny A sei nach dem Bau von Cluny II unter Majolus in Art einer Außenkrypta mit dem Chor der neuen Abteikirche verbunden worden und bis zum Neubau der freistehenden Marienkapelle im zweiten Viertel des 11. Jahrhunderts in Funktion geblieben[434]. Gestalt, Datierung und liturgische Nutzung dieses Marienannexes bleiben weitgehend unklar (zum Prozessionswesen berichten erstmals die Consuetudines Farfenses von 1042/43!); wäre Conants Rekonstruktion begründet, so hätte Cluny II eine Marienaußenkrypta besessen.

Durch ihr Patrozinium und durch ihren Bezug auf die römische Kirche Sancta Maria ad martyres weist sich die Rotunde von St. Bénigne eindeutig als Marienkirche aus. Richard Krautheimer hat die mittelalterlichen Marienrotunden insgesamt mit dem Pantheon als dem prägenden Vorbildbau in Zusammenhang gebracht[435]. Oft wurde – ex post – ein solcher Bezug von Chronisten eigens hervorgehoben[436]. Viele dieser Marienrotunden entwickelten ihre Ausstattung schon früh zu einem mehr oder weniger komplizierten mariologischen Kosmos: So geschah es in der Daurade bei Toulouse durch den Mosaikenschmuck, der in drei Rängen Propheten, Apostel und Marienleben übereinander anordnete, oder in der Marienkirche des Klosters St. Riquier von Centula durch die Altarordnung, welche dem Marienpatrozinium Apostelaltäre im Umgang zufügte[437]. Solche komplexen Marienrotunden, zu denen in der Vorstellung des frühen

---

met in seinen Consuetudines Cluniacenses der Feier der Matutin am Marienaltar und an den beiden Nebenaltären im Chorscheitel ein ganzes Kapitel (c. 39; Herrgott 1726, p. 229 f.).

434 K. J. Conant, les rapports architecturaux entre Cluny et Payerne, in: L'abbatiale de Payerne, Lausanne 1966, p. 130, und ders.: Cluny, 1968, p. 54.

435 Richard Krautheimer, Sancta Maria Rotunda (1950), in: Studies in early christian, medieval and renaissance Art, New York–London 1969, p. 107 ff. Das Dekagon der Daurade bei Toulouse, das als Marienkirche des 5./6. Jahrhunderts die These von der Vorbildlichkeit des Pantheon einzuschränken schien und Krautheimer veranlaßte, eine gemeinsame ältere Wurzel für beide Bauten in Martyrien des Heiligen Landes über Marienstätten anzunehmen, gilt neuerdings als ursprünglich heidnischer Tempel; seine Bauform war also nicht Folge des Marienpatroziniums (vgl. Anm. 388).

436 Neben dem Beispiel des Theoderich-Grabmals (Krautheimer 1969, p. 108), das im 11. Jahrhundert »ad similitudinem Romanae Pantheon formata« galt (Lehmann-Brockhaus 1938, N° 2372), käme möglicherweise auch die Marienkirche in Hexham in Frage, die von Wilfried nach sechsjährigem Romaufenthalt »in honore beatissimae virginis Mariae opere rotundo« errichtet worden war und im 12. Jahrhundert Romfahrern als Pantheonskopie galt (zuletzt Gervers, vgl. Anm. 426, p. 360 f.). Allerdings konnten auch Bauten, die kein Marienpatrozinium trugen, in ihrer Bauform mit dem Pantheon verknüpft werden; so meinte man im 11. Jahrhundert, Herzog Wenzeslaus von Böhmen († 937) habe die Burgkirche St. Veit in Prag »ad similitudinem Romanae ecclesiae rotundam« errichtet (vgl. Lehmann-Brockhaus, Die Kunst des 10. Jahrhunderts im Lichte der Schriftquellen, 1935, p. 62). Selbst der Rundtempel von Preneste galt dem Mittelalter als »aedificatum ad modum S. Mariae Rotundae« (Fine Licht 1968, p. 300, Anm. 98).

437 Vgl. zu den Grabungsergebnissen: H. Bernard, les fouilles de l'église Notre-Dame à Saint-Riquier, in: Bull. Archéologique, 1–2/1965–66, ersch. 1968, p. 25 ff.

11. Jahrhunderts auch die Pfalzkapelle von Aachen zählte[438], dürften eine weitere Wurzel der Marienrotunde von St. Bénigne gebildet haben[439].

Wenn man zusammenfassend die genannten Bezugsmöglichkeiten nochmals gegeneinander abwägt, muß die Rotunde von St. Bénigne nach Patrozinium und Bauform vor allem als ein Beispiel gelten, das bewußt auf die römische Kirche Sancta Maria ad Martyres zurückgreift. In ihrem Bezug aufs Allerheiligenfest und im Einschluß des Gedenkens ans Benignusmartyrium wird die Marienkirche aber zugleich zum Memorialbau »über« dem Heiligengrab. Ihren Charakter als Marienkirche wahrt sie entsprechend cluniazensischem Brauch und gemäß der Altaranordnung des Vorgängerbaus. Außenkrypten, die — ebenso wie der Cluniazensische Marien-Matutin-Altar — schon früh das Marienpatrozinium mit dem Allerheiligengedenken verbanden (Saint-Denis), könnten die Geschoßgliederung und die vielteilige Altaranordnung der Dijoner Rotunde mitbestimmt haben. Kerngedanke bei der Kombination der Basilika und ihrer Krypta mit der dreigeschossigen Rotunde war aber zweifellos die Wechselbeziehung zwischen Benignusmemorie und Allerheiligengedenken, die anschauliche und gegenwärtig wirksame Verbindung der katholischen Heiligenhierarchie mit dem Kult des Dijoner Lokalheiligen.

*

Man kann sich fragen, ob Wilhelm zuerst die Verbindung von Marien- und Benignuspatrozinium hergestellt hat. Schon die Schenkungsurkunde des Warnerius von 882 (vgl. Anhang 1) nennt die Abteikirche »sacratus in honorem Salvatoris mundi ac perpetuae virginis Dei genitricis Mariae Sanctorumque omnium« und läßt damit eine Patrozinienverbindung anklingen, die später in der Altaranordnung und im Bauwerk der Rotunde Gestalt angenommen hat. Allerdings haben wir keinen Hinweis darauf, daß bereits einer der spätkarolingischen Äbte von Saint Bénigne die Gedankenverbindung Benignusgrab — Allerheiligenfest — Sancta Maria ad Martyres als architektonische Aufgabe aufgefaßt habe. Erst Wilhelm von Volpiano unternahm es, die Bedeutung des Benignusgrabes — entsprechend seiner Einbeziehung in die Feier des Allerheiligentages — auch anschaulich: in Altaranordnung, Architektur und Liturgie, in den größeren Zusammenhang einzuschließen.

Mit der Vergegenwärtigung der Allerheiligenhierarchie ist die Altarordnung der Rotunde von St. Bénigne — wie wir im vorangegangenen Kapitel zeigten — aber noch nicht erschöpft. Ihr dynamisches Element, der Gedanke der Ekstase und der stufenweisen Annäherung zu Gott, verbunden mit der gegenläufigen Tendenz der Selbstoffenbarung Gottes in der Hierarchie seiner »ecclesia«, geht über die Versammlung der Heiligen am Benignusgrab hinaus und bezieht sich auf Askese, Meßfeier und Prozessionswesen des Konventes ganz allgemein. Wir fragen uns, ob in dieser doppelten Bedeutung der Rotundenaltarordnung nicht neben dem Allerheiligengedanken auch das

---

438 Adhemar de Chabannes, Chronicon Sive Hist. Francorum, cap. 31 (ed. Pognon 1947, p. 172). Ebenso noch 1166 die Beschreibung des Anonymus Aquensis »sub titulo et honore beatae Dei genitricis sempiterne virginis Mariae praedicatur fundata« (Rep. f. Kunstwiss., 14/1891, p. 119 f.).

439 Am Rande ist festzuhalten, daß — soweit ich sehe — keines der palästinensischen Marienheiligtümer des 4. bis 6. Jahrhunderts im Weihedatum mit dem 1. November oder mit dem 13. Mai verbunden ist (vgl. dazu: P. Donato Baldi, i santuari Mariani in Terra Santa, in:

Allerseelengedenken miteingeschlossen ist. Der Fürbittegedanken, der in der Stufung der Heiligenhierarchie zum Ausdruck kommt, und der Gedanke der Erlösung durch das von Gott ausstrahlende Licht sprechen hierfür, wennschon die offizielle Einsetzung des Allerseelenfestes auf den Folgetag von Allerheiligen durch Odilo von Cluny erst gegen 1030 erfolgte[440]. Das Allerseelengedenken war im Cluniazensischen Reformbereich durch Odilos Statut nicht unvermittelt eingeführt worden; im Brauch des Totengedächtnisses in Gebet und Meßfeier, welches die Brüder des eigenen Klosters wie auch die der verbrüderten Gemeinschaften umfaßte, war der Sinn des Allerseelengedenkens — wennschon in begrenztem Umfang — bereits im 10. Jahrhundert begründet. Odilos kalendarische Bestimmung des Allerseelenfestes gab der längst praktizierten Verbindung des Gedenkens der Heiligen mit dem der verstorbenen Brüder ihren liturgisch konsequenten und anschaulichen Rahmen[441]. Auch Wilhelm von Volpiano scheint in der Konzeption der Rotunde und ihrer Altaranordnung diesen Gedanken bereits vorweggenommen zu haben.

Liber Annuus-Studi Biblici Franciscani III, Jerusalem 1952—1953, pp. 219—269). Der Gedanke an eine Verbindung der Dijoner Rotunde mit einem palästinensischen Vorbild scheidet von daher aus.

440 Odilo von Cluny (994—1048) schloß dem Allerheiligenfest den Allerseelentag, die »Commemoratio omnium fidelium defunctorum, qui ab initio mundi fuerunt usque in finem« (so nach der Redaktion des Statutes aus den Jahren 1030/31 bei: Dom G. Charvin, Statuts, chapitres généraux et visites de l'ordre de Cluny, t. I, Paris 1965, p. 15 f.) an und machte seine Durchführung allen angeschlossenen Gemeinschaften zur Pflicht. Unklar ist, wann Odilo die Commemoratio anordnete; auf Grund einer dubiosen Nachricht des Chronisten Sigebert glaubte man (noch Dom G. Charvin in seiner Edition der Statuten von Cluny) den Allerseelentag bereits 998 angesetzt; Sackur hat die Unzuverlässigkeit dieser und anderer das Allerseelenstatut betreffender Quellen aufgezeigt und seine Einführung gegen 1030/31 angenommen (Die Cluniazenser, II/1894, p. 475 f.). Hallinger (Gorze-Kluny, Rom 1951, p. 949) und J. Hourlier (St. Odilon, Louvain 1964, p. 127 ff.) schließen sich Sackurs Datierung an.

441 Zu den Anfängen des cluniazensischen Totengedächtnisses vgl. J. Hourlier, Saint Odilon et la fête des morts, in: Revue Grégorienne XXVIII, Paris 1949, pp. 208—212; H. R. Philipeau, contribution à l'étude du culte collectif de Trépassés, in: Revue d'histoire ecclésiastique Suisse, t. LI/1957, p. 45—57; Karl Schmid und Joachim Wollasch, Die Gemeinschaft der Lebenden und Verstorbenen in Zeugnissen des Mittelalters, in: Frühmittelalterliche Studien VI, 1972, p. 390 f.

BEMERKUNGEN ZUR ARCHITEKTURGESCHICHTLICHEN STELLUNG DER FRÜHROMANISCHEN ABTEIKIRCHE VON ST. BÉNIGNE

Die architekturgeschichtliche Stellung der frühromanischen Abteikirche versuchte man im allgemeinen auf dem Hintergrund des Itinerars Wilhelms von Volpiano, ihres Bauabtes, zu bestimmen. Die wichtigsten Stationen im Leben Wilhelms: Oberitalien — sein Herkunftsland, das burgundische Cluny — der »background« seiner reformatorischen Tätigkeit und die Normandie als die ihm anvertraute Reformlandschaft sollen nach dieser Vorstellung die Kunstlandschaften bezeichnen, die auf den Bau der neuen Abteikirche von St. Bénigne einen entscheidenden Einfluß genommen haben oder die von ihm entscheidend geprägt worden seien.

Vita und Itinerar des Wilhelm von Volpiano sind oft dargestellt worden[442]; aus Rodulfus Glaber, aus dem Chronicon S. B. und aus der Urkundensammlung von Chevier-Chaume ist uns das äußere Faktengerüst seiner Vita in ungewöhnlicher Dichte und Genauigkeit bekannt. Dennoch gibt es keine eigentliche Biographie des Dijoner Reformabtes; seine Schriften und Reden sind bis auf Bruchstücke, die Rodulfus Glaber mitteilt, verloren[443]; sein Reformkonzept und seine Individualität sind uns so gut wie unbekannt.

Von der Resonanz her erfahren wir in ihm den Reformer, der sich in administrativen und politischen Fragen ebenso gewandt und erfolgreich bewegte, wie er in geistlichen impulsiv und unduldsam war, begegnen ihm als rücksichtslosem Kritiker mißlicher

---

442 Zu Wilhelm von Volpiano vgl.: Ernst Sackur, Die Cluniacenser in ihrer kirchlichen und allgemeingeschichtlichen Wirksamkeit bis zur Mitte des 11. Jahrhunderts, 2 Bände, Halle 1892/4, besonders Bd. I, p. 257—269 und passim. Paul Gaffarel, l'abbé Guillaume de St. Bénigne de Dijon, in: Revue de Bourgogne, 1913, p. 297—314 und 1914, p. 18—25. Maurice Chaume, Les origines paternelles de St. Guillaume de Volpiano, in: Revue Mabillon, 1924, p. 68—77. Watkin Williams, William of Dijon, a monastic reformer of the early XIth century, in: Downside Review, 1934, p. 520—545. Chevrier-Chaume 1943, p. 243 ff. René Herval, Guillaume de Volpiano, premier abbé de Fécamp et la renaissance romane en Normandie au XIe siècle, in: Précis analytique des travaux de l'Académie ... de Rouen, 1942/44, p. 303—320. B. C. Chiovenda, l'ambone dell Isola di San Giulio, Roma 1955. Louis Grodecki, Guillaume de Volpiano et l'expansion clunisienne, in: Centre internat. d'Etudes Romanes, Bulletin 1961/2, p. 21—31. Gregorio Penco, Le »consuetudines Fructuarienses«, in: Monasteri in Alta Italia, X-XII s. Congresso 1964, Torino 1966, p. 139—155. Hans Heinrich Kaminsky, Zur Gründung von Fruttuaria durch den Abt Wilhelm von Volpiano, in: Zeitschr. für Kirchengeschichte, Bd. LXXVII/1966, p. 238—267. Jean Marilier Guillaume de Dijon de Volpiano, in: Bull. Soc. Arch. et Hist. de Langres, t. XVI/1971, p. 121 f.
Zuletzt — mir leider erst nach Niederschrift des Ms. bekannt geworden —: Neithard Bulst, Untersuchungen zu den Klosterreformen Wilhelms von Dijon (962—1031), Pariser Historische Studien, Bd. 11, Bonn 1973.

443 Vgl. Bulst 1973, p. 249 ff. »Die Schriften Wilhelms von Dijon«, wo die Autorschaft Wilhelms an den meisten der von D. Eugen de Levis 1797 unter Wilhelms Namen herausgebrachten Gebete, Briefe und Predigten mit gutem Grund abgelehnt wird.

Zustände, der selbst vor Interventionen bei Papst und Königen nicht zurückschreckte. Als einen Erneuerer des Kirchengesangs, als Gründer von Kloster- und Laienschulen, als »liberalibus artibus apprime eruditum« (Chronik von Fécamp), Kenner der Medizin und als maßgeblich Beteiligten am Neubau der Abteikirche von St. Bénigne schildern ihn die zeitgenössischen Quellen. Und doch bleibt uns das Bild seiner Person unscharf und hat nichts von der Anschaulichkeit, in der uns seine Freunde Majolus, Odilo und Johannes v. Fécamp vor Augen stehen. In der Darstellung von Kassius Hallinger gilt Wilhelm als verlängerter Arm der cluniazensischen Reform ohne eigene Note[444]. Ich bezweifle, daß der Person und dem Reformwerk des Dijoner Abtes damit Gerechtigkeit widerfahren sei[445].

Es ist überflüssig, den Ablauf des Lebens und der Reformtätigkeit Wilhelms von Volpiano hier erneut im einzelnen zu referieren. Grodeckis Aufsatz von 1961 zeigt, daß selbst eine detaillierte Ausbreitung des Faktenmaterials zum Itinerar und zu den menschlichen Kontakten Wilhelms ohne zwingende Hinweise auf die architekturgeschichtliche Bestimmung der Dijoner Abteikirche bleibt. Statt dessen greifen wir aus der Wilhelm-Biographie drei Fragen heraus, welche die Architekturgeschichte stets in besonderem Maße bewegt haben:

1. Übertrug Wilhelm oberitalienische Bauformen nach Burgund?
2. Kann Wilhelm als Initiator der frühromanischen Architektur der Normandie gelten?
3. Stand der Dijoner Neubau in einer baukünstlerischen und bautypischen Abhängigkeit von Cluny II, der Abteikirche des Majolus?

---

444 So spricht Kassius Hallinger (Gorze-Cluny, 1950) von Wilhelm als dem »Übercluniazenser« (p. 41, eine tendenziöse Übersetzung der zeitgenössischen Charakterisierung Wilhelms »supra regulam«), dem »energischsten und am meisten seiner Formung bewußten Kluniazenser jener Tage« (p. 517), und macht aus Wilhelm eine Schlüsselfigur cluniazensischer Intransigenz, ohne doch seine Individualität fassen zu können.

445 So neuerdings auch: Joachim Wollasch, Mönchtum des Mittelalters zwischen Kirche und Welt, München 1973, p. 53 und passim; Bulst 1973, passim.

DIE ITALIENISCHE FRAGE

Italien spielte für Wilhelm zeitlebens eine wichtige Rolle. Auf der Insel San Giulio im Ortasee während der Belagerung durch Kaiser Otto I. im Jahre 962 geboren, als »oblatus« im Kloster Lucedio aufgenommen[446] und dort – von Aufenthalten an den Schulen in Vercelli und in Pavia sowie von einer Reise zur Sagra di San Michele[447] abgesehen – bis zu seinem 25. Lebensjahr Mönch, endete seine Beziehung zu Italien mit der Reise nach Cluny und der Übernahme der Abtswürde von St. Bénigne keineswegs. Die zahlreichen Italienreisen, die er seit 995 von Dijon aus unternahm und die ihn mehrfach nach Rom und bis nach Benevent führten, die Kontakte, die er mit dem Papst, mit der italienischen Eremitenbewegung um Romuald, mit dem Dogen von Venedig, mit den Klöstern von Ravenna, Rom und Farfa unterhielt, und schließlich die Berichte über die bevorzugten Aufenthalte italienischer Äbte und Bischöfe in Dijon, um mit Wilhelms Reformwerk bekannt zu werden[448], sind der deutlichste Beweis hierfür. Italiener setzte Wilhelm mit Vorliebe als Prioren oder Äbte den Klöstern vor, die er selbst reformiert hatte. Seine eigene Klostergründung Fruttuaria (heute San Benigno Canavese) zu einem exempten, auch von St. Bénigne in Dijon unabhängigen Kloster zu machen, unternahm er die umständlichsten finanziellen und rechtlichen Vorstöße[449].

---

[446] Der kleine Ort San-Genuario und das ehemalige Zisterzienserkloster S. Maria di Lucedio, beide in den Reisfeldern der Poebene wenige Kilometer nordöstlich von Crescentino gelegen, erinnern noch an den Ort der ehemaligen Benediktinerabtei (»sanctae Mariae sanctique archangeli Michaelis in honore sacratum, nomine Luciacum, in quo etiam veneranda habentur ossa beati martyris Januarii«, Rod. Glaber, Vita Willelmi, cap. 4), von der sich sonst jede Spur verloren hat.

[447] Rod. Glaber, Vita Willelmi, cap. 8, berichtet von der Reise, die Wilhelm »orationis ac visitationis gratia ad monasterium beati archangeli Michaelis, quod situm constat in altissimis jugis Alpium« unternahm. Dem folgenden Reisebericht nach muß es sich um die Sagra di San Michele handeln, die auf einer 600 m hohen, fast senkrecht über dem Tal aufsteigenden Bergnase liegt. Im Bericht des Rod. Glaber folgt die Reise auf Wilhelms Auseinandersetzung mit dem Bischof von Vercelli um den Oboedienzeid bei der Weihe zum Diakon, den Wilhelm verweigerte. Auf dem Monte Pirchiriano, dem Platz des um 1000 gegründeten Michaels-Klosters, befand sich damals eine Eremitenkolonie. Ob Wilhelm dort von den Eremiten Johannes Vicentinus und dem hl. Romuald empfangen wurde, wie Christine Verzár (Die romanischen Skulpturen der Abtei Sagra di San Michele, Bern 1968, p. 17 ff.) meint, ist fraglich (vgl. hierzu Giovanni Tabacco, Romualdo di Ravenna e gli inizi dell'eremitismo Camaldolese, in: L'Eremitismo in Occidente nei secoli XIe XII, Milano 1965, p. 112 f.).

[448] Vgl. die genauen Angaben im Chronicon S. B. (ed. Bougaud, 1875), p. 133 und 137: »ceperunt denique ex suo patria, hoc est Italia, multi ad eum convenire. Aliqui litteris bene eruditi, alii agriculture scientia prediti, alii diversorum operum magisterio docti. Quorum ars et ingenium huic loco profuit plurimum«; p. 148/9 und 152 werden einzelne Namen von Geistlichen aus Lothringen, Oberitalien (von Albenga bis Venedig), Rom, Griechenland und England genannt. Auch Rodulfus Glaber (Vita Willelmi, cap. 18) betont: »satagebat (pater Willelmus) a diversis partibus terrarum colligere viros«.

[449] Vgl. hierzu H. H. Kaminsky, Zur Gründung von Fruttuaria durch den Abt Wilhelm von Volpiano, in: Zeitschr. f. Kirchengeschichte, LXXVII/1966, p. 238 ff.

Auch dem lombardischen Sonderkönigtum scheint er lange als entschiedener Parteigänger zur Seite gestanden zu haben (bis etwa 1005); wie sein Vater Rotbert die Sache Berengars als Kriegsmann vertreten hatte, so setzte sich Wilhelm für das lombardische Königtum des Arduin von Ivrea und für den Anspruch des jungen Otto-Wilhelm, des Berengar-Enkels, auf den burgundischen Herzogstitel ein – beides letztlich ohne Erfolg, erstaunlicherweise aber auch ohne nachhaltige Trübung seines Verhältnisses zu Kaiser Heinrich II. und zu Robert dem Frommen von Frankreich[450].

An die Herkunft Wilhelms aus Italien und an seine engen Bindungen zur Heimat auch nach Übernahme der Abtswürde von St. Bénigne knüpfte sich die architekturgeschichtliche Legende, Wilhelm habe seine Bauleute aus Italien kommen lassen, als er 1001 mit dem Bau der neuen Abteikirche von St. Bénigne begann[451]. Die Suggestion dieser Legende ging so weit, daß ein ernsthafter Bearbeiter der frühromanischen Abtei die Nachricht von den italienischen Geistlichen, die sich in Dijon aufhielten und von denen einige als »agriculture scientia prediti« gerühmt wurden (vgl. Anm. 448), auffaßte als »ils ... s'entendaient *en architecture*«[452]. Die Quellen berichten von italienischen Bautrupps mit keinem Wort. Der einzige zeitgenössische Hinweis auf die »ma-

---

450 Kaminsky, ebda. p. 242–248. Die verwandtschaftlichen Beziehungen Wilhelms mit den führenden Familien Italiens, Frankreichs und Deutschlands sind oftmals (gerade auch von kunsthistorischer Seite) überschätzt worden. Sein Vater kam aus schwäbischem Adel, seine Mutter wohl aus der Familie Berengars, da Rodulfus Glaber zwischen Wilhelm von Volpiano und Otto-Wilhelm, dem Enkel Berengars, ein Verwandtschaftsverhältnis konstatiert. Otto-Wilhelm hinwiederum war mit der Schwester des Bischofs Brun von Langres verheiratet, so daß um 1002/3 die drei wichtigsten Personen des nördlichen Burgund untereinander verwandt, und zwei von ihnen in Oberitalien aufgewachsen waren. Kaiser Otto I. hatte den gerade geborenen Knaben Wilhelm des Verteidigers der Isola S. Giulio, des Ritters Rotbert, nach der Übergabe der Insel selbst über die Taufe gehalten; daraus wollte man auf ein Verwandtschaftsverhältnis zwischen Wilhelms Familie und den Ottonen schließen; das ist nicht zwingend, da es unter Personen von Stand üblich war, Frieden zu schließen, indem man einander die Kinder über die Taufe hob (vgl. Rod. Glaber, Hist. Lib. II, cap. II).

451 Soweit ich sehe, tritt die Legende zum ersten Mal auf bei Bougaud (in: BM 1859, p. 85): er glaubt die frühromanische Abteikirche »batie par des ouvriers Italiens, que l'abbé Guillaume avait fait venir de Rome et de Ravenne«. In immer neu abgewandelten Worten kehrt diese Behauptung (ausgenommen Jean Hubert/Grodecki u. a. wenige) in allen architekturgeschichtlichen Urteilen zu St. Bénigne bis heute wieder (zuletzt u. a. Conant 1959, p. 58 und 82; M. Durliat in seinem Forschungsbericht »L'art roman en France«, in: Annuario de estudios medievales, 5/1968 [Barcelona], p. 611). Raymond Oursel (Le Rhône et l'art roman, in: Centre Internat. d'Etudes Romanes I, 1958, p. 3–10) machte sich die »genauesten« Vorstellungen von diesem Bautrupp: es handle sich um Generationen einfacher Handwerkerfamilien vom Comer See, die allerdings nicht die architektonische Anlage im großen bestimmt haben könnten, sondern lediglich ihre herkömmliche Maurerweise zur Geltung gebracht hätten, so daß sich »leur décor (gemeint: Lisenen und Rundbogenfriese) se superpose bien souvent à des édifices autrement conçus« (p. 5).
Wer aber noch heute in der Architektur des 11. Jahrhunderts »magistri comacini« am Werke glaubt, arbeitet mit einem Phantom, das schon Kingsley-Porter (Lombard Architecture, Band 1, p. 8 ff.) totgesagt hatte. Vgl. zu diesem Stichwort zuletzt: Mario Salmi, Maestri comacini o commàcini?, in: Artigianato e tecnica nella società dell' alto medioevo occidentale. Settimane di Studi di Spoleto XVIII, Spoleto 1971, Bd. 1: pp. 409–424, Bd. 2: p. 515/6; und: Pierre de Colombier, les chantiers des Cathédrales, Paris 1973[2], p. 135.

452 Poinssot, in: BM 1954, p. 317.

gistri« steht in Satz 2 der Chronik-Baubeschreibung und besagt, daß Wilhelm sich um ihre Anwerbung kümmerte; zu ihrer Herkunft erfahren wir nichts. Die einzige Quelle zur Ermittlung des italienischen Elementes bleibt folglich die Abteikirche von St. Bénigne selbst, d. h. das, was die Ansichten des 17./18. Jahrhunderts von ihr wiedergeben, was wir in der Rekonstruktion sichern konnten oder was uns an Bauzier erhalten geblieben ist.

Das auffälligste »lombardische« Motiv ist die Außengliederung der oberen Rundschneggengeschosse durch Lisenen und Rundbogenfriese (Abb. 49). Tatsächlich findet es sich fast regelmäßig an oberitalienischen Bauten des späten 10. und des 11. Jahrhunderts, aber nicht allein dort, sondern — wie Puig y Cadafalch gezeigt hat — in einem viel weiteren geographischen Bereich, der sich ganz grob mit den Dreieckspunkten Katalonien, Dalmatien und dem nördlichen Burgund abstecken läßt und der noch heute als die Kunstlandschaft des »premier art roman« angesprochen wird[453]. In Burgund tritt das Motiv etwa gleichzeitig mit St. Bénigne an der doppelgeschossigen Vorhalle von Tournus, an St. Vorles in Châtillon-sur-Seine und an der cluniazensischen Abteikirche von Romainmôtier auf. Ebensowenig wie für einen dieser drei Bauten angenommen werden muß, daß er von Lombarden errichtet worden sei, kann das Rundbogen-Lisenenmotiv in St. Bénigne als Hinweis auf eine solche Beziehung verstanden werden. Genauer besehen unterscheidet sich St. Bénigne in der Handhabung des Motivs ebenso deutlich von lombardischen Bauten wie von den genannten burgundischen Vergleichsbeispielen: Die Lisenen und Rundbogenfriese bedecken nicht den ganzen Bau, sondern schmücken lediglich eine Etage des Rotundentreppenpaares. Darüber hinaus wird das Rundbogen-Lisenenmotiv hier ganz betont durch andere Gliederungselemente: durch die hohen Nischen und das verkröpfte Spiralsims, bereichert und in einen verfremdeten Gliederungszusammenhang gestellt. Beides ist unlombardisch und legt nicht nur nahe, die Übermittlerfunktion des Lisenen-Rundbogenmotivs aus Italien nach Burgund einem anderen Bau als St. Bénigne beizumessen (Cluny II?), sondern macht auch deutlich, wie eigenwillig und souverän in St. Bénigne ältere, landläufige Schmuckmotive mit originellen, soweit wir sehen, nirgend sonst vorgegebenen Motiven sich zu neuen Gliederungskomplexen verbinden.

Die übrigen Gliederungselemente an den Rundschneggengeschossen lassen sich keineswegs als typisch lombardische oder piemontesische ansprechen. Die Nischenreihen fallen besonders deutlich aus dem Rahmen dessen, was man von »premier art roman« zu erwarten gewohnt ist. Die ottonische Architektur kennt zwar Nischenreihen, aber

---

453 Obwohl die Basis an Baumotiven, die Puig y Cadafalch seiner Bestimmung des Gemeinsamen im »premier art roman« zugrunde legte (Außengliederung und Wölbungsformen, bei Außerachtlassung der Innengliederung und der Raumanordnung) schon früh als zu schmal erkannt wurde (vgl. die Rezension von H. E. Kubach, in: Zeitschrift für Kunstgeschichte VII, 1939, p. 70 ff.), hat sich der Begriff des »premier art roman« und sein geographischer Geltungsbereich doch bis heute gehalten. Eine genauere Bestimmung seiner Merkmale, seiner zeitlich-räumlichen Verbreitung und seiner Abgrenzung gegen die ottonische Architektur konnte bis heute erst in Ansätzen gegeben werden. Vgl. zuletzt: Renate Wagner-Rieger, Premier art roman, in: Aachener Kunstblätter 41, 1971, p. 27 ff., und Roberto Salvini, Pre-romanesque, ottonian and romanesque, in: Journal of the British archeological Association, XXXIII, 1970, p. 1—20. Beide Autoren — Salvini stärker als R. Wagner-Rieger — greifen Puig y Cadafalchs These vom »premier art roman« als einer »Volkskunst«, welche sich gegen die »Hofkunst« der Ottonen abgrenzen lasse, wieder auf.

nur im Innern[454]; am Außenbau finden sie sich vereinzelt an römisch-antiken Rundbauten, später – zu Beginn des 11. Jahrhunderts – an der südlichen Chorapsis des Doms von Aosta und schließlich in der Architektur des Veneto in der San-Marco-Nachfolge (1060/80, wobei unklar ist, ob schon der Bau des 10. Jahrhunderts in die Tiefe der Backsteinmauer eingearbeitete Nischenreihen besessen hat), ohne doch daß das Dijoner Motiv mit diesen Beispielen zwingend verbunden werden könnte.

Abwegig wäre es auch, die Rundschneggen auf runde Glockentürme der adriatischen Küste zurückzuführen. Die Rundform ergibt sich für einen Turm, der sich an einen Rundbau anlehnt, sozusagen von selbst (vgl. Neuvy-St. Sépulcre, ca. 1100). Dementsprechend ist in St. Bénigne auch nicht die Rundform das Außergewöhnliche, sondern die Ausbildung eines Turmpaares, das in symmetrischer Anordnung an die Rotunde über ihrer Querachse anschließt[455]. Der Standort erinnert an die Querhaus- oder Westwerkflankentürme der ottonischen Architektur (Hildesheim, Nivelles, Trier, Mainz, etc.), ohne daß diese dem Bau untergeordneten, vergleichsweise kleinen Türme mit den mächtigen Rundschneggen von Dijon sonst etwas gemein hätten. In jedem Fall ist die Ausbildung eines Turmpaares ein durchaus unitalienischer Zug; die paarweise Anordnung der klobigen Türme der Kathedrale von Ivrea über dem Ansatz ihres Chorumgangs (um 1000) ist hier eine eher durch ottonische Vorbilder angeregte Ausnahme.

Ob man in der reichen Gliederung der Türme, durch die sie sich in Höhe des Rotundenobergeschosses vom Rotundenblock und von dem westlich anschließenden Verbindungstrakt abheben, eine Resonanz der etagenreichen Gliederung italienischer Campanile sehen darf (vgl. den Campanile von S. Benigno Canavese, dem ehemaligen Fruttuaria, der ins 11. Jahrhundert datiert wird, Abb. 108) oder einen späten Ausläufer der merowingischen Turmtradition Frankreichs, die sich in den Aufsätzen der karolingischen Vierungstürme von Centula und im doppelgeschossigen Vierungsturm von St. Vorles in Châtillon-sur-Seine noch im 11. Jahrhundert als lebendig erwiesen hat, ist schwer zu beantworten. Auffallend ist aber – und das spricht für die nordalpine Tradition –, daß der Chronist für St. Bénigne insgesamt 8 Türme nennt, eine Zahl, die eher dem Turmreichtum karolingischer und ottonischer Bauten entspricht als der Abneigung Italiens gegen jede Auflockerung der einfachen, stereometrischen Rund- oder Basilikalgestalt.

Mit der Aufdeckung der Hallenkrypta von St. Jean-de-Maurienne (1959 ff.) ist die Frage nach der Entstehung und der möglichen Herkunft dieser Raumform aus Italien neu belebt worden. Jean Hubert, der die dreischiffige (inkl. Vorraum), achtjochige Hallenkrypta von St. Jean-de-Maurienne zwischen 1040 und 1075 datiert, glaubt sie ebenso wie die robertinische Krypta von Notre-Dame in Etampes (ca. 1020) von lombardischen Bauleuten errichtet[456]. Die Krypta von St. Bénigne erwähnt er in diesem

---

454 cf. Louis Grodecki, l'architecture ottonienne, Paris 1958, p. 252 ff.

455 Ohne daß man an einen architekturgeschichtlichen Zusammenhang mit St. Bénigne in Dijon denken könnte, verweise ich auf die Anlage eines Rundbaus mit flankierenden Rundtürmen (wennschon nicht exakt über der Querachse des Rundbaus), den Walter Sage unter dem Dom von Eichstätt ergraben hat (Archäologisches Korrespondenzblatt 3, 1973, p. 107 ff.). Sage hält den Bau für ein Baptisterium der Kirchenfamilie des 10. Jahrhunderts.

456 Jean Hubert, La crypte de Saint-Jean-de-Maurienne et l'expansion de l'art Lombard en France, in: Centro die Studi storici Pistoia, Il Romanico Pistoiese nei rapporti con l'arte

Zusammenhang nicht[457]; mit ihrem Baudatum von 1001 ff. stellt diese aber Huberts These von der Priorität der italienischen Hallenkrypten und der Übertragung ihres Typus nach Frankreich im Laufe des zweiten Viertels des 11. Jahrhunderts in Frage.

Die Krypta von St. Bénigne unterscheidet sich in einem wichtigen Merkmal von den größeren unter den karolingischen und frühromanischen Krypten Frankreichs: Besitzen diese regelmäßig im Westen eine Confessio, an die sich im Osten gegebenenfalls Vorraum, Umgang, Radialkapellen oder andere Annexbauten anschließen, so ist in St. Bénigne die Krypta nach Westen hin geöffnet, das Heiligengrab aber an die östliche Grenze der Krypta, in ihre Apsis, gerückt. So hat die Krypta von St. Bénigne den Charakter einer Unterkirche, die sich doch nicht unter dem gesamten Langhaus hinzieht, sondern aus dem Mittelschiff auf halber Höhe zugänglich ist. Das Bild der gegen das Langhaus weit geöffneten Chor- oder Querhauskrypta ist uns aus Italien vertraut[458]. Lombardische und toskanische Bauten des 11. und 12. Jahrhunderts reduzieren den Presbyteriumszugang auf schmale seitliche Stiegen, wogegen sich die Krypta – oft fast ebenerdig – in Arkaden gegen das Schiff öffnet und ihre Front gern durch den »pontile« zu einer lettnerartigen Schauwand ausgestaltet.

Indessen läßt sich in Italien kein Beispiel einer solchen Kryptenlösung aus der Zeit vor der Jahrtausendwende nachweisen. Das älteste Beispiel einer Hallenkrypta, welche die gesamte Chor- und Querhauspartie sowie Teile des Langhausmittelschiffs (um die Tiefe zweier Kryptenjoche) unterfängt, die Abtei San Salvatore am Monte Amiata, wird mit einem Weihedatum der Kirche von 1036 verbunden[459], die piemontesische Kathedrale von Acqui – mit ihren insgesamt 21 Krypten-»Schiffen« unter Querhaus und Staffelchor – erst mit einer Weihe von 1067[460]. Gewiß gab es in Italien schon vor oder um das Jahr 1000 kleinere Hallenkrypten, welche der Ausdehnung der Apsis ent-

---

romanico dell'occidente, Atti del primo convegno internazionale di Studi mediaevali di storia d'Arte 1964, Pistoia 1964, pp. 183 ff.
Zum aufgedeckten Bestand und zur Datierung der Krypta von St. Jean-de-Maurienne vgl. E. Stephens, Fouilles archéologiques dans la cathédrale de St. Jean-de-Maurienne, in: Les Monuments Historiques de France, 1960, p. 89 ff., und – abweichend – Jean Hubert, in: Bull. Soc. des Antiqua. de France, 1961, p. 40–49, vgl. auch J. Vallery-Radot, in: CA 1965, p. 61 ff.

457 Auch Jacques Thirion gibt in seinem Aufsatz »L'influence lombarde dans les alpes françaises«, BM 1970, p. 18/19, eine Entwicklungsgeschichte der Krypta von den italienischen Vorstufen des 10. Jahrhunderts an, ohne St. Bénigne zu berühren.

458 Zu den italienischen Beispielen vgl. W. Paatz, in: Mitteilungen des kunsthist. Inst. in Florenz 6, 1940/41, p. 46/47. Französische Beispiele von Hallenkrypten (den sog. »tribunes monastiques«), die sich gegen das Langhaus in offener Bogenstellung vermittelten, wie Cruas (vgl. BM 1973, p. 47, mit dem Bericht über die neuesten Grabungen) und Saint-Solenne in Blois (vgl. Lesueur, in: BM 1930, p. 435 ff.), datieren frühestens aus dem fortgeschrittenen 11. Jahrhundert.

459 Die Urkunde über die Weihe in MGH, Script. T. 30, P. 2, Fasc. 2, Leipzig 1929 (ed. P. E. Schramm). Zur Architektur der Krypta vgl. M. Moretti, l'architettura romanica religiosa nel territorio dell'antica republica senese, Parma 1962, p. 85 ff., und: Salvini-Borsig, Toskana, unbekannte Kirchen, München 1973, p. 16. In beiden Werken wird von den neuaufgedeckten Kryptenjochen unter dem Mittelschiff berichtet, die heute rekonstruiert sind; das Kryptengrundriß-T lag also gleich wie in St. Bénigne.

460 Pierre Héliot glaubt die Krypta des Doms von Acqui »achevée sans doute en 1023, lors de l'installation des Chanoines dans le choeur« (in: Bull. Soc. Nat. Antiqu. France, 1966, p. 180). Für eine so frühe Datierung sehe ich keinen Hinweis.

sprachen; ich denke an Asti / S. Secondo, Agliate / S. Pietro, Galliano / S. Vincenzo, Brescia / S. Salvatore oder schließlich an den Dom von Aquileia, wo die Elemente der später so beliebten weiträumigen Halle bereits durchgängig ausgebildet sind: Verwendung monolither Säulen als Stützen; kämpferlose, nahtlos zwischen Säule und Wölbungsfuß vermittelnde Kapitelle; Tonnengewölbe mit Stichkappen, die der Gratwölbung nahekommen können; niedrige Proportionen, schmale Joche[461].

Waren dies aber Strukturelemente, die der Krypta von St. Bénigne notwendig aus Italien überliefert werden mußten? Die Krypta der Kathedrale von Clermont-Ferrand, die von May Vieillard-Troiekouroff vor kurzem neu untersucht und mit Bestimmtheit in die Mitte des 10. Jahrhunderts (Weihe 946) datiert wurde[462], besaß bereits eine dreischiffige, mehrjochige Halle. Umgangskrypten, die ins erste Viertel des 11. Jahrhunderts datiert werden können, wie die Krypta der Kathedrale von Rouen[463], gestalteten Kryptenräume über verschiedensten Grundrißflächen, darunter auch mehrschiffige Hallen, bereits mit einer solchen Meisterschaft[464], daß man annehmen möchte, die Entwicklung der französischen Hallenkrypta habe auch ohne italienischen Einfluß zu einer so ausgedehnten Anlage wie in St. Bénigne führen können.

Was Hubert in St. Jean-de-Maurienne und Notre-Dame von Etampes an italienische Beispiele erinnerte, ist die Feingliedrigkeit der Kryptenstützen und die enge Verzahnung von Säule und Gewölbefuß, die auf Kämpfer verzichtet. Indessen ist hier zu differenzieren: Während in der Krypta von St. Jean-de-Maurienne der Gewölbefuß über den Wandvorlagen- und Freistützenkapitellen sofort und übergangslos in Gurte und plastisch vorspringende Gewölbegrate sich zerlegt (Abb. 112) und darin dem System piemontesischer und lombardischer Krypten genau folgt (vgl. die Krypta der Kathedrale von Aosta, Abb. 111, oder die von San Pietro in Agliate), ist das Gewölbe der Krypta von Étampes — wie in St. Bénigne — aus gekreuzten Tonnen gebildet. Dem frühen Datum von St. Bénigne entsprechend, müßte eine italienische Einflußnahme eher für den burgundischen Bau als für die Kirche der robertinischen Residenz (Etampes) angenommen werden. Die großen italienischen Hallenkrypten, die von Thümmler und Verzone übereinstimmend spät angesetzt wurden und deren Daten Pierre Heliot vor kurzem neu bestätigt hat[465], kommen für eine solche Entwicklung aber nicht in Betracht. Gerade im Fall der Kathedrale von Acqui kann man sich fragen, ob die Übermittlung der weitläufigen Kryptenanlage nicht umgekehrt von Frankreich nach Italien verlief, ob nicht neben dem benediktinischen Staffelchor von Acqui, den schon Thümmler auf französische Bauten wie Bernay zurückführte[466], auch die Hallenkrypta durch französische Beispiele, etwa durch St. Bénigne, beeinflußt worden sein könnte.

---

461 Vgl. zu den italienischen Beispielen: Hans Thümmler, Die Baukunst des 11. Jahrhunderts in Italien, in: Römisches Jb. f. Kunstgeschichte III, 1939, p. 141 ff., und Paolo Verzone, L'architettura religiosa dell'alto medio evo nell'Italia settentrionale, Turin s. d. (1942?), beide mit Grundrissen und Abb. der genannten Bauten.

462 May Vieillard-Troiekouroff, in: Cahiers Archéologiques, XI/1960, p. 199—247.

463 Vgl. R. Liess, Der frühromanische Kirchenbau des 11. Jahrhunderts in der Normandie, München 1967, p. 159 ff.

464 Diese ist besonders auffällig im Vergleich mit der roh gearbeiteten Umgangskrypta des Domes von Ivrea.

465 Pierre Héliot, la crypte de l'abbatiale de Saint-Michel-en-l'Herm et les grandes cryptes romanes, in: Bull. Soc. Nat. Antiqu. France, 1966, p. 169 ff., besonders p. 178 ff.

466 Thümmler, vgl. Anm. 461, p. 163—165, ebenso Luigi Crema, in: Atti dell X Congr. di

Ähnlich negativ oder unbestimmt wie der bisher geführte Vergleich zwischen dem Bau des Wilhelm von Volpiano in Dijon und der zeitgenössischen Architektur Italiens fällt auch ein solcher hinsichtlich der Bauzier aus[467]. Zwar finden sich in Oberitalien häufig Blockkapitelle mit mehr oder weniger markant abgefasten Ecken, selbst solche mit einer andeutenden Binnenzeichnung (vgl. die Kryptenkapitelle von S. Secondo in Asti, Abb. 110), die in ähnlicher Weise wie die nur angelegten Oranten des Rotundenuntergeschoßkapitells von Dijon (Abb. 78) zwischen Säule und Gewölbefuß einen bescheidenen tektonischen Bezug schaffen. Auch die Hinterarbeitung von Eckstegen (Abb. 82) oder Eckfiguren (Abb. 72) finden wir vor 1050 in der Bauzier Italiens häufiger als in Frankreich. Mit den Ciboriumskapitellen der Pieve di San Leo hat Grodecki (1961) ein sehr frühes, 881 datiertes Beispiel genannt; jüngere Vergleichsstücke finden sich beispielsweise in den Krypten von Nonantola und des Domes von Aosta (Westabschnitte). Damit sind aber die Vergleichsmomente zwischen St. Bénigne und der italienischen Bauzier bereits erschöpft; weder zu den Orantenkapitellen noch zu den Monsterkapitellen (Nr. 3 und 4) der Dijoner Krypta findet sich motivisch oder künstlerisch Entsprechendes in Italien. Zwar gibt es im adriato-byzantinischen Bereich früh Kapitelle mit einem dichten Nebeneinander von Mittel- und Ecktieren, wobei die letzteren dem Kapitellblock oft nurmehr lose attachiert sind (vgl. etwa die Ciboriumskapitelle der Kathedrale von Parenzo, 6. Jahrhundert), doch zögern wir, diese raffinierten Kapitelle mit den — wie Focillon und Grodecki immer betont haben — tastenden Kapitellzier-Versuchen von St. Bénigne zu vergleichen. Am ehesten noch könnten die Dijoner Reliefplatten ähnlichen Tierreliefs Italiens zur Seite gestellt werden, etwa den Paaren von Adler- und Löwenreliefs, die an der Vorhallenfassade der Pomposa eingesetzt sind, oder den beiden Tierreliefs in der Ostarkade des Atriums von St. Ambrogio in Mailand (Abb. 109). Über eine motivische Identität geht aber auch dieser Vergleich nicht hinaus; das chronologische Verhältnis bleibt offen, da die Mailänder Reliefplatten in einer architektonischen Umgebung sitzen, die erst gegen 1100 geschaffen wurde.

Das negative Ergebnis im Vergleich mit italienischen Bau- und Zierformen spricht gegen eine Beteiligung italienischer Architekten und Bildhauer und gegen eine Bestimmung der Dijoner Abteikirche als Brückenkopf oberitalienischer Architektur in Frankreich.

Ebensowenig läßt sich aber — und es ist zu betonen, daß auch hieran zu denken wäre — die gegenläufige Beeinflussung Italiens durch die Bauunternehmungen in St. Bénigne und Cluny feststellen (jedenfalls nicht in den ersten Jahrzehnten des 11. Jahrhun-

Storia dell' Architettura, 1959, p. 240. Auch Schwarz (Röm. Jb. f. Kunstgeschichte, VI/ 1942—44, p. 10 f.) betonte den normannischen Einfluß (Bernay/Jumièges) auf zahlreiche oberitalienische Bauten ums Jahr 1100. Beachte hierzu aber auch Kingsley-Porter (Lombard Architecture, New Haven—Oxford 1917, Bd. 1, p. 156 ff.), der sich ebenso gegen eine Einwirkung cluniazensisch-burgundischer Architektur auf Oberitalien wendet, wie er die Legende vom »lombardischen« Kirchenbau Wilhelms von Volpiano in Dijon ablehnt.

467 Die oberitalienische Bauzier des 7.—11. Jahrhunderts ist im Bestand schlecht bekannt und nur in wenigen herausragenden Stücken publiziert. Die Entwicklung von der frühchristlichen und langobardischen Bauzier zur frühromanischen Kapitellskulptur ist noch dunkel. Die knappen Hinweise von Kingsley-Porter, Lombard Architecture, I/1917, p. 185 ff. und 208 ff., können immer noch als das Beste und Kenntnisreichste zu diesem Thema gelten, während Thümmler (Röm. Jb. f. Kunstgeschichte, III/ 1939, p. 177 ff.) mit vermeintlich präzisen Datierungen eine Entwicklung postuliert, die nicht stichhaltig ist.

derts). Es ist bisher zwar nicht gelungen, die Baugestalt der unter Wilhelm von Volpiano (nach 1003) errichteten Klosterkirche von Fruttuaria zu rekonstruieren. Soweit die Consuetudines Fructuarienses und das Chronicon Fructuariense sich zu dem Bau äußern[468], scheint er trotz Marien-, Benignus- und Allerheiligenpatrozinium[469] eine vergleichsweise einfache, kryptenlose Basilika gewesen zu sein[470], die sich der piemontesischen Bautradition angeschlossen haben dürfte. Ebensowenig läßt sich für S. Ambrogio von Mailand, das sich möglicherweise vorübergehend der Reform von St. Bénigne angeschlossen hatte, oder für die cluniazensischen Dependenzen in Pavia eine Beeinflussung durch Burgund nachweisen[471].

Die Planung der Rotunde von St. Bénigne »ad similitudinem« Sanctae Mariae Rotundae, die Transponierung der Festtagsidentität von Benignusmartyrium und Allerheiligengedenken in die bautypische Anschauung, die Vergegenwärtigung der Heiligenhierarchie in den Altären der Rotunde und Basilika, die Planung der Kirche in Übereinstimmung mit den Consuetudines und den liturgischen Erfordernissen insgesamt — all dies und vieles mehr war zweifellos Wilhelms eigene Leistung. Als Planer einer durchdachten und zweckmäßigen Kloster- und Kirchenanlage muß sich Wilhelm einen Namen gemacht haben, da er in einer Urkunde Herzog Richards II. von der Normandie zugunsten des Klosters Bernay (1025) als der genannt wird, »qui in locandis fundamentis modicum praestiterat consilii auxilium«[472]. Als Architekten im modernen Sinne, als Entwerfer von Pfeilerform und Wandgliederung nach Maßgabe seiner italienischen Herkunft können wir ihn aber nicht nachweisen.

Wenn auch die oberitalienische Architektur keinen bestimmenden Einfluß auf den Neubau von St. Bénigne genommen haben kann, so spielte doch das Vorbild Roms eine wichtige Rolle. Wilhelm selbst dürfte der Übermittler der Pantheonsidee und der Pantheonsbauzitate gewesen sein. Mindestens zweimal hatte er sich vor Baubeginn an der Dijoner Abteikirche in Rom aufgehalten (995 und 1000/1001) und sich die Architekturformen einprägen können, die in den Neubau eingearbeitet werden sollten. Neben dem Gedanken an S. Maria ad Martyres, der in der Dijoner Rotunde Gestalt angenommen hat, kann auch die Fünfschiffigkeit des Langhauses als römisches Zitat hervorgehoben werden. Fünfschiffige Bauten kommen zwischen dem 9. und dem frühen

---

468 Vgl. Bruno Albers, Consuetudines Monasticae, Bd. IV, Montecassino 1911: Consuetudines Fructurienses. Das »Chronicon Abbatiae Fructuariensis« in: Giuseppe Calligeris, un antica cronaca Piemontese inedita, Torino 1889.

469 Chron. S. B. 1875, p. 155 »in honore Sancte Dei Genitricis Marie, Sanctique Benigni, et Omnium Sanctorum, fecit locum illum sacrari (Willelmus)«.

470 Auch K. Hallinger ist das Fehlen aller Angaben zu einem Kryptengeschoß in den Consuetudines Fructuarienses aufgefallen, da er allein wegen der Nennung einer Marienkrypta die Consuetudines von St. Stephan in Würzburg dem gorzischen Reformkreis (an Stelle eines fructuariensischen) zuschreibt (vgl. Wollasch 1973, p. 55, Anm. 178).

471 Die monastischen und historischen Beziehungen zwischen den italienischen Reformstätten Clunys und Burgund sind noch nicht ausreichend klargestellt. Vorarbeiten, die vom Itinerar eines Majolus, Wilhelm und Odilo ausgehen, u. a. bei Piero Zerbi, Monasteri e riforma a Milano, in: Aevum XXIV/1 1950, p. 44 ff. und bei Germaine Chachuat, influences clunisiennes en Italie au temps de S. Odilon, in: Société Amis des Arts de Tournus 63, 1963, p. 25—36.

472 Liess 1967, p. 168 und Anm. 250. Bulst 1973, p. 173, Anm. 157, läßt es offen, ob mit den »fundamenta« nicht die Klosterdisziplin gemeint sei.

11. Jahrhundert außerordentlich selten vor. Auch in der um 1000 (1. Weihe: 977; 2. Weihe: 1032) errichteten Abteikirche von Ripoll gilt die Fünfschiffigkeit allgemein als Ausdruck des Rombezuges, als Imitation der Peterskirche[473].

Als weiteres Motiv, das auf die frühchristliche Architektur Roms zurückweisen könnte, ist das Querhaus von Saint-Bénigne zu betrachten. Die Vergleichbarkeit mit dem durchgehenden Querhaus römischer Bauten ist problematischer als die Herleitung der Fünfschiffigkeit, da das Querhaus nicht über die Flucht der Seitenschiffe ausspringt und da neben der unmittelbar (chorjochlos) ans Querschiff anschließenden Hauptapsis vier weitere gestaffelte Apsidiolen stehen. Angesichts der Chorlösung von Saint-Bénigne stellt sich die Frage, ob es sich hier um einen Staffelchor mit zurückgesetzter, durch die Rotunde nach Westen gedrängter Hauptapsis handelt oder um eine Vervielfältigung der Apsidengliederung, die dem reinen Typus des römischen Querhauses leicht adaptiert werden konnte, wobei die inneren Apsidiolen lediglich als weitausgreifende Verbindungsgänge zur Rotunde hin zu verstehen wären (vgl. Abb. 41). In der burgundischen Architektur des 10. bis 12. Jahrhunderts treten die Typen des Staffelchors und der unmittelbar ans Querhaus anschließenden Apsidengruppen nebeneinander auf[474]; eine Festlegung des Chortypus von Saint-Bénigne aufgrund des regional und zeitlich benachbarten Bestandes bleibt somit verwehrt. Auch am Querhaus*aufriß* von Saint-Bénigne (vgl. Fig. 11) läßt sich Römisches nicht ohne weiteres in Anschlag bringen. Die Mehrgeschossigkeit des Wandaufrisses, die Quertonne, die über den Querhausflügeln zu rekonstruieren naheliegt, und der Vierungsturm mit dem über die Querhausflügel erhöhten Wölbungsscheitel, all dies sind durchaus mittelalterliche und keineswegs frühchristlich-römische Züge. Gewiß wäre es unsinnig, bei dieser Anlage von einem »römischen Querhaus« sprechen zu wollen[475]. Sofern unsere Rekonstruktion der Querhausostwand zutreffend ist, liegt in ihrer vorlagenlosen Flucht aber ein Merkmal vor, welches an das durchgehende römische Querhaus erinnert, und dies um so zwingender, als im Osten und im Westen des Dijoner Querhauses weitere Bauteile römischer Prägung anschließen.

Die fehlende Vorbereitung des Vierungsturmes in der Querhausostwand von St. Bénigne ist um so auffälliger, als die Stützenvorbereitung eines Vierungsturmes in französischen Bauten des 11. Jahrhunderts sonst ganz betont und ohne Rücksicht auf Blick- oder Raumverschneidungen vorgenommen wurde. Volker Konerding hat Beispiele von eingestellten Querhaustürmen aus der Zeit ums Jahr 1000 zusammengestellt, die sich jeweils gegen einen breiteren Saalraum mit ihren Pfeilersubstruktionen offen zu erkennen geben[476]. Auch in Burgund finden sich Beispiele dieses Typus; neben der von Koner-

---

473 Vgl. G. Gaillard, Ripoll, in: CA 117, 1959, p. 144 ff. Dazu Grodecki, l'arch. ottonienne, 1958, p. 44, Anm. 77: »la thèse de l'imitation de St. Pierre de Rome y est bien développée«. Sollte auch St. Remi von Reims in der Planung des Abtes Airard (1005 ff.), das so »inexplebile incoeptum« war, daß sein Grundriß durch Airards Nachfolger Thierry reduziert werden mußte (vgl. Mortet, Recueil 1911, p. 40 f.), auf Fünfschiffigkeit angelegt gewesen sein?

474 Als Beispiel des sogenannten Staffelchores: Cluny II und seine Nachfolge; als Beispiele für unmittelbar ans Querhaus anschließende Apsidengruppen (neben dem frühen St. Martin von Autun — 7. Jahrhundert?, vgl. Abb. 101, und neben Cluny I — 1. Hälfte 10. Jahrhundert): Dijon, St. Michel (Abb. 105) und Dijon, St. Philbert (vgl. Abb. 30).

475 Vgl. L. Grodecki 1958, p. 37/38.

476 Volker Konerding, Die »Passagenkirche«. Über einen Bautyp der romanischen Baukunst in Frankreich, Berlin 1976.

ding untersuchten Marienkirche von Cluny etwa die um rund 50 Jahre frühere, durch Bischof Lambert von Langres († 1030) geweihte Kirche St. Michel von Dijon (Abb. 105). Nach den Grabungsergebnissen Mariliers[477] besaß der Bau ein dreiteiliges Querhaus, dessen Mittelabschnitt den schweren, im 12. Jahrhundert veränderten Turm trug; an jeden Querhausabschnitt grenzten im Osten Halbrundapsiden; nach Westen folgte ein ca. 10 Meter breiter Saalraum, der um rund 4 Meter breiter war als der Mittelabschnitt des Querhauses und folglich zu seiten der westlichen Turmpfeiler Durchgänge in die seitlichen Querhausflügel offen ließ. Solche Bauten zeigen neben den »normalen« Vierungsturmlösungen von Romainmôtier oder St. Vorles in Châtillon-sur-Seine und neben den zahlreichen Chorturmkirchen Burgunds eindrücklich, welch bedeutsame Rolle der Vierungsturm oder der Turm ganz allgemein im Burgund der Jahrtausendwende spielte[478].

St. Bénigne war nicht der einzige Bau Burgunds, der die Turmidee mit dem Gedanken an das römische Querhaus zu verbinden suchte[479]. Das mit 14 Metern außerordentlich breite West(!)querhaus der im zweiten Viertel des 11. Jahrhunderts errichteten Kathedrale von Nevers, an das sich die Hauptapsis vermittels eines fast gurtbogenkurzen Zwischenjochs anschließt, verband sich ursprünglich mit der Anlage eines Vierungsturmes, der über niedrigen Doppelarkaden in der Verlängerung der Mittelschiffswand — also über Schwibmauern, die das Querhaus unterteilten — aufwuchs. Ähnlich wie in St. Bénigne und ähnlich wie gegen Ende des Jahrhunderts in Cruas[480] war das Problem der Verbindung von durchlaufendem Querhaus und Vierungsturm rein additiv gelöst. Dabei war es dem Einzelfall überlassen, ob die Tendenz, das Querhaus durch die Vierungspfeiler zu unterteilen, überwiegt oder ob die durchlaufende Wirkung der vorlagenlos fluchtenden Querhauswand erhalten blieb[481].

---

477 Jean Marilier, l'église romane de St. Michel de Dijon, in: Mém. CACO XXVI, 1963—69, Dijon 1970, p. 289—295.

478 Vgl. die Beispiele bei Jean Virey, les églises romanes de l'ancien diocèse de Mâcon, Mâcon 1935.

479 Dieselben Definitionsprobleme wie im Fall des Querhauses von St. Bénigne gelten auch für St. Denis. Ergraben glaubte man zunächst ein römisches Querhaus, die Quellen berichten aber von einem Vierungsturm. Crosby rekonstruierte 1942 ein durchgehendes römisches Querhaus, 1953 hingegen — veranlaßt durch die zeitgenössische Vierungsturmnachricht — kräftige, das Querhaus in drei Abschnitte zerlegende Vierungspfeiler (l'abbaye royale de St. Denis, Paris 1953, p. 69). Je nachdem gilt St. Denis heute als das einzige französische Beispiel eines römischen Querhauses und damit als Ausdruck eines spezifischen politischen Anspruchs Pippins oder als Glied der französischen Vierungsturmtradition ohne jeden Anklang an Römisches. Ebenso wie im Fall von St. Bénigne glaube ich, daß die Wahrheit in der Mitte liegt. Mit der Überhöhung durch den Vierungsturm mußte der Charakter des römischen Querhauses keineswegs ganz getilgt sein; die Bedeutung des Heiligengrabes wurde durch das Zusammenwirken von Rom (Apostelgrabkirche St. Peter) und Turmidee (welch letztere in Frankreich lange mit dem Grabkult verbunden blieb) nur intensiviert.

480 Vgl. Deshoulières, in: CA 1923, p. 269 ff., und Vallery-Radot, in: Centre Internat. d'Etudes Romanes, Bulletin II/1971.

481 Im 12. Jahrhundert stellt sich ein ähnliches Problem der Verbindung von durchlaufendem »römischen« Querhaus und ausgeschiedener Vierung bzw. Vierungsturm vereinzelt in der apulischen Architektur (vgl. Fritz Jacobs, Die Kathedrale S. Maria Icona Vetere in Foggia, Studien zur Architektur und Plastik des 11.—13. Jahrhunderts in Süditalien, Phil. Diss. Hamburg 1968, p. 249 ff.).

Anstelle der Legende von der architektonischen Abhängigkeit der frühromanischen Abteikirche St. Bénigne von Oberitalien aufgrund der Beschäftigung italienischer Werkleute setzen wir eine viel umfassendere und sinnträchtigere Rombeziehung, die von Wilhelm von Volpiano selbst geknüpft worden sein dürfte. Die Beweggründe, die Wilhelm zur Übernahme römischer Bauformen veranlaßten, haben wir im Fall der Rotunde klarlegen können; für die Fünfschiffigkeit und die durchlaufende Querhaustendenz gilt Entsprechendes[482]. Sicher war mit der Anlehnung an Römisches kein politischer Anspruch verbunden (wie man ihn bei karolingisch-ottonischen Rombeziehungen — vielleicht zu selbstverständlich — anzunehmen geneigt ist)[483] und ebensowenig ein kirchenpolitischer, der bereits das gregorianische Reformkonzept vorweggenommen hätte[484]. Zutreffender scheint es mir, die Grundrißwahl Wilhelms unter demselben Blickwinkel zu verstehen, unter dem er auch das Pantheon als Vorbild herangezogen hat: im Hinblick auf die Abteikirche als Märtyrerkirche. Das Benignusgrab befand sich nach unserer Rekonstruktion an der gleichen Stelle, an der das Apostelgrab im römischen St. Peter lag: halb im Querhaus, halb in der Apsis. Als wichtige Bauelemente einer römischen Apostelkirche — wobei unklar bleiben muß, wieweit Wilhelm auch San Paolo fuori le mure, die cluniazensische Reformabtei, mit der er ebenso wie Majolus und Odilo in enger Verbindung stand[485], vor Augen hatte — dürften die Fünfschiffigkeit und die Anlage des »durchgehenden« Querhauses mit der unmittelbar anschließenden Hauptapsis auf die Kirche des Apostels von Burgund übertragen worden sein.

---

482 Ob man so weit gehen kann, auch die Rundschneggen als eine Mischform aus römischen Triumphsäulen mit umlaufendem spiralförmigem Reliefband und runden Campanilebauten à la Caorle und Ravenna anzusehen, lasse ich dahingestellt.

483 So zuletzt Kaemmerling, in: Römische Quartalschrift 67, 1972, p. 146.

484 Wilhelm kämpfte nicht um den päpstlichen Standpunkt gegen den Kaiser, sondern eher gegen den Papst um die Integrität des Stuhles Petri (vgl. sein Mahnschreiben an Johannes XIX. bei Rod. Glaber, Vita Willelmi, c. 19). Rom konnte für ihn nur als Stätte der Apostel von Bedeutung sein. — Vgl. zum Verhältnis der cluniazensischen Bewegung zu Kaiser und Papst: K. F. Werner, Das hochmittelalterliche Imperium im politischen Bewußtsein Frankreichs (10. bis 12. Jahrhundert), in: Historische Zeitschrift Bd. 200, 1965, pp. 1—60 (Wilhelms Brief an Johannes XIX. hier, p. 46).

485 Vgl. G. Ferrari, early roman monasteries, Città del Vaticano 1957, p. 265 f.; Card. Ildefonso Schuster, la basilica e il monastero di S. Paolo fuori le Mura, Torino 1934, p. 55 ff. und passim.

WILHELM VON VOLPIANO UND DIE FRÜHROMANISCHE ARCHITEKTUR DER NORMANDIE

Das Reformwerk Wilhelms umfaßte hauptsächlich drei Gebiete: das nördliche Burgund, dessen Klöster Wilhelm durch Bischof Brun von Langres ausnahmslos zur Reform übertragen worden waren[486]; Lothringen, wo Wilhelm auf Wunsch der Bischöfe von Metz und Toul die Abteien St. Aper von Toul, Gorze und St. Arnulf von Metz reformierte[487], und schließlich die Normandie, wo Herzog Richard II. schon im Jahre 1001 Wilhelm mit der Reform und Leitung der Abtei Ste. Trinité in Fécamp beauftragte[488]. Während es sich im Fall der burgundischen Klöster um eine einmalige und befristete organisatorische Arbeit handelte und bei den lothringischen Reformvorstößen um kurze und wenig erfolgreiche Gastspiele cluniazensischer Reform im Umkreis von Gorze (so jedenfalls nach dem Freund-Feind-Bild Hallingers), sollte die normannische Reform Wilhelm während dreißig Jahren, von seinem Ruf nach Fécamp bis zu seinem Tode, unablässig beschäftigen — in gemeinsamer und erfolgreicher Zusammenarbeit mit seinen Schülern, die er den neu reformierten normännischen Abteien als Leiter vorsetzte[489].

Wilhelms Reformbemühungen in normännischen Klöstern fallen zusammen mit einem kulturellen und politischen Aufschwung des Küstenlandes, welcher es der vor drei Generationen erst ansässig gewordenen Seeräubernation wenige Jahrzehnte später erlauben sollte, England nicht nur zu erobern, sondern auch politisch und kirchlich neu zu organisieren. Wilhelm von Volpiano ist stets eine bedeutende Rolle in der kulturellen Entwicklung der Normandie während des 11. Jahrhunderts beigemessen worden, und zwar auch auf dem Gebiet der Baukunst. Während die burgundischen Klöster, die Wilhelm um das Jahr 1000 reformierte, heute ausnahmslos zerstört sind und sich die lothringischen Reformgastspiele kaum in baulichen Aktivitäten niedergeschlagen haben dürften, glaubt man in der Normandie Wilhelms Bauleistungen noch heute vor Augen zu haben.

Ich zitierte bereits die Urkunde Herzog Richards II. von 1025, in der Wilhelm als der Sachverständige für die herzögliche Stiftung Bernay genannt ist, »qui in locandis fundamentis modicum praestiterat consilii auxilium« (p. 150). Wir erfahren weiter aus der in

486 Als Abt von St. Bénigne (seit 990) wird Wilhelm von Volpiano durch Herzog Heinrich von Burgund zuerst mit der Reform des Klosters Vergy beauftragt (Rod. Glaber, Vita Willelmi, c. 12). Als nächstes folgt (nach Rod. Glaber, ebenda) die Reform von Bèze. Das Chron. S. B. (1875, p. 135/6) schreibt, Bischof Brun habe alle Klöster seiner Diözese Wilhelm zur Reform übergeben, u. a. Moutiers-St.-Jean, Tonnere/St. Michel und Molosmes.

487 Bischof Adalbert von Metz bat Wilhelm (gegen 999/1000), die Abtei St. Arnulf zu reformieren und zu leiten (Rod. Glaber, Vita Willelmi, c. 16). 1005 trat Bischof Berthold von Toul wegen St. Aper mit demselben Ansinnen an Wilhelm heran (Chron. S. B. 1875, p. 150 f.). Gorze wurde Wilhelm durch Bischof Theodor von Metz (wahrscheinlich erst nach 1017) übertragen (Chron. S. B. 1875, p. 159).

488 Vgl. hierzu übereinstimmend: Rod. Glaber, Vita Willelmi, cap. 13, und Chron. S. B. 1875, p. 156 ff.

489 Sein Nachfolger in Fécamp: Jean-de-Fécamp, Mönch aus Ravenna; auf dem Mont-St. Michel: Subpo, aus Rom gebürtig; in Jumièges: Thierry (ein Normanne) u. s. f.

einem Brief des Priors Robert von Fécamp an den Prior von St. Bénigne (zwischen 1001 und 1004) ausgesprochene Bitte: »et de artificibus aedificiorum nostrorum quae coepimus, vos obsecramus quod vos, per aliquem nostrum legatum quem idcirco (dirigere) volumus, mittere ad nos festinetis, quia valde nobis necessarii sunt«[490], daß mit Wilhelms Amtsantritt in Fécamp neue Bauvorhaben ausgearbeitet wurden und daß man hierfür Bauleute einsetzte, die auch am Neubau der Abteikirche von Dijon tätig waren.

Diese beiden Quellen scheinen auf eine enge baukünstlerische Zusammenarbeit zwischen der Normandie und Dijon hinzuweisen. »In der Normandie ... wird die glanzvolle Bautätigkeit entfacht durch den hl. Wilhelm von Volpiano, der die architektonische Gedankenwelt Burgunds an die Kanalküste verpflanzt ...«, legte Harald Keller den angedeuteten Zusammenhang sehr extensiv, aber im Sinne zahlloser Vorgänger aus[491].

In Wahrheit ist es außerordentlich schwierig, Wilhelms baukünstlerische Bedeutung für die Normandie angemessen zu beurteilen. Die beiden genannten Quellen aus der Zeit zwischen 1001 und 1025 beziehen sich wahrscheinlich auf die Klosteranlagen von Bernay und Fécamp und nicht auf deren Abteikirchen. Zum andern ist es ausgeschlossen, auch nur einen der frühromanischen Kirchenbauten der Normandie — dessen Abtei von St. Bénigne aus reformiert wurde — mit Sicherheit in die Lebenszeit Wilhelms von Volpiano († 1031) zu datieren.

In Fécamp war eine neue Abteikirche im Jahre 990 geweiht worden[492]. 1001 war ein Neubau nicht nötig, wohl aber die Erweiterung der Klosteranlage, zumindest um die von Wilhelm neueingerichtete Klosterschule. Dementsprechend rühmt Rod. Glaber (Vita Willelmi, c. 14) Wilhelms Einsatz in Fécamp mit den Worten: »praefatum locum (Fiscamnensem) taliter claustris atque officinis regularibus, caeterisque bonorum copiis adornavit, ut prae caeteris illius provinciae felicibus semper floreat incrementis«.

Als einschneidender und architekturgeschichtlich folgenschwerer galt der Kunstgeschichte die Einflußnahme Wilhelms auf die Bauplanung der Abteikirche von Bernay. Lefèvre-Pontalis, Porée und Grodecki[493] haben die Kirche, die stark beschädigt (im Osten um die Chorapsis, im Westen um zwei Langhausjoche verkürzt), aber heute — nach Abnahme aller jüngeren Einbauten und Eingriffe — in einem baukünstlerisch und baugeschichtlich gut zu beurteilenden Zustand erhalten ist[494], als Bauleistung des Wilhelm von Volpiano angesprochen. Die behutsam abwägende Überprüfung des Quellenmaterials durch Reinhard Liess rückt die Bauzeit aber eher in das zweite Drittel

490 Chevrier-Chaume 1943, Doc. 210.

491 Harald Keller, Die Kunstlandschaften Frankreichs, Wiesbaden 1963, p. 109.

492 Reinhard Liess, Der frühromanische Kirchenbau des 11. Jahrhunderts in der Normandie, München 1967, p. 270.

493 E. Lefèvre-Pontalis, Les plans des églises romanes bénédictines, in: BM 1912, p. 448 ff.; Porée, l'église abbatiale de Bernay, in: CA 1909, II, p. 588 ff. Grodecki, in: BM 1950, p. 9 ff.

494 Im Frühjahr 1972 waren die Zwischenböden in Querhaus und Chor entfernt, der Ölanstrich des Querhauses abgenommen, der Boden des Langhauses und des Querhauses tiefergelegt und die Stuckergänzungen der beschädigten Kapitelle des südlichen Seitenschiffs abgenommen. Man hat vor, die Kirche in diesem Zustand zu konservieren. Unter dem Langhaus und dem Querschiff wurden von der Universität Caen Grabungen durchgeführt, deren Ergebnisse mir nicht bekannt sind. Neue Bauaufnahmen fehlen m. W. noch.

des 11. Jahrhunderts[495]. Die Urkunde Richards II. von 1025 zeigt deutlich, daß bis zu diesem Datum wenig gebaut worden war; erst durch die in der Urkunde angesprochenen Schenkungen werden die Arbeiten richtig in Gang gekommen sein; unter Abt Vitalis kamen sie im dritten Viertel des 11. Jahrhunderts schließlich zum Abschluß. »Aus den Quellen ergibt sich nichts Genaueres als ein maximaler Spielraum zwischen 1008/17 und 1076« (Liess).

Aufgrund neuer Beobachtungen am durchgängig freigelegten Mauerwerk scheint mir die Baugeschichte und die Chronologie der einzelnen Bauteile problematischer denn je. Die seit Ende des 19. Jahrhunderts gemachte Beobachtung, daß die Halbsäulenvorlagen mit dem Pfeilerkern der Langhausstützen nicht im Verband stehen, also nachträglich angefügt sein müssen, trifft zwar für einzelne Pfeiler zu, bei denen – nach Tieferlegung des Langhausbodens – eine den Pfeilerkern umlaufende Schräge zum Vorschein kam, die hinter der Halbrundvorlage und ihrer Pilasterrücklage durchläuft (Abb. 115); diese Beobachtung gilt aber keineswegs für die volle Arkadenstützenhöhe und auch nicht für alle Langhauspfeiler. Auch wenn die horizontalen Quaderfugen der Arkadenvorlagen mit denen des Pfeilerkerns nicht immer übereinstimmen, stehen beide doch meist im Verband. Liess' Vorstellung von einem bald nach 1008/17 in einem Zuge hochgeführten vorlagenlosen Mittelschiff Bernay I erübrigt sich damit. Die Ausführung des ersten Planes – eine Arkadenzone aus kräftigen Vierkantpfeilern ohne Halbrundvorlagen – scheint kaum über einige Pfeilersockel hinausgekommen zu sein, als die Planänderung eintrat, welche die Bereicherung der Stützengliederung durch Halbrundvorlagen zum Ziel hatte[496]. Nichts weist auf eine aktive Baubeteiligung Wilhelms an der ersten oder an der zweiten Bauplanung. Den Staffelchor aus St. Bénigne herzuleiten erübrigt sich nach der hier vorgeschlagenen Rekonstruktion der Dijoner Abteikirche. Das Aufgehende unterscheidet sich in den hohen Proportionen der Arkaden und in der reichmodellierten Leibung einzelner Gurtbögen als betont jüngere Anlage von St. Bénigne beträchtlich (vgl. Abb. 113).

Auch die Bezüge zwischen der Bauzier von Bernay und der Kapitellzier von St. Bénigne, die Grodecki in einigen motivischen Übereinstimmungen glaubte hervorheben zu können, erweisen sich als außerordentlich vage. Gegen Grodecki ist zu sagen, daß das Kapitell mit den doppelleibigen Eckwesen über dem mittleren südlichen Chorjochpfeiler (Abb. 118) ebensowenig mit den Monsterkapitellen 3 und 4 von St. Bénigne zu tun hat[497] wie das Kapitell mit den menschlichen Eckfiguren über der Südvorlage des südwestlichen Vierungspfeilers (Abb. 116). Auch die Blockkapitelle im Querhaus und im südlichen Chorseitenschiff (Abb. 119) haben mit den Blockkapitellen von St. Bénigne nichts gemein. Die These von Wilhelms bauplanerischem Eingriff in Bernay muß aufgegeben werden[498].

495 Liess 1967, p. 167.

496 Die oberen Wandpartien rechnen folglich bereits mit den Halbrundsäulenvorlagen. Die Rekonstruktion von Liess (Fig. 2) setzt sich daher aus Elementen zweier Planungen zusammen.

497 Dieser Vergleich (bei Grodecki, BM 1950, p. 61/62) wurden bereits von Liess 1967, p. 178, zurückgewiesen.

498 Grodecki griff seine These von 1950 in seinem Forschungsbericht zur frühromanischen Kapitellplastik (L'information de l'Histoire d'Art, III/1958, p. 104) wieder auf: »dans le transept, un chapiteau directement inspiré par l'atelier de St. Bénigne de Dijon, que bâtit

Das negative Ergebnis sollte eigentlich nicht verwundern. Wie im Fall von Fruttuaria scheint Wilhelm auch in der Normandie nicht *den* Einfluß auf die Planung und die baukünstlerische Ausgestaltung der ihm anvertrauten Abteikirchen genommen zu haben, der im Neubau von St. Bénigne wirksam geworden war. Wenn er die cluniazensischen Consuetudines von St. Bénigne in die Normandie übertrug und die Liturgie dort nach burgundischem Vorbild reformierte[499], so heißt das noch lange nicht, daß er in allen Bereichen des monastischen Lebens, also auch in der Architektur, die Gestalt seiner Dijoner Abtei auf die normannischen Klöster übertrug.

Als Gesamtanlage war St. Bénigne nicht wiederholbar. Da die hagiographischen Voraussetzungen an einem anderen Ort nicht die gleichen waren, bot St. Bénigne kein Bauschema, das innerhalb seines Reformkreises vorbildlich und auf andere Bauvorhaben übertragbar sein konnte. So ist es nur zu verständlich, daß die Bauten, die unter Wilhelm oder unter seinen nächsten Schülern begonnen wurden, aufs Ganze der Anlage gesehen keine Vergleichsansätze zu St. Bénigne bieten. Fruttuaria scheint kryptenlos gewesen zu sein, Bernay folgte im Grundriß allenfalls Cluny II, und Jumièges dürfte sich an den Kathedralbau von Rouen angeschlossen haben.

Allerdings finden sich in der normannischen Architektur des fortgeschrittenen 11. Jahrhunderts zwei Aufrißmotive, die der von uns rekonstruierten Querhauslösung von St. Bénigne nahekommen. Ich denke einmal an den Aufriß der Querhausflügel in der Abteikirche von Jumièges (vgl. Abb. 114, die m. E. zutreffende Rekonstruktion von Reinhard Liess), wo die Westwand des nördlichen Querhausflügels — in einer mit St. Bénigne frappierend übereinstimmenden Weise (vgl. Fig. 11) — die Öffnungen zur Empore und zum Seitenschiff mit zwei Blendnischen zu einer mehrgeschossigen, die Wand fast völlig aufzehrenden Rundbogengliederung verbindet[500]. Wie in St. Bénigne liegt die Wandflucht hier über einer von gekoppelten Säulen abgefangenen Blendgliederung, und die Emporenöffnung im zweiten Geschoß wird durch kurze Ecksäulchen ausgezeichnet.

Das zweite Motiv ist das der doppelgeschossigen, zweischaligen Apsisgliederung, die vor einer stark durchfensterten Wand eine fast freistehende, zweigeschossige Säulenarkade setzt. Die Trinité von Caen (der Chorarm stammt aus der Zeit um oder kurz nach 1100) zeigt diesen Apsidenaufriß in einer St. Bénigne besonders nahen Form; die etwas ältere Apsis von St. Nicolas in Caen bringt — wie die meisten normannischen Apsiden — das Motiv der freigestellten Säulenarkade nur im Obergeschoß, läßt jedoch

---

Guillaume de Volpiano, créateur de Bernay.« 1972 konnte ich unter den Kapitellen des Querhauses von Bernay kein solches Stück finden.

499 Robert der Fromme bestätigte den Mönchen von Fécamp im Jahre 1006 das Recht, ihren Abt zu wählen; »ordinatione sive consuetudine illa apud ipsos consuetudo sequatur, quae hactenus in Cluniaco coenobiorum servata est illustrissimo« (bei: Sackur, Die Cluniacenser, Bd. II, 1892, p. 46, Anm. 4). Hallinger (Gorze-Cluny, 1950, p. 4) schreibt, Robert bestätige für Fécamp den Ordo Clunys, was über den Wortlaut der Quelle hinausgeht. Vgl. zur Liturgie: R. le Roux, Guillaume de Volpiano; son cursus liturgique au Mont-Saint-Michel et dans les abbayes Normandes, in: Millénaire du Mont St. Michel, Bd. I, 1966, p. 417 ff.

500 Wahrscheinlich wäre die Übereinstimmung Dijons mit der Querhaus*ost*wand von Jumièges noch enger (außen eine Apsidiole), doch ist von ihrem Aufgehenden nichts erhalten.

die Apsiskalotte unmittelbar über der Arkade ansetzen, ohne – wie die Trinité – ein zweites Gesims zwischen die obere Arkade und die Apsiskalotte einzuziehen.

So nahe die beiden angesprochenen normannischen Architekturmotive dem Apsiden- und Querhausaufriß von St. Bénigne kommen, wird man doch zögern, eine burgundische Einflußnahme als zwingend anzunehmen. Gegen 1040 wurde die Abteikirche von Jumièges mit dem Chor begonnen; die Querhausflügel gehören unter dem erhaltenen Bestand zweifellos zu den ältesten Teilen (jedenfalls die beiden unteren, auf Abb. 114 wiedergegebenen Geschosse; die Laufgangarkade ist möglicherweise jünger). Mit seinem ausgreifenden Umgangschor, mit dem Stützenwechsel im Langhaus und in seiner aufs Ganze gesehen bereits hochromanischen Prägung hat der Bau mit St. Bénigne im übrigen jedoch nicht die mindesten Gemeinsamkeiten aufzuweisen[501]. Muß die Querhausgliederung folglich als erste, burgundisch geprägte Bauetappe vom übrigen Bau abgesetzt werden? Die Vorliebe für Säulen unter Wandblenden, an Mauerecken und in paarweiser Koppelung unter Gurt- und Blendbögen ist in der Normandie weit verbreitet. Auch das Querhaus von Bernay (dessen zeitliches Verhältnis zu Jumièges noch unklar ist) setzt zu seiten der äußeren Apsidiole gekoppelte Säulen (Abb. 113), und ebenso kennt bereits die Krypta der Kathedrale von Rouen (im frühen 11. Jahrhundert) eine mannigfaltige Verwendung der Säule als Freistütze, Blendgliederung und als Eckglied der Pfeilervorlage, die dem Säulenreichtum von St. Bénigne in nichts hintansteht. So halte ich es nicht für ausgeschlossen, daß merowingisch-karolingische Traditionen in der Normandie und in Dijon unabhängig voneinander zu ähnlichen Aufrißgliederungen geführt haben[502].

Entsprechende Bedenken gelten auch hinsichtlich des zweiten Motivs, der doppelgeschossigen Säulenarkade der Apsis. Die erhaltenen Beispiele der Normandie liegen um die Wende zum 12. Jahrhundert. Gab es ältere Vorformen (bzw. Zwischenformen auf dem Wege von Dijon), die nicht erhalten sind? Bernay käme allenfalls für eine doppelgeschossige Blendgliederung in Betracht, Jumièges und die Kathedrale von Rouen für eine doppelgeschossige Arkade mit Umgängen. Die Frage nach der Einflußmöglichkeit von St. Bénigne führt auf die grundsätzlichere Überlegung, ob die doppelschaligen Apsiden der Normandie als Reduktion einer doppelgeschossigen Umgangsarkade verstanden werden dürfen oder ob sie – im Sinne Jean Bony's[503] – durch Verdoppelung der

---

501 Allein aufgrund historischer Wahrscheinlichkeit versuchten H. Chanteux (L'abbé Thierry et les églises de Jumièges, du Mont St. Michel et de Bernay, in: BM 1939, p. 67 ff.) und Charles Oursel (Saint-Bénigne de Dijon et Notre-Dame-de-Jumièges, a propos d'une identité archéologique, in: Jumièges, Congrès 1954, Rouen 1955, p. 493 ff.) Thierry, dem schon 1028 gestorbenen Schüler des Wilhelm von Volpiano, der Jumièges und dem Mont St. Michel als Abt vorstand (nachdem er Prior von Fécamp und Custos von Bernay gewesen war), eine Übermittlung burgundischer Baugedanken in die Normandie nachzuweisen. Indessen dürfte keine der Thierry unterstellten Abteikirchen vor 1028 über die Fundamente hinausgewachsen sein.

502 Ich denke beispielsweise an die Ecksäulchen von Germigny-des-Près und St. Philibert-de-Grandlieu oder an die vorgeblendeten Säulenarchitekturen von St. Laurent in Grenoble und St. Pierre in Vienne (ähnlich auch schon St. Martin von Tours I?). Grodecki (BM 1950, p. 23/24) meinte, die gekoppelten Säulen im Querhaus von Bernay (nach einem Vorschlag Conants) auf die Blendgliederung der Apsis von Cluny II (vgl. Conant, Cluny, 1968, Fig. 45) zurückführen zu können. Auch in Burgund hält sich das Motiv lang, vgl. das Presbyterium von Flavigny oder den Umgang von Bois-Ste. Marie.

503 Jean Bony, in: BM 1939, p. 164 f.

einfachen Apsisschale entstanden sind. Der Baubestand ist leider zu reduziert, als daß wir die Entstehung dieses Motivs über die Zeit um 1100 hinaus zurückverfolgen könnten. In jedem Fall ist der Apsidenlösung von St. Bénigne in der (nach 1050 einsetzenden) Geschichte der zweigeschossigen Arkadenapsis ein wichtiger Platz einzuräumen[504]. Es ist gut möglich, daß die enge Verbindung von Apsis und Rotunde hier »zufällig« zur Ausbildung des so zukunftsträchtigen Motivs geführt hat.

---

[504] Pierre Héliot (Les origines et les débuts de l'abside vitrée (XI—XIII s), in: Wallraf-Richartz-Jahrbuch XXX, 1968, p. 89 ff.) schlägt einen großen Bogen von spätantik-frühchristlichen Beispielen (wie Trier/Palastaula) zu den doppelgeschossigen Apsislichtgaden der Mitte und des fortgeschrittenen 11. Jahrhunderts (wie S. Maria im Kapitol / Köln oder Payerne), ohne dabei St. Bénigne zu nennen.

ST. BÉNIGNE UND DIE BURGUNDISCHE TRADITION

Wilhelm von Volpiano reformierte St. Bénigne nach den Gewohnheiten von Cluny; durch ihn gelangten diese in die Normandie und nach Oberitalien. Dennoch waren der Einfluß und das Vorbild Clunys nicht so bestimmend, daß den einzelnen Klöstern der Reform von St. Bénigne nicht ein hohes Maß an Freiheit in der architektonischen Ausgestaltung ihrer Abteikirchen zugekommen wäre. Kassius Hallinger meinte: »Die kunstgeschichtliche Forschung ist vielleicht noch hilfloser als andere Disziplinen der These vom alleinbeherrschenden Einfluß Clunys anheimgefallen[505].« Das trifft unter anderen Conant und Sunderland, deren Axiom hieß: »basically and functionally the church (of St. Bénigne) *had to be like Cluny II.*« Nach meinem Rekonstruktionsversuch reduzieren sich die Gemeinsamkeiten mit Cluny II — soweit man diesen Bau überhaupt kennt[506] — auf den Vierungsturm und die äußeren Querhausapsidiolen, auf den weit ins Langhaus vorgezogenen Mönchschor und die grundsätzliche Abfolge der Altäre über der Längsachse. Im übrigen setzte sich in St. Bénigne — trotz gemeinsamer Consuetudines — der Charakter der Pilger- und Klosterkirche über dem Heiligengrab (gegenüber dem einer reinen Mönchskirche in Cluny) gerade in der architektonischen Ausgestaltung, nicht etwa nur in der liturgischen Ausstattung (vgl. die vorangegangenen Kapitel) unverkennbar durch.

*

So selbständig und originell St. Bénigne in seiner Gesamterscheinung ist, weist es doch in manchen Einzelmomenten Bezüge zu Bauten auf, die ihm näherliegen als die bisher angesprochenen Bauten Oberitaliens und der Normandie. Das Obergeschoß der Rotunde ist uns in der Zeichnung von 1722 so glaubwürdig überliefert (Abb. 36), daß wir das Verhältnis von Wand, Vorlagen und Wölbung gut analysieren können. Es ist dies Verhältnis ein betont unbestimmtes; ob die Vorlagen und der Wölbungsansatz der Wand vorgelegt sind oder ob die Wandschicht in der Flucht von Sockel und Wölbungsansatz angedeutet ist, hinter welche die Mauer zwischen den Vorlagen blendnischenartig zurückgetieft ist, bleibt offen. Dasselbe Verhältnis von Wand, Vorlagen und Wölbung läßt sich im Presbyterium der etwa gleichzeitig erbauten Prioratskirche von Romainmôtier (Abb. 107) beobachten. Auch hier kann die Wandschicht — je nach Fixierung des Betrachterauges — in den schmalen Wandstücken, die von der Tonne absatzlos zum Boden herabführen, gesehen werden (und das Feld zwischen Arkaden und Stichkappen der Tonne dementsprechend als eingeblendet) oder in dem breiten Wandfeld über der Doppelarkade, gegen das sich die Wölbung und die seitlichen Lisenen absetzen. Der Umschlag in der Bestimmung der Wandschicht (beziehungsweise des Wand-Wölbungskontinuums) ist in Romainmôtier wie in St. Bénigne ein auffälliges, der oberitalienischen wie der ottonischen Architektur um die Jahrtausendwende durchaus fremdes Phänomen.

Andere Motive von St. Bénigne zielen in dieselbe baukünstlerische Richtung; so die Ablösung der Säulenarkade durch die Arkadenmauer unter dem Sprengring der

Opaionskuppel (Abb. 36)[507] oder die Blendgliederung über Konsolen im Vorraum der Marienkapelle (Abb. 38). Sicher hat damit auch zu tun die Unbestimmtheit in der Definition und Abgrenzung der Bauglieder gegeneinander (vgl. das Ineinanderverwachsensein von Säulen und Wölbung im Rotundenuntergeschoß). Allerdings prägt dieser Zug nicht durchgängig den ganzen Bau: Neben den verschliffenen Kreuzgratgewölben des Rotundenuntergeschosses finden wir einige Gratgewölbe, die — wie zwischen Gurte gespannt — über den Scheitel der seitlich angreifenden Tonnenstücke kräftig erhöht sind (vgl. die Zwischenjoche östlich der Apsis, Abb. 36 und 39)[508]. In diesen »ausgeschiedenen« Gewölbefeldern läßt sich ebenso wie in den umlaufenden Kämpfergesimsen der vierten Mittelschachtsetage eine baukünstlerische Tendenz erkennen, die über das Formrepertoire des »premier art roman« hinausgreift und auf eine stärkere Sonderung und Eigenwirkung der Bauglieder hinzielt.

Mit seiner Kapitellzier bleibt St. Bénigne auch innerhalb Burgunds isoliert. Vergleiche, die zwischen den Konsolmasken von Romainmôtier und den Monsterkapitellen von St. Bénigne (Nr. 3 und 4) angestellt wurden[509], sind wenig überzeugend. Die beiden Kämpferblöcke unter dem Gerlannusbogen im Narthexobergeschoß von Tournus[510] stehen in der Entwicklung der menschlichen Figur auf gleicher Stufe wie die Dijoner Orantenengel (Kap. 1 und 2); die Palmettenkapitelle ihrer unmittelbaren Umgebung weisen aber auf provençalische Vergleichsbeispiele des frühen 11. Jahrhunderts und nicht nach Nordburgund. Auch die Kapitelle der Krypta von Cruas sind mit den Dijoner Orantenkapitellen in Beziehung gesetzt worden[511]; die Grundform der Kapitelle und das Motiv der Oranten stimmen überein, weniger die Ausarbeitungsweise. Die Datierungsvorschläge zu den Kryptenkapitellen von Cruas schwanken aber zwischen dem späten 10. Jahrhundert und dem späten 11. Jahrhundert[512]. François Maurer hat das ottonische Engelskapitell des Historischen Museums von Basel mit dem Kapitell 14 der Krypta von St. Bénigne verglichen[513]. Der Schnitt des Kapitells mit den abgefasten Ecken, die durchgängige Bearbeitung im Kerbschnitt, der die Flügel der Engel in genau derselben Weise behandelt wie die Palmetten der Eckabfasung, der Horror Vacui, der das Figürliche durch Ornamentales überwuchern läßt, all das sind Merkmale, die das

---

505 Kassius Hallinger, in: Archiv für mittelrheinische Kirchengeschichte, 1957, p. 10.

506 Vgl. die übergenauen Rekonstruktionszeichnungen in Conant 1968.

507 Die Plazierung von Pfeilern über Säulen in einer doppelgeschossigen Arkade begegnet in der frühromanischen Architektur Frankreichs kein zweites Mal. Steht Provinzialrömisches hinter diesem Motiv? Vgl. etwa die »Piliers de la Tutelle« in Bordeaux (3. Jhdt.), die erst 1677 abgerissen wurden (Abb. bei M. de Maillé, Recherches sur les origines chrét. de Bordeaux, 1959, p. 111, Fig. 7.

508 Schon Dom Plancher (p. 481) fielen diese Zwischenjoche als baldachinartig ausgezeichnete auf. Dasselbe Motiv der hochgesetzten Gratwölbung zwischen seitlich angreifenden Tonnenstücken (und einem Rechteckgurt gegen die Apsis) findet sich im Axialabschnitt des oberen Umgangs von Santo Stefano in Verona (um oder bald nach 1000).

509 H.-R. Sennhauser, Romainmôtier und Payerne, Basel 1970, p. 67.

510 Jean Vallery-Radot, St. Philibert-de-Tournus, Paris 1955, Tf. 37 ff.

511 Günter Urban, Der Vierungsturm bis zum Ende des romanischen Stils, Phil. Diss. Frankfurt a. M. 1953, p. 73.

512 Urban schlägt die Frühdatierung vor, die französische Forschung die Spätdatierung.

513 F. Maurer, Romanische Kapitellplastik in der Schweiz, Bern 1971, Anm. 6. Eine Abbildung des Basler Kapitells bei Reinle 1968, Abb. 222.

Basler und das Dijoner Kapitell tatsächlich nahe zueinanderrücken. Allerdings datiert Maurer das Basler Kapitell — sicher zu Recht — erst auf ca. 1020; es ließe sich folglich ein Einfluß von Dijon auf Basel, nicht der umgekehrte, denken[514].

Schlagender als mit den Kapitellen von Cruas, Basel und Tournus ist der Vergleich mit dem Kapitellensemble in der Krypta von St. Aignan in Orléans (Weihe 1029)[515]. Ich stellte schon früher dem Dijoner Orantenkapitell das bemalte Stück mit dem Oranten oder Atlanten von St. Aignan gegenüber (Abb. 121). Ein zweiter Vergleich, zwischen den Dijoner Monsterkapitellen und einem Kapitell mit Ecktieren in Orléans (Abb. 120), kann die Beziehung unterstreichen; wenngleich das letztgenannte Kapitell von Orléans etwas jünger sein dürfte, geht sie über das Motivische und über den ähnlichen Kapitellaufbau hinaus. Als mögliches »missing link« könnten die Stücke in St. Aignan gut erklären, wieso wir noch in der Kapitellzier des Westturms von St. Benoit-sur-Loire, welche man als den Schmelztiegel der frühromanischen Skulptur Frankreichs bezeichnen kann, so viele Vergleichsmomente zur Bauzier von St. Bénigne finden.

Ein baukünstlerisches Moment, das in der zeitgenössischen Architektur überhaupt keine Parallele findet, ist die Interdependenz von Innengliederung und Außenerscheinung am Rotundenkörper und an den Rundschneggen (vgl. oben p. 54 ff.). Die Lisenengliederung des »premier art roman« bleibt grundsätzlich unabhängig von der Innengliederung; eine Ausnahme ist es bereits, wenn die Blendfelder des Außenbaus gleichbleibend ein Mehrfaches der Langhausjoche zählen (Beispiel: Romainmôtier). Die ottonische Architektur kennt zwar Lisenengliederungen, die innen und außen korrespondieren, doch sind die Beispiele keineswegs zahlreich, und die Prägkraft der Innenwandgliederung auf die Außenerscheinung ist meist sehr verhalten[516]. Besonders aber kennen wir neben St. Bénigne kein zweites Beispiel einer Interdependenz von Innengliederung und Außenerscheinung an einem Zentralbau[517]. Die hohen Blendbögen des Verbindungstraktes zwischen Querhaus und Rotunde hingegen können ebenso in Italien (San Salvatore von Brescia) wie in der ottonischen Architektur und schließlich auch an jüngeren Bauten Burgunds (etwa St. Etienne von Nevers) nachgewiesen werden.

Wenn unsere Vermutung zur Fortsetzung des Querhauswandaufrisses ins Langhaus hinein zutrifft, dann entspräche der Wandaufriß des Langhauses dem der Bautengruppe St. Remi von Reims, Montier-en-Dèr und Vignory (Abb. 106)[518]. Wie bei diesen Bauten

---

514 In der Buchmalerei wird ein ottonischer Einfluß auf Illuminatoren des Klosters St. Bénigne erst gegen 1050 (unter Abt Halinard) angenommen. Vgl. M. Shapiro, the Parma Ildefonsus, 1964, p. 27, und ebenso für Cluny: Nordenfalk, in: Art de France 1964, p. 55.

515 cf. J. Bathellier, observations sur la crypte de St. Aignan à Orléans et ses chapiteaux, in: Revue Archéologique XXXIX, 1952, p. 192—206, und XLV, 1955, p. 187 ff. *Nachtrag 1977:* Zuletzt hat Pierre Rousseau (la crypte de l'église Saint-Aignan d'Orléans, in: Etudes Ligeriennes d'Histoire et d'Archéologie médiévales, Auxerre 1975, pp. 454—473) die Kapitelle und ihre architektonische Umgebung behandelt. Er hält die gesamte Umgangskrypta für nachrobertinisch. Gegen den ausdrücklichen Wortlaut des »Lebens Roberts des Frommen« von Helgaud scheinen mir Rousseaus Argumente nicht zwingend.

516 Vgl. dazu L. Grodecki 1958, p. 260 ff.

517 Ottmarsheim beispielsweise ist außen völlig ungegliedert; erst die Valkhofkapelle in Nijmwegen (aus dem 12. Jhdt.) gibt die Doppelgeschossigkeit der Umgänge auch am Außenbau zu erkennen.

518 Zu dieser Gruppe vgl. Reinhardt, les églises romanes de la Champagne après l'an mil, in: Cahiers de Civilisation mediévale IV, 1961, p. 149 ff.

saßen dann auch in St. Bénigne über einer verhältnismäßig niedrigen Arkadenzone (im Scheitel ca. 450 cm hoch über dem Mönchschor, ca. 650 cm hoch in den Westjochen) fast ebenso hohe Emporenöffnungen. Gegenüber den breiten Mittelschiffsanlagen von Reims und Montier-en-Dèr sind die Langhauswände von St. Bénigne aber nah zusammengerückt. Das entspricht eher den schmalen Mittelschiffsproportionen der frühromanischen Kathedrale von Orléans. Als mehrgeschossiges, über fünfschiffigem Grundriß gestaffeltes Langhaus mit Tonnenwölbung muß das 1001 bis 1018 erbaute St. Bénigne bei unserem gegenwärtigen Kenntnisstand als vorbildlos gelten.

Allerdings hat die Abteikirche von St. Bénigne auch keine bautypische Nachfolge gefunden. Vignory, das am ehesten im Langhausaufriß St. Bénigne entsprochen haben dürfte, verzichtet auf die Wölbung der Schiffe und wählt einen Umgangschor mit Radialkapellen. Wulfrics Rotunde von St. Augustines in Canterbury scheint den Typus der Umgangsrotunde mit seitlichen Treppentürmen um die Mitte des 11. Jahrhunderts wiederaufgegriffen zu haben, ohne daß uns der Anlaß einer St.-Bénigne-Kopie klar wäre. Handelt es sich überhaupt um eine solche? Soweit wir die Grundmauern beurteilen können, umfaßte die Anlage einen mächtigen Zentralraum mit doppelgeschossigem Umgang, nicht aber drei Geschoßflächen mit verbindendem Lichtschacht im Zentrum[519].

*

Ich bezweifle, daß es nur an dem bruchstückhaft überlieferten Baubestand aus den Jahrzehnten um das Jahr 1000 liegt, daß sich zwischen der Abteikirche von St. Bénigne und dem Kirchenbau ihrer Zeit so wenige Beziehungen herstellen lassen. Die Chronisten der Zeit berichten von Bauherren, die ganz bewußt Ungewohntes und Einzigartiges zu vollbringen suchten. Abt Gauzlin von St. Bénoit-sur-Loire errichtete einen Turm, »ut omni Galliae sit in exemplo«[520], Airard von St. Remi in Reims bemühte sich, es seinen bauwütigen Zeitgenossen durch einen noch größeren und prächtigeren Bau gleichzutun[521], und Rodulfus Glaber bestätigt, daß Wilhelm »totius Galliae basilicis mirabiliorem atque propria positione incomparabilem perficere disponebat« (vgl. Anhang 1). Zu Unrecht halten wir diese Berichte für leere Redensarten; richtiger wäre vielleicht die Einsicht, daß die französische Architektur ums Jahr 1000 noch keine herausragenden, ganze Kunstlandschaften formenden Vorbildbauten besaß; im Wettstreit untereinander suchten die Bauherren in Hinblick auf die Kulttradition ihrer Kirche angemessene Bauten in eigener Erfindung zu schaffen. Der Versuch, Architektur des 11. Jahrhunderts nach den Wechselwirkungen zwischen den einzelnen Bauten zu untersuchen — so wie es die Architekturgeschichte der Hochromanik und der Gotik zu tun gewohnt ist —, wird allein schwerlich weit führen, denn — so sagte schon Rudolf Kautzsch — »am Ende genügt es, daran zu erinnern, daß zu Beginn des 11. Jahrhunderts hie und da Bauherren von weitem Horizont *Ungewöhnliches* unternahmen«[522]. Einen solchen Bauherrn haben wir in Wilhelm von Volpiano kennengelernt und seine »ungewöhnliche« Bauleistung in der Rekonstruktion und in der Analyse der Abteikirche Saint-Bénigne.

---

519 Vgl. Peers und Clapham, St. Augustines Abbey Church. Canterbury before the Norman conquest, in: Archaeologia LXXVII, 1928, p. 201 ff.

520 Vita Gauzlini III, 35 (bei Mortet 1911, p. 33).

521 Chronik des Mönches Anselm (Mortet 1911, p. 40).

522 R. Kautzsch, Der romanische Kirchenbau im Elsaß, Freiburg 1944, p. 65.

ANHANG

1) QUELLEN UND REGESTEN ZUR BAUGESCHICHTE
(Von den Anfängen des Benignuskultes bis zur Fertigstellung der gotischen Abteikirche)

Zwischen 506/7 und 539/40 *Bischof Gregor von Langres (506/7—539/40) richtet (nach anfänglichen Zweifeln an der Authentizität des Heiligen) den Kult des hl. Benignus ein und restauriert sein Hypogäum (Gregor von Tours, Glor. martyr. c. 50; vgl. auch Chron. S. B. 1875, p. 8—15).*
— »Benignus autem ac dominici nominis testis, apud Divionensim castrum martyrio consummatus est. Et quia in magnum sarcophagum post martyrium conditus fuit, putabant nostri temporis homines, et praesertim beatus Gregorius episcopus, ibi aliquem positum fuisse gentilem.«
— »Et quia cripta illa, quae ab antiquis inibi transvoluta fuerat, diruta erat, rursum eam beatus pontifex reaedificavit, eleganti transvolvens opere. Sed sanctum sepulcrum, nescio qua causa faciente, foris evenit.«
— »Sanctus Gregorius ... ad prehensum a capite martyris sarcophagum, et duo presbiteri ad pedes moventes eum, in cripta habilissime detulerunt . . .«
Mit der Verbreitung des Benignuskultes muß der Grabkammer ein Kirchenbau zugefügt werden (Gregor von Tours, Glor. martyr. c. 50).
— »Nec moratus, super cryptam illam basilicam magnam jussit aedificari. In proximo autem est et alia basilica, in qua Paschasia quaedam religiosa veneratur.«
Zwischen 814 und 828 *Auf Betreiben von Abt Herlegaudus (vor 828) erläßt Ludwig der Fromme (814—840) einen Aufruf, die Abteikirche zu restaurieren (Chron. S. B. 1875, p. 90—91).*
— »Principis presentiam adiens Herlegaudus, sugessit auribus serenitatis eius basilicam sancti Benigni Martiris esse dirutam, nec se habere qualiter eam restauraret.«
— »Propter ea constituimus vobis, ut ad restaurandam illam ecclesiam, et cooperiendam, adiutorium prestetis.«
Zwischen 841 und 852 *Brief des Amolon, Erzbischof von Lyon, an Teutbaldus, Bischof von Langres, wegen der falschen Reliquien, die am Grab des Benignus niedergelegt worden waren (AASS. Nov. I, p. 148 ff.).*
— »Dixit enim *(der Sendbote des Teutbaldus)* quod anno transacto duo quidam, qui se monachos esse dicerent, detulerint usque ad praefatam sancti martyris basilicam quaedam velut cuiusdam sancti ossa . . .« *(p. 148, Abs. 69, F).*
— ». . . juxta sepulchrum praefati gloriosi martyris reverenter locata conservantur« *(p. 149, Abs. 70, B).*
Zwischen 858/9 und 880 *Bischof Isaac (858/9—880) reformiert die Klostergemeinschaft, renoviert die Klosterkirche und vergrößert den Klosterbesitz (Chron. S. B. 1875, p. 96 ff. Vgl. auch den Nachruf auf Isaac im Totenbuch des Klosters, Dijon Bibl. Munic. Ms. 634, f 161ᵛ, zit. bei Bougaud, in: Chron. S. B. 1875, p. 98, Anm. 1).*
— »Domnus Isaac ... predecessorum bonum sequens exemplum, nec ulli eorum passus esse inferior, hunc locum non solum excoluit, verum etiam in duplum, quam antea fuisset, statum eius augmentavit. Basilicam sancti Benigni iam pene dirutam in pristinum statum restauravit. Monachicum ordinem restituit, possessiones ad victum eorumdem monachorum addidit. Hec autem omnia, adortante pariter et adiuvante precelso rege Carolo, perfecit.«

869, 21. Juli *Karl der Kahle bestätigt den Besitz des Klosters und billigt die Restaurierung des Klosters durch Bischof Isaac von Langres (nach Bougaud, in: Chron. S. B. 1875, p. 99, Anm. 1. Vgl. auch Chevrier-Chaume 1943, N° 82 und Chron. S. B. 1875, p. 99).*
— »(Isaac episcopus) monasterium ubi sanctus Benignus martyr requiescit, juxta Divionense castrum situm quondam religiosorum turma monachorum refectum, nunc pessundatum et pene adnullatum, divino cooperante adminiculo restruere et restaurare et monachos ibi sub regula sancti Benedicti jugiter Deo militaturos statuere, ed ad pristinum statum reducere, ac suae sepulturae locum ibi velit praeparare.«
871 — »871: Cepit Divionense monasterium«.
(Annales S. B. = Pertz nach d'Achery, MGH, SS V; der Eintrag fehlt im Dijoner Ms.).
871 *Bischof Isaac von Langres bestätigt den erweiterten Besitzstand des Klosters und dringt auf baldige Wiederherstellung der Klosteranlage (Plancher 1739, Anhang, p. X).*
— »Ego Isaac, cum coepissem ... loca Sanctorum a nostris antecessoribus constituta ... sed varietate temporum et mutatione secularium seniorum diruta vel destructa penitus, quomodo Deo suffragante reedificarentur, atque in melius construerentur; deveni ad locum qui Sanctus Benignus dicitur, jamdudum destructum, in suburbio Divionensis castri consistentem, ubi idem preciosus Martyr Sanctus Benignus corpore requiescit; de quo memoratus et domnus rex crebro mediocritatem meam, ut restauraretur convenerat.« *(Isaac wünscht die Wiederherstellung auch)* »propter nostri corporis sepulturam«.

Zwischen 880 und 888 *Bischof Geilo von Langres (880—888) überläßt dem Kloster Saint-Bénigne die Kirche Saint-Vincent »intra muros«, wo die Gebeine des hl. Benignus zu Kriegszeiten sichergestellt werden können. (Schenkungsurkunde verloren; zu erschließen aus ihrer Bestätigung durch Bischof Warnerius von Langres [912—923] im Jahre 912 [Annales S. B.], wie sie im Chron. S. B. [1875, p. 121] mitgeteilt ist.)*
— »Warnerius Episcopus ... interpellatus est a Godrado Abbate et monachis Patroni nostri sancti Benigni, de quadam ecclesia infra muros castri Divion sita; sancti Vicentii honore ac nomine sacrata, quam Domnus Geylo Episcopus ad locum refugii et custodiam corporis Sepius dicti Sancti Benigni, perpetualiter eis habendam concesserat. Considerans ergo memoratus Episcopus causas periculorum, que tunc frequentes imminebant Nortmannorum incursionibus ... reddidit ... monachis predictam ecclesiam ...«
882 Februar *Die Kirche St. Bénigne ist dem Salvator, der Maria und allen Heiligen geweiht (Urkunde zit. in: Chomton 1900, p. 71, Anm. 4, vgl. auch Chevrier-Chaume 1943, N° 127).*
— »Warnerius et uxor sua Eriburgis condonaverunt sancto Benigno et monachis illi famulantibus in monasterio iuxta muros Divionensi castri posito, ubi ipse preciosus martyr Christi quiescit; qui locus est sacratus in honorem Salvatoris mundi ac perpetuae virginis Dei genitricis Mariae Sanctorumque omnium ...«
887 — »887: Burgundia a Nortmannis vastatur.« *(Annales S. B.)*

Zwischen 901 und 909 (?) *Der Leichnam des hl. Benignus wird vorübergehend nach Langres gebracht (Chron. S. B., 1875, p. 114 f., dort Bougaud zum Zeitpunkt der Übertragung).*
— »His undique sevientibus malis, contigit corpus sancti Benigni ad civitatem deferri Lingonis.«
Zwischen 921 und 936 *Die Gebeine des hl. Benignus werden in der Kirche S. Vincent »intra muros« sichergestellt (Chron. S. B. 1875, p. 123).*
— *(Zur Zeit von Herzog Rudolf, 921—936)* »Danorum atque Nortmannorum iterum adveniunt phalanges, et non solum Franciam, sed etiam totam percurrunt Burgundiam. Contigit tunc corpus huius patroni nostri sancti Benigni deferri intra muros Divioni castri, ibique servari in ecclesia sancti Vincentii.«
937 *Schenkung der Edlen Lampaia am Marienaltar (Chron. S. B. 1875, p. 116; vgl. auch Chevrier-Chaume 1943, N° 179).*
— »Lampaia ... dedit ad altare sancte Marie in hoc loco constitutum, quod capud ecclesie dicebatur ab antiquis.«

Zwischen 966 und 981 *Graf Hugo von Dijon wird im Kloster St. Bénigne beigesetzt (Chron. S. B. 1875, p. 127).*
— »Manesse vices Abbatis agente *(966—981 und 983—989?)*, Hugo Comes Divionensis veniens ad obitum, petiit se tumulari in atrio sancti Benigni.«

989, 24. Nov. *Ankunft der Mönche aus Cluny (Chron. S. B. 1875, p. 130).*
— »Quibus advenientibus, ita ordinavit domnus Episcopus *(Brun von Langres, 980—1016)*, ut die Translationis sancti Benigni *(24. Nov.)*, monachis cum sibi subiectis clericis *(die alten Klosterinsassen)* ante sepulcrum sepefati Martiris in cripta nocturnale officium peragentibus, ipsi *(die cluniazensischen Neuankömmlinge)* in superiori choro ante principale sancti Mauricii altare matutinalem inciperent sinaxim.«

1001 *Zum Baubeginn unter Abt Wilhelm von Volpiano (990—1031).*
— »fundatum est autem hoc templum anno Dominice Incarnationis MI, indictione XIV, XVI Calendas Martii *(14. Februar)*« *(Chron. S. B. 1875, p. 139/140).*
— »Hoc anno incepta sunt novi fundamenta monasterii Divionensis e vitiorum 15 Kal. Mart. feria 3« *(Annales S. B. ad annum 1002; nach Pertz [in MGH, SS V] zeitgenössischer Eintrag; m. E. Nachtrag des 13./14. Jahrhunderts).*

Nach 1001 *Ein Teil der Kirche liegt in Trümmern; Wiederherstellungsversuche verschlimmern den Zustand; so entschließt sich Abt Wilhelm von Volpiano zu einem Neubau; er sucht nach den Benignusgebeinen; sie werden schließlich vor dem Hauptaltar der Kirche gefunden, nach Osten transferiert und in einem neuen Grabbau beigesetzt; daraufhin folgt die Fertigstellung der Basilika (Rodulfus Glaber, Vita Willelmi c. 15, in neuer Transkription bei Bulst 1974, pp. 472—474. Zum Zeitpunkt dieses Ereignisses: in c. 13/14 handelte Rod. Glaber von Wilhelms Reform der Abtei von Fécamps nach 1001. Den Abschnitt der Baugeschichte von Saint-Bénigne leitet er dann ein mit »contigit ergo postmodum ...«. Die in c. 15 genannten Ereignisse fallen demnach in die Jahre 1001—1018; der zusammenhängenden Darstellung der Baugeschichte zuliebe greift Rodulfus Glaber der von ihm sonst recht streng gehandhabten Chronologie der Wilhelms-Vita vor.)*
— »Contigit ergo postmodum, quatinus pars ęcclesię beati martyris Benigni, cui auctore deo primitus pater datus fuerat, ruinam corruens daret. Quam cum reformare cuperent artifices cementarii, graviorem pars eadem dedit ruinam. Quod cernens vir deo devotus, intellexit divinitus sibi dari indicium, quod totum a fundamentis renovari conveniret templum. Ilicoque summo mentis ingenio coepit, ipsius aecclesię reformandę mirificum construere apparatum. Quam denique cum coepisset reędificare positione mirabili valde longiore ac latiore, quam fuerat, ignotus tamen erat universis locellus, quo pręciosi martyris membra claudebantur Benigni. Quoniam sollerti cura taliter antiquitus fuerat reconditus, ut illo fiducialiter veneraretur martyr per ęvum, ubi felici morte occubuit propter deum. Sed a quibusdem minus cautis dicebatur etiam ibi non haberi. Cuius ignoratio rei nimium mestificabat animum patris Willelmi. Tali quoque defectu anxio revelatum est visione pulcherrima per ipsum dei martyrem ipsius honorabile sepulchrum. Erat enim, ut beatus multorum sanctorum descriptor miraculorum Gregorius Turonorum pontifex refert, pregrandis archa lapidei sarcofagi continens illud. Pro cuius incredulitate narrat isdem sanctus alterum sui nominis Gregorium Lingonicensem episcopum acrius quondam fuisse increpatum. Cuius nanque positionem loci antiqua vetustas occulult. Nam coram pręcipio illius monasterii altare profundius habebatur defossum memoratum sepulchrum. Quod continuo requirens invenit aperiensque illud contingere meruit sacratissima egregii martyris ossa. In cuius etiam cerebro, quod in descripta ipsius passione legitur, vulnus ferreo illatum vecte apparuit. Quę omnia integro numero pręsentibus honestioribus tam episcopis quam cęteris diversorum ordinum vel sexuum cum odoriferis timiamatibus ac psallentium choris in eodem recondidit sarcofago. Indeque paululum ad orientem illum amovens in pulcherrimo atque incomparabili locavit tumulo. Dehinc nanque pater venerandus acriori accensus devotione reformandę opus basilicę instanter, quemadmodmum decreverat, accelerabat perficere. Quoniam, ut diximus et presto est cernere, totius Gallię basilicis mirabiliorem atque propria positione incomparabilem perficere disponebat.«
Sinngemäße Verdeutschung:

In der Folge geschah es, daß ein Teil der Kirche des Märtyrers Benignus, welcher Wilhelm mit Gottes Willen als Abt vorstand, einstürzte. Als die Bauleute den Bau wiederherstellen wollten, machten die den Schaden nur schlimmer. Als dies der gottergebene Mann (Wilhelm) sah, erkannte er den göttlichen Wink, den ganzen Bau von den Fundamenten auf zu erneuern. Auf der Stelle begann er mit höchstem Einsatz den wunderbaren Neubau, und zwar über außerordentlichem Grundriß, um ein beträchtliches länger und breiter als es der Vorgängerbau gewesen war. Unbekannt war jedoch allen der Ort des Sarkophages, in dem die Gebeine des Märtyrers Benignus eingeschlossen waren; denn dieser war in erfinderischer Vorsorge von alters her so verborgen worden, daß der Heilige durch die Jahrhunderte hindurch (ungestört) an dem Platz verehrt werden konnte, wo er den seligen Glaubenstod erlitten hatte. Einige ganz Unbedachte meinten sogar, daß sich die Gebeine dort gar nicht (mehr) befänden. Die Unkenntnis des Aufbewahrungsortes bekümmerte Wilhelm außerordentlich. In dieser Angst wurde ihm in einer herrlichen Vision durch den Märtyrer selbst das Grab enthüllt. Es war dieses nämlich, wie der Autor vieler Heiligen- und Wundergeschichten, Gregor von Tours, berichtet (Glor. Martyr. c. 50), ein großer steinerner Sarkophag, der die Gebeine enthielt. Derselbe Autor berichtet weiter, daß ein anderer seines Namens, Bischof Gregor von Langres, sich seines Unglaubens (in dieser Sache) wegen einst heftige Vorwürfe zugezogen hatte (Glor. Martyr. c. 50). Das Wissen um den Standort des Sarkophages war aber durch die Jahrhunderte verlorengegangen. Denn vor dem Hauptaltar der Kirche war er in einer tiefen Grube verborgen. Indem Wilhelm nach ihm unaufhörlich suchte, fand er ihn, und als er ihn öffnete, enthielt er die heiligen Gebeine des Märtyrers; und in der Hirnschale sah man — wie in seiner Passion zu lesen — die Wunde von der Eisenstange. Diese Gebeine verbarg Wilhelm wieder vollzählig in demselben Sarkophag, in Anwesenheit zahlreicher Ehrengäste, von Bischöfen wie auch von Ordensleuten beiderlei Geschlechts, bei Weihrauch und Chorgesang. Er verschob den Sarkophag vom alten Platz ein wenig nach Osten und stellte ihn in einen wunderbaren und unvergleichlichen Grabbau. Daraufhin aber beschleunigte Wilhelm, durch noch heftigere Verehrung erfaßt, die Fertigstellung der Basilika, nach dem Plan, den er schon zuvor festgelegt hatte. Da er ja — wie ich schon gesagt habe, und wie jeder es leicht selbst sehen kann — eine so schöne und durch ihre eigentümliche Form schlechthin unvergleichliche Basilika zu vollenden vorhatte, wie es im übrigen Gallien keine zweite gab.

Zwischen 1001 und 1004 *Der Prior von Fécamps bittet den Prior von St. Bénigne, ihm die versprochenen Bauleute zuzuschicken (Chevrier-Chaume 1943, N° 210).*
— »Et de artificibus aedificiorum nostrorum quae coepimus, vos obsecramus quod eos mittere ad nos festinetis, quia valde nobis necessarii sunt.«

Zwischen 1001 und 1016 *Erwähnung des Baus in der Eloge auf Bischof Brun von Langres, † 1016 (Totenbuch von St. Bénigne, Dijon, Bibl. Mun. Ms. 634, f 162 ss, zit. in: Chevrier-Chaume 1943, No. 259).*
— »Verum non hoc solum *(gem. Schenkungen)* modo sancto Benigno contulit beneficium, sed etiam larga studii sui munificentia mirifici operis eidem construxit templum . . .«
1003 *Ein Soldat aus der Truppe Roberts des Frommen (Expedition gegen Dijon im Jahre 1003) bricht in die »ecclesiam Christi praecursoris et baptistae Joannis« ein, beleidigt und verletzt Mönche des Klosters,* »furens nimium pervenit usque ad atrium sancti Benigni« *(Miracula Sancti Benigni, in: AASS. Nov. I, p. 174 C).*

Zwischen 1001 und 1031 *Rodulfus Glaber (Historiarum lib. III, cap. V, Abs. 16; ed Prou, 1886, p. 65) zum Bau des Wilhelm von Volpiano.*
— ». . . ecclesiam (Sancti Benigni) ilico tam mira locatione permutavit ut hujuscemodi alter difficile queat inveniri.«

1016, 30. Oktober (oder Folgejahr) *Weihe der noch unvollendeten Kirche durch Bischof Lambert von Langres (1016—1030) (Rodulfus Glaber, Vita Willelmi, c. 25; nach Bulst 1974, p. 481).*
— »Sancti Martyris Benigni, ut dicere coepimus, . . . basilicam incomparabili opere pene expletam iam Brunone defuncto *(Ende Januar 1016)* Lambertoque in sede illius surrogato placuit (Willelmi), ut eadem basilica pontificali ex more benedictione sacraretur. Tunc denique ad votum ipsius patris convenere die designato e diversis provinciis non solum episcopi verum etiam quorunque ordinum promiscue plebis innumera multitudo. Erat enim autumni dies tercius Kalendarum Novembrium *(30. Oktober)* ante videlicet natale ipsius martyris, que omnia rite ac solemniter, ut condecens erat, explentes petierunt, qui aderant episcopi ac quique religiosi patrem Willelmum, ut in die tante consecrationis tam ipsis quam universae plebi inter sacra missarum solennia divini elemosinam impenderet verbi.«

Zwischen 1016 und 1030 *Die Gebeine des hl. Benignus werden durch Bischof Lambert von Langres (1016—1030) transferiert (Miracula S. Benigni, in: AASS, Nov. I, 176 F).*
— »Constat hoc miraculum *(Heilung des fiebrigen Mönches Rodulfus)* fuisse gestum antequam pretiosissima Christi martyris ossa venerando abbate Wilelmo poscente transferrentur a Lamberto, lingonicae urbis antistite.«
1018, 13. Mai *Weihe der Marienkirche (Annales S. B., ad annum 1018).*
— »Hoc anno fuit dedicata ecclesia sancte Marie in Divionensi monasterio cum toto atrio eiusdem loci per manus Lamberti episcopi feria III rogacionum.«
1026 *Otto-Wilhelm (ca. 960—1026, zeitweilig Herzog von Burgund, Verwandter des Wilhelm von Volpiano) wird in St. Bénigne beigesetzt (Chron. S. B. 1875, p. 181).*
— »... mortuus est Otto, qui et Willelmus dictus est, Comes, anno videlicet MXXVI, et in hoc Sancti Benigni monasterio sepultus. Ubi et filius eius Comes Wido ante aliquot annos tumulatus jacebat.«

Zwischen 1031 und 1052 *Erneuerung von Abteigebäuden durch Abt Halinard (1031—1052, ab 1046 Erzbischof von Lyon). (Chron. S. B. 1875, p. 192; in der Eloge des verstorbenen Abtes).*
— »Officinas huius monasterii renovavit.«
1045 *Abt Halinard (1031—1052) versetzt den Sarkophag des Abtes Bertilo (verstorben im 9. Jahrhundert), um einen Krypteneingang freizubekommen (Chron. S. B. 1875, p. 111/112).*
— »Anno Dominice Incarnationis MXLV Halinardo Abbate hunc locum regente, XV ipsius anno, cum transferretur (Bertilo Abbas), quia sepulchrum eius impediebat introitum crypte sancti Benigni, a parte meridiana effosso tumulo, ad pedes eius alia fossa preparata, qua removeri deberet, Monachis adstantibus cum crucibus et thymiamateriis, et luminaribus, multis ingerentibus manus ad movendum, quoniam immensum erat sargofagum, subito omnes ad terram corrunt: surgentes vero inveniunt sargofagum in preparato loco decenter compositum.«
Um 1060 *Zur Zeit der Abfassung des Chronicon Sancti Benigni Divionensis ist die Verglasung der Abteikirche noch nicht fertiggestellt (Chron. S. B., 1875, p. 148).*
— »... notificandum est, in templi istius edificio esse ... fenestre clause vel claudende vitro centum viginti.»

Zwischen 1077 und ca. 1085 *Die älteren Consuetudines von Saint-Bénigne verzeichnen die Altaranordnung des 11. Jahrhunderts (Paris, Bibl. Nat., Coll. Bourg. t. XI, f 83; zit. auch bei Chomton 1900, p. 99 f.).*
— »De ecclesia sanctae Mariae ceterisque membris ecclesiae.
Altare majus de ecclesia sanctae Mariae est consecratum in honore ejusdem Dei et Domini nostri Jesu Christi Genitricis, suntque in eo reliquiae ipsius et sanctorum Innocentium. Altare in dextro latere in honore Sancti Johannis apostoli et evangelistae et sancti Jacobi fratris ejus atque Sancti Thomae apostoli. Altare in sinistro latere in honore sancti Mathaei apostoli et evangelistae et sanctorum apostolorum Philippi et Jacobi atque trium Puerorum. Altare de sinistro membro ecclesiae versus aquilonem in honore sancti Petri apostoli et sancti Andreae fratris eius. Altare juxta ad dexteram in honore beati Bartholomaei apostoli et sanctorum Simonis et Judae apostolorum. Altare de dextro membro ecclesiae in parte australi in honore beati protomartyris Stephani et sanctorum Laurentii atque Vincentii martyrum. Altare juxta ad sinistram in honore beati Mathiae apostoli et sanctorum Lucae evangelistae atque Barnabae apostoli. Altare in medio ecclesiae in honore sanctae ac benedictae Crucis Christi Domini Salvatoris, in qua idem de diabolo triumphans totum mundum pio cruore redemit. Altare quod est ad sinistram, in superioribus porticus ecclesiae, in honore sancti Policarpi episcopi et martyris et sanctorum martyrum Benigni, Georgii, Symphoriani, Andochii, Tyrsi, Andeoli atque Christofori; necnon Lingonensium praesulum Urbani atque Gregorii. Altare quod est ad dexteram, eodem modo, in honore sancti Mammetis martyris et sanctorum martyrum Sebastiani, Gengulfi, Leodegarii, Cosmae et Damiani. Altare superioris ecclesiae versus occidentem est dedicatum in honore Summae et Individuae Trinitatis, Patris et Filii et Spiritus Sancti. Altare eiusdem ecclesiae aliud in parte orientali in honore sancti Pauli apostoli et sanctorum martyrum Dyonisii, Apollinaris, Cirici, sanctorumque confessorum Remigii et Remacli episcoporum. Altare eccelentioris ecclesiae in plaga orientali in honore beati Michaelis archangeli et sanctorum martyrum Cosmae et Damiani atque sancti Philiberti abbatis. Altare inferioris ecclesiae in honore beati Johannis Baptistae et sanctorum Clementis papae, Nazarii

et Celsi martyrum. Altare de Crypta Confessionis est consecratum in honore sancti ac beatissimi sacerdotis et martyris Christi *Benigni*, ubi et sacratissimum corpus ipsius requiescit. Altare juxta ad dexteram in honore Sanctae Paschasiae virginis et martyris et sanctarum Agathae, Agnetis, Caeciliae, Luciae et omnium virginum. Altare etiam juxta hoc, in parte australi in honore Sancti Hirenaei episcopi et martyris et sanctorum Tiburtii, Mammetis, Sebastiani, Desiderii et omnium martyrum. Altare ex altera parte juxta sepulcrum sancti in honore sancti Nicholai episcopi et confessoris, et sanctorum Hilarii, Gregorii Lingonensis, Philiberti, Ambrosii, Augustini, Silvestri, Taurini, Donati, Germani, Arnulfi et omnium confessorum. Altare juxta hoc, in parte aquilonari, in honore Sancti Eustadii Presbyteri et confessoris.

Altare de capella infirmorum est constructum in honore sancti Patris nostri Benedicti et sanctorum confessorum Silvestri, Gregorii papae, Martini episcopi, Ieronimi presbyteri. In omnibus itaque praedictorum Sanctorum solemnitatibus, si duodecim lectiones inde fiunt, fit Processio ad praefata altaria post Matutinum vel vesperas, et cantatur ibi Missa Matutinalis exceptis his quae conventui minus congruae in accessu esse videntur. Debet etiam inibi in praedictis solemnitatibus luminaria ardere tam in nocte quam in diu.«

1077—1113 *Unter Abt Jarenton (1077—1113) werden die Klosterbauten renoviert (Obituarium von St. Bénigne, Dijon, Bibl. Munic. Ms 634, f 123ʳ; zit. bei Chevrier-Chaume, 1943, N° 422).*

— »Quales quantique fuerunt qui hanc abbatiam primitus extruxerunt designat larga possessionum acquisitio, aedificiorum adjacentium ampla constructio; unde non immerito ignaviae rei videbimur esse si quod illi ab ipsis fundamentis potuerunt extruere, nostro tempere pro sola tectura contigerit ad nihilum devenire. Quod ne quando contingat, quadam vice, huius loci seniores venerabilem abbatem Jarentonem studuerunt humiliter adire eumque non improbabili querimonia convenire, ut qui nonnullas officinas minus decenter antiquitus factas in melius studuerat reformare, bene constructas per sola cooperta non pateretur deperire.«

1100 *Einsturz des Vierungsturmes (Annales S. B.)*

— »1100 ... hoc anno turris cecidit et oppressit quator monachos et quator famulos.« *(Dijon, Bibl. Munic. Ms 448, f 207ʳ; von Pertz — MGH, SS V — irrtümlich mit dem Jahr 1096 verbunden.)*

— »1100. Hoc anno turris de choro cecidit et oppressit quator monachos et quator famulos.« *(Annales S. B. in der Redaktion Montpellier, Ms. H 48.)*

1107, 16. Febr. *Papstweihe der »ecclesia Sancti Mauritii« (Annales S. B.).*

— »1107. Hoc anno venit papa Paschalis in Galliam et ab ipso papa dedicata ecclesia Sancti Mauricii XIV Kal. Marcii.«

Herzog Hugo von Burgund stellt am Tage der Weihe eine Urkunde aus (Chevrier-Chaume 1943, No. 419):

— »Anno dominice incarnationis millesimo centesimo VI., XIIII Kalendas martii, quo anno et die domnus et venerabilis Papa Paschalis *(1099—1118)* Divionensem consecravit ecclesiam ... post repositionem sanctarum reliquiarum in altari, ego Hugo dux, promisi . . .«

1137, 28. Juni *Eine Feuersbrunst greift von der Stadt auf das Kloster St. Bénigne über.*

— »1137. Hoc anno igni combusta est ecclesia ista *(St. Bénigne)* cum toto castro et ecclesiis Vigilia Apostolorum Petri et Pauli.« *(Annales S. B.)*

— »Anno ab incarnationes domini 1137, indictione 15, vigilia apostolorum Petri et Pauli *(28. Juni)*, divino judicio, castrum Divion cum omni circumposito burgo et ecclesiis incensum est, et praeter indicia murorum intus et extra pene ex toto complanatum.« *(Urkundenbuch von St. Etienne in Dijon, Arch. Dép. Dijon C 125, f 51 v°; zit. bei M. Oursel-Quarré 1939, p. 73.)*

1147, 31. März *Papstweihe der Abteikirche:*

— »1147. Hoc anno Eugenius papa et Ludovicus rex Dominica medie quadragesime *(im Jahre 1147: 30. März)* fuerunt pariter Divioni, et in crastino, 2 videlicet feria *(Montag, 31. März 1147)*, consecrata est ecclesia Divionensis ab eodem papa.« *(Annales S. B.)*

— »II Kal. Aprilii: eodem die dedicatio huius ecclesiae facta a domno Papa Eugenio praesente rege Ludovico.« *(Totenbuch von S. B.)*

1178 *Am Karsamstag sieht die Volksmenge drei Tauben* »super turrim beate Marie de sublimi descendisse et tanquam cereos ardentes secum detulisse« *(Annales S. B.).*

Zwischen 1188 und 1204 *Neuausstattung der Abteikirche und Altarneuweihen unter Abt Pierre de Grancey (1188—1204).*

— »(Abbas) Petrus ... multa ad ornatum et commodum sue ecclesiae dicitur gesisse.« *(Chron. S. B. 1875, p. 206.)*

— »Idus Septembris: eodem die dedicatio altaris Sancti Bartolomei apostoli facta per manus Garnerii episcopi lingonensis *(1193—1199)* anno MC° nonagesimo V° ...« und:
»II Kal. Dec. eodem die dedicatio altaris Sanctorum Andreae apostoli, S. Luce evangeliste et S. Mathie apostoli et sancti Benigni sancteque Marie Magdalene facta per manus Garnerii episcopi Lingonensis anno MC° nonagesimo VIII°.« *(Martyrologium S. B., Dijon Bibl. Munic. Ms. 634.)*

1271 (14. Febr.?) *Einsturz des Vierungsturmes (Chron. S. B., 1875, p. 208).*

— »Contigit in hoc monasterio res terribilis atque miranda: turris namque lapidea in medio antique Ecclesie super bases lapideas summopere stabilita, dimensione longitudinis, latitudinis, et altitudinis copiosa, nobilique fabrica constructa, horribiliter corruit. Sed (o miranda res!) theca lignea, que in inferiori parte Ecclesie preciosissimas reliquas continebat, super duas columnulas lapideas stabilita, majus ruinae pondus sustinuit. Que quidem theca omnino illesa diruptis duabus columnulis nullo alio visibili supposito, per seipsam miro modo subsistebat.«

— »1271. Hoc anno cecidit turris de choro et neminem oppressit ...« *(Annales S. B.)*

— »chutte de cette église XVI Kal. Martii.« *(AD Côte — d'Or. 1H 144 f 7 = 17. Jhdt.)*

1280, 7. Febr. *Grundsteinlegung zum Neubau (nach Chomton, 1900, p. 205; Quelle verloren).*

1287, 27. April (?) *Weihe des neuen Chores (?):*

— »Dedicata fuit ecclesia ab Hugone aedificata an. 1287 Dominica jubilate die 27. Aprilis.« *(BN, Coll. Bourg. t. XI, f 28r ss = 17. Jhdt.)*

1288, 29. Okt. *Translation der Benignusgebeine in den gerade fertiggestellten Chor der neuen Kirche (Chron. S. B. 1875, p. 209).*

— »Completa autem anteriori parte jam dicte fabrice, que iuxta vulgare idioma Presbyterium nuncupatur ... preciosissimas patroni nostri Christi Athlete Benigni de loco ubi annis plurimis quieverant, reliquas amoventes, infra dictam thecam sive capsam, post majus altare decenter atque sumptuose in alto stabilitam, in hymnos et confessionibus Dominum benedicentes, cum maximo cleri populique gaudio condiderunt, anno a Christiana nativitate millesimo ducentesimo octuagesimo octavo quarto Kalendas Novembris.«

1300, Dez. *Stiftung zugunsten der Klosterkirche (Quelle zit. bei Baudot, f 277).*

— »1300 décembre: dépot de 1300 florins d'or et autres monnaies d'or ex mains de frère Henry d'Arc chambrier pour perachever l'église de St. Bénigne et faire les deux tours.«

1393, 9. April *Weihe der neuen Abteikirche (Quelle eingeheftet in Baudot, f 258. Vgl. auch Chron. S. B. 1875, p. 214. Das Fest der »Dedicatio Ecclesiae« wird gleichzeitig auf den 27. April festgesetzt; vgl. den Nachtrag im Breviar des 13. Jhdts., zit. bei Chomton 1900, p. 444).*

— »Anno Domini 1393 ... quinto idus et nona die aprilis, ad promotionem et instantiam reverendi in Christo patris et domini domini Alexandri de Monteacuto, abbatis monasterii sancti Benigni de Divione, Lingonensis dioecesis, ordinis sancti Benedicti, fuit dedicata ecclesia dicti sancti Benigni in honorem Dei, gloriosae virginis Mariae, necnon sancti Benigni praedicti et beati Mauricii sociorumque eius ...«

2) DIE BAUBESCHREIBUNG DER CHRONIK VON ST. BÉNIGNE
(um 1060 abgefaßt)

TEXT

(Dijon, Bibl. Munic., Ms. 591, f 41^r ss; ich gebe den Text in der Transkription von Andrew Martindale 1962, p. 47—50, und versehe die Sätze mit Ziffern, die in Übersetzung und Kommentar wiederkehren.)

1) (Haec abbatia ... ab honorando praesule Brunone et Willelmo) venerabili abbate non solum modo in aliis rebus. verum etiam in nova aecclesiae fabrica est renovata. 2) In cuius basilicae miro opere. domnus praesul expensas tribuendo et columnas marmoreas ac lapideas undecumque adducendo. et reverendus abbas magistros conducendo et ipsum opus dictando insudantes. dignum divino cultui templum construxerunt. 3) Cuius artificiosi operis forma et subtilitas non inaniter quibusque minus edoctis ostenditur per litteras. quoniam multa in eo videntur mistico sensu facta. que magis divinae inspiratione quam alicuius deputari debent periciae magistri.

4) Fundatum est autem hoc templum anno dominicae incarnationis M. i. indictione xiiii. xvi kalendas martii; cuius longitudo ducentorum ferme cubitorum. latitudo autem. L.^{ta} iii.^{um} existit. Altitudo vero. in sequentibus oportune dicetur. 5) Inferior itaque domus orationis in qua sacratissimum corpus sancti Benigni martiris veneratur. eundem pene modum habens quantitatis. fulcitur centum quattuor columnis. 6) Haec in figuram. T. litterae facta. quattuor ordines columnarum duodeno dispositas numero equali extenditur in longitudine et latitudine. x. vero cubitis erigitur in altitudine. secreta ex utraque parte habens vestibula. 7) Quinque

SINNGEMÄSSE VERDEUTSCHUNG

(In meine Übersetzung ist bereits ein großes Maß an Interpretation, an Analogieschluß und an Vergleich mit dem Bildmaterial der bis 1792 aufrechten Rotunde eingegangen. Eine wörtliche Übersetzung gebe ich also nicht; sie schiene mir in ihrer Unanschaulichkeit auch überflüssig. Im nachfolgenden Kommentar begründe ich meine übersetzerischen Freiheiten bzw. die von mir eingeschlagenen Interpretationsschritte.)

1) Die Abtei (St. Bénigne) wurde von Bischof Brun (von Langres) und Abt Wilhelm (von Volpiano) nicht nur in ihren alten Besitz wiedereingesetzt, sondern auch durch den Bau ihrer neuen Abteikirche instand gestellt. 2) Der Bischof finanzierte diesen Bau und ließ Säulen aus Marmor und (gewöhnlichem) Stein von allenthalben herbeiführen, während der verehrungswürdige Abt die fleißigen Bauleute zusammenzog und ihnen den Plan gab; so errichteten sie einen Bau, welcher der Ehre Gottes würdig ist. 3) Es mag für solche, die weniger gut unterrichtet sind, nicht überflüssig sein, die Gestalt und die Feinheiten dieses kunstvollen Baus hier zu beschreiben, denn vieles daran scheint in einem geheimnisvollen Sinn geschaffen und muß eher göttlicher Inspiration als dem Verdienst irgendeines Baumeisters zugeschrieben werden.

4) Der Grundstein der Kirche wurde am 14. Februar 1001 gelegt; ihre Länge beträgt ungefähr 200 cubitus und die Breite 53 cubitus; ihre Höhe wird später bei Gelegenheit genannt. 5) Die Krypta, in welcher der Leib des Märtyrers Benignus verehrt wird, hat fast dieselbe Ausdehnung. Sie ist über 104 Säulen eingewölbt; 6) und zwar stehen diese über dem Grundriß des Buchstabens »T«; vier Reihen von je zwölf Säulen gliedern gleicherweise den Längs- wie den Querarm. Ihre Höhe beträgt 10 cubitus, und auf beiden Seiten hat sie abgesonderte Nebenräume. 7) In der Krypta stehen fünf Altäre. Der erste ist dem hl. Benignus selbst geweiht,

sane in ea continentur altaria. Primum in honore ipsius sancti Benigni est consecratum. secundum in memoria sancti Nicholai. et omnium confessorum. Tercium in veneratione sanctae Paschasiae virginis quae ibidem quiescit et omnium martirum. Quintum sub nominibus sanctorum confessorum et abbatum Iohannis et Sequani. atque sancti Eustadii presbiteri ibidem quiescentis. 8) In hac ergo sanctorum corpora quiescentia sepedicti testis christi beata ambiunt membra. quorum in principio huius libri nomina sunt adnotata. 9) Sanctorum vero confessorum et episcoporum Vrbani et Gregorii corpora. in aecclesia sancti Iohannis baptistae primitus fuerunt tumulata. post longa vero tempora inde elevata. sancti quidem Gregorii medietas corporis in ecclesia sancti Benigni est recondita. tempore quo propter metum paganorum eiusdem sancti martiris effossum corpus delatum fuit ad civitatem lingonas. et tunc alia medietas corporis praefati confessoris illic est retenta. 10) Sancti denique Vrbani corpus levatum et in loculo positum. multis miraculorum signis per eum dominus letificavit corda famulorum suorum in hoc loco degentium. 11) Venerabilis vero Isaac antistitis corpus cum exigente templi edificio transferretur alio a quibusdam sacerdotibus. maxima ex parte integrum simul cum capite clericalem adhuc praeferente habitum fertur inventum. 12) Similiter et domni Argrimi pontificis ac monachi sacerdotalia cum cucullo necnon interiore cilicio vestimenta. in testimonium ipsius sanctimoniae incorrupta sunt reperta. 13) Ab hoc haud longe reperta est sancta Radegundis. habens ad caput titulum sui nominis in lammina plumbea. cuius ossa cerato involuta linteo sunt inventa in capsa lignea in terra recondita. 14) Ceterorum praeterea sanctorum quorum corpora hic noscuntur tumulata. beatus Gregorius turonorum episcopus mentionem facit eorum quadam describens miracula. Benigni videlicet martiris nostri specialis patroni. Tranquilli quoque confessoris. necnon Hilarii senatoris et eius coniugis. sanctae Floridae sanctimonialis. atque paschasiae virginis et martiris. 15) Haec a sancto Benigno edocta et baptizata. post eius martirium.sevitia paganorum rapta est ad supplicium. 16) Cumque immobilis in fide christi persisteret. primo carceris afflicta squalore. postea pro confessione deitatis sententia fuit multata capitali. ut quedam vitrea antiquitus facta. et usque ad nostra

der zweite dem Nikolaus und allen Bekennern, der dritte der Jungfrau Paschasia, die hier ruht, und allen Jungfrauen; der vierte dem Irenäus und allen Märtyrern; der fünfte den Bekennern und Äbten Johannes und Sequanus sowie Eustadius, dem Presbyter, der hier ruht. 8) Also umgeben in der Krypta die Leiber der Heiligen, deren Namen zu Beginn dieses Buches genannt sind, die Gebeine des oft genannten Zeugen Christi (Benignus). 9) Die Gebeine der Bekenner und Bischöfe Urban und Gregor waren zunächst in der Kirche Johannes des Täufers beigesetzt; doch findet sich die Hälfte der Gebeine des hl. Gregor — nach langer Ruhe in St. Jean ausgehoben — heute in St. Bénigne. (In der Zeit der Normanneneinfälle hatte man nämlich den Leichnam dieses Heiligen nach Langres geschafft und dort die andere Hälfte der Gebeine zurückbehalten.) 10) Die Gebeine des hl. Urban schließlich wurden nach ihrer Erhöhung in einen Sarg gelegt; an diesem Grab erfüllte der Herr durch viele wunderbare Zeichen die Herzen seiner Knechte mit Freude. 11) Als der Leichnam des Bischofs Isaac anläßlich des Neubaus der Kirche von einigen Priestern an anderen Ort übertragen wurde, soll man ihn fast unversehrt und mit seinen liturgischen Gewändern bekleidet aufgefunden haben. 12) Desgleichen wurde das Ornat des Bischofs und Mönches Agrimus samt Kukulle und härenem Untergewand unversehrt aufgefunden als Zeugnis seiner Heiligkeit. 13) Nicht weit entfernt wurde die hl. Radegundis gefunden mit einer Bleiplatte zu ihren Häupten, auf der ihr Name eingraviert stand. In wachsdurchtränktes Linnen eingehüllt und in einem Holzsarg bestattet, wurden ihre Gebeine aufgefunden. 14) Von den übrigen Heiligen, deren Leiber hier beigesetzt sind, gibt Gregor von Tours Nachricht, indem er manche Wunder nennt, die durch sie bewirkt wurden: so berichtet er von Benignus, unserem speziellen Patron; von Tranquillus, dem Bekenner; vom Senator Hilarius und seiner Frau; von der heiligen Florida, der Klosterfrau, und von Paschasia, der Jungfrau und Märtyrerin. 15) Letztere wurde, vom hl. Benignus unterwiesen und getauft, nach seinem Martyrium von den wütenden Heiden gefangengenommen; 16) weil sie im Glauben an Christus beharrte, wurde sie zunächst eingekerkert, dann ihres christlichen Bekenntnisses wegen zum Tode verurteilt, wie es eine bis in unsere

perdurans tempora eleganti praemonstrabat pictura. 17) Tantorum ergo venerandis corporibus sanctorum. honorabiliter hec de qua modo agitur aecclesia non mediocriter est ditata. exceptis aliorum reliquis sanctorum quos enumerare videtur superfluum. 18) Huic paulo superius descriptae inferiori criptae coniungitur oratorium ad solis ortum rotundo scemate factum. senarumque inlustratur splendore fenestrarum. xxxvii. cubitos habens in diametro. decem in alto. Hoc sane oratorium terno columnarum ordine insemet regirato. xl videlicet atque viii. geometricali dispositione ambitur. 19) Huius desuper culmen celso erectum fastigio xxiiii. columnarum ac xxx. duorum arcuum tripartita comparis numeri machina divisione. eleganti transvolutum est opere. 20) Hoc sane oratorium sancti Iohannis baptistae sacratum est honore. cuius altare illustratur trium fenestrarum lumine. 21) Ab hac aecclesia sunt per cocleam dextra levaque xxxvii. gradus. crebris sufficienter illustrati fenestris. per quos inoffenso ascenditur tramite ad basilicam sanctae dei genitricis Mariae. 22) Ipsa vero aecclesia. lxviii. subnixa est columnis. eundem fere habens modum et formam in diametro sive in altitudine quem et inferior. undenisque irradiatur vitreis. 23) Ad altare autem eiusdem perpetuae virginis marmoreum. per quattuor tripartitos ascenditur gradus. 24) Iuxta quos hinc et inde sunt altaria. ad dexteram quidem Iohannis evangelistae. ac Iacobi fratris eius sanctique Thomae apostoli. ad levam vero sancti Mathei. Iacobi et Philippi apostolorum. 25) Hinc iterum concordantes et satis lucidi utrinque per cocleam ad aecclesiam sanctae et individuae trinitatis xxx. gradus continuatum praestant ascensum. 26) Haec in modum coronae constructa. triginta quoque et sex innixa columnis. fenestris undique ac desuper patulo caelo lumen infundentibus micat eximia claritate. 27) Amplitudine inferiori domui consimilis. sed xx. cubitorum altitudinis. 28) Altare sanctae trinitatis ita est positum. ut undecumque ingredientibus ac ubicumque per aecclesiam consistentibus sit perspicuum. 29) Inde per quadrigeminas scalas altrinsecus factas. ad suprema patet ascensus. quarum duae equali modo positae per quindecim gradus usque sancti Michaelis protenduntur oratorium. habens in longitudine cubitos. xxxiii. in altitudine. x. vili facta scematae. fenestras habet vii. aliae vero duae per quinquaginta gradus dirigunt gres-

Zeit erhaltene alte Glasmalerei kunstvoll darstellt. 17) So ist die Kirche unseres Klosters an verehrungswürdigen Leibern großer Heiliger nicht schlecht versehen, ganz abgesehen von den Reliquien anderer Heiliger, die hier aufzuzählen überflüssig scheinen möchte. 18) An die vorhin beschriebene Krypta schließt gen Osten ein Oratorium an, welches als Rotunde gestaltet ist. Es wird durch das Licht von sechs Fenstern erhellt. Im Durchmesser mißt es 37 cubitus, in der Höhe 10. Es wird von 48 Säulen gestützt, die es in einem dreifachen Ring von ausgeklügelter Anordnung umgeben. 19) Seine Kuppel ist über einem hohen dreigeschossigen Gerüst von 24 Säulen und 32 Arkaden errichtet, eine elegante Konstruktion. 20) Dieses Oratorium ist Johannes dem Täufer geweiht, dessen Altar vom Licht dreier Fenster erhellt wird. 21) Aus dem Untergeschoß der Rotunde erreicht man rechts und links über Wendeltreppen (à 37 Stufen), die von zahlreichen Fenstern ausreichend beleuchtet sind, bequem die Kirche der Gottesgebärerin Maria. 22) Dieser Raum ist von 48 Säulen gestützt und hat in Durchmesser und Höhe etwa die gleichen Maße und die gleiche Form wie das Untergeschoß; er ist von 11 Glasfenstern ringsum erhellt. 23) Zum marmornen Marienaltar führen vier Stufen unter einer Dreierarkade empor. 24) Seitlich von diesen befinden sich zwei weitere Altäre: rechts der des Evangelisten Johannes, seines Bruders Jacobus und des Apostels Thomas, links der der Apostel Matthäus, Jacobus und Philippus. 25) Von hier geht es abermals in den beiden recht hellen Rundschneggen über 30 Stufen empor zur Kirche der Trinität. 26) Diese ist in Form einer Krone gebaut und wird von 36 Säulen gestützt. Durch lichtspendende Fenster und das oben einfallende Himmelslicht erstrahlt dieser Raum in höchster Helligkeit. 27) Im Durchmesser gleicht dieses Geschoß dem unteren, seine Höhe beträgt aber 20 cubitus. 28) Der Trinitätsaltar ist so plaziert, daß er von überall her gesehen werden kann, wo man auch eintritt und in welchem Teil der Kirche man sich aufhält. 29) Von hier gelangt man über 4 Treppen, die paarweise der Gebäudeachse zugeordnet sind, zu den höchsten Teilen der Rotunde. Ein Treppenpaar führt über 15 Stufen zum Oratorium des hl. Michael. Diese Kapelle ist 33 cubitus lang und 10 cubitus hoch, eine bescheidene Anlage mit sieben Fenstern. Die

sum. 30) Ad ima autem harum scalarum bina super murum deambulatoria sunt facta. quae equali spacio ab orientali parte usque ad occidentalem et infra templum per arcus deambulatorios. et supra tectum domus muro altitudinis ferme trium cubitorum. circumquaque pergentium a ruina protegunt incessum. 31) Haec tamen ad dexteram sinistramve partem templi incipientes. interius. et subtus alas eius gressum per quosdam occultos aditus ad suprema tecti dirigentes. plano ut dictum est calle deducunt introrsus undique donec superliminare occidentalium portarum adtingentes per pariles scalas xx. graduum in porticus aecclesiae maioris deponunt. 32) Quae ad instar crucis edificata habet in longitudine cubitos centum viginti octo. in latitudine sicut praescriptum est quinquaginta tres. in altitudine quaquaversum permaximos triginta et unum cubitos. in medio autem quadraginta. 33) Inluminatur septuaginta vitreis. fulciturque centum viginti et una columnis. quarum nonnullae iuxta capita fortissimarum que sunt xl. pilarum quadrangulatium statutae. una quasi simul coronari videntur corona. quamvis non unius sit magnitudinis omnium forma. 34) Habet hinc et inde geminas porticus dupliciter transvolutas. in quibus bis bina. continentur altaria. 35) A parte quidem aquilonis unum in honore sanctorum apostolorum Petri et Andreae. alterum in honore sancti Bartholomei. atque Simonis et Taddei apostolorum. 36) Sancti vero Pauli altare est in superiori aecclesiae ante aram Sanctae Trinitatis. et quod ipse raptus ad tercium caelum vidit secreta dei. 37) A meridie sunt altaria unum in honore sanctorum apostolorum Mathiae et Barnabae. ac Lucae evangelistae. aliud in honore sanctorum martirum Stephani. Laurentii. atque Vincentii. 38) Est aliud altare ad occidentalem plagam aecclesiae in eodem latere meridiano. in honore sanctorum Mammetis. Desiderii. Leodegarii. Sebastiani. Gengulfi martirum. 39) Et ex parte altera sanctorum martirum Policarpi. Andochii. Tirsi. Andeoli. Simforiani. Georgii. Christofori. et sanctorum confessorum Vrbani et Gregorii. quorum corporibus adornatur praesens domus. 40) Principale altare est sacratum in honore sanctorum Mauricii atque Benigni. simulque omnium sanctorum. 41) Altare ad dexteram eius in honore sancti Raphaelis archangeli. et omnium beatorum spirituum. ad levam vero in honore sancti Marci evangelistae. 42) Atque in me-

beiden anderen Treppen führen über 50 Stufen weiter. 30) An der Spitze dieser Treppen führen auf der Mauer zwei Wege in axialsymmetrischer Anordnung vom östlichen zum westlichen Teil der Kirche. Innerhalb des Baus ist man durch Arkadenstellungen vor dem Absturz gesichert, über dem Dach durch eine Mauer von drei cubitus Höhe. 31) Diese Wege beginnen (im Osten) an der rechten und linken Seite des Baus und werden, beim Querhaus angelangt, über zwei verborgene Zugänge auf Dachhöhe gebracht; durch einen ebenen Gang führen sie, wie gesagt, im Innern auf beiden Seiten schließlich zum Obergeschoß der Westportale und über Treppenpaare von je 20 Stufen in die Seitenschiffe (?) der Hauptkirche hinab. 32) Diese ist in Form des Kreuzes erbaut. Ihre Länge mißt 128 cubitus, ihre Breite wie gesagt, 53 und ihre Höhe durchwegs volle 31 cubitus, in der Mitte dagegen 40. 33) Sie wird von 70 Glasfenstern erhellt und von 121 Säulen gestützt. Von diesen sind einige oben an den stärksten der Pfeiler (von denen es insgesamt 40 hat) über den vier Ecken plaziert, so daß diese gleichsam von einer Krone gekrönt zu sein scheinen, wenngleich ihre Größe nicht einheitlich ist. 34) Auf jeder Seite hat es doppelte Seitenschiffe mit Gewölben, in denen zweimal zwei Altäre stehen. 35) Von den beiden Altären der Nordseite ist der eine den Aposteln Petrus und Andeas geweiht, der andere den Aposteln Bartholomeus, Simon und Thaddeus. 36) Der Altar des Apostels Paulus aber befindet sich in der Oberkirche vor dem Trinitätsaltar, weil er, zum dritten Himmel entrückt, die Geheimnisse Gottes schaut. 37) Im Süden hat es den Altar der Apostel Mathias und Barnabas und des Evangelisten Lukas und einen anderen der Märtyrer Stephanus, Laurentius und Vinzenz. 38) Ein anderer Altar befindet sich in der Westpartie der Kirche, ebenfalls im Süden, zu Ehren der Märtyrer Mammès, Desiderius, Leodegar, Sebastian, Gangulf. 39) Auf der anderen Seite einer zu Ehren der Märtyrer Polycarp, Andochius, Tyrsus, Andeolus, Symphorianus, Georg, Christoforus sowie der Bekenner Urban und Gregor, deren Leiber diesen Bau zieren. 40) Der Hauptaltar ist dem hl. Mauritius und Benignus sowie allen Heiligen geweiht; 41) der Altar zu seiner Rechten dem Erzengel Raffael und allen Seligen, der zu seiner Linken dem Evangelisten Markus. 42) In der Mitte der Kirche steht der

dio ipsius aecclesiae altare sanctae crucis omniumque sanctorum. 43) Ante hoc altare triplex constat introitus criptae. et in xv. gradibus ascenditur ab ipsa ad superiorem aecclesiam. 44) Sepulchrum vero sancti et gloriosi martiris ita est constructum. Est tumba ex quadris edificata lapidibus. quae octo cubitos in longum quinque autem tenet in latum. cuius cacumen lapideum quattuor sustinetur suffragio columnarum. 45) Desuper autem quattuor columnae marmoreae locatae erant antiquitus. olim super lapideos arcus quos continebant. apsidam ferebant ligneam. sex cubitorum longitudinis et trium latitudinis. septemque ac semis altitudinis. 46) Quae undique auro ac argento vestita. Historiam dominicae nativitatis et passionis praemonstrabat. anaglipho prominentem opere. pictura satis optima. 47) Verum hoc decentissimum de quo loquimur ornamentum. ob recreationem pauperum tempore famis fuit dissipatum a domno abbate Willelmo ... 48) Illud in fine notificandum est. in templi istius edificio esse columnas trecentas septuaginta et .i. exceptis illis que in turribus et altaribus sunt. 49) Fenestrae clausae vel claudende vitro. centum viginti. Turres octo. porte tres. ostia xx.ti iiii.or

50) Nunc ad ea que omiseramus. patris Willelmi explicanda gesta stilum vertamus ...

Kreuzaltar, der auch allen Heiligen geweiht ist. 43) Vor diesem Altar führen unter einer Dreierarkade 15 Stufen von der Krypta zur Hauptkirche. 44) Der Grabbau des hl. Benignus ist folgendermaßen gestaltet: die Grabkammer ist aus Quadern aufgemauert und mißt acht cubitus in der Länge und fünf in der Breite. Ihr steinernes Dach wird von vier Säulen getragen. 45) Früher standen über dem Grab vier marmorne Säulen, die über ihren steinernen Arkaden einen hölzernen Aufsatz trugen von sechs cubitus Länge, drei cubitus Breite und siebeneinhalb cubitus Höhe, 46) der auf allen Seiten mit Gold und Silber belegt war. Hier war die Geschichte der Geburt Christi und seiner Passion in vorzüglicher Treibarbeit dargestellt. 47) Dieser prächtige Schmuck wurde während einer Hungersnot zur Speisung der Armen von Abt Wilhelm verkauft ... 48) Schließlich ist noch hinzuzufügen, daß man im ganzen Bau 371 Säulen zählt, ganz abgesehen von denen in Türmen und Altären. 49) Es hat 120 Fenster, die teils verglast sind, teils noch verglast werden sollen, acht Türme, drei Portale und 24 Türen.

50) Nun wenden wir uns wieder dem Leben des Abtes Wilhelm zu, das wir mit dieser Beschreibung aus den Augen verloren haben ...

KOMMENTAR

1) *»in aliis rebus«* bezieht sich auf das vorangegangene Kapitel (Chron. S. B. 1875, p. 138). Zu Bischof Brun von Langres vgl. Maurice Chaume, les origines du duché de Bourgogne, I, Dijon 1925, p. 466—472.

2) Während der Anteil Bischof Bruns am Bauvorgang deutlich umgrenzt ist, bleibt der Hinweis auf die Rolle des Wilhelm von Volpiano vieldeutig. »Opus dictare« bedeutete für Chomton (1900, p. 94): »L'abbé Guillaume fut lui-même l'architecte principal du monument et, autant qu'il le put, le conducteur en chef des travaux« (ähnlich Conant 1959, p. 85: »William had personal abilities as a designer«), wohingegen Lasteyrie (l'arch. relig. en France à l'époque romane, 1912, p. 486, Anm. 2) Wilhelm als bloßen Organisator gelten lassen wollte: »il n'avait pas besoin d'être architecte pour dresser le programme des travaux — opus dictare — ou pour traiter avec des maîtres maçons — magistros conducere —«. Beide Auslegungen gehen am Wortlaut des Cron. S. B. vorbei, zumal ihnen eine Vorstellung von Arbeitsteilung zwischen Bauherrn, Architekt, Bauführer und Bauleuten zugrunde liegt, die mehr der neuzeitlichen Praxis entlehnt als der des Mittelalters angemessen sein dürfte. Schon die (im frühen 11. Jahrhundert häufige) pluralische Nennung der »magistri« sollte uns davor bewahren, in ihnen Architekten moderner Art zu sehen, wie auf der anderen Seite »opus dictare« mehr beinhaltet als die bloße Aufforderung zum Baubeginn. Die Leges Rothari des 7. Jahrhunderts (MGH Leges, IV 315, § 145) sprechen von dem, der »magistrum comacinum unum aut plures rogaverit aut conduxerit ad opera dictanda« und meinen damit jemanden, der über das zu Bauende bereits ganz präzise Vorstellungen hat. Otto Lehmann-Brockhaus faßt den Sinn des Chronikwortes richtig: »Abt Wilhelm schreibt das vor, was die magistri bauen

sollen« (Die Kunst des 10. Jahrhunderts im Lichte der Schriftquellen, 1935, p. 39). Ich übersetze: »Wilhelm gab den Bauleuten den Plan« und meine damit selbstverständlich nicht einen Bauriß, so wie er uns von der Spätgotik an vertraut ist, sondern ein Ordnungsschema der liturgischen Einrichtung des Neubaus sowie Richtlinien für Größe, Form und Anordnung der einzelnen Bauteile.

3) Der Satz läßt sich nicht als bloßer Topos abtun (wennschon er als solcher häufig, auch noch im 16. Jahrhundert, beispielsweise bei Vasari in bezug auf den Moses des Michelangelo wiederkehrt). In der ausführlichen und ausgewogenen Beschreibung von Architektur und liturgischer Ausstattung, von Heiligengräbern und Patrozinien breitet der Chronist nicht — wie der moderne Leser zu Unrecht denken könnte — unzusammenhängendes Faktenmaterial aus, sondern nennt die Elemente eines sinnlich erfahrbaren Abbildes der himmlischen Ordnung und des göttlichen Heilplanes. Der Chronist steht damit in der neuplatonischen Tradition, wie sie besonders von Johannes Scotus Eriugena, aber auch schon von Hrabanus Maurus gepflegt worden war; letzterer schreibt in seiner Abhandlung »de Universo«: »ut lector diligens in hoc opere et naturae proprietatem iuxta historiam et spiritualem significa-

---

zu p. 178	Chron. S. B. ca. 1060 in cubitus = hier: 45 cm	Dom Plancher 1739 Pläne in pied du Roy = 32,5 cm	D. Plancher 1739 Text in pied du Roy = 32,5 cm	Baudot 1792 in pied du Bourgogne? = 33,1 cm	Messung Schlink 1972 in cm
Durchmesser der Rotunde	Satz 18 37 cub	zw. d. Wänd. 53 pi	p 480 55 pi	f. 61^{r} 50 pi	1758
in cm	1665	1725	1790	1655	1758
Höhe des Rotundenuntergeschosses	Satz 18 10 cub	inkl. Gew. 15 pi	p. 480 sous voute 14—15 pi	f. 77^{v} sous voute 13 pi	
in cm	450	488	455—490	430	
Höhe des Rotundenobergeschosses a)	Satz 27 20 cub	24 pi	p. 490 30 pi		
in cm	900	780	977		
Länge des Kryptenquerarmes b)	Satz 4 53 cub	74 pi			2532
in cm	2385	2400			2532
Länge der Ostkapellen c)	Satz 29 33 cub	45 pi	p. 487 45 pi		
in cm	1490	1465	1465		

a) In Dom Planchers Längsschnitt nehme ich die maximale Höhe des Umgangs. Der Chronist und Dom Plancher, p. 490, rechnen wohl die Wölbung über dem Mittelschacht hinzu.

b) Der Chronist gibt dieses Maß nicht speziell für die Krypta. Nach den Grundrissen des Dom Plancher wäre der Kryptenquerarm rund 5 pi kürzer als das Querhaus.

c) Ich messe in Dom Planchers Mittelgeschoßgrundriß zwischen der Eingangsarkade (diese eingeschlossen) und der Fensterwand der Marienkapelle. Im Ober- und Untergeschoß messen die Kapellenräume als solche beträchtlich weniger.

tionem iuxta mysticum sensum simul posita inveniret« (Zit. nach de Bruyne, Esthétique médiévale I, Brügge 1946, p. 342).

4) *Cubitus*, eine im hohen Mittelalter eher selten (nur literarisch oder auch auf dem Bau?) verwendete Maßeinheit von 1½ Fuß (vgl. Fritz Arens, das Werkmaß in der Baukunst des Mittelalters, 8. — 11. Jahrhundert, Diss. Bonn, 1938, passim; Maria Nocken, in: RDK IV, 1958, Sp. 1434 ff. Um das Jahr 1000 werden Maßangaben in cubitus beispielsweise genannt in der Baubeschreibung der Kathedrale von Clermont — vgl. M. Vieillard Troiekouroff, in: Cahiers Archéologiques XI/1960, p. 212, Anm. 6 — und in den Mönchsgewohnheiten von S. Maximin zu Trier — vgl. Albers, Consuetudines Monasticae, t. V, Montecassino 1912, p. 7).

Alice Sunderland-Wethey versuchte, den Längenwert des vom Chronisten benutzten cubitus aus den Grundrissen Dom Planchers zu ermitteln (St. Bénigne at Dijon and the roman foot, in: Journal of the Society of Architectural Historians, XVI/1957, Heft 3, p. 12—15) — ein legitimes Verfahren, solange man sich vor Augen hält, daß die Maßstabstreue der Dom-Plancher-Risse (Abb. 40ff.) nicht überschätzt werden darf; mehrfach weichen die Maßangaben, die Dom Plancher in seinen Text einrückt, von denen, die man auf seinen Grundrissen abzirkelt, beträchtlich ab (vgl. die Tabelle). Eine auf den Millimeter genaue Bestimmung des Chronisten — cubitus ist damit von vornherein ausgeschlossen, A. Sunderlands Festlegung auf ein Maß von 44,22 cm verfehlt (und damit auch alle weitere Spekulation des Conantkreises über einen cubitus-Modul, welcher der Bauplanung zugrunde gelegen habe).

Abgesehen von den Höhenangaben, in denen der Chronist und Dom Plancher besonders stark differieren, sind es drei Längenmaße des Chronicon S. B., die an den Rissen Dom Planchers überprüft werden können: der Rotundendurchmesser, die Länge des Kryptenquerarmes und die Länge der Ostkapellen. In einer Tabelle (p. 177) stelle ich den Maßangaben des Chronisten, soweit sie den bis 1792 aufrechten Ostbau von St. Bénigne betreffen, die in Plan und Text vermittelten Maße von Dom Plancher und Baudot gegenüber. Es zeigt sich deutlich, daß die Zahlenrelationen untereinander differieren; es zeigt sich auch, daß ein supponiertes cubitus-Maß von 45 cm eher zu klein als zu groß sein dürfte — besonders gegenüber mei-

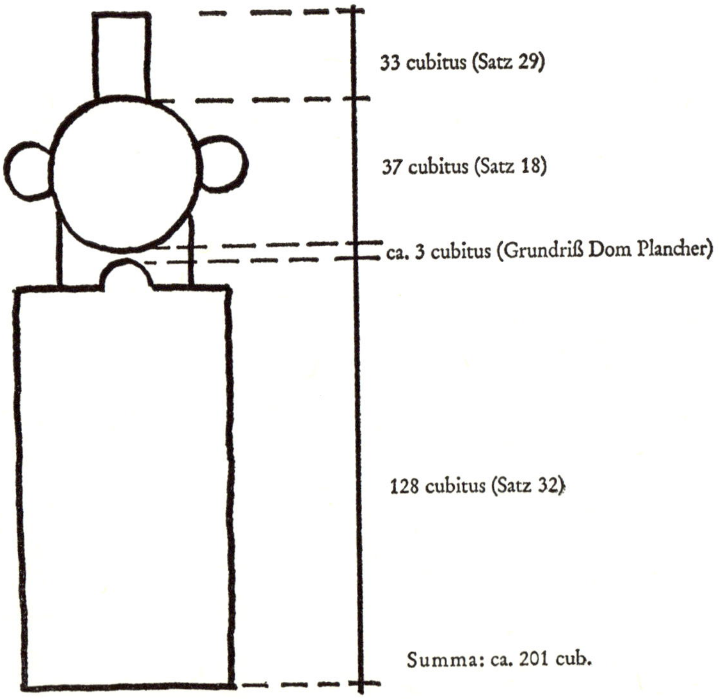

nen Messungen in der heutigen Krypta, denen trotz der Rekonstruktion dieses Raumes im 19. Jahrhundert eine gewisse Verbindlichkeit zukommt. Wenn ich gleichwohl in der Folge bei einem cubitus-Maß von rund 45 cm bleibe, so vor allem auch wegen des vom Chronisten angegebenen Maßes für die Gesamtlänge der Basilika (128 cub), das sich bei einer cubitus-Größe von 45 cm überraschend gut zwischen die Jochfolge des im 12. Jahrhundert angebauten Nartex und die Hauptapsis des Wilhelm von Volpiano einpaßt.

»Longitudo ducentorum ferme cubitorum«, damit ist die Gesamtlänge von Basilika *und* Rotunde angegeben (vgl. die Zeichnung auf p. 178 unten).

5/6) Wie im vorangegangenen Satz spricht der Chronist bald vom ganzen Baukomplex, bald von einem einzigen Bauteil, ohne das Subjekt zu wechseln. So wie er dort (Satz 4) zunächst die Gesamtlänge von Basilika *und* Rotunde, dann aber die Breite der Basilika allein angab, so bezieht sich auch in Satz 5/6 die erste Angabe »eundem pene modum habens quantitatis« auf das Untergeschoß des gesamten Baukomplexes (also inkl. Rotundenuntergeschoß und Johanneskapelle), die anschließend beschriebene Säulenstellung hingegen nur auf den Kryptenraum unter der Basilika.

Was die Breite der Krypta anlangt, heißt es einleuchtend, daß sie der der Basilika, also der des Querhauses ungefähr entspreche; ihre Ost-West-Erstreckung kann jedoch niemals »eundem pene modum quantitatis« gehabt haben; der Westzugang der Krypta lag zwischen Mönchschor und Kreuzaltar (Satz 43), also weit von der Westfassade der Basilika entfernt.

Das in Satz 6 gebotene Diagramm scheint zunächst eindeutig; man meint, für den Längs- und für den Querarm der Krypta je viermal 12 Säulen annehmen zu müssen, also zweimal 48. In den Grundriß übertragen weckt diese Anordnung aber Zweifel, da sie für den Längsarm zu einer Folge von insgesamt 48 + 16 = 64 Säulen führen würde (Schema A), wohingegen der Chronist ausdrücklich sagt, daß sich die Säulen in »equali numero« in die Tiefe wie in die Breite erstrecken.

```
×  ×  ×  ×  ×  ×  ×  ×  ×  ×  ×  ×        ×  ×  ×  ×  ×  ×  ×  ×1  ×  ×  ×  ×
×  ×  ×  ×  ×  ×  ×  ×  ×  ×  ×  ×        ×  ×  ×  ×  ×  ×  ×  ×2  ×  ×  ×  ×
×  ×  ×  ×  ×  ×  ×  ×  ×  ×  ×  ×        ×  ×  ×  ×  ×  ×  ×  ×3  ×  ×  ×  ×
×  ×  ×  ×  ×  ×  ×  ×  ×  ×  ×  ×        ×  ×  ×  ×  ×  ×  ×  ×4  ×  ×  ×  ×
            ×  ×  ×  ×1                               ×  ×  ×  ×5
            ×  ×  ×  ×2                               ×  ×  ×  ×6
            ×  ×  ×  ×3                               ×  ×  ×  ×7
            ×  ×  ×  ×4                               ×  ×  ×  ×8
A           ×  ×  ×  ×5                   B           ×  ×  ×  ×9
            ×  ×  ×  ×6                               ×  ×  ×  ×10
            ×  ×  ×  ×7                               ×  ×  ×  ×11
            ×  ×  ×  ×8                               ×  ×  ×  ×12
            ×  ×  ×  ×9
            ×  ×  ×  ×10
            ×  ×  ×  ×11
            ×  ×  ×  ×12
```

Sollte die Rekonstruktion diesem Hinweis gerecht werden, müßten sich der Längs- und der Querbalken des T durchdringen, mithin die 16 mittleren Säulen des Querarms zugleich als Bestandteil des Längsarms gelten (Schema B). Die Summe der Säulen ergäbe dann allerdings nur 80, wogegen die 96 Säulen des Schemas A gemeinsam mit den Säulen der Apsis die Gesamtzahl des Chronisten (104) erfüllen würden.

6) Die *»figura ›T‹ litterae«* betrifft, entgegen dem grammatikalisch korrekten Bezug von »haec«, weniger die Grundrißgestalt der »domus orationis« als vielmehr die Grundrißanordnung der Säulen. Denn die in Satz 7 genannten, im »inferior domus orationis« gelegenen Altäre bzw. Absidiolen reichen über den T-Querbalken gen Osten hinaus. Schon Dom Plancher (1739, p. 483 f.) meinte zu Recht: »la figure de ce T n'étoit pas la figure de cette église, mais seulement d'un certain arrangement de colonnes«.

»Secreta vestibula.« Chomton (1900, Pl. IV; p. 109) und Martindale (1962, fig. 11) verstanden unter »secreta vestibula« blinde Stollen, die den Längsarm der Krypta flankierten. Wie oben (p. 64 ff.) ausgeführt, ist eine solche Anordnung auszuschließen, da sich die Seitenschiffe der Basilika auf einem ca. 2 m tieferen Niveau befanden als das über der Krypta erhöhte Mittelschiff. Auch so bleiben genug Interpretationsmöglichkeiten: »secreta« meint verborgen, aber auch abgeschlossen, abgesondert, verallgemeinernd auch: »besonders«. »Vestibula« kann in mittelalterlichen Architekturbeschreibungen einen jeden flankierenden Raum bedeuten: das Seitenschiff wie die Empore (so Mortet 1911, p. 41), den Kreuzgangsflügel (Otto Lehmann-Brockhaus, Schriftquellen Nr. 2159) wie die ihm angebaute Brunnenhalle (ders., Kunst des 10. Jahrhunderts im Lichte der Schriftquellen, 1938, p. 16), den Narthex (Hubert, l'art préroman, 1938, p. 65 und Vallery-Radot, in BM 1929, p. 455) wie die Eingangshalle oder (in übertragenem Sinn) den Eingang selbst. Da wir aus der Lage des ehemaligen Kapitelsaales (vgl. oben p. 76) wissen, daß an das Kryptenquerhaus gegen Norden keine niveaugleichen Nebenräume angrenzten, kann »secreta vestibula« nur zweierlei bedeuten: entweder »gesonderte Zugänge«, die aus den Seitenschiffen der Basilika ins Kryptenquerhaus hinabführten, oder die weitausgreifenden Apsidiolen, die zu beiden Seiten der Achse, »ex utraque parte«, die Krypta nach Osten abschlossen. Die letzte Möglichkeit wurde von den Zuarbeitern Mabillons ins Auge gefaßt, die gewiß keine schlechten Lateiner waren (Arch. Dép. Côte-d'Or, 1 H 144, f 5). Auch mir scheint diese Interpretation die näherliegende, zumal »secreta vestibula« den verwandten Begriff der »Secretaria«, der Kapellenräume, die das Presbyterium flankieren, anklingen läßt (vgl. G. Bandmann, Über Pastophorien und verwandte Nebenräume im mittelalterlichen Kirchenbau, in: Kunstgesch. Stud. f. H. Kauffmann, Berlin 1968, p. 19—58; bes. p. 36 ff. Vergleiche auch die Lage der sog. »cryptae« von Cluny II).

7 ff.) Zur Bedeutung der im folgenden genannten Heiligen und zum Standort ihrer Altäre bzw. ihrer Gräber vgl. oben p. 110.

8) *»In hac«* knüpft an »haec« und damit an »inferior domus orationis« an.

»in principio huius libri« meint die Passagen des Chron. S. B. (1875, p. 10 ff.), in denen das Wirken heiliger Männer und Frauen zur Zeit des hl. Benignus und aus der Frühzeit seines Kultes geschildert war. Wenn der Chronist in Satz 8 von den am Anfang des Buches genannten »corpora sanctorum« spricht, meint er also nicht nur die hier (in Satz 7) genannten Paschasia und Eustadius, sondern gleichzeitig die dort (Chron. S. B. 1875, p. 11) aufgeführten Gräber des Tranquillus, der Florida und des Senatorenehepaares Hilarius und Quieta. Satz 8 bezieht sich also nicht auf den vorangegangenen Satz allein, sondern auch auf die Folgesätze, wo die im Bereich des Bénignegrabes beigesetzten Heiligen in anderen Zusammenhängen neu aufgeführt sind. Nur so wird *»ambiunt membra«* zu einem sprechenden Bild.

11) *»Exigente templi edificio.«* Der Chronist beruft sich hier wie andernorts (Inventio und Translatio der Gebeine des Abtes Bertilo, p. 111) auf Augenzeugenberichte der Ereignisse des Jahres 1001 ff. Der Neubau des Wilhelm von Volpiano veränderte die Ordnung der Gräber; das wird durch den Bericht des Rodulfus Glaber, Vita Willelmi, c. 15 bestätigt. Auch die in den Folgesätzen 12 und 13 genannten Inventionen dürfen in die Zeit der Bautätigkeit Wilhelms fallen (so auch M. Chaume, origines p. 341, Anm. 1).

16) *»Vitrea antiquitus facta.«* Das Fenster dürfte demnach älter sein als der Bau des Wilhelm von Volpiano. Neben der Kathedrale von Reims (Mönch Richerus berichtet in der gegen 995 verfaßten Chronik von St. Remi von Reims, Erzbischof Adalbero — 968—989 — habe die Fenster seiner Kathedrale mit »fenestris diversas continentibus historias« schmücken lassen; cf. Pertz, in MGH SS III, p. 613, Abs. 23) zählt Dijon zu den wenigen literarisch bezeugten Beispielen figürlicher Glasmalerei vor der Jahrtausendwende. Ob das Fenster aus der Restauration der Abteikirche unter Karl dem Kahlen — um 870 — stammt (so meint H. Reinhardt, la cathédrale de Reims, Paris 1963, p. 49), läßt der Text allerdings offen. (Vgl. zur frühen Glasmalerei: von Erffa, Die Verwendung des Glasfensters im frühen deutschen Kirchenbau, Diss. 1951, p. 10 und zuletzt: R. Beckmann, Das Schwarzacher Köpfchen, ein ottonischer Glasmalereifund; in: Kunstchronik, 1970, p. 3—9, besonders p. 5 unten).

18) *»cripta inferior.«* Es ist dies eine Präzisierung des allgemeinen terminus »cripta« (der vor dem 12. Jahrhundert auf jeden niedrigen, überwölbten Raum angewendet werden kann),

wie sie auch Rodulfus Glaber zur Bezeichnung der Krypta von St. Germain in Auxerre anwendet: »subteriores criptae, ubi multa sanctorum requiescunt corpora« (Hist. p. 118/119).

»oratorium rotundo scemate factum.« Das Substantiv Rotunde existiert m. W. in den Quellen des Mittelalters nicht. Die gleiche adjektivische Umschreibung findet sich in einem Text des 11. Jahrhunderts aus Cambray (Lehmann-Brockhaus, Schriftquellen N° 1670): »sepulcrum quoque Domini in medio eiusdem basilicae construxit *rotundo scemate*, in modum scilicet sepulcri, quod est Jherosolimis.« Weitere Beispiele bei E. Knögel, Schriftquellen zur Kunstgeschichte der Merowingerzeit, in: Bonner Jahrbücher, 140/141, 1936, p. 32.

»Senarum inlustratur splendore fenestrarum.« Wie schon mehrfach, greift der Chronist auch hier in der numerischen Bestimmung eines Einzelmotivs über den zur Beschreibung anstehenden Bauteil hinaus und rechnet den 4 Fenstern der Rotunde die beiden Fenster im Vorraum der Johanneskapelle hinzu.

19) Ich versuche den Satz in Anlehnung an A. Sunderland (1958) folgendermaßen aufzuschlüsseln:

```
Huius (oratorii) culmen
        |    \
        |     desuper erectum
        |           |
        |        celso fastigio
        |                |
        |           24 columnarum ac 32 arcuum
        |                  |
        |             tripartita machina
        |                  |
        |             divisione comparis numeri
        |
   transvolutum est
          \
        eleganti opere
```

Die Erläuterung: *»tripartita comparis numeri machina divisione«* ist mit »dreigeschossig« natürlich nicht erschöpfend wiedergegeben. Doch wissen wir aus den Schnitten und Ansichten des 18. Jahrhunderts (Abb. 36, 38/39, 52), daß nur die 24 Säulen, nicht auch die 32 Arkaden (bei dieser Zahl ohnehin ein Ding der Unmöglichkeit!) auf die 3 Rotundengeschosse »comparis numeri divisione« verteilt waren. Von den Arkaden beanspruchte das Obergeschoß mit seiner doppelgeschossigen Bogenstellung gegen den Mittelschacht 16, von den Säulen hingegen nur 8, da die obere Arkadenreihe auf Pfeilern ruhte. Insofern treffen die unterschiedlichen Zahlenangaben für Säulen und Arkaden genau. Irreführend ist, daß der Chronist seine Präzisierung, die angegebene Zahl sei gleichmäßig auf 3 Geschosse zu verteilen, mehreren Zahlenangaben hintanstellt, ohne die Bezugszahl kenntlich zu machen.

»fastigium«, wörtlich: die Seitenfläche eines nach oben spitz auslaufenden Gegenstandes, etwa einer Pyramide oder eines Daches, meint hier den Rotundenmittelschacht (vgl. Abb. 39). *»Machina«* heißt das Gerüst und dürfte vom Chronisten in dieser allgemeinen Bedeutung genommen sein; Berichte des frühen Mittelalters verstehen unter »machina« wahrscheinlich auch einen mehrstöckigen Turmaufsatz in Art der hölzernen Turmaufbauten von Centula (vgl. Günter Urban, Der Vierungsturm bis zum Ende des romanischen Stils, Phil. Diss. Frankfurt a. M. 1953, Ms. p. 13).

20/21) *»XXXVII gradus«* — vgl. den Kommentar zu Satz 25.

22) *»LXVIII columnae«* Die Zahl ist durch einen Schreibfehler entstellt. Ebenso wie im Untergeschoß ergibt die Gesamtzahl aus den drei konzentrischen Säulenstellungen: XLVIII.

»undenisque irradiatur vitreis« Dom Plancher gibt in seinem Grundriß (Abb. 41) — die Marienkapelle eingeschlossen — 13 Fenster. Waren die hängenden Apsidiolen zu seiten der Marienkapelle ursprünglich blind?

23) *»per quatuor tripartitos gradus«* — eine Beschreibung, die nur mit Hilfe der Risse Dom Planchers (Abb. 41 und 38) verständlich wird. Uns scheinen — im Gegensatz zur Ausdrucksweise des Chronisten — die Stufen etwas Nebensächliches, die drei Eingangsarkaden der Marienkapelle hingegen ein wichtiges baukünstlerisches Motiv.

25) *»XXX gradus«* Obschon das Rotundenmittelgeschoß die gleiche Höhe aufweist wie das Untergeschoß (Satz 22: »eundem fere habens modum in altitudine«), hat die Wendeltreppe hier nur 30 Stufen gegenüber 37 zwischen Untergeschoß und Mittelgeschoß (S. 21). Da Dom Plancher (1739, p. 483) und Baudot (Ms. 1602, f 61[r]) für die Wendeltreppe zwischen Unter- und Mittelgeschoß übereinstimmend 29 Stufen angeben, wird des Chronisten Zahl — 37 — irrig sein.

26) *»in modum coronae constructa«* Welche Anschauung verbindet der Chronist mit dem Begriff corona? Der kreisförmige Grundriß des Rotundenobergeschosses allein wird kaum gemeint sein; schon in Satz 18 ist die Ostanlage von St. Bénigne, »rotundo scemata factum«, ausreichend als Rundbau charakterisiert. »Corona« im Sinne eines Radleuchters, wie er um das Jahr 1000 — oft in mehreren Exemplaren (Cluny II: vier) — in jeder größeren Kirche hing, paßt nicht zum Baubefund des Obergeschosses, das allein in der östlichen Rotundenhälfte Fenster besaß (Abb. 43). »Corona« i. S. von Tonsur wäre ein nicht unpassendes Bild für die Kuppel mit dem Opaion über dem Mittelschacht; indessen scheint der Chronist mit »corona« das gesamte Rotundenobergeschoß und nicht nur eine Partie seiner Einwölbung beschreiben zu wollen. Möglich, daß der Chronist die Form einer Bügel- oder Helmkrone vor Augen hatte, die ihre anschauliche Entsprechung in der Konstruktion der ringförmigen Viertelstonne über dem Umgang, in dem Konzentrierten und gegen die Mitte hin Aufgipfelnden der ganzen Anlage finden würde. (Man denke beispielsweise an die Krone der Ste. Foy von Conques — vgl. den Katalog: Les trésors des églises de France, Paris 1965, Nr. 534; allgemein zur Bügelkrone: Percy Ernst Schramm, Die Bügelkrone, ein karolingisches Herrschaftszeichen, in: Festschrift Hugelmann, Aalen 1959, Bd. II, p. 561—578.)

»triginta sex innixa columnis« Nach Dom Planchers Grundriß (Abb. 43) kommen zu den 8 Säulen des zentralen Stützenkranzes 22 Wandvorlagen hinzu, das macht 30. Möglich, daß der Chronist den äußeren Stützenkranz wie in den beiden anderen Geschossen 24teilig glaubt und anstelle der inneren 8 Säulen irrtümlich die Hälfte von 24, nämlich 12, hinzuzählt.

»patulum caelum«, der offene Himmel, des Opaion im Scheitel der Wölbung (vgl. Abb. 38).

29) *»per quadrigeminas scalas altrinsecus factas«*, eine ebenso genaue wie knappe Angabe: zweimal zwei Treppen, die paarweise der Gebäudeachse zugeordnet sind.

»Sancti Michaelis Oratorium.« Anders als in den unteren Geschossen wird der Ostannex des Obergeschosses nicht als integraler Bestandteil der Rotunde verstanden, sondern als separates, seinem Patrozinium entsprechend höher gelegenes Oratorium (»ad suprema«). Die Längenangabe von 33 cubitus trifft nach Dom Plancher (Abb. 41/43) auf die Marienkapelle wohl zu, nicht aber auf die Michaelskapelle, deren Hauptraum des komplizierten Treppenzugangs wegen gut 5 cubitus kürzer war. Möglicherweise hat der Chronist die drei im Osten über einer Linie fluchtenden Ostkapellen nur einmal, und zwar in der Marienkapelle gemessen.

»quinquaginta gradus«, das bedeutet entsprechend der aus Satz 25 ermittelten Stufenhöhe eine Höhendifferenz von 16—17 cubitus; die Türme reichten also über den Dachansatz der Rotunde hinaus.

30) Zunächst ist vom Ausgang, von der Lage und vom Ziel der beiden Wege die Rede: sie beginnen oben an den Rundschneggen, verlaufen auf der Mauer und werden parallel zueinander gegen Westen geführt (*»equali spacio«* bedeutet: in axialsymmetrischer Anlage, wie sie der Chronist in immer neuen Wendungen hervorhebt; vgl. Satz 21: »dextra levaque«, 25: »concordantes«, 29: »quadrigeminas altrinsecus«, 29: »equali modo« etc.). Abgeschlossen wird der Satz aber nicht durch ein Verb, das auf die geschilderten Wegstrecken Bezug nimmt

— etwa ein »deducunt« —, sondern durch das überraschende »protegunt«; entsprechend dem Schluß von Satz 29 »gradus dirigunt gressum« verwendet der Chronist auch in Satz 30/31 die »deambulatoria« in einem aktivischen Sinn (bildlich gesprochen) als Leitschienen ihres Benutzers. Der Chronist glaubt die stumme Frage des Lesers beantworten zu müssen, wie man gefahrlos »super murum« einhergehen könne. Er versichert, innerhalb der Kirche sei man durch eine Arkadenstellung und über dem Dach durch eine Mauer von rund 140 cm Höhe vor dem Absturz gesichert. Die hier resumierten Angaben aus Satz 30 werden schließlich in Satz 31 ergänzt durch eine wieder von vorn, also nochmals bei den Rundschneggen beginnende Beschreibung des Weges in seinen verschiedenen Etappen, genauer: in seinen unterschiedlichen Höhenlagen.

Dürfte mit dieser Zusammenfassung die Intention des Chronisten im ganzen getroffen sein, bleiben im einzelnen doch manche Unklarheiten. *»Deambulatorium«* ist einer der vieldeutigsten Begriffe mittellateinischer Architekturbeschreibung, der ebensogut (synonym mit »vestibulum« und »porticus«) die Empore, die Galerie, den Kreuzgangsflügel bedeuten kann, wie (allgemeiner) die Wandelhalle, den Weg. Genau besehen schwankt die Bedeutung von »deambulatoria« selbst innerhalb der vorliegenden Textpassage. In ihrer ersten Bestimmung: »super murum sunt facta«, scheinen sie als architektonische Elemente angesprochen, beispielsweise als Laufgänge, bei der etappenweisen Beschreibung des Satzes 31 bleibt ihnen aber nurmehr die Bedeutung von »Weg« im Sinne von »Verbindung« (allein so läßt sich einer Aussage wie »... deambulatoria ... passum dirigentes plano calle deducunt« anderes als Nonsens abgewinnen).

»Et infra templum ... et supra tectum« bezieht sich nicht auf ein imaginäres »deambulatoria ... deducunt« (diesem Irrtum verfallen Alice Sunderland und K. J. Conant), sondern auf: »deambulatoria ... protegunt incessum«. Der Chronist spricht nicht von verschiedenen Wegen, sondern von verschiedenartigen Schutzmaßnahmen.

»Per arcus deambulatorios« Gemeint sein kann nur eine Arkadenstellung, da »arcus« in der Bedeutung von »Wölbung« den Absturz schlechthin nicht hindern kann. Vgl. zum Begriff: Lehmann-Brockhaus, Schriftquellen, Nr. 2273 (Rich. Casinensis, † 1055): »ante ecclesiam vero in circuitu atrii, deambulatorios arcus cum columnellis lapideis fecit«.

31) Das grammatikalische Gerüst von Satz 31 heißt: »Haec (deambulatoria) — incipientes — et — gressum dirigentes — deducunt — donec — superliminare adtingentes — deponunt.« Meine Übersetzung vereinfacht den Satz durch die intransitive Bestimmung der »deambulatoria«, ohne doch den Sinn zu verändern.

»ad dexteram sinistramve partem templi incipientes interius« In Satz 30 wurde der Eindruck erweckt, die deambulatoria lägen auf einem Niveau mit den Turmkammern der Rundschneggen, »quinquaginta gradus« (Satz 29) über dem Niveau des Rotundenobergeschosses. Satz 31 legt aber fest, daß die Wege im Innern des Baus, »interius« beginnen. »Ad ima harum scalarum« bedeutet also auf Höhe des Rotundenobergeschosses. Der erste Abschnitt des Weges ist im Grundriß Dom Planchers überliefert (Abb. 43, die Gänge »H«): Aus der Mündung der Wendeltreppen führen — noch vor deren Eintritt in das Rotundenobergeschoß — in einer Art Kniestock schmale, niedrige Gänge gegen Westen. Sie dürften zwei der in Satz 30 genannten Bedingungen erfüllen: sie sind »supra murum facta«, da sie über der Mauerstärke der Verbindungsmauern zwischen Rotunde und Basilika liegen, und sie schützen ihren Benutzer »supra tectum domus muro altitudinis ferme trium cubitorum«. »Supra tectum domus« gilt, da die westwärts führenden Abschnitte der Gänge »H« im Dachstock, über den Gewölben der ausgebauten, liturgisch nutzbaren Räume liegen; die Höhenangabe zur Mauer trifft ebenfalls zu, da die dünne Kniestockmauer zu seiten der Gänge (die ein Pultdach trug, welches in mäßiger Höhe dem Mittelschiff des Verbindungstraktes von Basilika und Rotunde anfiel — vgl. Abb. 49) kaum höher als 150 cm gewesen sein kann.

»subtus alas (templi) gressum ad suprema tecti dirigentes«. »subtus alas« muß in Relation zu »suprema tecti« verstanden werden und entspricht dann etwa unserer Wendung »in halber Höhe des Querhauses«. Martindales Übersetzung »in der Mauerkrone der Umfassungsmauer« (1962, p. 37) halte ich für abwegig, obschon »alae« neben Seitenschiffen und Querhaus auch die Umfassungsmauern (Mortet 1911, p. 162: »exteriores parietes, quos alae vocant«) bedeuten kann; nach dieser Interpretation wäre man nämlich »ad suprema tecti« an-

gelangt, bevor man durch »quosdam occultos aditus« — wie es der Text zunächst verlangt — aufs Dachniveau emporgeführt worden ist.

Auch diese zweite Wegstrecke der »deambulatoria« ist in Dom Planchers Grundriß des Rotundenobergeschosses (Abb. 43) eingetragen. Die Gänge »H« laufen auf Wendeltreppen zu, die in den äußeren östlichen Ecken des Querhauses »ad suprema tecti« vermitteln (würden sie hinabführen, müßten sie in Dom Planchers Mittelgeschoßgrundriß auftreten. Zu meiner Bestimmung der Querhausostwand vgl. p. 81). Für die Fortsetzung der Wege läßt uns das Bildmaterial des 17./18. Jahrhunderts im Stich; doch kann man sich unschwer vorstellen, daß mit »suprema tecti« der Vierungsturm über dem Querhaus angesprochen ist, dessen Glockenstube zugänglich sein mußte.

»plano ut dictum est calle deducunt introrsus undique« Martindale (1962, p. 38) bezieht »plano calle« auf die bisher beschriebenen ersten zwei Wegstrecken; das ist grammatikalisch möglich, mit den Intentionen des Chronisten aber schwerlich in Einklang zu bringen. Denn bisher ist weder mit den Gängen »H« (Abb. 43) noch mit den »occulti additus« d i e Wegstrecke erfaßt, die gemäß Satz 30 »infra templum per arcus deambulatorios« führt (intransitiv ausgedrückt). Auf diese »arcus deambulatorios« bezieht sich aber die Wendung »ut dictum est« in Satz 31. Nach meiner Interpretation beschreibt der Chronist mit »plano calle« eine neue, dritte Wegstrecke zwischen den »suprema tecti« und dem »superliminare portarum«, eine Wegstrecke, deren architektonische Gliederung er bereits im vorangegangenen Satz als »arcus deambulatorios« charakterisiert hat.

Wie man sich die Baugestalt der »calle« im besonderen vorzustellen habe, ob als Emporen oder als Laufgänge, steht offen. Nur so viel sagt der Chronist, daß sich die »calle« »introrsus«, also innen sichtbar, »undique«, also auf beiden Seiten des Langhauses (»equali spacio« bekräftigend) befanden.

»Superliminare ... deponunt« »superliminare« meint den Türsturz, in übertragenem Sinn auch einen Raum über dem Portal.

»porticus ecclesiae« meint höchstwahrscheinlich die Seitenschiffe (vgl. Satz 34); ebensogut könnte aber auch eine Vorhalle, eine Empore (vgl. die Beschreibung Centulas, wo die Engelsemporen der Salvatorkirche »porticus superiores seu deambulatoria« genannt werden; so Schlosser, Schriftquellen zur Geschichte der karolingischen Kunst, Wien 1892, p. 262) oder eine Eingangshalle angesprochen sein (»porticus« hat eine ähnliche Bedeutungsbreite wie »deambulatorium« oder »vestibulum«).

»pariles scalae XX graduum« Bei einer extrem hoch gegriffenen Stufenhöhe von 25 cm beträgt die Höhendifferenz zwischen dem »superliminare portarum« und den »porticus ecclesiae« doch nicht mehr als fünf Meter. Der Chronist läßt die Frage offen, wie man von den »suprema tecti« auf das Niveau der »calle« heruntergekommen war.

32) *»ad instar crucis«* vgl. hierzu oben p. 86.

»in medio« dürfte hier nicht denselben Ort meinen, wie ihn Satz 42 (mit den gleichen Worten) für den Kreuzaltar westlich des tief ins Langhaus reichenden Mönchschores festlegt, sondern den Standort des Vierungsturmes auf der Höhe des Querhauses (vgl. dazu: E. Lehmann, in: Karl der Große, Bd. III, 1965, p. 377). Das entspricht der Feststellung Oswalds (vgl. Komm. zu S. 42), daß mit dem Ausdruck »in medio ecclesiae« jede Stelle auf der Längsachse der Kirche gemeint sein könne. Die Apsis des Wilhelmbaus ist — nach dem Längsschnitt Dom Planchers (Abb. 39) — 36 pi = knapp 24 cubitus hoch. Das vom Chronisten angegebene Höhenmaß von 31 cubitus läßt sich daher weder auf die Seitenschiffe noch auf die Apsis, sondern nur auf das Mittelschiff und wahrscheinlich auch auf die Querhausflügel beziehen.

33) Sunderland (1958) und Martindale (1962, p. 40 ff.) haben sich ausführlich um eine Interpretation dieses Satzes bemüht. Seine Widersprüchlichkeit und Unanschaulichkeit haben sie allerdings nicht ausräumen können; ihre Rekonstruktionsvorschläge bleiben — so unterschiedlich sie auch ausgefallen sind — gleichermaßen unbefriedigend.

Eine Aufschlüsselung des Satzgefüges geben Sunderland (1958, p. 5) in einem »grammatical diagram« und Martindale (1962, p. 40) in »anglicized sequence«.

»iuxta capita ... pilarum« bedeutet oben an den Pfeilern, entsprechend der gängigen Bezeichnung des Kapitells als »caput columnae« (cf. Mittellateinisches Wörterbuch ed. Prinz, II/2, 1969, col. 263, Z. 31 ff.). Darüber hinaus beschreibt der Chronist die Säulen als »quadrangulatim statutae«, also als (oben) an den vier Ecken der Pfeiler angebracht. Quadrangu-

latim, sonst nur als Adjektiv bekannt — vgl. Lehmann-Brockhaus, Schriftquellen, Nr. 229, 407, 1199 —, involviert, wörtlich genommen, zwangsläufig das Vorhandensein von vier Ecken. Abt Richard von Fulda setzt die Kirchen in der Umgebung von Fulda in Art eines »tetragrammum quadrangulum«, die Bauleute verwenden einen »lapidem quadrangulum«, und dem Kreuzgang liegt die »forma quadrangula« zugrunde.

Wie viele der Pfeiler, »quae sunt XL«, sind mit je vier Ecksäulen versehen? Vierzig können es nicht gewesen sein, da der Chronist die Gesamtzahl der Säulen nicht mit 160 (oder mehr), sondern nur mit 121 (merkwürdig die ungerade Zahl!) angibt. Es scheint also, daß mit der Bestimmung »iuxta capita fortissimarum pilarum« eine Teilmenge der Pfeiler angesprochen ist, nämlich die der »fortissimarum pilarum«, welcher die Gesamtzahl der »pilae quae sunt XL« gegenübergestellt wird. So plazierte Chomton (1900, p. 98) die »nonnullae columnae« mit Recht »aux quatre angles des plus forts d'entre les piliers — dont le nombre total est de quarante —, dans la partie haute du massif«.

»una quasi simul coronari videntur corona«. »coronari videntur« ist grammatikalisch korrekt mit »nonnullae« zu verbinden. Folglich liegt über den Säulen irgendein bekrönendes Architekturelement (Martindale 1962, p. 41: »some sort of decorative moulding« oder »a band of decorative brickwork«). Das Bild von der Krone trifft (anders als in Satz 26) — wie der Chronist selbst zugibt — den architektonischen Bestand nur bedingt; gestört ist es vor allem dadurch, daß die *»forma omnium (columnarum?) non unius magnitudinis sit«*. Spricht der Chronist von den Säulen, die Bischof Brun von Langres herbeischaffen ließ (Satz 2)? Es wäre denkbar, daß ihm Spolien von unterschiedlicher Länge und von ungleichem Durchmesser geliefert worden waren.

»habet hinc et inde geminas porticus« läßt sich wörtlich übersetzen: »(die Basilika) hat links und rechts (der Gebäudeachse — hier: des Mittelschiffs) doppelte Seitenschiffe«. Das Langhaus von St. Bénigne war also fünfschiffig. Martindale (1962, p. 33) lehnte diese Interpretation ab, da der Chronist für die Vierzahl (resp. für die Angabe von zwei Paaren) den Begriff »quadrigemini« verwende (Satz 29); hier meine der Chronist aber: »ein Paar von Seitenschiffen, auf jeder Seite eines«. Martindales Schluß überzeugt nicht. Die Porticus sind nämlich näher bestimmt durch die *»bis bina altaria«*, die sich ausdrücklich in ihnen befinden. Aus dem Folgenden (Satz 35 und 37) geht eindeutig hervor, daß es sich bei diesen Altären um vier Altäre handelt, die in den flankierenden Apsidiolen nördlich und südlich der Hauptapsis (Abb. 41 und Fig. 9), also in insgesamt vier Apsiden standen. Die »porticus . . . in quibus« betreffen in der Auffassung des Chronisten also nicht nur die Langhausseitenschiffe, sondern darüber hinaus die jenseits des Querhauses gelegenen Apsidiolen.

»dupliciter transvolutas« Die Seitenschiffe sind »überwölbt«. Problematisch ist »dupliciter«; wahrscheinlich handelt es sich lediglich um eine Bekräftigung von »geminas«; oder meint der Chronist eine bestimmte Art der Einwölbung?

»Dupliciter arcuatus« begegnet uns wieder in der Baubeschreibung der Abteikirche von Fécamp durch Dudo von Saint-Quentin (also im Reformkreis von St. Bénigne aus der Zeit 1015—30), leider auch hier ohne Hinweis auf eine exakte Bestimmung der Wölbungsart (vgl. Liess 1967, p. 270 und Anm. 484, sowie Gustav Carlson, religious architecture in Normandy 911—1000, in: Gesta V, 1966, p. 29, der wohl zu leichthändig schließt, es sei hier ein Komplex von »two vaulted stories«, also ein »archetypal westwork« angesprochen). Was mich daran hindert, von dem Bild des Chronisten ohne weiteres auf Kreuzgratwölbung zu schließen, ist der Umstand, daß auch die Seitenschiffs»einwölbung« von Notre-Dame in Melun — Flachdecke über Schwibbögen — mit den Worten des Chronisten gut charakterisiert werden könnte (zu Melun: Deshoulières, in BM 1932, p. 409 ff.).

36) *»ante«* heißt in diesem Fall: östlich des Trinitätsaltars (vgl. die älteren Consuetudines von St. Bénigne, cap. 11: »altare eiusdem ecclesiae — gem. Sanctae Trinitatis — aliud in parte orientali in honore Sancti Pauli . . .«).

»Paulus . . . raptus ad tercium caelum vidit secreta dei« vgl. 2. Kor. 12, 2—4 und oben p. 117.

42) *»in medio ecclesiae«* meint — wie allerorten — den Standort des Kreuzaltares auf der Längsachse des Mittelschiffs (vgl. J. Braun, Der christliche Altar, I, p. 403; F. Oswald, In medio Ecclesiae — die Deutung der liturgischen Zeugnisse im Lichte archäologischer Funde, in: Frühmittelalterliche Studien, Bd. 3, 1969, p. 313 ff.).

43) *»ante«* meint entsprechend Satz 36: östlich des Kreuzaltars.

44—47) Zum *Aufbau über dem Benignusgrab* und zu seinem Schicksal ausführlich oben, p. 106.

48) Die Gesamtzahl der *Säulen: 371*, kommt der Summe aus den z. T. falsch berechneten Teilmengen, die der Chronist im Laufe der Beschreibung nannte: 377, ziemlich nahe.

49) Die Gesamtzahl der *Fenster: 120* — von denen 70 die Basilika erhellen (S. 33) — ist nicht ungewöhnlich hoch. Der beträchtlich kleinere (140 Fuß lange und 43 Fuß breite) Bau, der in den Consuetudines Farfenses beschrieben ist, sollte 160 verglaste Fenster haben (B. Albers, Consuetudines Monasticae, Bd. I, 1900, p. 137).

Von den im Chron. S. B. angesprochenen *Türmen* kennen wir nur 4 nach ihrem Standort: den Vierungsturm der Basilika, das Rundschneggenpaar zu seiten der Rotunde und das Türmchen über den Ostkapellen. Je nachdem, ob man die Treppenaufgänge in den östlichen Querhausecken oder gar die Aufmauerung über dem Rotundenmittelschacht in die Turmzahl des Chronisten miteinrechnet, bleiben für die Westpartie der Basilika mindestens ein weiterer Turm, höchstens deren vier zu rekonstruieren. Das Turmproblem ist in Conants Außenansicht (Abb. 70) recht eigenwillig gelöst (vgl. p. 51 zur Ostkapellenfassade!).

Noch weniger wissen wir über den Standort der *Portale und der Türen* bzw. über die Unterscheidung, die der Verfasser der Chronik zwischen beiden macht. Nach Ausweis der Consuetudines gab es nur einen Zugang zwischen dem Kreuzgangsüdflügel und dem nördlichen Seitenschiff; galt dieser als »porta« oder als »ostium«?

3) EINFÜHRUNG IN DIE SCHRIFT- UND BILDQUELLEN
des 11.—18. Jhdts. zur Abteikirche von St. Bénigne

Neben der knappen Zusammenstellung der Quellen und der Literatur zur Abtei durch *Ferdinand Claudon, Diocèse de Dijon, in: Jacques Laurent — Ferdinand Claudon, Diocèses de Langres et de Dijon. Archives de la France monastique, Bd. 45, Ligugé-Paris 1941 (Zu St. Bénigne: p. 583—586)*
ist als unentbehrliches Handbuch zur Erschließung der Quellen des 11. Jahrhunderts zu nennen:
Georges Chevrier und Maurice Chaume, Chartes et Documents de St. Bénigne de Dijon, prieurés et dépendances des origines à 1300. Analecta Burgundica, t. 2 (1 und 3 nicht erschienen): 990—1124, Dijon 1948.

Außer einer kritischen Edition aller Urkunden aus der Zeit Wilhelms von Volpiano und seiner nächsten Nachfolger bietet der Band Regesten sämtlicher das Kloster und seine Äbte betreffenden Ereignisse aus den Jahren 990—1124 (p. 243—259) eine Biographie aller in den Urkunden genannten Personen (p. 261—311) sowie einen »catalogue sommaire« der Urkunden des 6. bis 10. Jahrhunderts (p. XXXIII—XLIV). Die »introduction générale«, auf welche die Verfasser mehrfach Bezug nehmen, ist leider nicht mehr erschienen, so daß manche dezidierte Angabe im Urkundenkommentar (etwa zur Datierung der Annales S. B. oder der Miracula S. B.) ohne Begründung bleibt.

*

Der älteste Bericht zum Neubau der Abteikirche unter Wilhelm von Volpiano steht in der sogenannten
Vita domni Willelmi abbatis Divionensis, auctore Glabro Rodulpho monacho; bei N. Bulst 1974, p. 462 ff.

Ein mittelalterliches Manuskript der Vita, eine Abschrift des 11. Jahrhunderts aus dem Besitz des Klosters Fécamp, ist erst vor kurzem durch Neithard Bulst bekanntgemacht worden; bis dahin war die Schrift nur aus Quellensammlungen vom 17. Jahrhundert an bekannt, u. a. durch die Bollandisten in den AASS, Januarius I, 1643, p. 58—64, und durch Mabillon in seinen AASS OSB, saec. VI, t. I, p. 320 ff. (nach einem Ms. aus St. Bénigne); Migne, PL 142, col. 697—720, folgt Mabillons Text.

Rodulfus Glaber scheint die Vita bald nach dem Tode Wilhelms von Volpiano (1031) abgefaßt zu haben; die zum Teil recht abgegriffenen Wundergeschichten, die er eingearbeitet hat, lassen vermuten, daß durch sie die (nie erfolgte) Kanonisation des Dijoner Abtes vorbereitet werden sollte. Dieser Absicht entsprechend hat Rodulfus Selbsterlebtes mit Augenzeugenberichten, Legendärem und Topischem verquickt, ohne daß wir das eine vom anderen sauber unterscheiden können. So mag die Kirchweihrede Wilhelms (c. 25) ebensogut Nachschrift oder Diktat Wilhelms sein wie freie Nachdichtung, und die komplikationsreiche Inventio der Benignusgebeine (c. 15) ebensogut ein reich ausgeschmückter Augenzeugenbericht eines älteren Klosterinsassen wie eine am legendären Bericht Gregors von Tours orientierte Darstellung.

Im Faktischen und im Chronologischen der Vita jedoch, etwa in der richtigen Einordnung des Kapitels über den Baubeginn zwischen die Abschnitte, die von Wilhelms Reform in Fécamps (1001) und von der Grundsteinlegung in Fruttuaria (1003) berichten, oder in den Angaben zum Zeitpunkt und zum Stand der Bauarbeiten bei der Weihe durch Bischof Lambert, kommt dem Text ein hoher Quellenwert zu.

Rodulfus Glaber kam nach längeren Aufenthalten in St. Germain-d'-Auxerre und in Bèze nach Dijon. Bei Wilhelm von Volpiano gewann er bald eine Vertrauensstellung. 1024/5 wurde er von ihm mit Briefen an Papst Johannes XIX. geschickt (Hist. IV, 1); 1028 nahmen beide an der Weihe der Abteikirche San Giusto in Susa teil (Hist. IV, 3). Wilhelm gab ihm auch den

Auftrag zu seinen Historiae (ed. Maurice Prou, 1886), die gegen 1047 abgeschlossen wurden. (Über Rodulfus Glaber zuletzt: Margarete Vogelsang, Der cluniacensische Chronist Rodulfus Glaber, in: Studien und Mitteilungen zur Geschichte des Benediktinerordens, t. LXVIII,1956, p. 25—38 und 277—297, sowie: N. Bulst 1974 im Vorwort seiner Neuedition der Vita.)

So war Rodulfus nicht nur mit den Ereignissen in St. Bénigne aufs engste vertraut, sondern auch mit den theologischen Gedanken, den monastischen Idealen und den Reformplänen Wilhelms, in dessen Nähe er die längste Zeit zugebracht hatte. Zu fragen ist, ob Rodulfus Glaber in der Vita Willelmi und besonders in den Historiae nur allgemeincluniazensisches und nicht vielmehr spezifisch wilhelminisches Gedankengut verarbeitet hat. Darauf läßt sich bei unserer beschränkten Kenntnis der Persönlichkeit des Dijoner Reformabtes und seiner theologiegeschichtlichen Bedeutung bislang keine Antwort geben. Auffällig scheint mir jedoch, daß Rodulfus nicht nur die antisimonistische Entrüstung mit Wilhelm teilt, sondern auch die betont symbolisch-gnostische Seh- und Denkweise (M. Vogelsang), die im Programm der Dijoner Rotunde ihre Entsprechung fand (vgl. p. 121).

*

Zwischen 1031 und 1046 entstand (nach Chevrier-Chaume 1943, p. 249) der *Liber Miraculorum Sancti Benigni, abgedruckt in den AASS, Nov. I, p. 173—179*, der vorwiegend Wunderberichte aus der Zeit des Wilhelm von Volpiano kolportiert und damit mittelbar über den Kult am Benignusgrab berichtet.

*

Die wichtigste baugeschichtliche Quelle zur Abteikirche Wilhelms, eine der wenigen Baubeschreibungen des 11. Jahrhunderts, die diesen Namen verdient, enthält die
Chronique de l'abbaye de St. Bénigne de Dijon, publ. par l'abbé Eugène Bougaud et Joseph Garnier. Analecta Divionensia IX, Dijon 1875.
Die Edition fußt auf einem Ms. des 11. Jahrhunderts in der Bibl. Munic. von Dijon (Ms. 591; früher: 348), das die Klostergeschichte bis gegen 1050/60 schildert, und schließt eine zwischen 1510 und 1519 verfaßte »Continuatio« an (nach Ms. 1023 der Bibl. Munic. von Dijon). Die Chronik war zu allen Zeiten weitherum bekannt, zunächst in zahlreichen Abschriften und seit 1655 dann durch die Edition im »Spicilegium« des Luc d'Achery (Bd. 1, Paris 1655; Neuauflage: Paris 1723, t. II, p. 357 ff. — hiernach Migne PL 162, col. 755—860). Die Architekturgeschichte machte sich vorzüglich den Absatz mit der Baubeschreibung zunutze, der bei Chomton (1900, p. 96 ff.), Mortet (Recueil, 1911, p. 26 ff.) und zuletzt in einer höchst gewissenhaften Transkription bei Martindale (1962, p. 47 ff.) abgedruckt ist. Chomton und Caecilia Davis-Weyer (Early medieval art, 300—1150; Sources and Documents in the History of Art, New York 1971, p. 125—128) versuchten den Text kommentarlos ins Französische bzw. Englische zu übersetzen. Aus den Untersuchungen von Charlotte Dahlmann (in: Neues Archiv der Gesellschaft für ältere deutsche Geschichtskunde, t. XLIX, Hannover 1931, p. 281 bis 331), von Lucienne Lasuet-Mensy (in: Position des Thèses de l'école des Chartes, 1935, p. 129 bis 135) und von Martindale (1962, p. 23 ff.), die unabhängig voneinander zu weitgehend identischen Ergebnissen kamen, ist folgendes festzuhalten:

1) Die Chronik hat in den Jahren um 1060 ihre Schlußredaktion erfahren (das letzte datier bare Ereignis ist der Tod des Abtes Hunald von St. Michel-de-Tonnerre im Jahre 1058; die Regierungszeit des Abtes Auberon von St. Bénigne hingegen — 1056 ff. — ist nicht mehr angesprochen.

2) Das Ms. 591 der Bibl. Munic. Dijon weist — besonders im Kapitel der Baubeschreibung — zahlreiche Auslassungen, Schreibfehler und Korrekturen auf (am auffälligsten in Satz 22: »LXVIII columnae« anstatt XLVIII). Sollte es sich bei Ms. 591 um ein Autograph des Chronisten handeln, müßte der Verfasser ältere Notizen flüchtig übertragen haben. Als wahrscheinlicher gilt, daß Ms. 591, wennschon um die Mitte des 11. Jahrhunderts entstanden, bereits eine Abschrift des gesamten Urtextes sei (so mit einleuchtender Begründung Martindale, 1962, p. 23 Anm. 5; Bulst 1973, p. 17 Anm. 22, hingegen spricht von Ms. 591 weiterhin als »dem vermutlichen Autograph«).

3) Ms. 591 ist eine Mischform von Chronik und Cartular, eine Kompilation aus den verschiedensten Manuskripten, verbunden durch eigenschöpferische Beiträge seines Verfassers. Um so auffälliger ist die ausführliche Baubeschreibung der Abteikirche, die weder aus einer Urkunde noch aus einer liturgischen oder chronikalischen Vorlage übernommen sein kann.

Verständlicherweise hatte man Bedenken, ausgerechnet die originellste Partie der Chronik als persönlichen Beitrag des Kompilators anzuerkennen. So schrieb sie Bougaud (Chron. S. B. 1875, p. XIX f) Wilhelm von Volpiano selbst oder genauer: einem angeblich von ihm verfaßten »livre de la fondation de l'église, c'est-à-dire la description historique, symbolique et artistique de la basilique« zu. Demgegenüber hat Charlotte Dahlmann nachgewiesen, daß der Stil der Baubeschreibung mit dem der gesamten Chronik, insbesondere mit dem der vom Chronisten selbständig abgefaßten Partien, identisch ist (p. 316 ff.). Die Baubeschreibung ist mithin nicht als Bauprogramm des Bauherrn oder eines Baumeisters anzusprechen, sondern als eine eigene Leistung des Chronisten.

Der Chronist beschreibt den Bau, wie dieser in den 1050er Jahren aufrecht stand. Was veranlaßte ihn, zwischen Urkundenexzerpten — »ob quam maxime ceptus est liber iste« (Chron. S. B. 1875, p. 15) — und chronikalischen Notizen die Abteikirche zu beschreiben? Fühlte er sich angeregt durch die Klosterbeschreibung der Consuetudines Farfenses (lib. II, c. 1)? Offensichtlich hielt er den Kirchenbau in gleicher Weise »ad notificandam Divionensis loci antiquitatem et gloriam« für wichtig wie eine Besitzstandsurkunde des Klosters.

Während die knappen chronikalischen Ereignisse — gleichgültig ob sie vom Hörensagen (so der Bericht von der Ankunft der Cluniazensermönche im Jahre 989) oder aus eigenem Erleben (Öffnung des Grabes von Bertilo unter Abt Halinard) geschöpft sind — klar und leicht verständlich geschrieben sind, tut sich der Chronist mit der Kirchenbeschreibung außerordentlich schwer, was an dem Mangel literarischer Vorbilder und an dem unübersichtlichen Baugefüge liegen dürfte. Das wirkt sich natürlich auf unser Verständnis des Textes aus. Von den meisten Bearbeitern ist dieser als schwierig, wenn nicht als dunkel empfunden worden (zuletzt Martindale 1962, p. 25). Conant meinte zwar (1965, p. 186) »as we have come increasingly to understand the building, we have more and more admired the clarity of the description of St.Bénigne as get down by the chronicler; it does not need involved exegesis«; dieser beglückende Zustand ist dem Verfasser der vorliegenden Untersuchung nicht beschieden gewesen. Ein bloß intuitives Textverständnis wird dem Schwierigkeitsgrad der Chroniconbeschreibung nicht gerecht; aber auch eine grammatikalisch logische Interpretation kann an dem vom Chronisten gemeinten Sinn vorbeiführen, wie sich an einigen Besonderheiten seiner Satzfolge und seines Satzbaus nachweisen läßt.

Der Chronist versucht zwar genau zu sein (vgl. die vielen Zahlenangaben!) und dem Leser die Beschreibungsabfolge in jeder Phase so deutlich als möglich anzuzeigen. In immer neuen, zum Teil überflüssigen (Satz 18), relativen Anknüpfungen wird ihm vor Augen geführt, in welchem Abschnitt des Baus man sich gerade befinde. Und doch sind die relativen und demonstrativen Anknüpfungen wie auch die Unterscheidungen zwischen dem Teil und dem Ganzen chronisch verknüpft mit Auslassungen und Inkonsequenzen, die zur Folge haben, daß sich dem Leser nicht notwendig der vom Chronisten gewünschte, sondern ein anderer, sinnloser Bezug aufdrängt. Diese Eigentümlichkeit ist besonders offenkundig dort, wo die Aussage des Chronisten an den Rissen und Ansichten des 17./18. Jahrhunderts überprüft werden kann (vgl. zum Folgenden meinen Kommentar zur Baubeschreibung des Chron. S. B.). Von Satz 5 bis Satz 8 ändert das gleichbleibende Subjekt »inferior domus orationis« seine Bedeutung, genauer: seinen architektonischen Umfang, mehrfach. In den Sätzen 18—20 bedeutet »oratorium« zunächst: das Rotundenuntergeschoß, dann: Rotundenuntergeschoß und Mittelschacht, schließlich: Rotundenuntergeschoß und Ostkapelle. Einen besonders krassen Fall bietet Satz 30, wo »ad ima autem harum scalarum« nicht an die im Vorsatz erwähnte Turmspitze anknüpft, sondern an das früher beschriebene Rotundenobergeschoß. Ausdruck desselben Mangels an Sprachlogik ist die Manier des Chronisten, immer wieder zu spezifizieren und zu präzisieren, ohne im Einzelfall deutlich zu machen, worauf sich die getroffene Präzisierung beziehen soll.

Diese und andere Ungereimtheiten lassen sich aufklären, solange sie in der ersten Hälfte der Baubeschreibung auftreten, weil wir uns die angesprochenen Baupartien aus anderen Quellen (besonders aus den Rissen Dom Planchers) vergegenwärtigen können. Sie werden aber dann zu einem jede wörtliche und logische Interpretation einschränkenden Faktor, wenn der Text des Chronisten die einzige Quelle unserer Rekonstruktion ist (ihm kein Bildmaterial mehr erläuternd zur Seite tritt) — also im Fall der Langhausgestalt und des Benignusgrabes (Satz 29 ff.). Ein Beispiel: Trotz des bestechenden Interpretationsversuches von Satz 33 durch

Alice Sunderland (1958) läßt sich nicht ausschließen, daß der Chronist in unlogischer Weise »quadrangulatim statutae« mit der Erscheinung der Pfeiler und nicht mit der Stellung der Säulen verbindet. Am Verständnis dieser zwei Worte scheiden sich aber die Rekonstruktionsversuche von Sunderland/Conant, Grodecki und Martindale, die jeweils völlig unterschiedliche Aufrißgliederungen vorlegten. Keiner dieser Rekonstruktionsversuche wäre ernstlich unternommen worden, hätte man Dom Planchers berechtigte Warnung gehört (1739, p. 485): »L'Auteur de la Chronique étant le seul qui ait essayé de nous donner une idée, mais idée fausse en plusieurs choses et sans aucune exactitude, confondant ce qu'il auroit dû séparer, prenant la partie pour le tout, et donnant au tout le nom et la figure de la partie.«

Man hat sich häufig gefragt (zuletzt Martindale 1962, p. 124 ff.), worauf der Chronist seine Baubeschreibung gründe; auf Notizen, die er während eines Rundganges gemacht hat, oder auf Zeichnungen resp. Berichte eines Architekten? Die Frage ist kaum zu beantworten, solange der Komplex früh- und hochmittelalterlicher Baubeschreibungen nicht insgesamt systematisch auf diese und ähnliche Fragen hin untersucht worden ist. Soviel scheint aber aus der Baubeschreibung der Chronik selbst hervorzugehen: ihr Autor wählt die Darstellungsform des Rundgangs. Seinen Ausgang nimmt er in der Krypta mit dem Benignusgrab als der zentralen Kultstätte der Abtei; das ist liturgisch motiviert. Hinter der Beschreibung der »deambulatoria« jedoch steht eher ein praktisches, bautechnisches Interesse. So kann der Beschreibungsablauf als solcher weder in einem liturgischen Buch (man denke etwa an c. 11 der älteren Consuetudines von St. Bénigne) noch in einem Baumeisterbericht allein vorgegeben sein. Der Chronist mit dem ungewöhnlich breiten Interesse an Ausstattung, Patrozinien, Altaranordnung und architektonischer Konzeption scheint die Baubeschreibung selbst entworfen und in einem Zuge abgefaßt zu haben — zumal diese in der Ausführlichkeit und in der Genauigkeit ein deutliches Gefälle aufweist. Was ihm auf seinem Rundgang durch die Abteikirche begegnete, war ihm als Mönch des Klosters natürlich vertraut; weder brauchte er ein Exemplar der Consuetudines, um die Altarpatrozinien anzugeben (solches hatte Martindale ernstlich vorgeschlagen: 1962, p. 25), noch umfängliche Archivrecherchen, um den alten Kirchenschatz oder den durch Wilhelm von Volpiano abgebrochenen Baldachin über dem Benignusgrab zu beschreiben.

Einzig die Maßangaben, die in die Baubeschreibung eingestreut sind, verlangten einen Arbeitsaufwand, der unabhängig von der Notierung der Rundgangsbeobachtungen geleistet werden mußte. Es liegt nahe, daß der Chronist die Maße selbst genommen hat. Sooft ein Raum mit den Maßen eines zuvor beschriebenen Bauteils ungefähr übereinstimmt oder als Summe zuvor ermittelter Maße errechnet werden kann, verzichtet der Chronist auf neue Maßangaben oder behilft sich mit Addierung und Schätzung, so als habe er vor der ersten Niederschrift seiner Baubeschreibung nur vereinzelte, ausgewählte Maße genommen (vgl. besonders die Sätze 5, 22, 27). Nicht ausschließen läßt sich die Benutzung von Grundrißskizzen durch den Chronisten. Die Beschreibung der Säulenstellung in der Krypta als »in figuram T litterae facta« läßt an ein Grundrißbild denken; ebenso die Charakterisierung der drei Säulenringe im Rotundenuntergeschoß als »geometricali dispositione« (Satz 18) — eine Vorstellung, die allenfalls vor einem Grundriß, schwerlich aber angesichts des Säulenwaldes in dem unübersichtlichen Raum aufkommen konnte.

*

Zur Altaranordnung, zum Ablauf der liturgischen Handlungen und zur Bedeutung der einzelnen Oratorien geben uns die Mönchsgewohnheiten vielfältige Hinweise. Aus St. Bénigne sind uns zwei, zu verschiedenen Zeiten redigierte Consuetudines überliefert, die — beide vor 1271 abgefaßt — den Bau Wilhelms von Volpiano betreffen. Das Ms. mit dem Text der älteren Redaktion ist verschollen, nachdem es noch im späten 17. Jahrhundert von den Maurinern in Auszügen kopiert worden war.

Band XI der Coll. Bourgogne (Paris, Bibl. Nat. Mss.) enthält einige Kapitel »Ex Consuetudinibus antiquis Monasterii Benigniani« (f 83ʳ—100ᵛ; 171ʳ—172ᵛ) und eine Kurzfassung sämtlicher Kapitel, d. h. deren Überschriften und Anfang sowie Bemerkungen von Dom Lanthenas, ob und inwieweit der Dijoner Text von den Consuetudines des Ulrich von Cluny abweicht (dass. f 128ʳ—138ᵛ).

Chomton hat aus Bd. XI der Coll. Bourg. nebst der Kapitelfolge (1900, p. 346 f.) den Abschnitt »de ecclesia sanctae Mariae ceterisque membris ecclesiae« (cap. 11) — zweifellos den architekturhistorisch interessantesten, da er alle Altäre und ihre Standorte nennt — in extenso publiziert (p. 99 f. als Anm., von mir wiederabgedruckt in Anhang 1 ad annum 1077—1085). Carol Heitz hat eine Edition aller in Bd. XI der Coll. Bourg. enthaltenen Kapitel der älteren Consuetudines von St. Bénigne angekündigt (Revue de l'Art, 15/1972, p. 87).

Weitere Auszüge aus dem verlorenen Ms. der Dijoner Consuetudines brachte Edmond Martène in seiner erstmals 1690 erschienenen zweibändigen Sammlung »De antiquis Monachorum Ritibus libri quinque« (ich zitiere stets nach der zweiten, vierbändigen Auflage von 1738; die Auszüge aus den Cons. S. B. finden sich hier in Bd. 4 eingestreut). Zusammen mit dem bei M. Herrgott (Vetus disciplina monastica, Paris 1726, p. 368—371) publizierten Kapitel 21 steht uns somit ein Textmaterial zur Verfügung, das ein Viertel bis ein Drittel vom Gesamtumfang des gegen 1700 verlorengegangenen Manuskriptes ausmachen dürfte. Festzuhalten ist, daß wir über das liturgische Leben im Kloster des 11. Jahrhunderts sehr ungleichmäßig unterrichtet sind: von der Ordnung der Klosterämter geben uns mehrere im vollen Wortlaut überlieferte Kapitel der Consuetudines Nachricht, wogegen zu den Festen des Kirchenjahres (cap. 53—71) nurmehr wenige, kurze Bruchstücke auf uns gekommen sind.

Wenngleich die genannten Auszüge bei Lanthenas, Martène und Herrgott nie im Zusammenhang publiziert wurden, sind sie den Spezialisten cluniazensischer Ordens- und Liturgiegeschichte durchaus bekannt (vgl. de Valous, L'Ordo monasterii Sancti Benigni, fragment d'un coutumier clunisien du XIe siècle, in: A Cluny, Congrès 1950, p. 233—243; Kassius Hallinger, Clunys Bräuche zur Zeit Hugos des Großen, Prolegomena zur Neuherausgabe des Bernhard und Udalrich von Cluny, in: Zeitschrift der Savigny-Stiftung für Rechtsgeschichte, Kanonistische Abteilung XLV, Weimar 1959, p. 99—140; zu den Consuetudines S. B. hier besonders p. 103. Neithard Bulst 1973, p. 193 ff.: zu den cluniazensischen Consuetudines Wilhelms).

Die früher vertretene Ansicht, es handle sich bei den älteren Consuetudines von St. Bénigne um die Ordnung des Wilhelm von Volpiano vom Anfang des 11. Jahrhunderts, hat de Valous in seinem Aufsatz von 1950 richtiggestellt. Er konnte nachweisen, daß der Wortlaut der Cons. S. B. mit den cluniazensischen Consuetudines des Bernhard (diese sind publ. bei Herrgott 1726) — von wenigen Ausnahmen, welche die Funktion der Dijoner Abtei als Gedenkstätte über dem Benignusgrab fordert, abgesehen — wörtlich übereinstimmt.

Ein Beispiel dafür, wie eng sich die Dijoner Redaktion an Bernhards Text selbst dann anlehnt, wenn die liturgischen und architektonischen Voraussetzungen ganz verschiedene sind, gibt uns cap. 11 der Cons. S. B. »De ecclesia Sanctae Mariae ceterisque membris ecclesiae«, in welchem die Patrozinien und Standorte der Altäre von St. Bénigne aufgeführt sind. De Valous meinte: »Il va sans dire que ne peut pas non plus être compté comme variante (der Cons. Bernardi) le chapitre (cap. 11) consacré à la description de l'église de S. Bénigne«(1950, p. 240 Anm. 2). In der Tat fällt das Kapitel aus dem Rahmen; kein zweiter Ordo handelt die Altaranordnung in so systematischer Weise ab. Zu denken gibt, daß in cap. 11 der Hauptaltar der Basilika und die beiden ihm zugeordneten Nebenaltäre nicht genannt sind, der Abschnitt — wie die Kapitelüberschrift besagt — allein von der Marienkirche und den übrigen (gemeint: zweitrangigen) Altären der Kirche handelt. Das Vorgehen des Verfassers erklärt sich, wenn wir dem genannten Abschnitt das Kapitel I, 70 der Consuetudines Bernhards mit dem Titel »De ecclesia Sanctae Mariae« gegenüberstellen, wo im Zusammenhang mit den Prozessionsanordnungen von Cluny (das Vorgängerkapitel I, 69 handelte »de processione ad sanctum Majolum«) die Altäre des südöstlich der Abteikirche separat gelegenen Marienoratoriums genannt werden. Der Redakteur der Dijoner Consuetudines übernahm Überschrift wie Anlage des Bernhard-Kapitels und füllte es mit den Patrozinien der Dijoner Altäre auf. Der Zusammenhang mit der Kapitelfolge der Cons. S. B. ist ein ganz äußerlicher: Das Folgekapitel von cap. 11 der Dijoner Consuetudines »quibus horis liceat Sacerdotibus cantare missam« ist nämlich identisch mit dem Folgekapitel von cap. I, 70 der Consuetudines des Cluniazensers Bernhard.

Der Ordo S. B. ist also eine fast wörtliche, in den hagiographischen und topographischen Belangen notdürftig modifizierte Adaption der Cluniazensischen Consuetudines des Bernhard. Diese waren unter Abt Hugo von Semur gegen 1075 aufgezeichnet worden (vgl. Hallinger 1959, p. 140). Martène benutzte: »(Consuetudines) Divionenses S. Benigni quas ab annis circiter 600 eleganter scriptas ex Divionensi monasterio accepi« (IV/1738, p. 3). Diese Datierung trifft sich mit Ereignissen der Klostergeschichte von St. Bénigne, die eine so enge Anlehnung an die Consuetudines von Cluny wohl erklären mögen. Gegen Ende der Abtszeit von Auberon ließen Disziplin und liturgisches Engagement der Mönche von St. Bénigne nichts mehr vom Geist des Wilhelm von Volpiano verspüren (Hugo von Flavigny, in: Migne PL 154, col. 281). Der von draußen neu eingesetzte Abt Jarenton (1077—1113) suchte konsequenterweise einen Neuanfang in der Richtung, wie sie 990 Bischof Brun von Langres durch die Berufung der Zwölf aus Cluny gewiesen hatte: Jarenton reiste nach Cluny und gewann acht Reformmönche für sein Kloster, aus deren Schar er sich bald den neuen Prior erwählte (Hugo v. Flavigny, col. 285). Ob der fragmentarisch vorliegende Ordo Sancti Benigni im Reformjahr 1077 nach cluniazensischem Vorbild abgefaß wurde oder ob er als Redaktion des Laurent-de-Liège anzusprechen sei, jenes Priors von St. Bénigne, der Anfang 1085 aus dem Kloster St. Vanne zu Verdun nach Dijon geflohen war und dort »die alten Sitten erneuert« haben soll (Gesta episc. Virdun. cap. 33 / Migne Pl 204, col. 967), ist mir unklar. Hallinger nimmt für die Autorschaft des Laurentius Partei (in: Gorze-Cluny, 1950, p. 883; ebenso 1959, p. 103 f.).

Der Text der jüngeren Redaktion ist von Chomton in vollem Umfang publiziert worden (1900, p. 348—441; nach einem Ms. des 15. Jahrhunderts in den Arch. Dép. Côte-d'Or 1 H 72+; Cabassut machte auf eine von Chomton übersehene Handschrift des 13. Jahrhunderts in der Bibl. der Faculté-de-Médecine von Montpellier — Ms. H 449 — aufmerksam: in den Mém. de la Soc. archéol. de Montpellier, 1920, p. 162—165). Über das Verhältnis dieser Redaktion zu den älteren Consuetudines scheint man sich bisher keine Gedanken gemacht zu haben. In unserem Zusammenhang genügt die Feststellung, daß die jüngere Redaktion vor 1271 abgeschlossen gewesen sein muß. In den Kapiteln 17 und 82 sind nämlich Prozessionen aus dem Langhaus in die Krypta zum Benignusgrab beschrieben; diese Anordnung wurde mit der Errichtung der gotischen Abteikirche gegenstandslos.

*

Die meisten Daten zur Baugeschichte des 11. und 12. Jahrhunderts erfahren wir aus den *Annales Sancti Benigni Divionenses, publ. in Migne PL 141, col. 875—898 (nach der 1837 vorgenommenen — ungenauen — Transkription von Pertz in den MGH SS V, p. 37—50).*

Der Edition von Pertz liegen zwei Mss. zugrunde: Ms. 448 der Bibl. Munic. von Dijon mit f 48—61^{v} für die Zeit bis 1063 und f 207—208^{v} für die Jahre 1064— 1215, sowie Ms. H 48 der Bibl. der Faculté de Médecine in Montpellier für die Zeit bis 1285 (dieses Ms. ist mir nur in Mikrofilm bekannt). Das Dijoner Ms. beurteilen Chevrier-Chaume (1943, p. XVII und p. 254) als »redigé d'abord en Lorraine, sans doute à St. Vanne de Verdun, d'après des annales allemandes; puis augmentées à Dijon, à partir de 1085, de notes se rapportant à l'histoire de Saint-Bénigne et du diocèse de Langres; originales depuis 1112.« Die Transkription des Textes durch Pertz ist in der Lesung wie in der mangelnden Unterscheidung von älteren und jüngeren Einträgen ungenügend. Die Annalisteneinträge des Ms. von Montpellier halte ich in ihren älteren Partien für eine flüchtige Kopie nach Ms. 448 in Dijon; die im Dijoner Ms. aufs Jahr 1018 bezogene Weihe der Marienkirche beispielsweise steht im Ms. von Montpellier »ad annum 1020«, weil der Kopist die Verweiszeichen des Dijoner Eintrags übersehen hat.

*

Quellentexte des späten Mittelalters oder der beginnenden Neuzeit, die sich zum Bau des Wilhelm von Volpiano bzw. zu der nach 1271 allein noch aufrechtgebliebenen Rotunde äußern würden, sind nicht bekannt (ich habe für diesen Zeitraum allerdings keine eigenen Archivforschungen unternommen).

*

Erst seit der Reform des Klosters durch die *Mauriner* und mit der Entstehung ihrer großen Geschichtswerke gewinnt die baugeschichtliche Quellenüberlieferung von neuem an Bedeutung. *Mabillon* ließ zur Vorbereitung seiner 1668—1701 erschienenen *AASS OSB*, des (unpublizierten) *Monasticon Gallicanum* und der 1703— 1739 veröffentlichten *»Annales Ordinis Sancti Benedicti«* in allen Klöstern des Ordens Chroniken und liturgische Bücher exzerpieren, die ältesten Urkunden des Archivs kopieren sowie die Bauten in Grundriß und Ansicht aufnehmen. Im Fall von St. Bénigne hat sich ein großer Teil dieses — hauptsächlich von Dom Lanthenas und Dom Leroy zusammengestellten — Arbeitsmaterials erhalten, manches sogar in zweifacher Anfertigung: 1) das an Mabillon in Saint-Germain-des-Prés übersandte Material, heute in der Bibl. Nat. zu Paris, 2) Entwürfe und Kopien, die von den Dijoner Korrespondenten zurückbehalten wurden, heute in den Arch. Dep. de la Côte-d'Or/Dijon. Neben Abschriften und Exzerpten von baugeschichtlich wertlosen Urkunden oder von Mss., die uns auch im Original erhalten sind, sowie neben den schon erwähnten Auszügen aus den älteren Consuetudines finden sich hier Abtslisten, Reliquienverzeichnisse, Listen und Zeichnungsserien von Gräbern (vgl. Abb. 44 b) sowie Abrisse der Klostergeschichte, welch letztere brauchbare Hinweise auf den Baubestand in der zweiten Hälfte des 17. Jahrhunderts geben (ich nenne die mir bekannt gewordenen, bedeutenderen Werke zur Geschichte von St. Bénigne aus der Feder der Mauriner: 1) Bibl. Nat., Coll. Bourg. t. XII, f 147 ss, eine ausführliche Geschichte des Klosters, die allerdings nur bis zum Jahre 888 reicht; 2) Paris, Bibl. Nat., Ms. lat. 12662, f 260 ss und Arch. Dép. Côte-d'Or 1 H 144, die sogenannten »Abrégés des Mémoires du Monastère de St. Bénigne«, die auf dem über 1100 Seiten starken, vor 1671 abgeschlossenen und seit ca. 1792 verschollenen Ms. des Thomas Leroy mit dem Titel: »Histoire du monastère de St. Bénigne de Dijon ...« zu fußen scheinen — vgl. R. Prosper Tassin, Histoire littéraire de la congrégation de Saint-Maur, Brüssel 1770, p. 102; 3) Paris, Bibl. Nat., Coll. Bourg. t. XI, f 449—555^{v}, eine Klosterchronik, die den Zeitraum zwischen 1675 und 1678 behandelt).

Die Mauriner von St. Bénigne beschränkten sich nicht auf die Kompilation älterer Texte, sondern versuchten (wohl auf Veranlassung Mabillons, der schon im ersten Band seiner AASS OSB, saec. IV, 1677 die berühmte Südansicht von Centula hatte reproduzieren lassen) eine anschauliche Idee vom Kirchenbau des Wilhelm von Volpiano zu vermitteln. Wahrscheinlich in St. Bénigne selbst wurden Rekonstruktionsrisse für die drei Ebenen der alten Abteikirche ausgearbeitet, wobei man sich an der erhaltenen Rotunde, an der Baubeschreibung des Chronicon und an der in den älteren Consuetudines mitgeteilten Altaranordnung orientierte. Ausdruck dieser Rekonstruktionsbemühungen sind drei große Pläne mit ausführlicher Legende (und mit Quellennachweisen zu den einzelnen Rekonstruktionsschritten) im Ms. der BN lat. 12662, f 328—330, die Originalvorlagen für den Druck im vierten und letzten von Mabillon herausgegebenen Band der »Annales OSB« (1707, p. 152/3 und beigeheftete Grundrisse, meine Abb. 62; Kopien der BN lat. 12662 — Pläne blieben in St. Bénigne: heute Arch. Dép. Côte-d'Or, 1 H 130. Nachdrucke der Mabillon-Grundrisse von 1707 bei Bougaud 1859 und im Monasticon Gallicanum, 1869, Pl. 37).

Mabillon selbst dürfte an der Anfertigung der Pläne keinen Anteil gehabt haben; sein knapper Text zur Baugestalt von St. Bénigne ist trotz des reichen ihm vorgelegten Materials wirr und ohne Bezug auf die Rekonstruktionsversuche seiner Mitarbeiter. Auf die Rekonstruktionsbemühungen des 19. Jahrhunderts haben die Mabillon-Pläne eine große Suggestionskraft ausgeübt (vgl. den Riß von Sagot Abb. 65), da man mit ihrem frühen Entstehungsdatum die — natürlich abwegige — Hoffnung verband »que seuls ils nous ont conservés quelque notion de l'ancienne église romane de Saint Bénigne« (Bougaud 1859, p. X). In Wirklichkeit hat sich der Zeichner nur oberflächlich am vorhandenen Baubestand orientiert und dann nicht allein an der Rotunde, sondern auch am gotischen Neubau von 1271 ff., dessen Schiffsbreiten er in den Grundriß der frühromanischen Basilika übernommen hat. Ähnlich wie später Sunderland und Conant, versuchte schon der Zeichner des 17. Jahrhunderts, die Angaben des Chronicon S. B. bis ins Detail auszuschöpfen, beispielsweise die 121 Säulen (Satz 33) im Basilikengrundriß auf die Zahl genau unterzubringen. Über den Zusammenhang der drei Risse im Aufriß hat sich der Zeichner keine Gedanken gemacht; die Querhausportale der Basilika sitzen über Fensteröffnungen der Krypta, während sich die Mittelschiffspfeiler bereits fünf Meter über Langhausniveau in Luft auflösen. Die Pläne mögen als Inkunabeln früherer Baurekonstruktion ihre Bedeutung haben, als Quelle mittelalterlicher Bausubstanz sind sie jedoch unbrauchbar.

Dom Urbain Plancher, der in den ersten Jahrzehnten des 18. Jahrhunderts seine »*Histoire générale et particulière de Bourgogne (avec des notes, des dissertations et des preuves justificatives ... et enrichie de vignettes, des cartes géographiques, de divers plans, de plusieurs figures de Portiques etc. Par un Religieux Bénédictin de la Congrégation de Saint Maur«, Dijon, 3 vols. 1739—1748)* plante, empfand als Prior von St. Bénigne die Unzulänglichkeiten der Pläne und der Baubeschreibung Mabillons besonders stark. 1731 schrieb er an einen seiner Mitarbeiter: »Dans cette description et dans ces plans il y a du vrai, mais il y a aussi et de la fiction et du faux et même de la contradiction ... mois que je suis sur le lieux à portée de voir et d'examiner les choses de plus près, j'ai bientôt reconnu le défaut et de la description et des plans ... je me suis determiné à faire une dissertation sur ce qui nous reste de nos anciennes églises ... J'ai fait dessiner des plans éxacts où sans rien donner à la fiction pour représenter ce qui n'est plus on s'est contenté de marquer seulement ce qui subsiste encore« (Bibl. Nat. Coll. Bourg. t. LXXIII, f 192 s). Das ist kein leeres Versprechen; bis zum Abbruch der Rotunde (1792) sind Dom Planchers Risse von allen Bearbeitern uneingeschränkt akzeptiert worden.

Die Pläne und Ansichten (Abb. 38 ff.), die Dom Plancher in seine »Dissertation IV (Sur les anciennes églises de Saint-Bénigne-de-Dijon et sur l'antiquité de la rotunde et du grand Portail de l'église qui subsistent encore aujourdhui«, in: Bd. I, 1739, p. 476 ff.) hatte einrücken lassen, sind von unterschiedlicher Qualität. Neben den unbeholfenen, perspektivisch verzeichneten Außenansichten stehen die ausnehmend genauen und instruktiven Bauaufnahmen in Grundriß und Längsschnitt. Chomton (1900, p. 103) hat als Verfasser der Grundrisse den Pariser Architekten d'Ailly vorgeschlagen, der 1719 unter Dom Planchers Priorat Pläne für den Umbau der Abtei geliefert hatte (Abb. 31—33, 48). Der Längsschnitt durch die Rotunde könnte von anderer Hand und älteren Datums sein; die Klosterchronik von 1675—78 (BN Coll. Bourg. t. XI, f. 488^{v}) weiß von einem Längsschnitt, einer »travail incroiable«, den Dom Prinstet, der Sekretär des Abtes von Cîteaux, gleichzeitig mit der Nordansicht der Abtei (Abb. 28) im Jahre 1674 angefertigt hatte. In Bd. XIV der Coll. Bourg. (BN) finden sich schließlich vier Innenansichten der Rotunde (Abb. 34 ff.), die von der Hand Dom Planchers beschriftet und mit dem Datum 1722 versehen sind. Der rührige Prior scheint eine reichere Illustrierung seines Werkes vorbereitet zu haben, als wie sie schließlich zur Ausführung gelangte. In seinem Text zeigt sich Dom Plancher weniger unvoreingenommen als in der Bilddokumentation; ihm liegt daran, möglichst umfangreiche Partien des erhaltenen Baubestandes in die Gründungszeit des Benignusheiligtums zurückzudatieren. Wenngleich er seine These durch den Baubefund abzudecken sucht, muß man sich doch fragen, ob ihn nicht eine »idée fixe« Bauphasen hat konstatieren lassen, die einer vorurteilslosen Bauuntersuchung nicht standgehalten hätten.

Das Interesse der Mauriner an der Abtei galt nicht allein der ordensgeschichtlichen Darstellung, sondern auch der Erhaltung und Erweiterung ihres Baubestandes. Mehrere Faszikel der Arch. Dép. von Dijon (1 H 130—140) enthalten Gutachten, Kostenvoranschläge und Pläne (Abb. 31—33, 45/46) zu Bauvorhaben, die zwischen 1652 und 1792 in immer neuen Abänderungen, meist ohne jede finanzielle Chance, projektiert worden waren. Die Grundrisse der Archives Nationales (N III Côte-d'Or 5$^{1-12}$, vgl. Abb. 26, 27, 29) bilden mit dem Material in den Arch. Dép. von Dijon (besonders mit dem Kostenvoranschlag vom 23. Dezember 1658, 1 H 133) eine Einheit; alle Umbaupläne maurinischer Klöster mußten von der Zentralverwaltung in Saint-Germain-des-Prés gebilligt werden und zu diesem Zweck neben den Neubauvorhaben auch den alten Baubestand kenntlich machen. Dieser Forderung entsprechen die für uns besonders wichtigen Grundrisse (Abb. 26 und 27) von 1652, die aus Saint-Germain-des-Prés an die Archives Nationales gelangt sind (von den St. Bénigne betreffenden Rissen der Arch. Nat. Paris und der Arch. Dép. zu Dijon behandle ich hier nur den Teil, der wichtige Angaben zum alten Baubestand macht. Einen »Inventaire méthodique des vues et plans de l'abbaye antérieurs à 1792« hat C. Poinssot — hoffentlich nicht ad calendas graecas — im BM 1954, p. 305 angekündigt).

Neben Grundrisse und Schnitte treten im 18. Jahrhundert neue Arten der Bilddokumentation: Stadtplan (vgl. Abb. 30) und Vedute. In seinem Stich von ca. 1784 (Abb. 50) stellt Lallemand die Rotunde — seiner italienischen Ausbildung gemäß — als antiken Rundtempel dar, herausgelöst aus ihrem baulichen Zusammenhang mit der Abteikirche, welch letztere sie in Wirklichkeit um das Doppelte überragte (zu Lallemand: Pierre Quarré, un paysagiste Dijonnais du XVIIIe s., Jean Baptiste Lallemand, Musée de Dijon, 1954).

Auch die Gouachen des Ingenieurs Pierre-Joseph Antoine (Dijon, Bibl. Munic., vgl. Abb. 51—53), die gegen 1790 entstanden sind, zeigen z. T. noch diese Neigung zur Ruinenromantik (das von mir nicht reproduzierte vierte Blatt gibt einen Trümmerhaufen von Bauzierelementen der Rotunde), daneben aber auch den Willen zu exakter Wiedergabe des

Baubestandes ohne alle Beschöningung. In Antoine fand die vom Abbruch bedrohte Rotunde 1792 ihren schärfsten Verteidiger; sein Bericht vom 27. Februar 1792 ist eine geschlossene und überzeugende Beschreibung ihres Bestandes wie ihrer künsterischen Wirkung; seine Vorschläge zur Verwendung der Rotunde als Anatomie oder Kornhalle sind ikonographische Kuriosa zum Thema Rundbau (vgl. Charles Joseph Moreau, Dijon à la fin du XVIIIe s., 42 vues inédites d'après les gouaches de P.-J. Antoine, Dijon 1893 — hier auch der Bericht Antoines — und: Yvan Christ, Pierre-Joseph Antoine, témoin du vandalisme révolutionnaire à Dijon , in: Médécine de France, Paris 1970, p. 25—40).

Als der Abbruch der Rotunde unwiderruflich beschlossen war, versuchte Antoines jüngerer Zeitgenosse, Louis-Bénigne Baudot, durch Notizen und reichlich unbeholfene Zeichnungen (vgl. Abb. 94) eine gewisse Vorstellung vom Bau zu retten. Im Ms. 1602 der Bibl. Munic. von Dijon hat sich sein Tagebuch erhalten, in welches er alle Beobachtungen während des Abbruchs der Rotunde eintrug. Als Zeichner versagte Baudot; gleichwohl — als letzter Augenzeuge der Rotunde und als schreibfreudiger Beobachter ihres Baubestandes ist er für jede Rekonstruktion von allererster Bedeutung (zu Baudot vgl. Charles Oursel, à propos d'une précieuse source documentaire Dijonnaise ... in: Miscellanea Roggen, Antwerpen 1957, p. 205—211).

Die als »Directoire-Plan« oder — nach ihrem Verfasser — als »Pasteur-Plan« bekannte, große Grundrißaufnahme der Arch. Dép. de la Côte-d'Or aus dem Jahre 1791 (Abb. 54) ist die letzte, die von der Rotunde vor ihrem Abbruch angefertigt worden ist.

ABKÜRZUNGEN UND ABGEKÜRZT ZITIERTE LITERATUR

(Kursive Seitenzahlen am Ende einer Literaturangabe weisen auf die Stellen der vorliegenden Arbeit, wo die betreffenden Titel eingehender besprochen sind)

AASS Acta Sanctorum (begründet von Bollandus), Antwerpen 1643 ff.

AASS OSB Acta Sanctorum Ordinis Sancti Benedicti, ed. Luc d'Achery und Jean Mabillon, 9 Bde. Paris 1668—1701 *(vgl. p. 192/193)*

AD cf. Arch. Dép.

AN cf. Arch. Nat.

Annales OSB Annales Ordinis Sancti Benedicti, ed. Jean Mabillon und Edmond Martène, 6 Bde. Paris 1703—1739 *(vgl. p. 192/193)*

Annales S. B. Annales Sancti Benigni Monasterii Divionensis, ad annum. Sofern nicht anders angegeben, nach dem Ms. 448 der Bibliothèque Municipale, Dijon. Mitunter ausdrücklich zitiert nach der Transkription von G. Waitz in den MGH, SS V 1844, p. 37—50 *(vgl. p. 192)*

Antoine 1792 Charles Joseph Moreau de Pryvieux, Dijon à la fin du XVIIIe siècle. Quarante-deux vues inédites d'après les gouaches de P.-J. Antoine, Dijon 1893 *(vgl. p. 194 f.)*

Arch. Dép. Archives Départementales. Sofern nicht anders angegeben, die der Côte-d'Or, Dijon

Arch. Nat. Archives Nationales de France, Paris

Bandmann 1964 Günter Bandmann, Früh- und hochmittelalterliche Altaranordnung als Darstellung, in: Das erste Jahrtausend, Textband 1, Düsseldorf 1964, pp. 371—411

Bandmann 1974 Günter Bandmann, Zur Bestimmung der romanischen Scheitelrotunde an der Peterskirche in Löwen, in: Beiträge zur rheinischen Kunstgeschichte und Denkmalpflege II, Düsseldorf 1974, pp. 69—79

Baudot Ms. 1602 Louis-Bénigne Baudot, Notizen zu den Kirchen Dijons, insbesondere zu Saint-Bénigne, aus den Jahren 1789 bis 1844. Ms. 1602 der Bibliothèque Municipale, Dijon *(vgl. p. 34 ff., 195)*

Bibl. Munic. Bibliothèque Municipale. Sofern nicht anders angegeben, die von Dijon

Bibl. Nat. Bibliothèque Nationale, Paris

BM cf. Bull. Mon.

BN cf. Bibl. Nat.

Bougaud 1859 Louis Emile Bougaud, Étude historique et critique sur la mission, les actes et le culte de St. Bénigne, apôtre de Bourgogne, Autun 1859

Bull. Mon. Bulletin Monumental, ed. Société Française d'Archéologie, Paris

Bulst 1973 Neithard Bulst, Untersuchungen zu den Klosterreformen Wilhelms von Dijon (962—1031), Pariser Historische Studien Bd. 11, Bonn 1973 *(vgl. p. 11)*

Bulst 1974 Neithard Bulst, Rodulfus Glabers Vita domni Willelmi abbatis, in: Deutsches Archiv für Erforschung des Mittelalters, 20. Jgg. Heft 2, 1974, pp. 450—487 *(vgl. p. 167, 187)*

CA Congrès Archéologique de la Société Française d'Archéologie, Paris

CACO Commission des Antiquités de la Côte-d'Or, Dijon

Chaume, origines Maurice Chaume, Les origines du duché de Bourgogne, Bd. 1 Dijon 1925

Chevrier-Chaume Chartes et Documents de St. Bénigne de Dijon, prieurés et dépendances des origines à 1300, Bd. 2 (allein erschienen): 990—1124, publ. par G. Chevrier et M. Chaume, Dijon 1943 *(vgl. p. 187)*

Chomton 1900 Abbé L. Chomton, Histoire de l'église Saint-Bénigne de Dijon, Dijon 1900

Chomton 1913 Abbé L. Chomton, Note sur la reconstruction partielle de l'église St. Bénigne au douzième siècle, in: Mém. CACO 16, 1913, pp. 21—27

Chron. S. B. Chronik der Abtei St. Bénigne, verf. um 1060. Ms. 591 der Bibliothèque Municipale, Dijon. Ich zitiere aus der (in meinem Anhang 2 abgedruckten) Baubeschreibung (f 41 r ss.), indem ich die Ziffer des jeweiligen Satzes aufrufe *(vgl. p. 188—190)*

Chron. S. S. 1875 E. Bougaud et J. Garnier (éd.), Chronique de l'abbaye de St. Bénigne de Dijon, suivie de la chronique de St. Pierre de Bèze (Analecta Divionensia), Dijon 1875

Coll. Bourg. Collection Bourgogne (der Handschriftensammlung der Bibl. Nat. zu Paris)

Conant 1959 Kenneth John Conant, Carolingian and romanesque architecture 800 to 1200, the Pelican History of Art, Harmondsworth 1959 *(vgl. p. 8)*

Conant 1966 dasselbe, 2. erweiterte Auflage von 1966

Conant 1965 Kenneth John Conant, Cluny II and St. Bénigne at Dijon, in: Archaeologia Bd. 99, London 1965, pp. 179—194

Conant 1968 Kenneth John Conant, Cluny — les églises et la maison du chef d'ordre, Mâcon 1968

Cons. S. B. Consuetudines Monasterii Sancti Benigni Divionensis. Ältere Fassung in diversen Mss. und Werken auszugsweise überliefert *(vgl. hierzu pp. 190—192)*. Die jüngere Fassung publiziert von Chomton 1900, pp. 348—441 *(vgl. p. 192)*

Crosby 1942 Sumner Mc Knight Crosby, the abbey church of Saint-Denis, Bd. 1: 475—1122. Yale 1942

DACL Dictionnaire d'archéologie chrétienne et de liturgie, des Fernand Cabrol et Jean Leclercq, Paris 1907—1951

Dahlmann 1931 Charlotte Dahlmann, Untersuchungen zur Chronik von Saint-Bénigne in Dijon, in: Neues Archiv der Gesellschaft für ältere deutsche Geschichtskunde, T. XLIX, 1931, pp. 281—331 *(vgl. p. 188 f.)*

Dom Plancher cf. Plancher

FM Foto Marburg

Focillon 1938 Henri Focillon, recherches récentes sur la sculpture romane en France au XIe s., in: Bull. Mon. 1938, pp. 49—72

Glor. Mart. cf. Gregor von Tours

Gras 1956 Pierre Gras, le séjour à Dijon des évêques de Langres du Ve au XIe siècle, in: Recueil de travaux offerts à M. Clovis Brunel, Paris 1956, pp. 550—561 *(vgl. p. 13 und 15)*

Gregor von Tours Gregor von Tours ed. Bruno Krusch in: MGH SS rerum Merovingicarum I, 1885, p. 484 ff.: Liber in Gloria martyrum, p. 661 ff.: Liber vitae patrum, p. 744 ff.: Liber in gloria confessorum

Grodecki 1950 Louis Grodecki, les débuts de la sculpture romane en Normandie: Bernay, in: Bull. Mon. 1950, pp. 1—67 *(vgl. p. 89)*

Grodecki 1958 Louis Grodecki, l'architecture ottonienne, Paris 1958

Grodecki 1961 Louis Grodecki, Guillaume de Volpiano et l'expansion Clunisienne, in: Centre International d'Etudes Romanes, Bulletin 1961, Heft 2, p. 21—31

Grodecki 1973 Louis Grodecki u. a., Die Zeit der Ottonen und Salier, Becks »Universum der Kunst«, München 1973

Hallinger 1950 Kassius Hallinger, Gorze — Kluny, Studien zu den monastischen Lebensformen und Gegensätzen im Hochmittelalter, Rom 1950

Hallinger 1959 Kassius Hallinger, Clunys Bräuche zur Zeit Hugos des Großen, Prolegomena zur Neuherausgabe des Bernhard und Udalrich von Cluny, in: Zeitschrift der Savigny-Stiftung für Rechtsgeschichte. Kanonistische Abt. XLV, Weimar 1959, pp. 99—140

Heitz 1963 Carol Heitz, Recherches sur les rapports entre architecture et liturgie à l'époque carolingienne, Paris 1963

Herrgott 1726 Herrgott, Vetus Disciplina Monastica, Paris 1726

Hubert 1938 Jean Hubert, L'art préroman, Paris 1938

Hubert 1952 Jean Hubert, l'architecture religieuse du haut moyen-âge en France, Paris 1952

Kaminsky 1966 H. H. Kaminsky, Zur Gründung von Fruttuaria durch den Abt Wilhelm von Dijon, in: Zeitschrift für Kirchengeschichte 77, 1966, pp. 238—267

Knögel, Schriftqu. Elsmarie Knögel, Schriftquellen zur Kunstgeschichte der Merowingerzeit, in: Bonner Jahrbücher, Bd. 140/141, 1936

Krautheimer 1950 Richard Krautheimer, Sancta Maria Rotunda, zuerst in: Arte del primo Millennio (Kongreß 1950), Turin 1954, pp. 21—27. Ich zitiere nach dem Wiederabdruck in: Krautheimer, Studies 1969, pp. 107—113

Krautheimer, Stud. Richard Krautheimer, Studies in early christian, medieval and renaissance Art, New York — London 1969

Lambert 1960 Elie Lambert, l'ancienne abbaye bourguignonne de Flavigny et le chevet de son église, in: Les Monuments Historiques de France VI, 1960, pp. 1—8

Lehmann-Brockhaus Otto Lehmann-Brockhaus, Schriftquellen zur Kunstgeschichte des 11. und 12. Jahrhunderts für Deutschland, Lothringen und Italien, 2 Bde. Berlin 1938

Liess 1967 Reinhard Liess, Der frühromanische Kirchenbau des 11. Jahrhunderts in der Normandie, München 1967

Louis 1952 René Louis, les églises d'Auxerre des origines au XIe siècle, Paris 1952

Martène Edmond Martène, de antiquis Monachorum ritibus libri quinque, Paris 1738 *(vgl. p. 191)*

Martindale 1962 Andrew Martindale, the romanesque church of Saint-Bénigne at Dijon and Ms. 591 in the Bibl. Munic., in: The Journal of the British Archaeological Association XXV, 1962, pp. 21—55 *(vgl. p. 8 f.)*

Martyrologium S. B. Martyrologium von Saint-Bénigne, Ms. 634 der Bibliothèque Municipale von Dijon

Maurer 1971 François Maurer, Romanische Kapitellplastik in der Schweiz, Bern 1971

Mém. CACO Mémoires de la Commission des Antiquités de la Côte-d'Or, Dijon

MGH Monumenta Germaniae Historica

Mon. Hist. Monuments Historiques. Archives des Mon. Hist., 3 rue Valois, Paris

Mortet 1911 Victor Mortet, Recueil de Textes relatifs à l'histoire de l'architecture et à la condition des architectes en France, au moyen-âge. Paris 1911

Nekrolog S. B. cf. Totenbuch

Obituarium S. B. cf. Totenbuch

Ordo S. B. cf. Cons. S. B.

Oursel 1928 Charles Oursel, l'art roman de Bourgogne, Dijon-Boston 1928

Oursel-Quarré M. Oursel-Quarré, les origines de la commune de Dijon, in: Mémoires de la Société pour l'Histoire du Droit et des Institutions des ancien pays bourguignons, t. 6, 1939, pp. 5—112

PL Patrologiae Cursus completus, Series latina, ed. J.-P. Migne, t. 1—221, Paris 1844—64

Plancher 1739 Dom Urbain Plancher, Histoire générale et particulière de Bourgogne, Band 1, Dijon 1739 *(vgl. p. 59 f., 84 f., 193 f.)*

Poinssot 1951 Claude Poinssot, Note sur le refectoire de l'abbaye benédictine de Saint-Bénigne de Dijon, in: Die Klosterbaukunst, Mainz 1951 (ohne Paginierung)

Poinssot 1954 Claude Poinssot, le bâtiment du dortoir de l'abbaye bénédictine de Saint-Bénigne de Dijon: in: Bull. Mon. 1954, pp. 303—330 *(vgl. p. 23, 72 f.)*

Prinz 1965 Friedrich Prinz, Frühes Mönchtum im Frankenreich, München-Wien 1965

Prost 1894 Bernard Prost, le trésor de l'abbaye Saint-Bénigne de Dijon, Dijon 1894

Quarré 1957 Pierre Quarré, la sculpture des anciens portails de Saint-Bénigne de Dijon, in: Gazette des Beaux-Arts 50, 1957, pp. 177—194

Reinle 1968 Adolf Reinle, Kunstgeschichte der Schweiz von der Römerzeit bis zur Romanik, Frauenfeld 1968

Rodulfus Glaber Sofern nichts anderes angegeben: Vita S. Willelmi, ed. Bulst 1974, pp. 461—487 *(zu den Editionen vgl. p. 187—188, zum Autor auch: p. 17 f., 20 ff.)*

Rod. Glab. Hist. Rodulfus Glaber, Historiae, hrsg. von M. Prou: Les cinq livres de ses histoires, Paris 1886

Schlosser 1892 Julius von Schlosser, Schriftquellen zur Geschichte der karolingischen Kunst, Wien 1892

Schürenberg 1943 Lisa Schürenberg, Die kirchliche Baukunst in Frankreich zwischen 1270 und 1380, Berlin 1934

Sennhauser 1970 Hans Rudolf Sennhauser, Romainmôtier und Payerne, Basel 1970

Sunderland 1946 Alice L. Sunderland, the early romanesque church of St. Benignus of Dijon, Thesis (Masch.schr.), Radcliff College — Harvard, 1946 *(vgl. p. 9)*

Sunderland 1957 Alice L. Sunderland-Wethey, Saint-Bénigne at Dijon and the Roman foot, in: Journal of the Society of Architectural Historians XVI/1957, Heft 3, pp. 12—15 *(vgl. p. 178)*

Sunderland 1958 Alice L. Sunderland-Wethey, The legend of the alternate system at Saint-Bénigne of Dijon, in: Journal of the Society of Architectural Historians XVIII/1958, Heft 3, pp. 2—9 *(vgl. p. 89 f.)*

Totenbuch S. B. Totenbuch von Saint-Bénigne. Ms. 634 der Bibl. Munic. zu Dijon

Vallery-Radot 1955 Jean Vallery-Radot, Saint-Philibert de Tournus, Paris 1955

Viollet-le-Duc Eugène Viollet-le-Duc, Dictionnaire raisonné de l'architecture française du XIe au XVe siècle, 10 Bände, Paris 1858—1868

Vita Willelmi cf. Rodulfus Glaber

Wollasch 1973 Joachim Wollasch, Mönchtum des Mittelalters zwischen Kirche und Welt, München 1973

PERSONEN- UND ORTSREGISTER

Abbildungsnachweis

Archives Nationales de France, Paris 26, 27; Archives Photographiques, Paris 3, 5, 55, 56, 61; Bibliothèque Nationale, Paris 34—37, 44 b, 50, 99; Bibliothèque Municipale, Dijon 51—53; Musée Archéologique, Dijon 25, 28, 77; Foto Marburg 1, 4, 6, 72—76, 78, 79, 84—87; Archiv Wolfgang Schöne 2; Kunstgeschichtliches Institut, Kiel 107; Aufnahmen des Verfassers 7—24, 29—33, 45—48, 54, 57, 59, 60, 63—65, 80—83, 88—98, 108—111, 113, 115—121; Buchvorlagen 38—44 a, 49, 58, 62 a—c, 66—71, 100, 101—106, 112, 114.

FIGUREN
UND ABBILDUNGEN

(Sofern kein Ort genannt ist, betreffen die Abbildungen die ehemalige Abtei Saint-Bénigne von Dijon; und soweit nichts anderes angegeben, stammen die Aufnahmen vom Verfasser.)

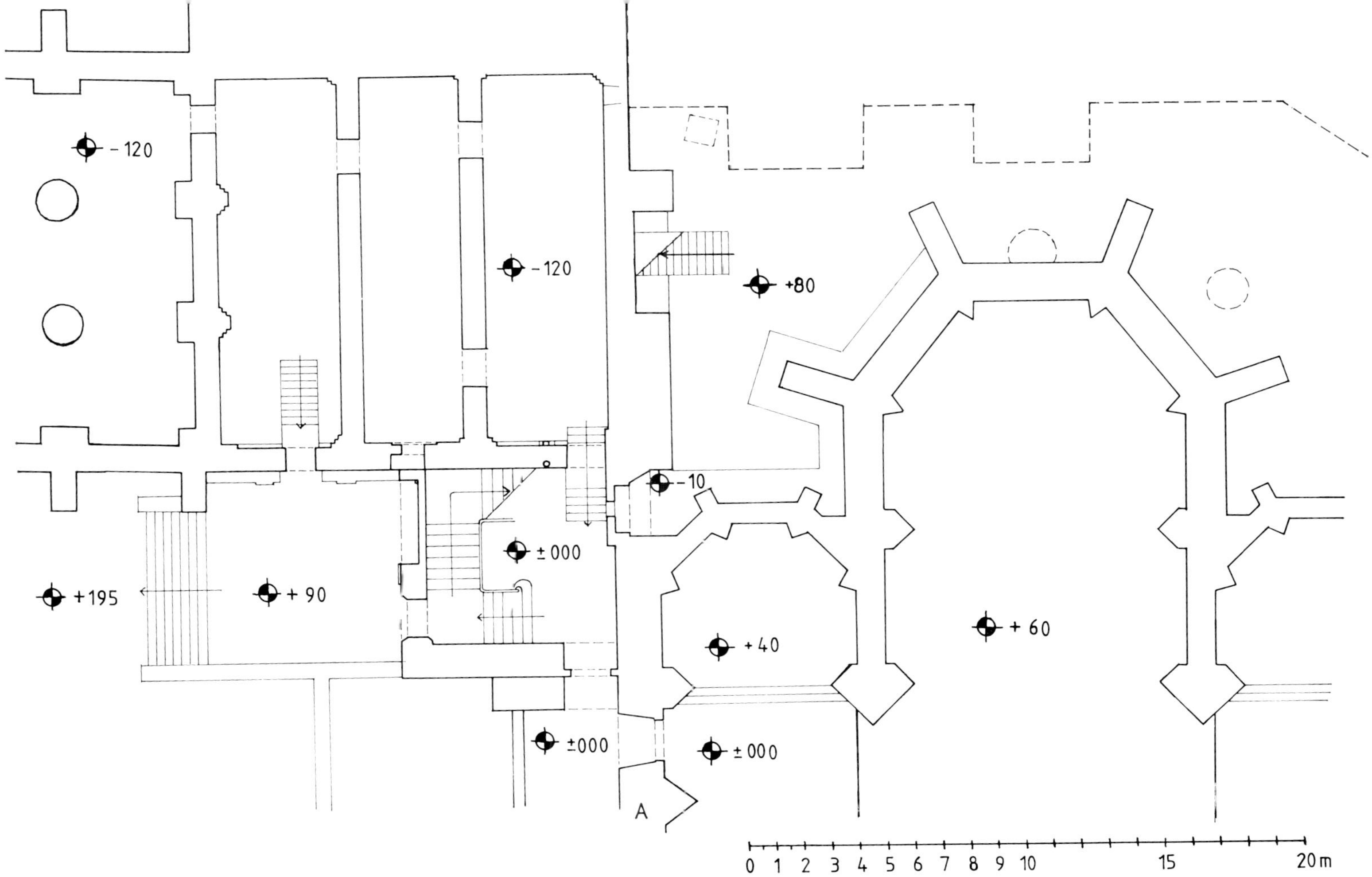

Figur 1: Grundrißaufnahme: Chorpartie der gotischen Abteikirche und Untergeschoß des Dormitoriumstraktes. Zustand 1972. Eingetragen: das jeweilige Bodenniveau. (Aufn. und Zeichnung: Verf.)

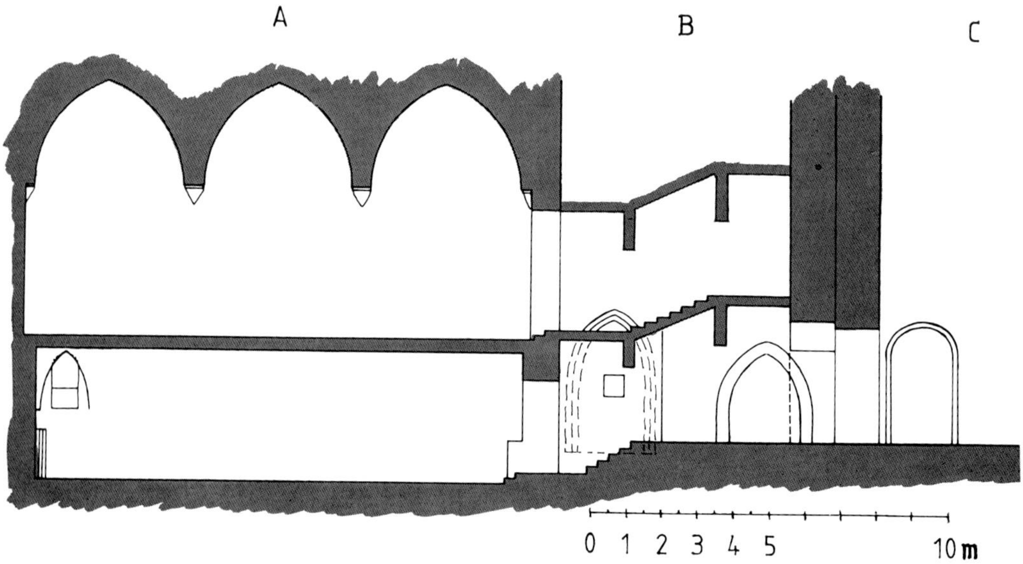

Figur 2: Querschnitt durch den Dormitoriumsflügel und den Maurinertreppenturm mit den Verbindungen nach Süden. A: der Dormitoriumsflügel mit dem ehemaligen Kapitelsaal (unten) und dem Dormitorium (vgl. Abb. 16) von ca. 1300 (oben). B: Das Maurinertreppenhaus; links das vermauerte Portal, das nach 1271 zwischen dem Kreuzgang und der Rotunde vermittelte, rechts die Grabnische, die zeitweilig zur Verbindung in die gotische Abteikirche aufgebrochen war (vgl. Abb. 23). C: ein Sakristeiraum mit dem Zugang des 18. Jahrhunderts aus der gotischen Abteikirche. Die beiden angeschnittenen Mauerzüge zwischen B und C sind: die westliche Umfassungsmauer des Treppenturms (links) und ein Strebepfeiler der gotischen Nebenapside.

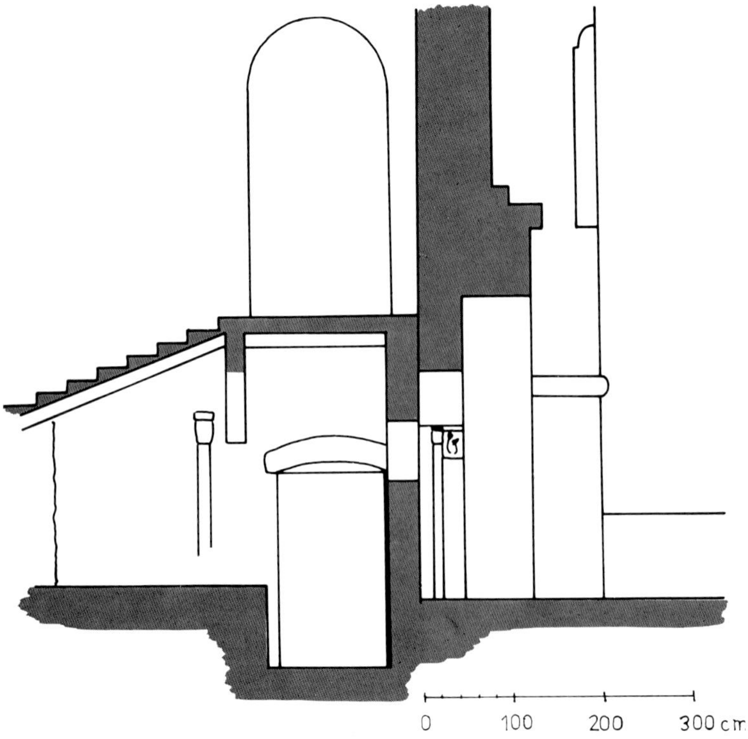

Figur 3: Nord-Südschnitt durch den Maurinertreppenturm, Zustand 1972. Links unter der Treppe Reste der Arkade zwischen Kreuzgang und Kapitelsaal (vgl. Abb. 19). Mitte unten: Zugang zum ehemaligen Kapitelsaal. Mitte oben: Zugang zum Dormitorium. Rechts: das heute im Innern des Maurinertreppenturms vermauerte Portal, das ehemals zwischen dem Kreuzgang und der Rotunde vermittelte (vgl. Abb. 12). Vermessung und Zeichnung: Verf.

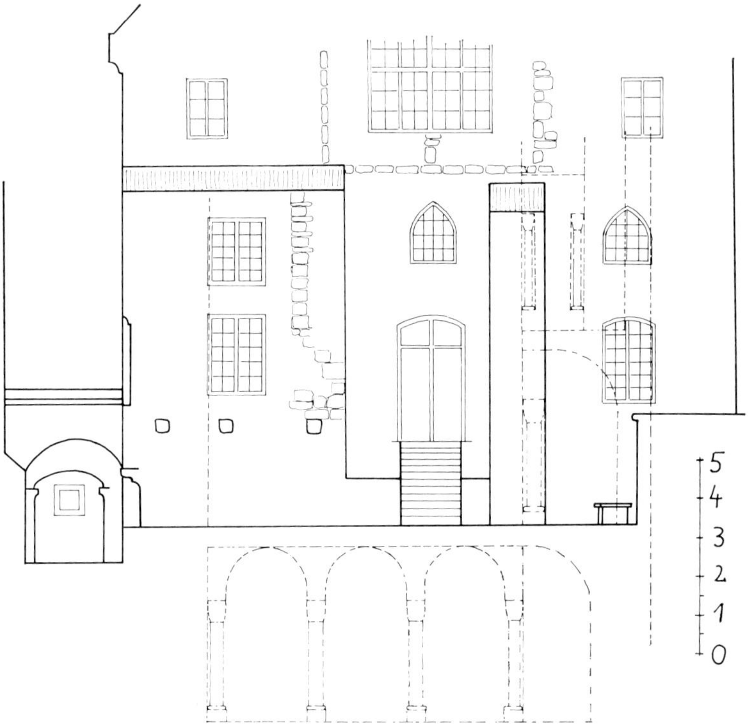

Figur 4: Südfront des Dormitoriumsflügels (vgl. Abb. 9 und 11—14). Zustand 1972. Links der ehemalige Zugang vom Kreuzgang zur Rotunde. Darüberprojiziert (unterbrochene Linien) der Querarm der Krypta und das Querhaus der frühromanischen Basilika. Aufn. und Zeichnung: Verf.

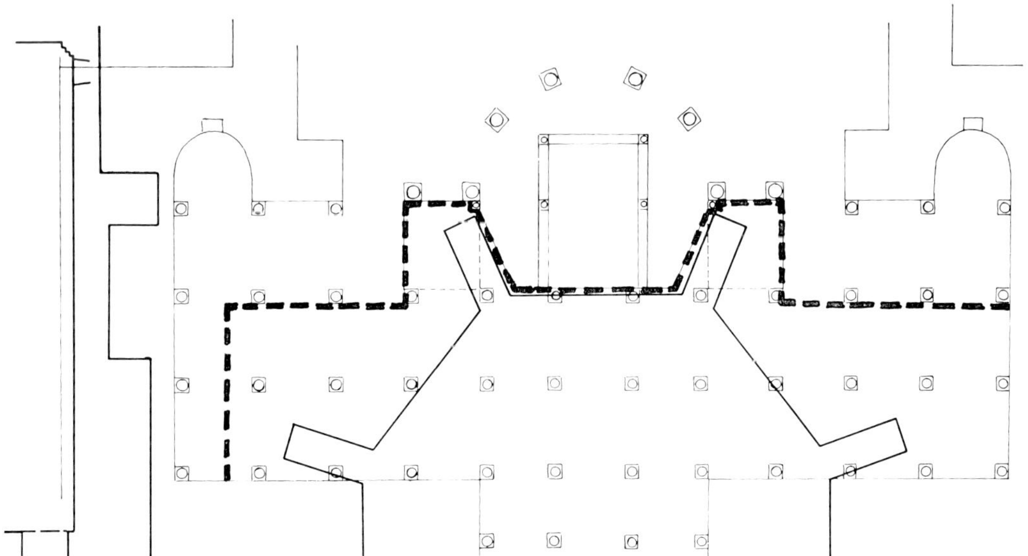

Figur 5: Grundriß der gotischen Apsiden und der Dormitoriumssüdfassade (mittelstarke Linien). Darüberprojiziert (in feiner Linie): die Krypta des Wilhelm von Volpiano; und zwar über und links der starken, unterbrochenen Linie nach Dom Plancher, unter ihr: Vermutung des Verfassers. Zeichnung: Schlink.

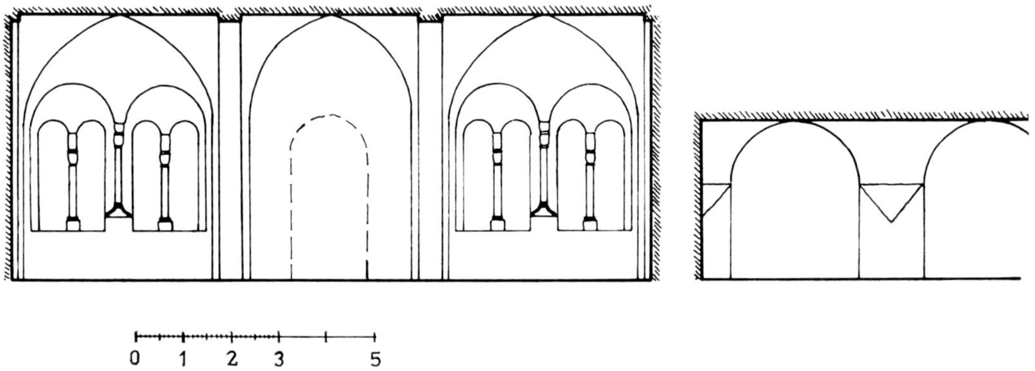

Figur 6: Rekonstruktionsvorschlag zur Arkadengliederung der Westwand des Kapitelsaales (vgl. Abb. 18). Mit der ursprünglichen Gratwölbung war der Kapitelsaal erheblich höher als der rechts anschließende, bis heute erhalten gebliebene Nordtrakt. Aufn. und Zeichnung: Schlink.

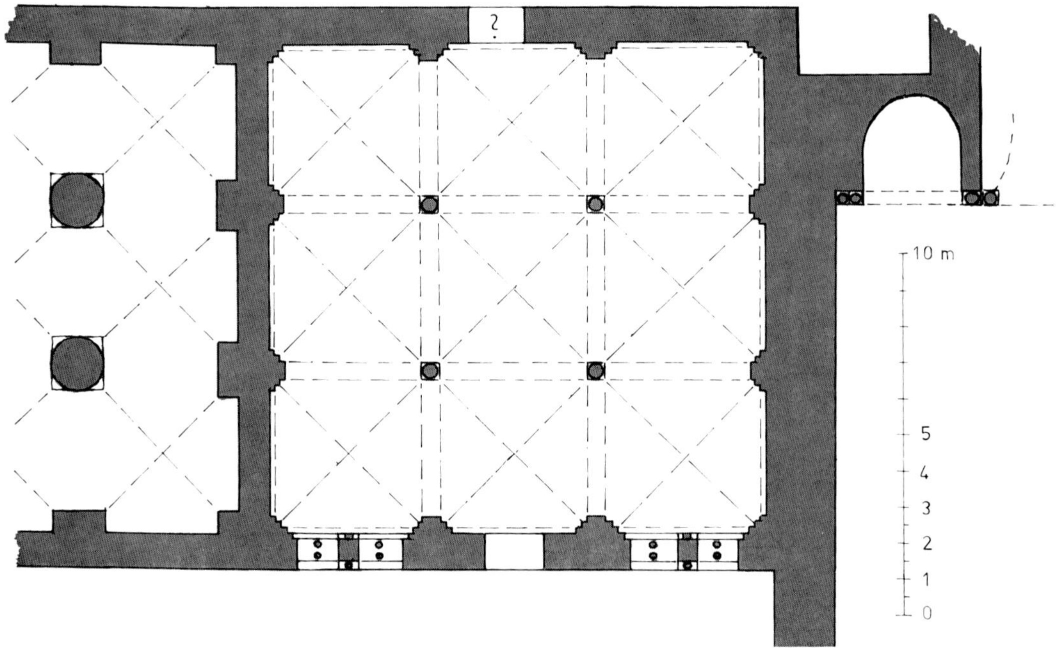

Figur 7: Rekonstruktionsidee des Kapitelsaales im 11. Jh. Grundriß. Rechts folgt die Abteikirche (eingetragen die nördlichste Querhausapsidiole), unten der östliche Kreuzgangsflügel. Zeichnung: Verf.

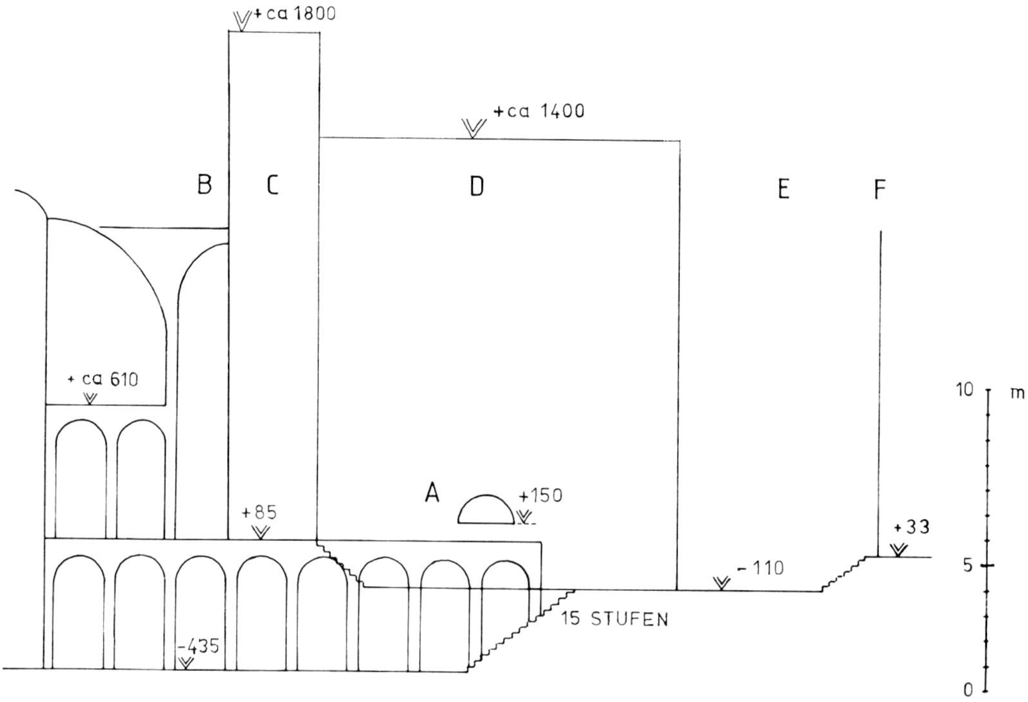

Figur 8: Rekonstruktion der Höhenverhältnisse der frühromanischen Basilika (nur die Höhenangaben maßstäblich!). Links die Rotunde; B: die Apsis der Abteikirche; C: lichte Höhe des Vierungsturmes; D: Langhaus; E: Narthex des 12. Jh.; F: Westfassade des 12.-Jh.-Narthex mit dem bis heute in situ erhaltenen Westportal. A: das 1838 in situ aufgefundene Tympanon des Portals zwischen Kreuzgangssüdflügel und nördlichem Seitenschiff der Abteikirche. Zeichnung: Verf.

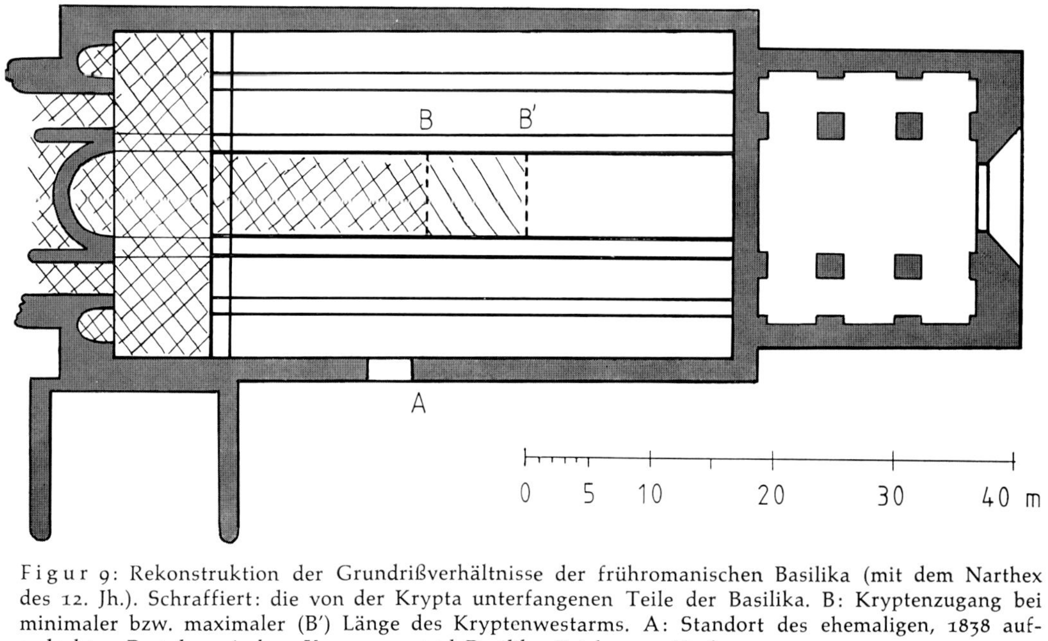

Figur 9: Rekonstruktion der Grundrißverhältnisse der frühromanischen Basilika (mit dem Narthex des 12. Jh.). Schraffiert: die von der Krypta unterfangenen Teile der Basilika. B: Kryptenzugang bei minimaler bzw. maximaler (B′) Länge des Kryptenwestarms. A: Standort des ehemaligen, 1838 aufgedeckten Portals zwischen Kreuzgang und Basilika. Zeichnung: Verf.

Figur 10:

Die Altäre der frühromanischen Abteikirche

(Idee: Schlink, Zeichnung: stud. phil. Gresch)

1) Grab und Altar des hl. Benignus. Dabei die Gräber des Urban, des Gregor von Langres, des Isaac, des Agrimus und der Radegundis

2) Altar der Bekenner und Äbte Johannes und Sequanus sowie des Priesters Eustadius. Dabei die Gräber des Eustadius, des Hilarius und der Quieta

3) Altar des Nikolaus, Hilarius, Gregor von Langres, Philibert, Ambrosius, Augustinus, Sylvester, Taurinus, Donatus, Germanus, Arnulf und aller Bekenner

4) Altar der Paschasia, Agatha, Agnes, Cecilia, Lucia und aller Jungfrauen. Dabei die Gräber der Paschasia, des Tranquillus und der Florida

5) Altar des Irenaeus, des Tiburtius, Mammès, Sebastian, Desiderius und aller Märtyrer

6) Altar Johannes des Täufers (im 17./18. Jh.: des hl. Benignus)

7) Altar S. Crucis omniumque Sanctorum

8) Hauptaltar des Benignus, des Mauritius und aller Heiligen

9) Altar des Marcus

10) Altar des Erzengels Raphael und aller Engel

11) Altar der Apostel Petrus und Andreas (im 17./18. Jh.: Notre-Dame-de-Bon-Secours)

12) Altar der Apostel Bartholomäus, Simon, Judas (resp. Thaddäus). Im 17. Jh. (bis 1689): S. Crucifix, im 18. Jh.: Antonius und Agatha

13) Altar der Apostel Matthias, Lukas und Barnabas (seit 1689: S. Crucifix)

14) Altar des Stephanus, des Laurentius und des Vincentius (im 17./18. Jh.: des Benignus, Claudius und Antonius)

15) Altar des Evangelisten Matthäus und der Apostel Philippus und Jacobus sowie der tres pueri

16) Altar des Evangelisten Johannes sowie der Apostel Jacobus und Thomas

17) Altar der Maria Genitrix (seit 1695: Notre-Dame und hl. Gertrud)

18) Altare summae et individuae Trinitatis

19) Altar des Paulus (raptus in tertium caelum), des Dionysius, Apollinaris, Cyriacus, Remigius und Remaclus

20) Altar des Erzengels Michael und der Cosmas, Damian und Philibert

21) Altar des Polycarp, Benignus, Georg, Symphorianus, Andochius, Tyrsus, Andeolus, Christoforus, Urban und Gregor

22) Altar des Mammès, Sebastian, Gengulf, Leodegar, Cosmas, Damian und Desiderius

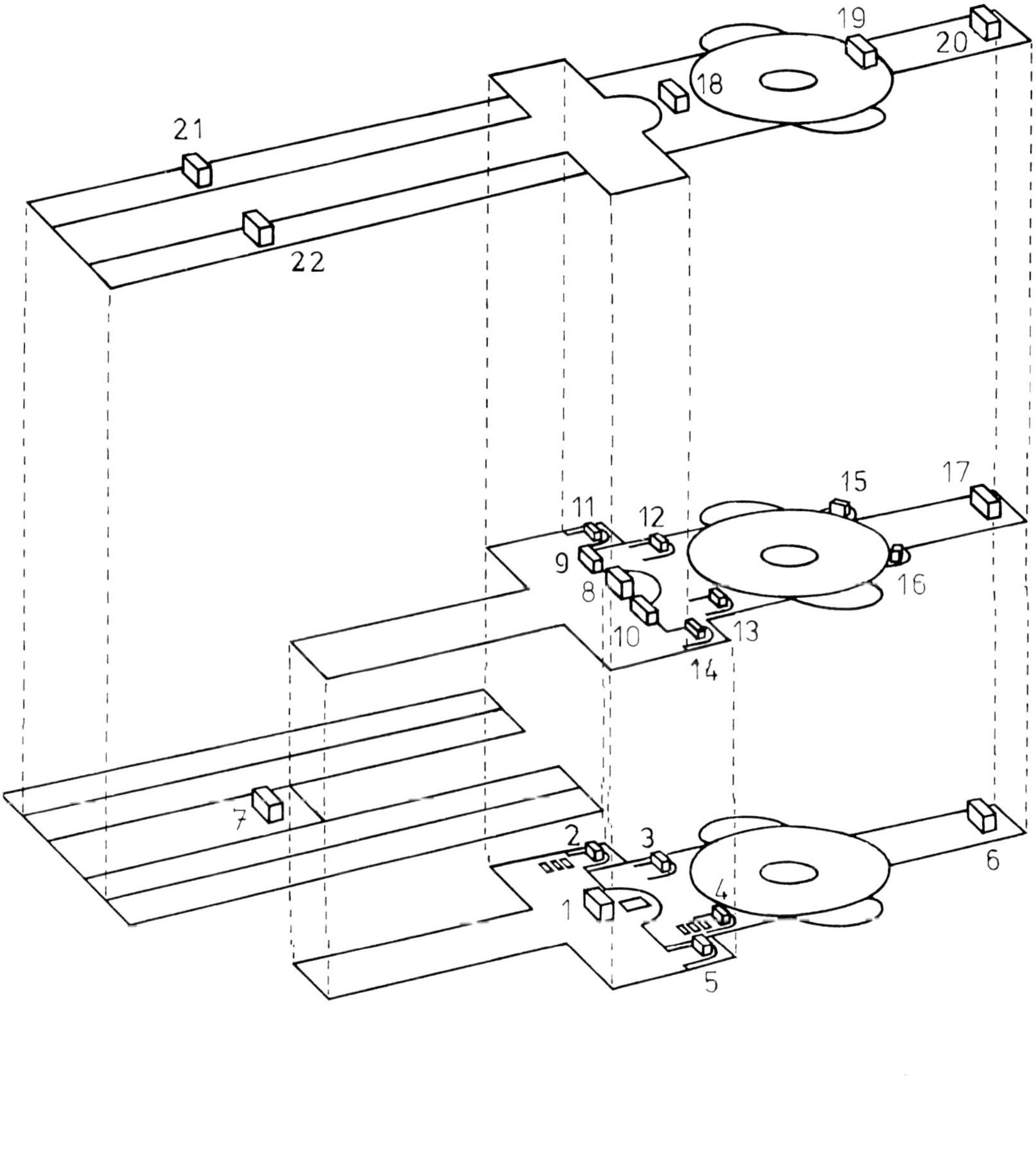

19
20
18
21
22
11
12
15
17
9
8
16
10
13
14
7
2
3
1
4
5
6

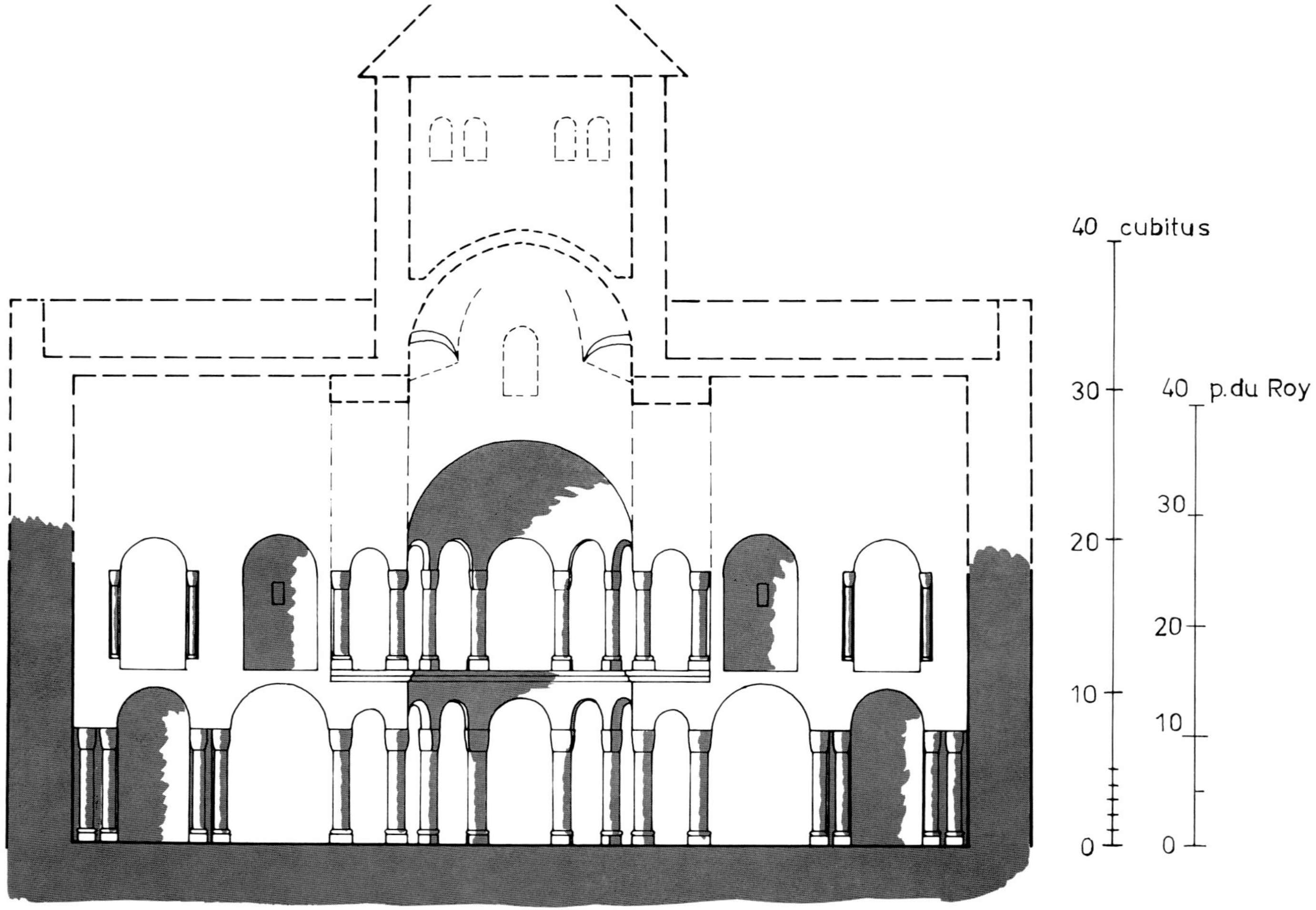

Figur 11: Rekonstruktionsidee zur Querhausostwand der frühromanischen Abteikirche im 11. Jh. Zeichnung des Verf.

1
Krypta. Blick aus dem Rotundenumgang nach Westen aufs Benignusgrab (FM)

2
Krypta. Blick aus dem Rotundenumgang nach Osten gegen die Johanneskapelle

3
Rotundenuntergeschoß. Blick aus dem äußeren Umgang gegen das Zentrum (Arch. Phot. Paris)

4
Krypta. Südlicher Querarm. Blick nach Westen (FM)

5
Rotundenuntergeschoß. Der mittlere Stützenring (Arch. Phot. Paris)

6
Krypta. Südlicher Querarm. Blick nach Osten (FM)

7
Chor und Sakristei von St. Bénigne

8
Chor und Nordquerhaus von St. Bénigne. Rechts die Südfront des Dormitoriumsflügels

9
Nördliche Chorapsis von St. Bénigne mit dem ehemaligen Kreuzgangsportal

10
Chor und Nordquerhaus von St. Bénigne mit Maurinertreppenhaus und Dormitoriumsflügel

11
Dormitoriumsflügel, Südfront

12
Ehemaliges Kreuzgangsportal zwischen Kirche und Dormitoriumsflügel

13
Kapitell vom Gewände des ehemaligen Kreuzgangsportals

14
Dormitoriumsflügel, Südfront

15
Dormitoriumsflügel, Ostfront

16
Dormitorium — Blick nach Süden

17
Winkel zwischen Dormitoriumsflügel und Maurinertreppenhaus

18
Dormitoriumsflügel, Untergeschoß (ehem. Kapitelsaal). Südkammer, Westwand (mit nachgezogenen Spuren der einstigen Arkadengliederung zum Kreuzgang)

19
Dormitoriumsflügel, Untergeschoß. (Moderner) Zugang vom Maurinertreppenhaus

20
Nördlicher Anschluß der Johanneskapelle ans Rotundenuntergeschoß

21/22
Reste der vermauerten Arkadengliederung zwischen ehemaligem Kapitelsaal und Kreuzgang (vgl. Abb. 18/19)

23
Maurinertreppenhaus, Erdgeschoß. Südwestecke

24
Dormitoriumsflügel, Untergeschoß. Südkammer, Südostecke

25
Dormitoriumsflügel, Untergeschoß. Nordtrakt, Blick nach Norden (Mus. Archéol. Dijon)

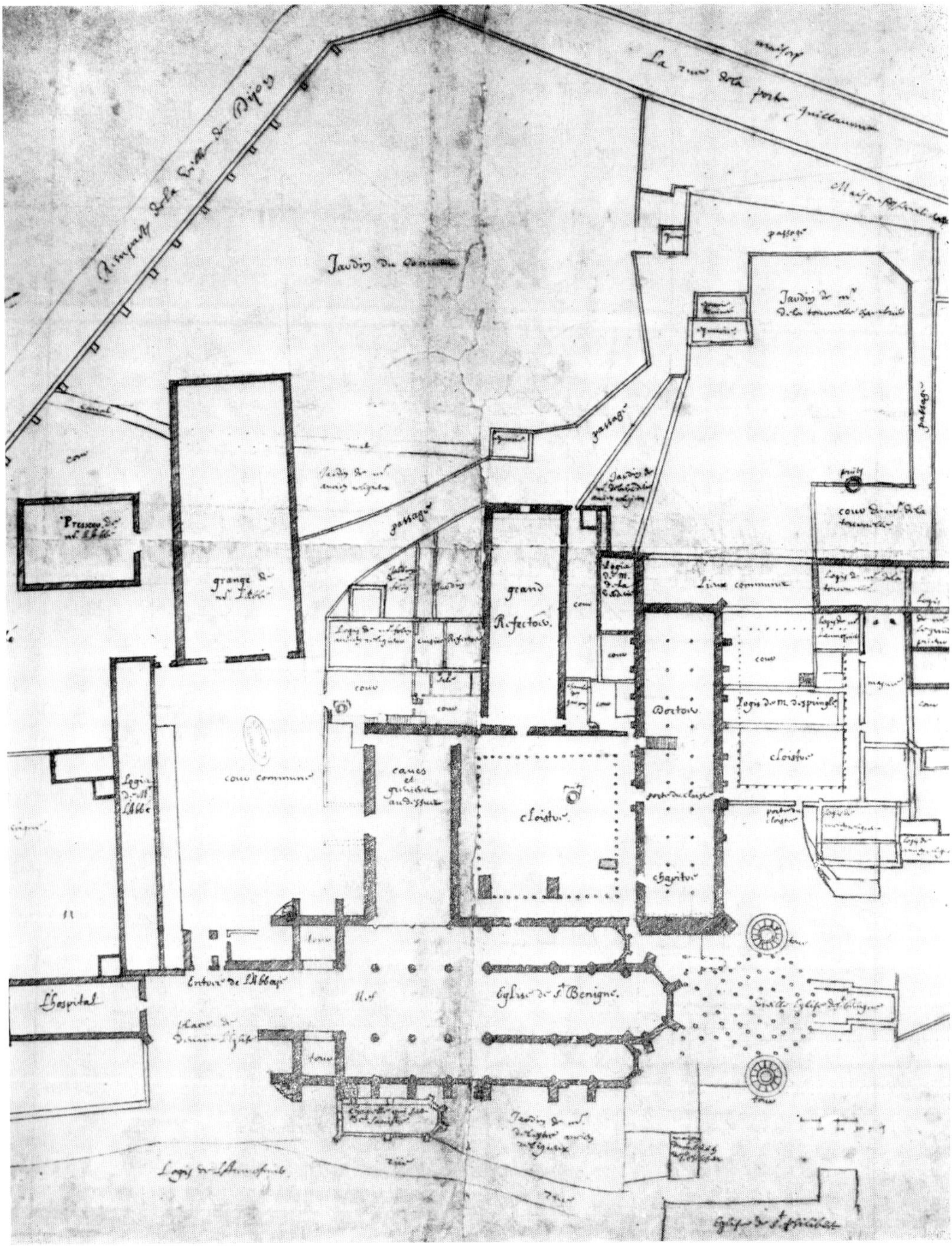

26
Bestandsaufnahme der Abteigebäude durch die Mauriner, 1652 (AN, Paris)

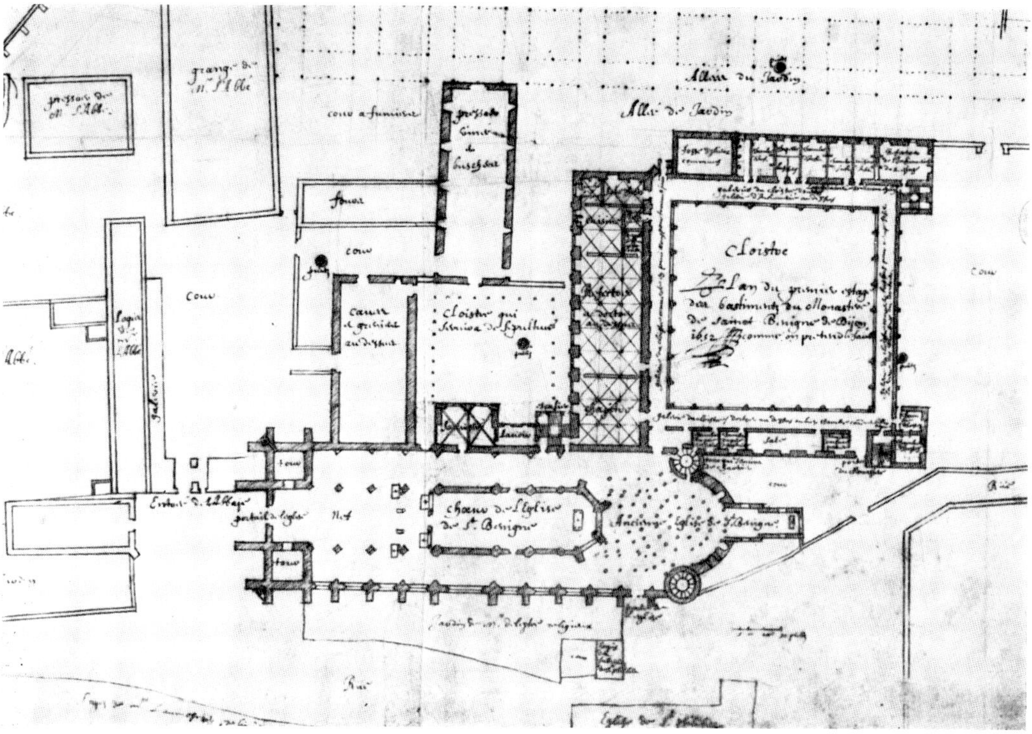

27
Um- und Neubauprojekt der Abteigebäude durch die Mauriner, 1652 (AN, Paris)

28
Ansicht der Abtei von Norden, 1674 (BN, Paris)

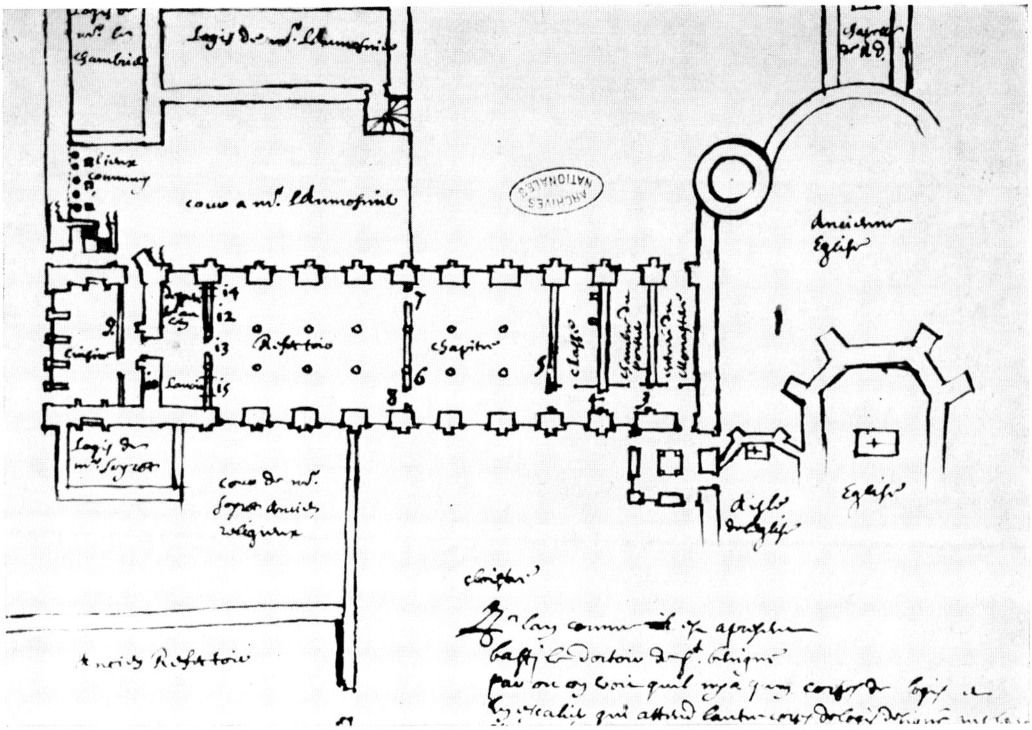

29
Ostpartie der Kirche und Dormitoriumsflügel, Grundriß um 1670

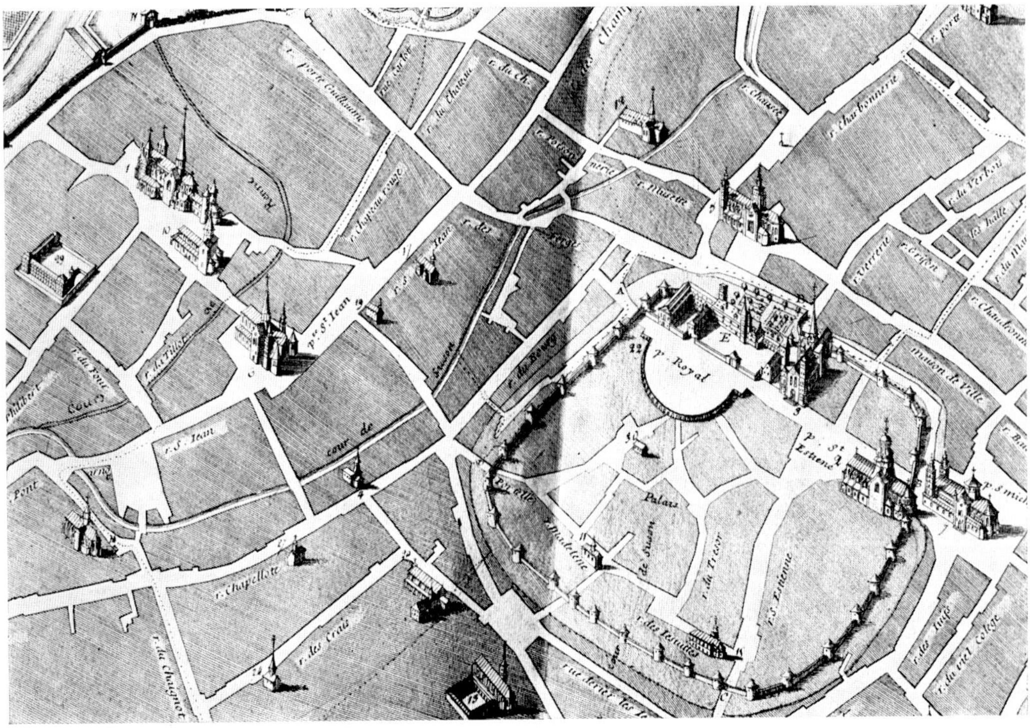

30
Stadtplan von Dijon, 1696

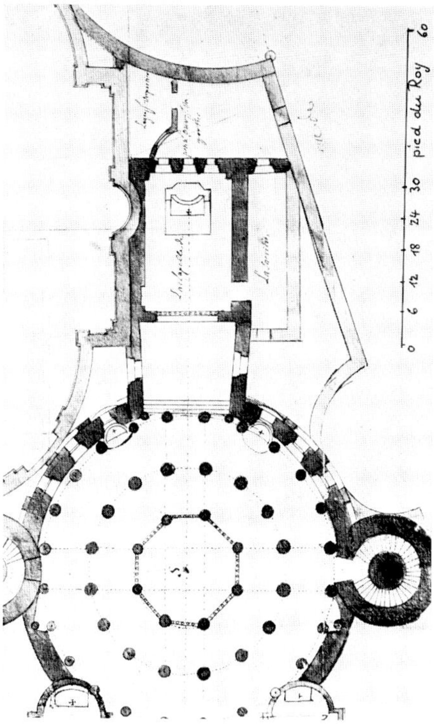

31
Rotunde und Ostkapelle

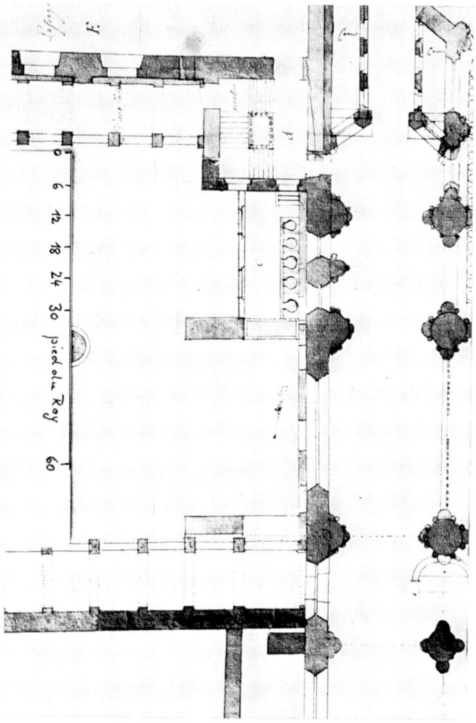

32
Nördliches Seitenschiff der Abteikirche und Kreuzgang

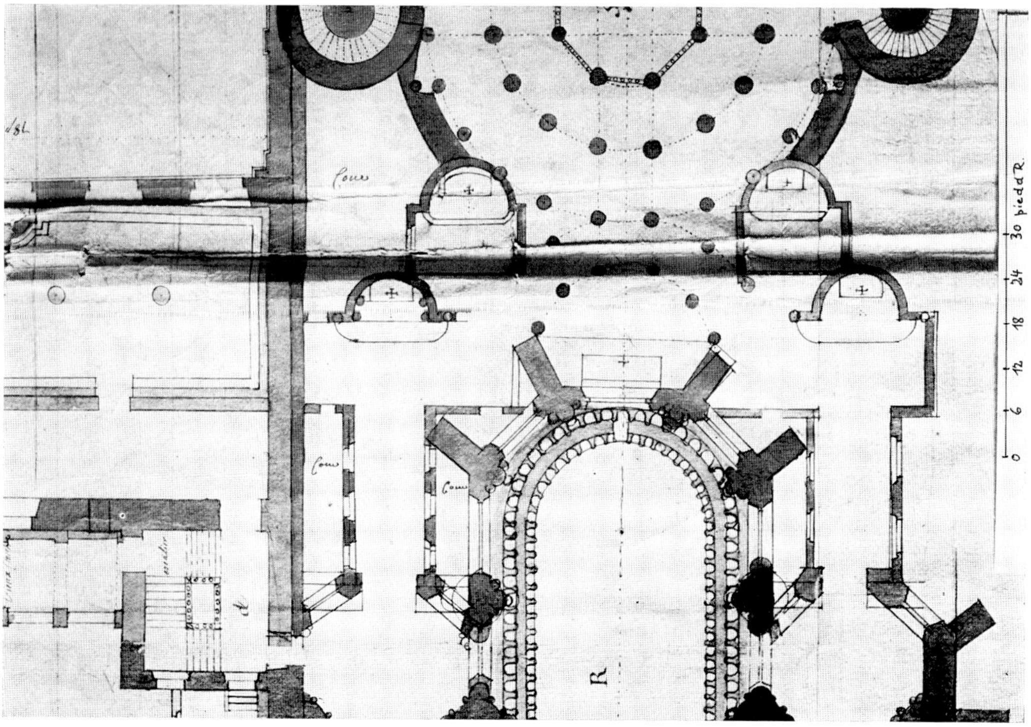

33
Verbindung gotische Abteikirche — Rotunde

31—33
Planaufnahme des Architekten d'Ailly von 1719, Details

34
Benignusgrab

34—37
Zeichnungen der Rotunde für Dom Plancher, 1722 (BN, Paris)

35
Johanneskapelle

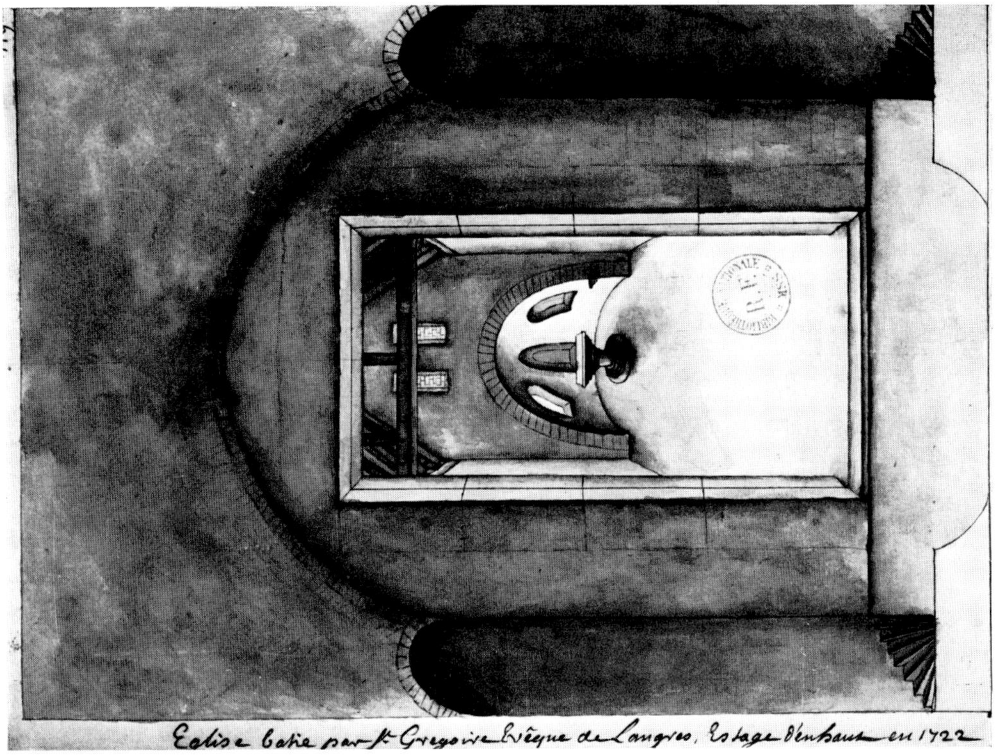

37
Michaelskapelle

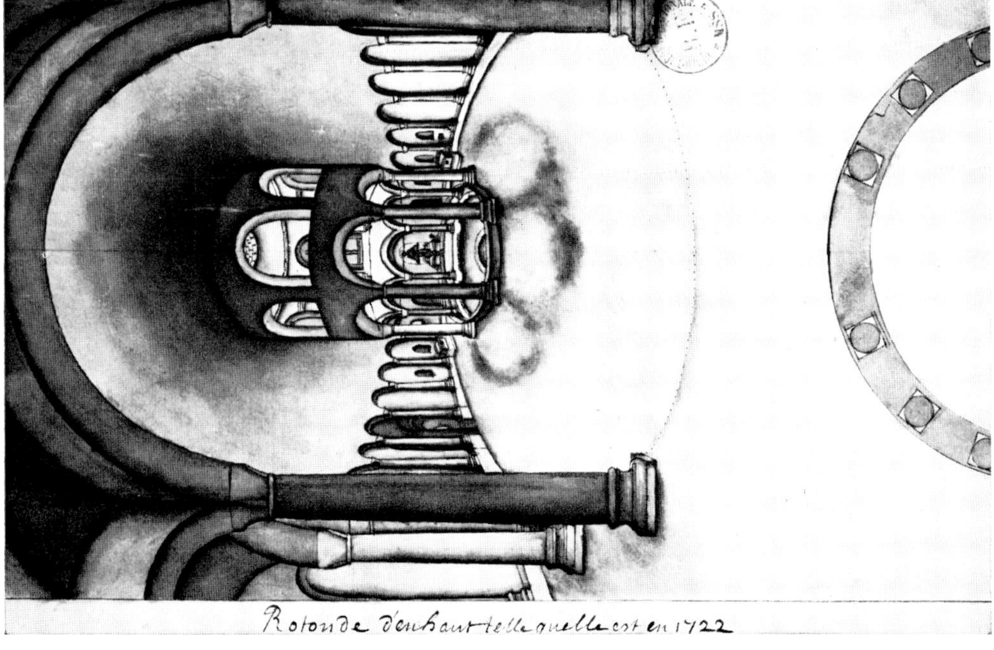

36
Rotundenobergeschoß

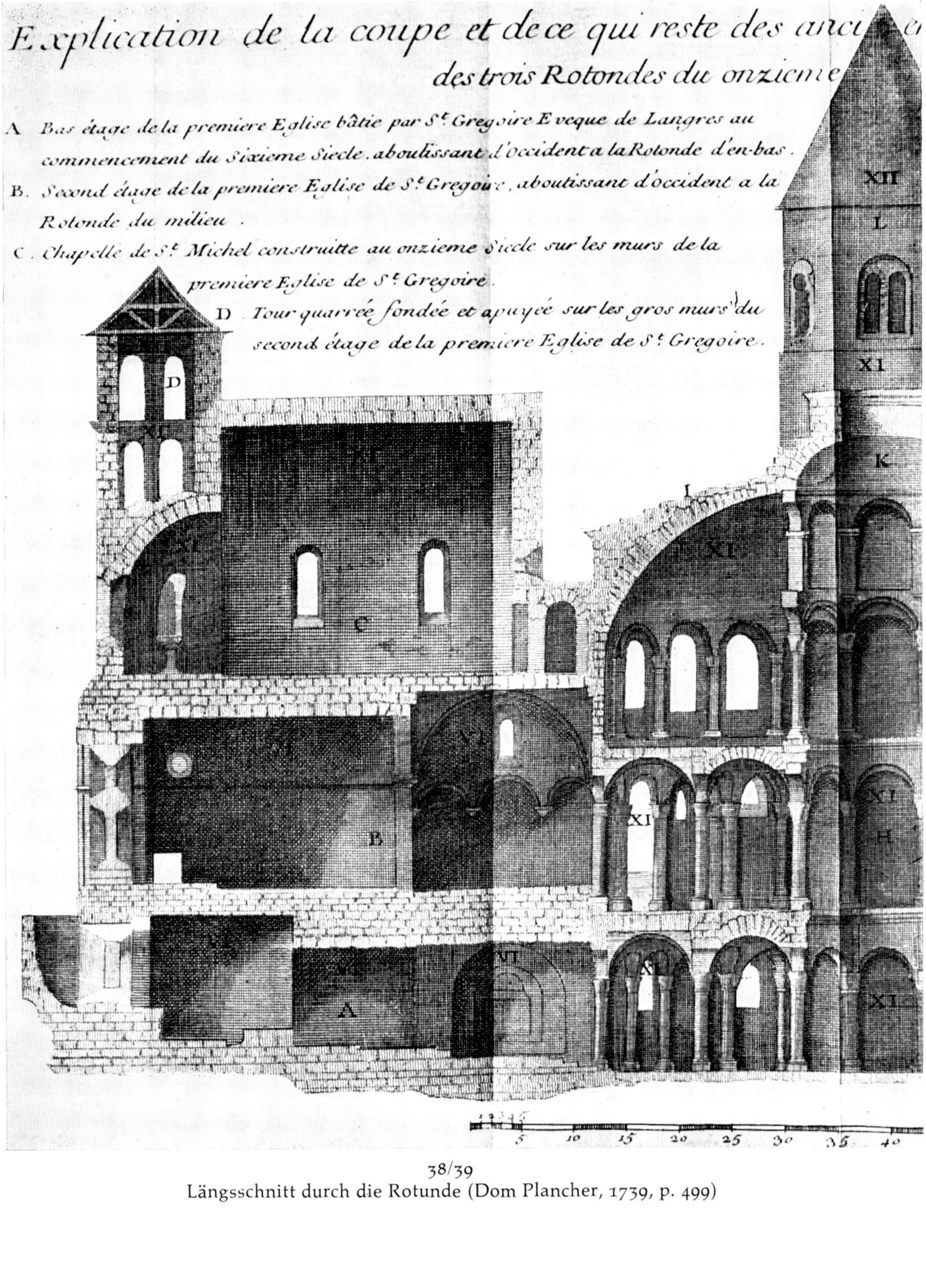

38/39
Längsschnitt durch die Rotunde (Dom Plancher, 1739, p. 499)

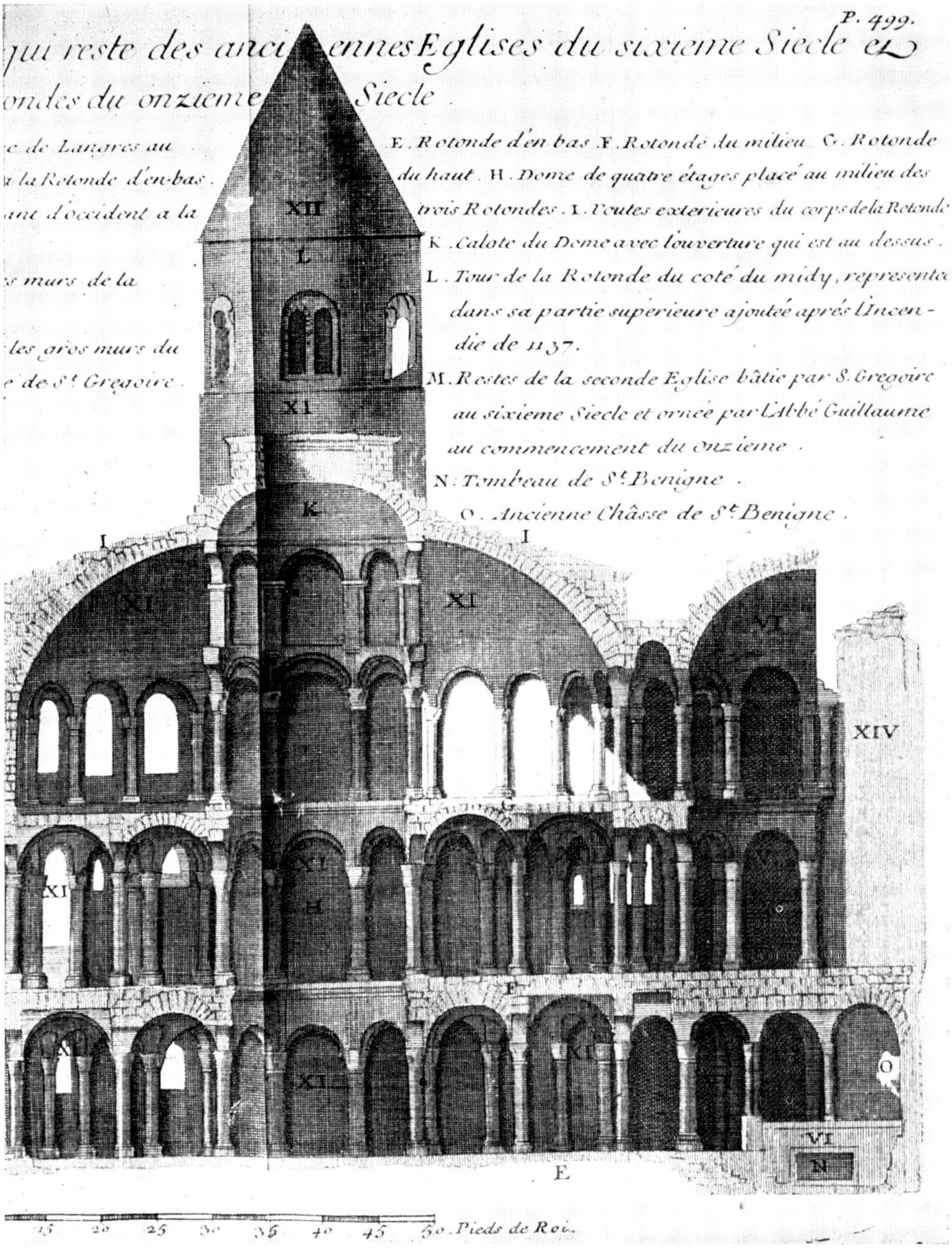
P. 499.
qui reste des anci ennes Eglises du sixieme Siecle et
ondes du onzieme Siecle .
e de Langres au
a la Rotonde d'en-bas .
ant d'occident a la
s murs de la
les gros murs du
e de S.t Gregoire .
E. Rotonde d'en bas F. Rotonde du milieu G. Rotonde
du haut. H. Dome de quatre étages placé au milieu des
trois Rotondes . I. Voutes exterieures du corps de la Rotonde
K. Calote du Dome avec l'ouverture qui est au dessus .
L. Tour de la Rotonde du coté du midy, representee
dans sa partie superieure ajouteé aprés l'Incen-
die de 1137.
M. Restes de la seconde Eglise bâtie par S. Gregoire
au sixieme Siecle et ornée par l'Abbé Guillaume
au commencement du onzieme .
N: Tombeau de S.t Benigne .
O. Ancienne Châsse de S.t Benigne .
XII
L
XI
K
I
I
XI
XI
VI
XIV
XI
H
G
F
XI
O
VI
N
E
15 20 25 30 35 40 45 50 . Pieds de Roi.

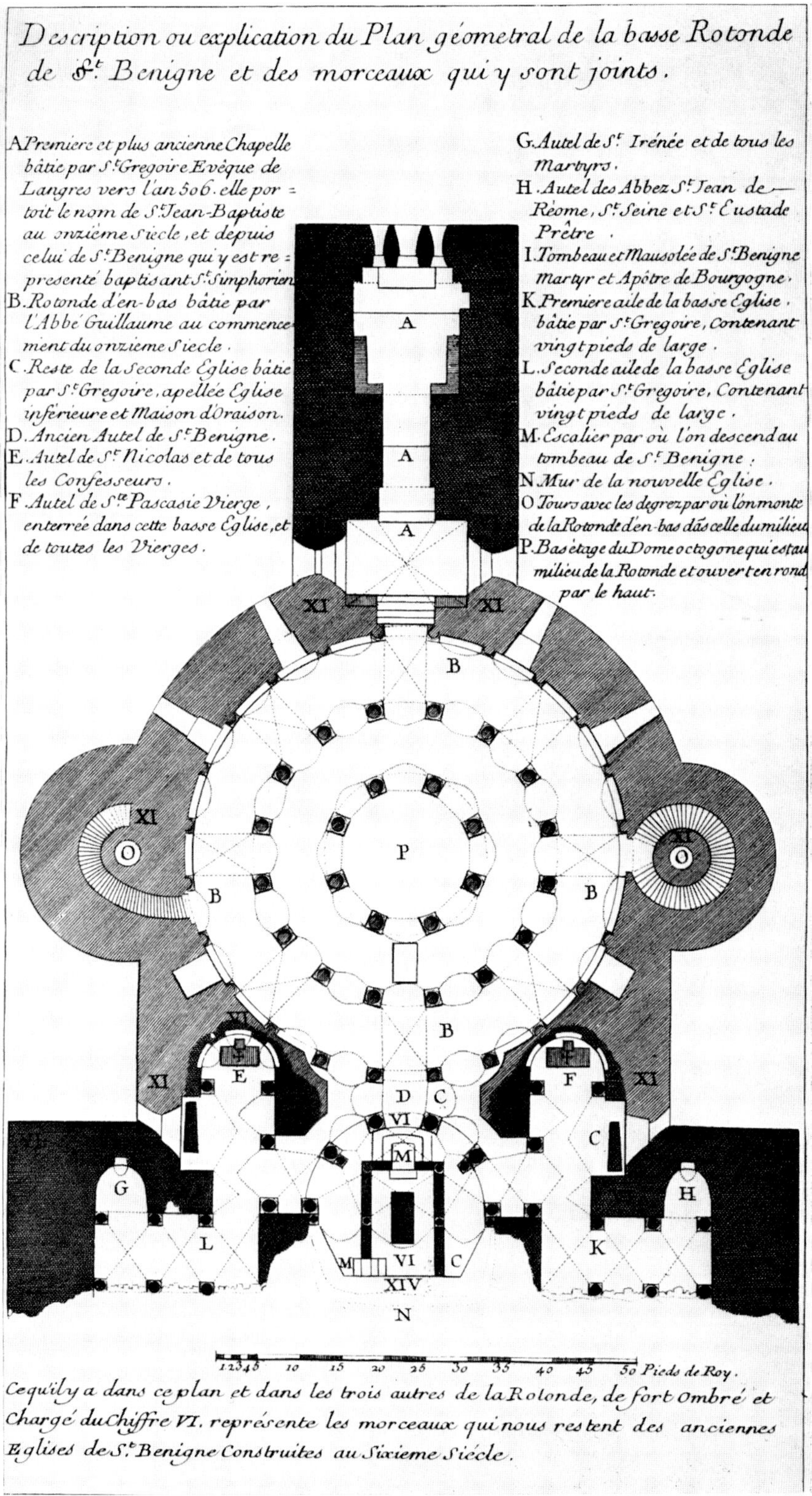

40
Grundriß Rotundenuntergeschoß (Dom Plancher, 1739, p. 458)

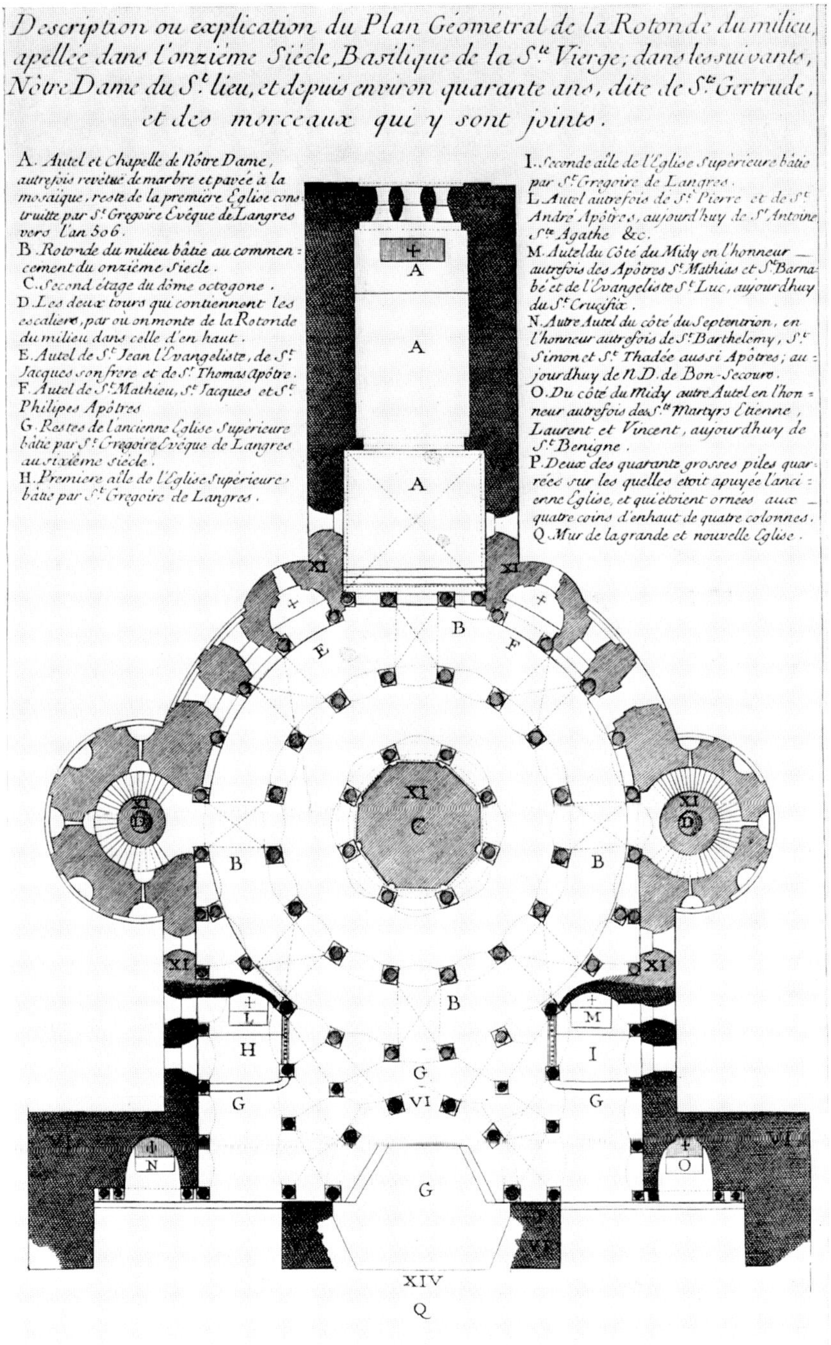

41
Grundriß Rotundenmittelgeschoß (Dom Plancher, 1739, p. 489)

42
Ostansicht der Rotunde und ihrer Kapellenanbauten (Dom Plancher, 1739, 479)

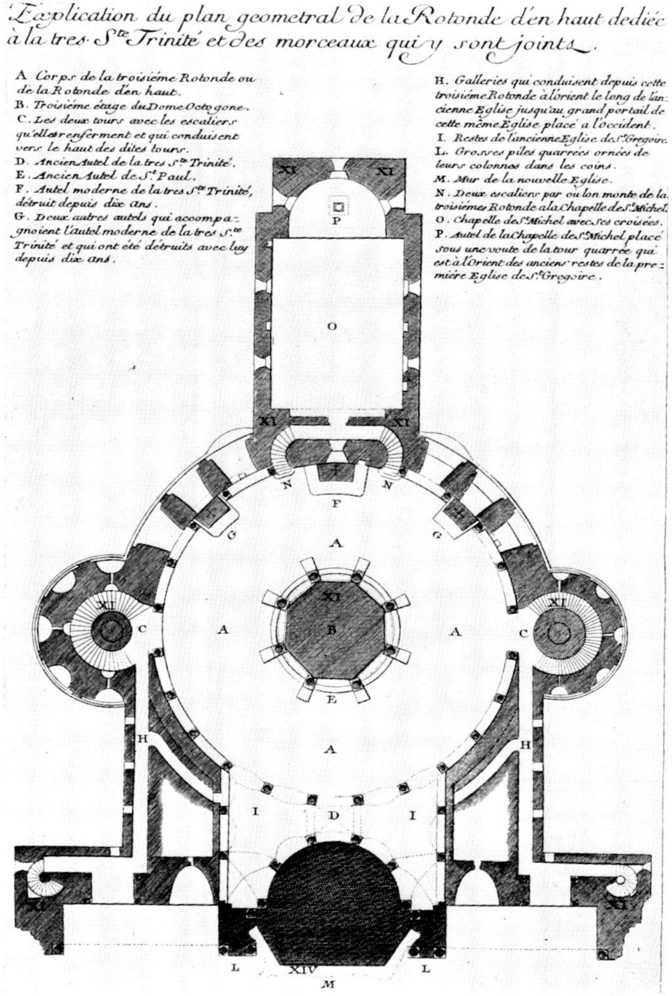

43
Grundriß Rotundenobergeschoß (Dom Plancher, 1739, p. 491)

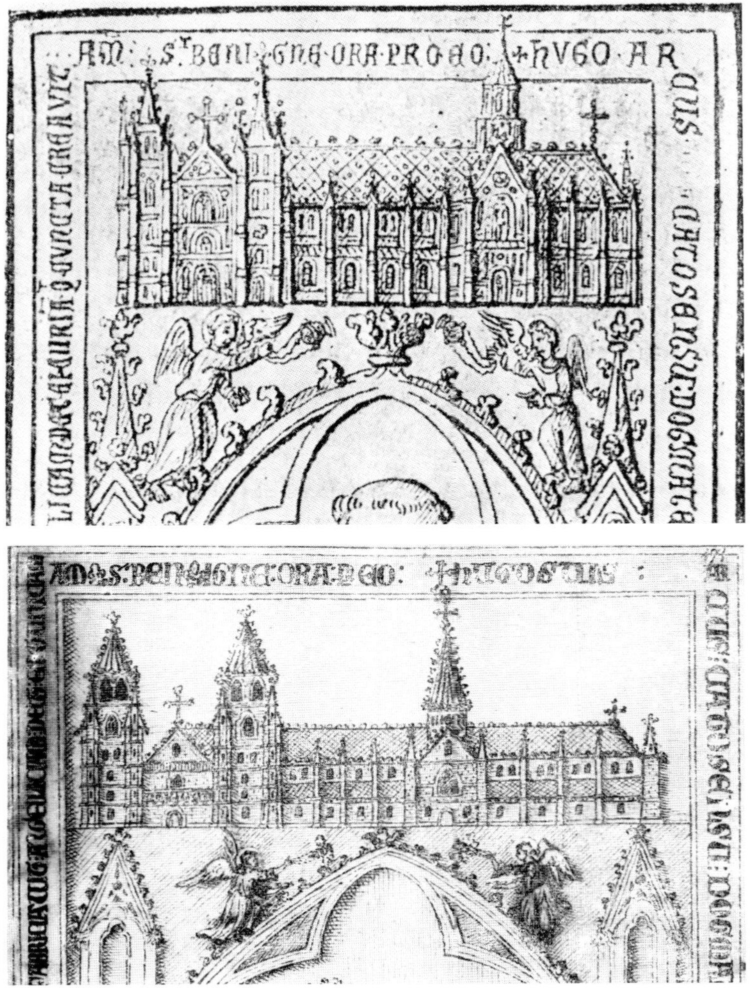

44
Grabplatte des Abtes Hugo von Arc in zeichnerischen Wiedergaben
a) der Coll. Gaignières, b) der Coll. Bourgogne (BN, Paris)

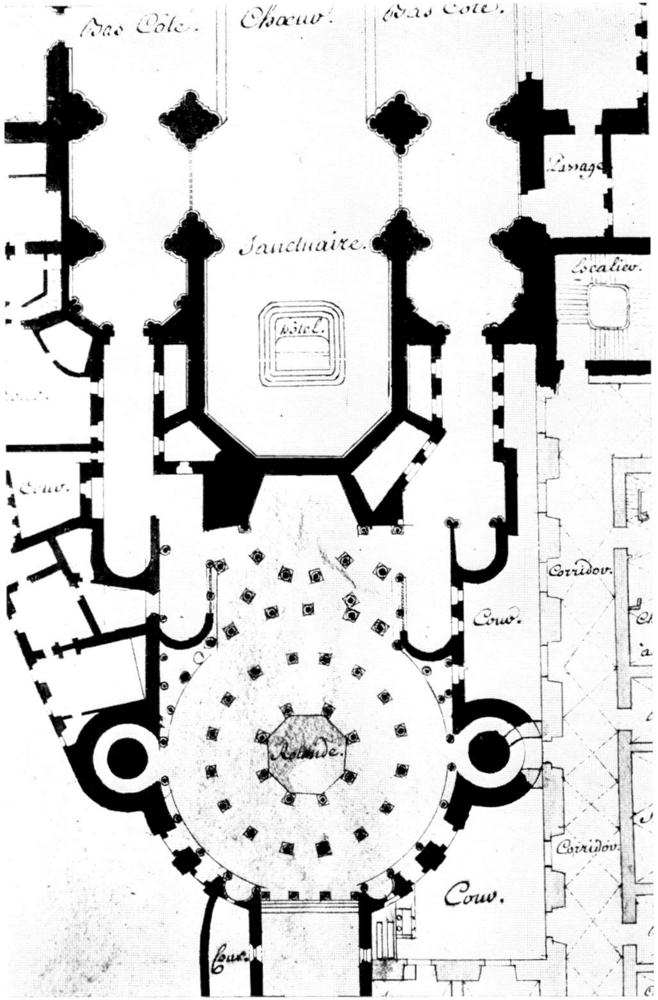

45
Planaufnahme des Architekten Saintpère von 1766 (Detail)

47
Der Abbruch der Rotunde. Gemälde von 1792

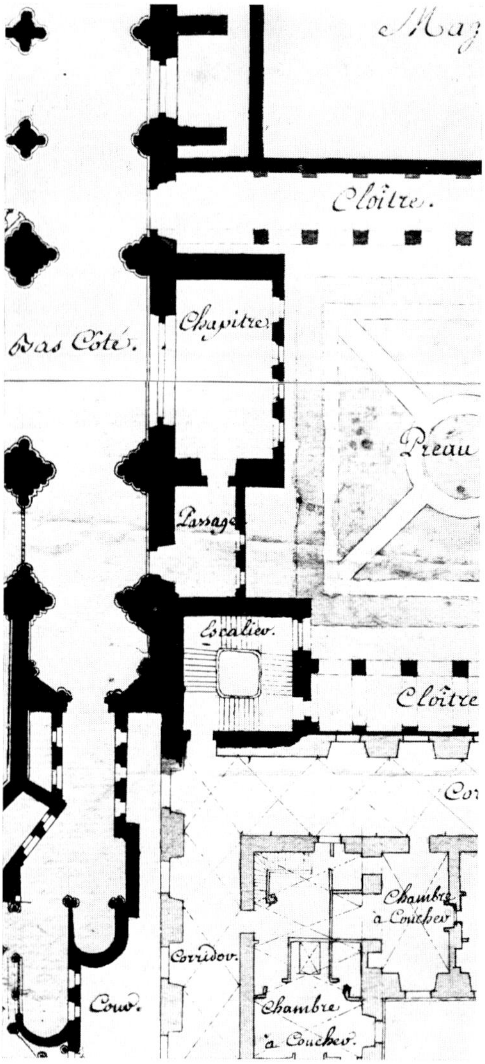

46
wie Abb. 45, Ausschnitt: nördliches Seitenschiff und Kreuzgang

48
Querschnitt des Architekten d'Ailly durch den Dormitoriumsflügel, ca. 1720

49
Flanke der Rotunde und ihre Annexbauten (Dom Plancher, 1739, p. 479)

50
Vedute der Rotunde von St. Bénigne. Lallemand, ca. 1784 (BN, Paris)

51
Die Rotunde von Südosten; Antoine, 1790

52/53
Rotunde. Mittel- und Obergeschoß. Gouachen von Antoine, 1790

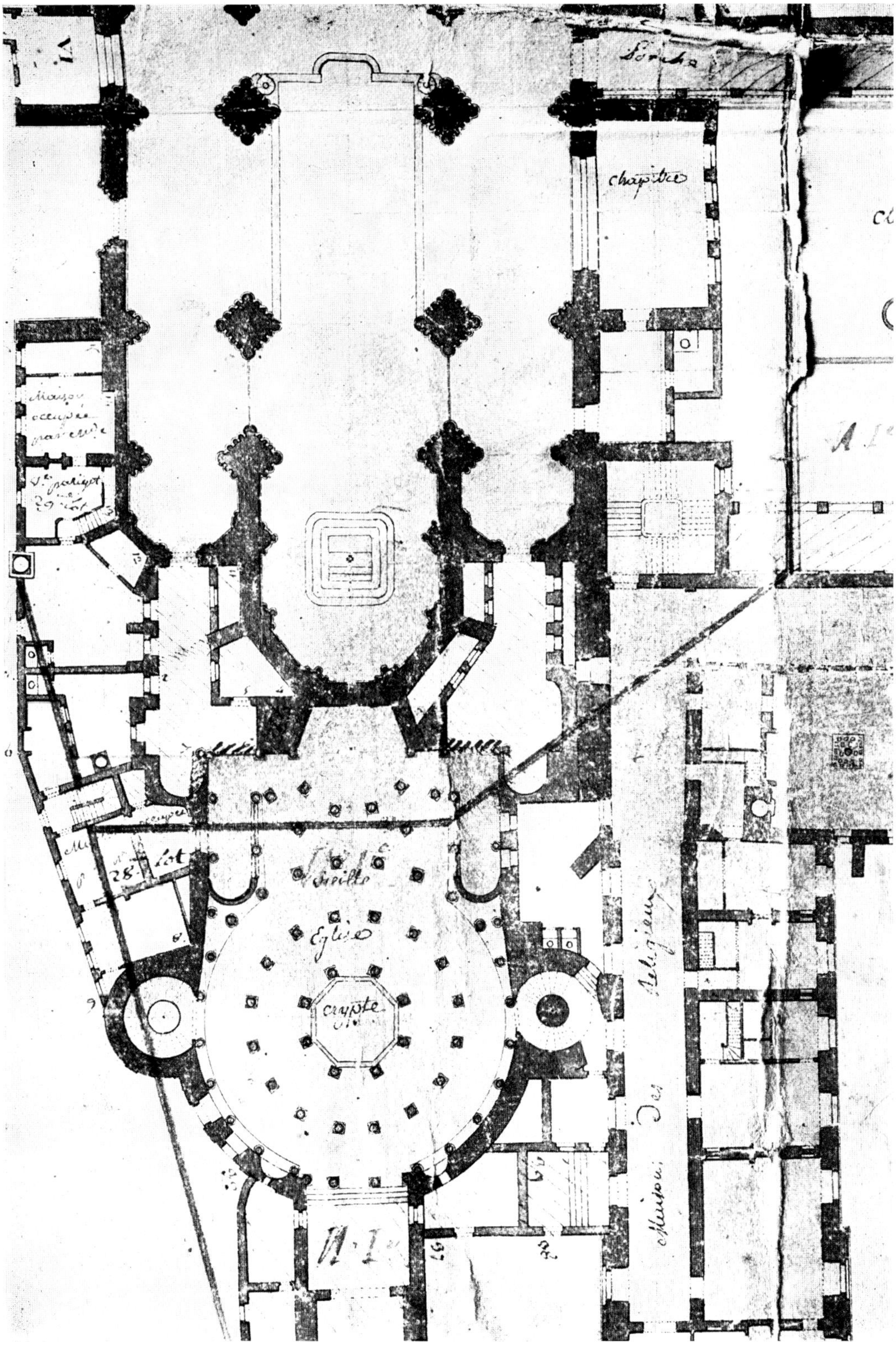

54
Planaufnahme der Abtei von 1791 (sog. Directoireplan)

55
Skizze Baudots zur Aufdeckung des Kryptensüdarms im Jahre 1843
(Arch. Phot. Paris)

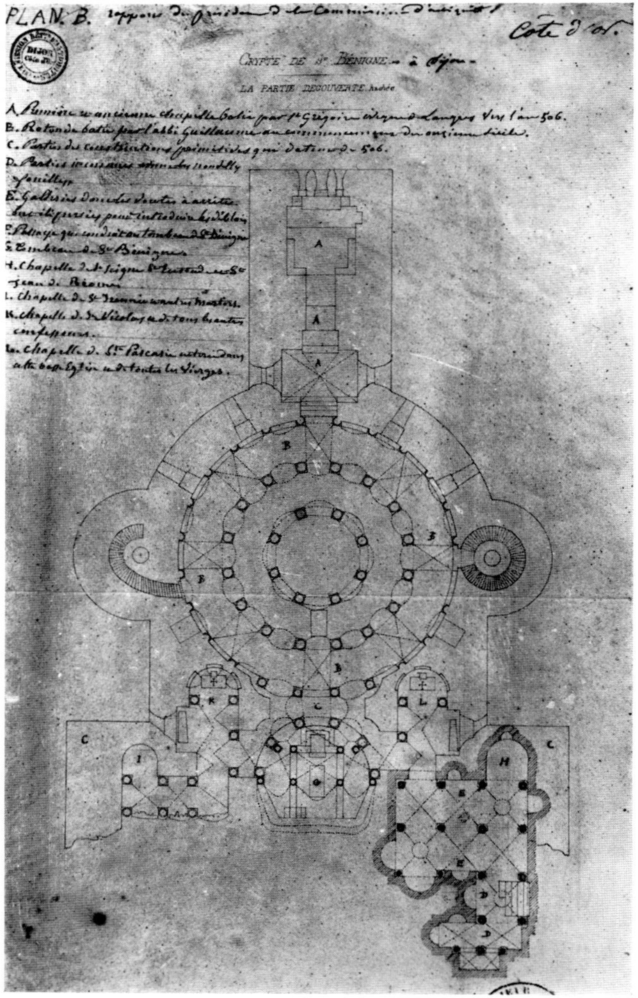

56
Baudots Grundriß des neuerrichteten Kryptensüdarms, 1846
(Arch. Phot. Paris)

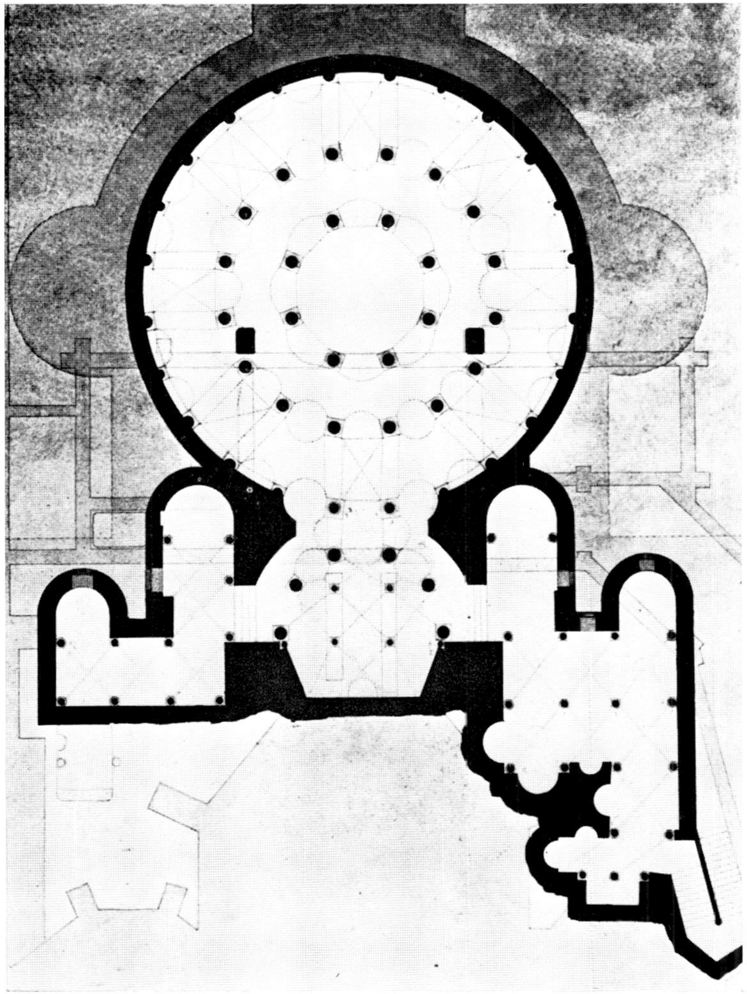

57
Grundriß der 1858 ff. rekonstruierten Krypta von St. Bénigne, vor 1890

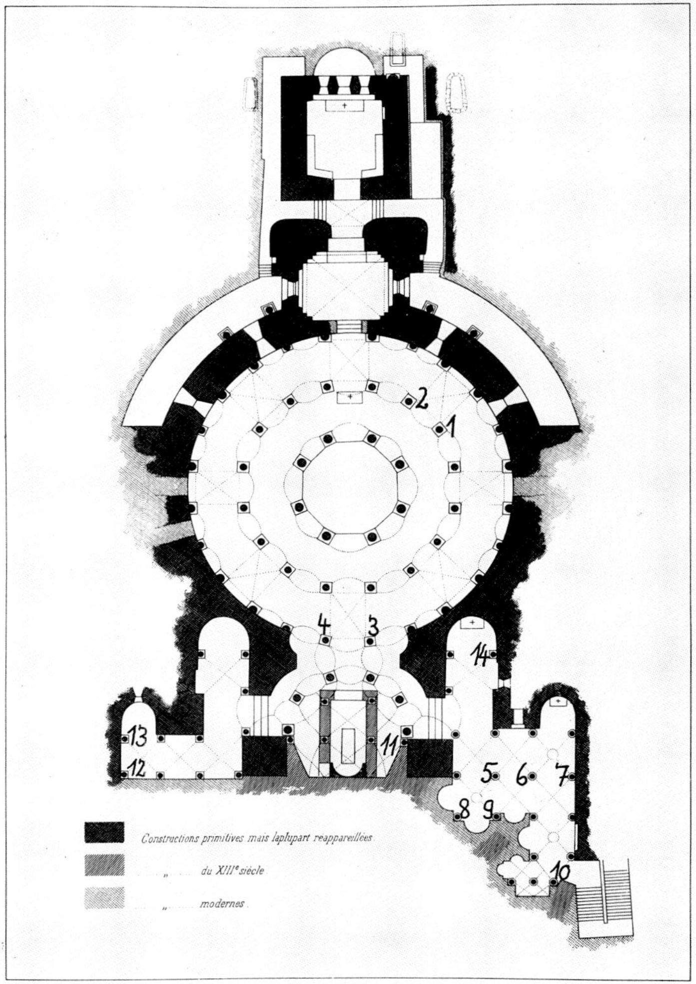

58
Grundriß der Krypta mit den Veränderungen von 1890 und mit dem Standort der skulptierten Kapitelle

59
Krypta. Das starke Pfeilermassiv zwischen Kryptensüdarm und Benignusgrab von NNO

60
Erste Freilegung der Säulenstellung ums Benignusgrab, Zeichnung von 1852

61
Das freigelegte Rotundenuntergeschoß, Litho. von 1858 (Arch. Phot. Paris)

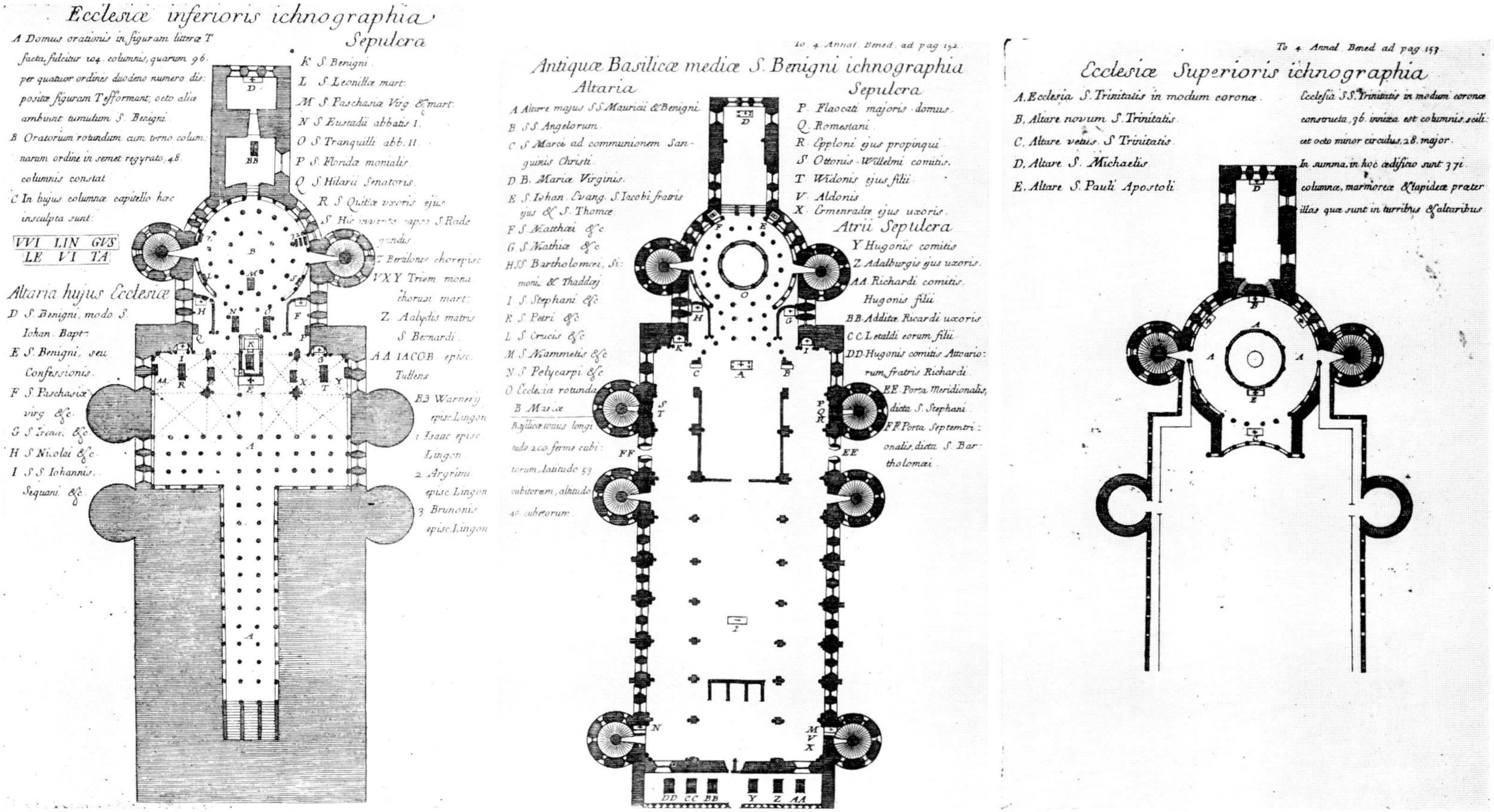

Mabillons Rekonstruktionsversuch der frühromanischen Abteikirche, 1707

63
Rekonstruktion der Ostansicht z. Z. des 18. Jh. durch Sagot,
Litho von 1840

64
Rekonstruktion der Ostansicht z. Z. des 11. Jh. durch Charles Suisse,
2. Hälfte 19. Jh.

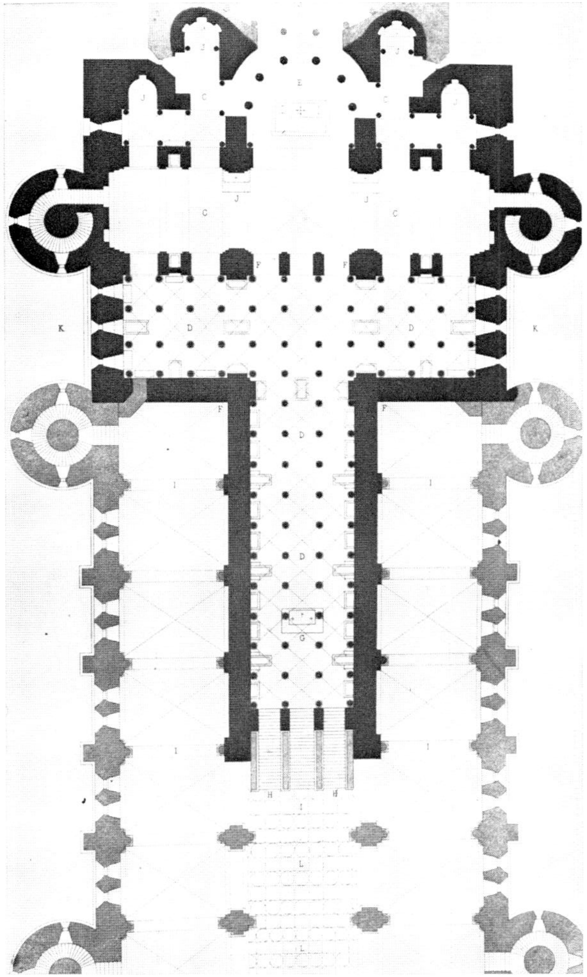

65
Rekonstruktion der frühromanischen Abteikirche durch Sagot, 1864

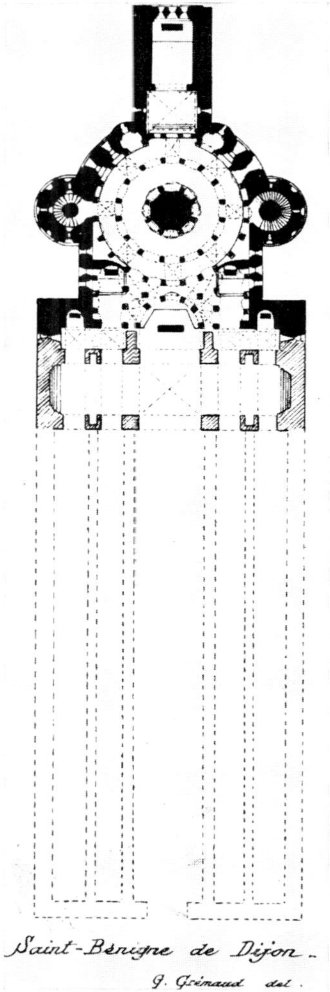

66
Rekonstruktion der frühromanischen Abteikirche durch Ch. Oursel, 1928

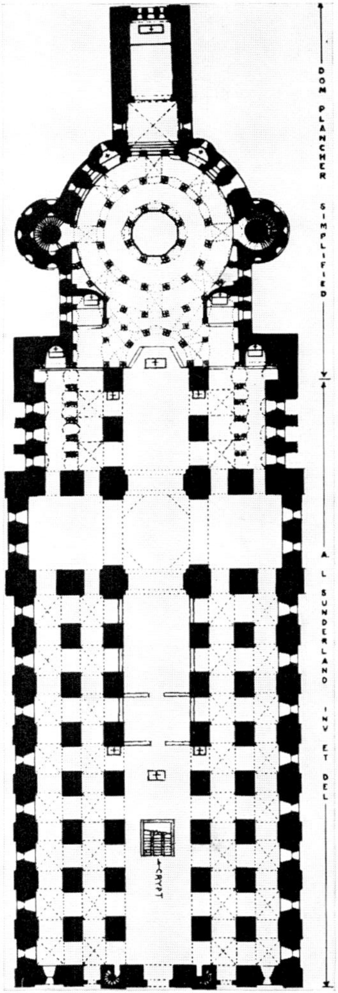

67
Rekonstruktion der frühromanischen Abteikirche durch Conant, 1942

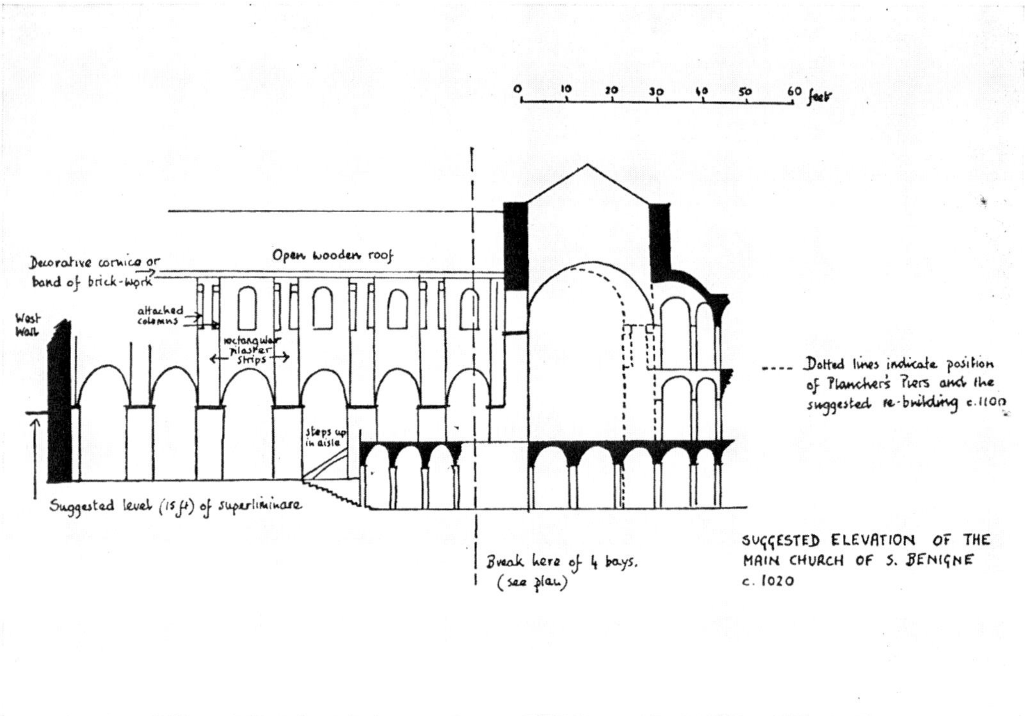

68/69
Rekonstruktion der frühromanischen Abteikirche durch Martindale, 1962
68: Aufriß

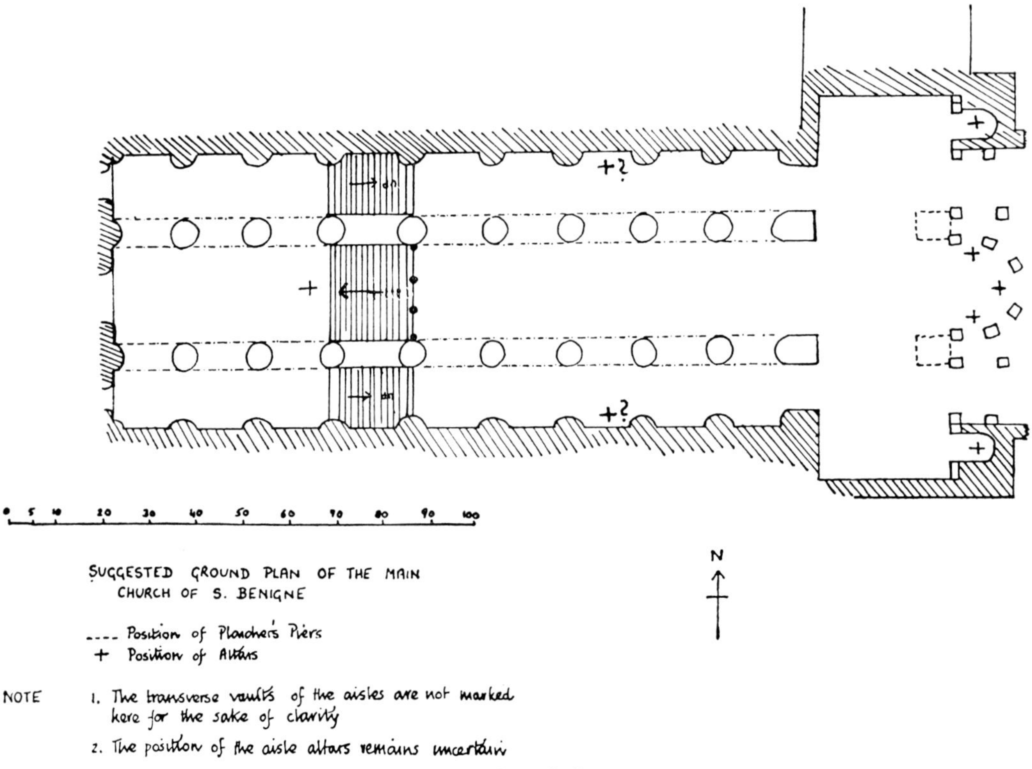

69: Grundriß

70
Die frühromanische Abteikirche aus der Vogelschau, Rekonstruktion durch Conant, 1966

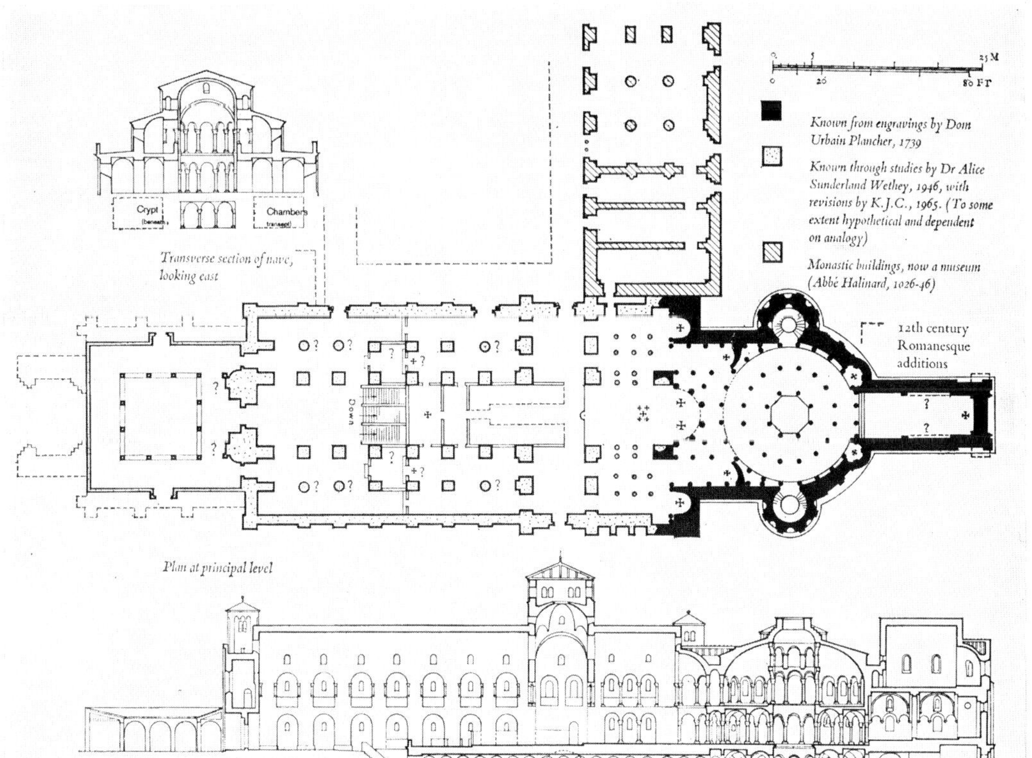

71
Rekonstruktion der frühromanischen Abteikirche durch Conant, 1966

72
Kapitell 3 von W (FM)

73
Kapitell 3 von N (FM)

74
Kapitell 3 von SO (FM)

75
Kapitell 4 von SO (FM)

76
Kapitell 4 von N (FM)

77
Kapitell 1

78
Kapitell 2 (FM)

79
Kapitell 6 (FM)

80/81
Kapitell 6, Details

82
Kapitell 5

83
Kapitell 14 von O

84
Kapitell 8 (FM)

85
Kapitell 9 (FM)

86
Kapitell 7 (FM)

87
Kapitell 13 (FM)

88
Basis unter Kapitell 4

89
Basis unter Kapitell 3

90
frühromanisches Kapitellfragment im Mus. Archéol. Dijon

91
Kapitell des Rotundenobergeschosses (Privatbes. Dijon)

92/93
Tierreliefs, ehemals an der Ostfassade der Rotunde, heute Mus. Archéol. Dijon

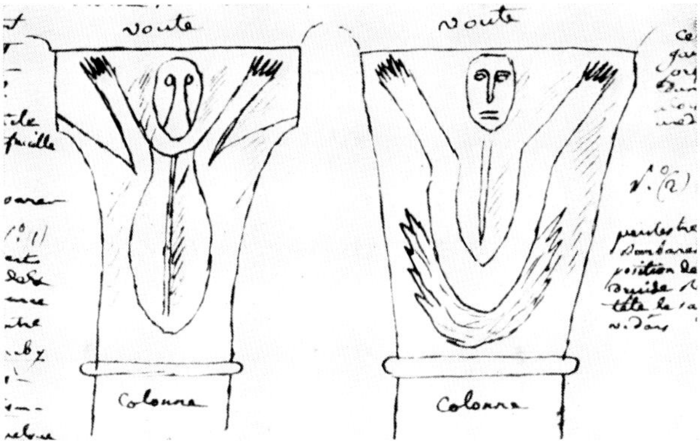

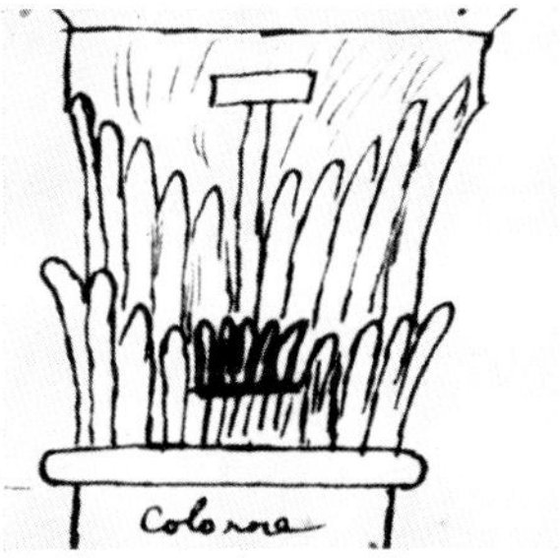

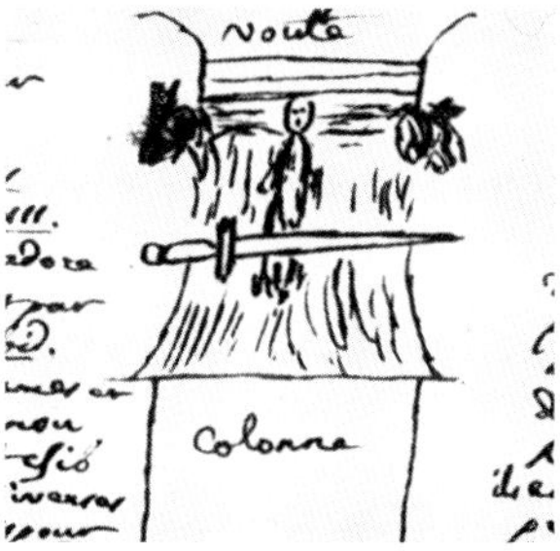

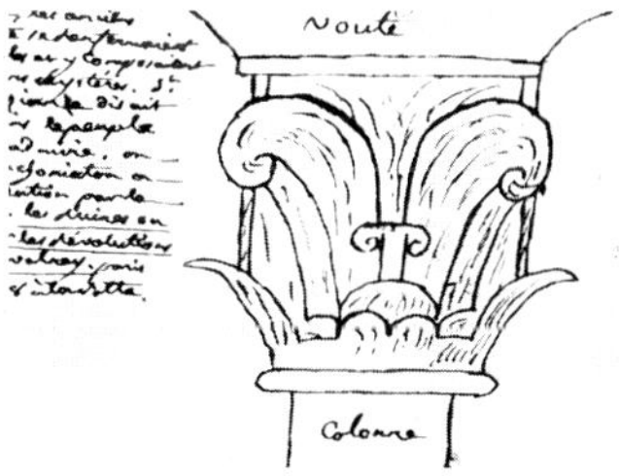

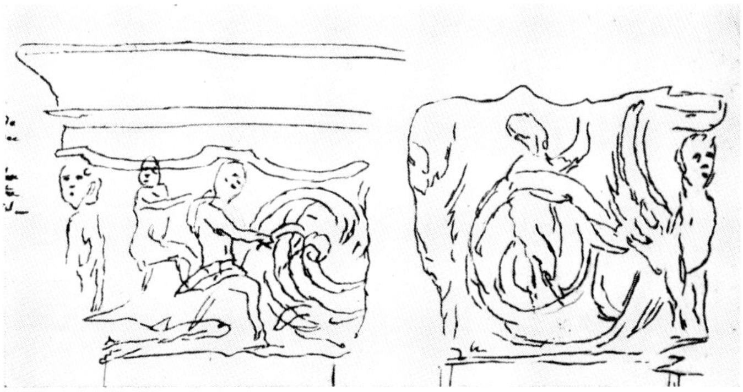

94
Zeichnungen nach Kapitellen der Rotunde von L.-B. Baudot, 1792 (Ms. 1602 der Bibl. Munic. Dijon)

97
Konsole und Dachgesims der Rotunde, heute im Mus. Archéol. Dijon

95/96
Adlerreliefs, ehemals an der Ostfassade der Rotunde, heute Mus. Archéol. Dijon

98
Vor- oder frühromanisches Kapitellfragment im Mus. Archéol. Dijon

99
Ehem. Bodenmosaik der Marienkapelle. Aquarell des frühen 18. Jh. (BN, Paris)

100
ROM, Pantheon / Sancta Maria ad Martyres. Stich des Du Perac, ca. 1575

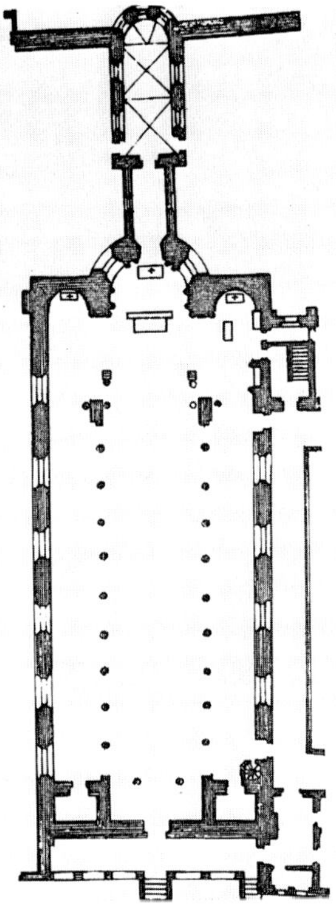

101
AUTUN, St. Martin;
Grundriß von 1658

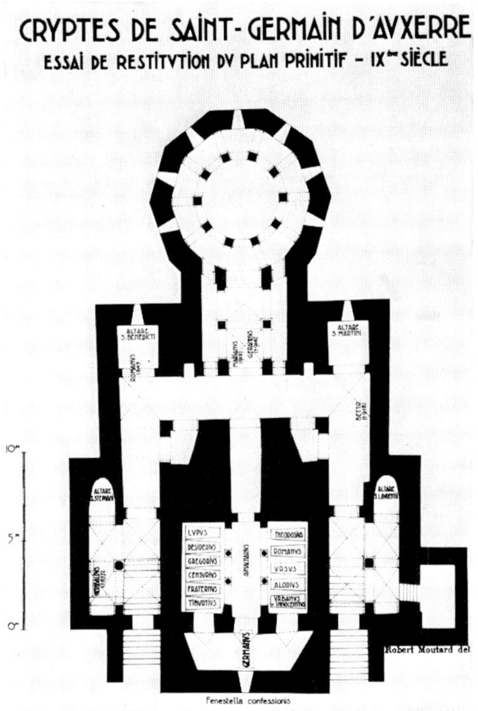

102
AUXERRE, St. Germain; Rekonstruktion der
karolingischen Kryptenanlage durch René
Louis, 1952

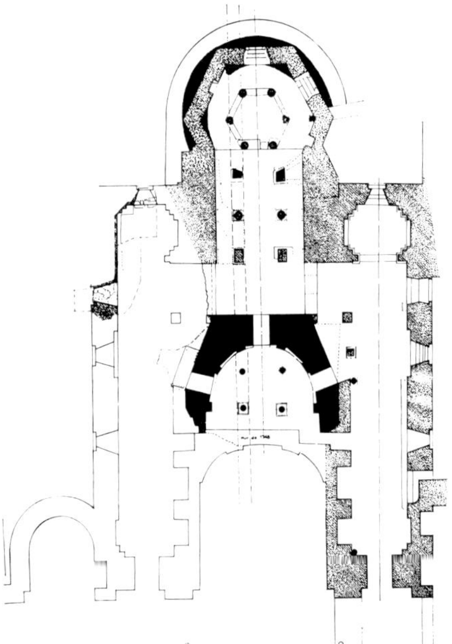

103
FLAVIGNY, St. Pierre; Freilegung der
Krypten durch G. Jouven, 1960

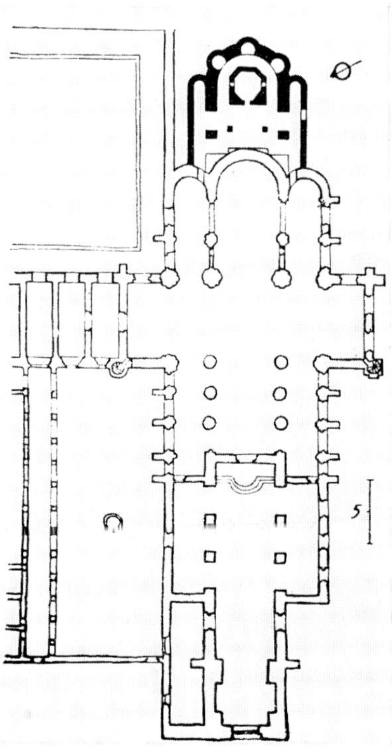

104
SENS, St. Pierre-le-Vif; Grundriß von
1656

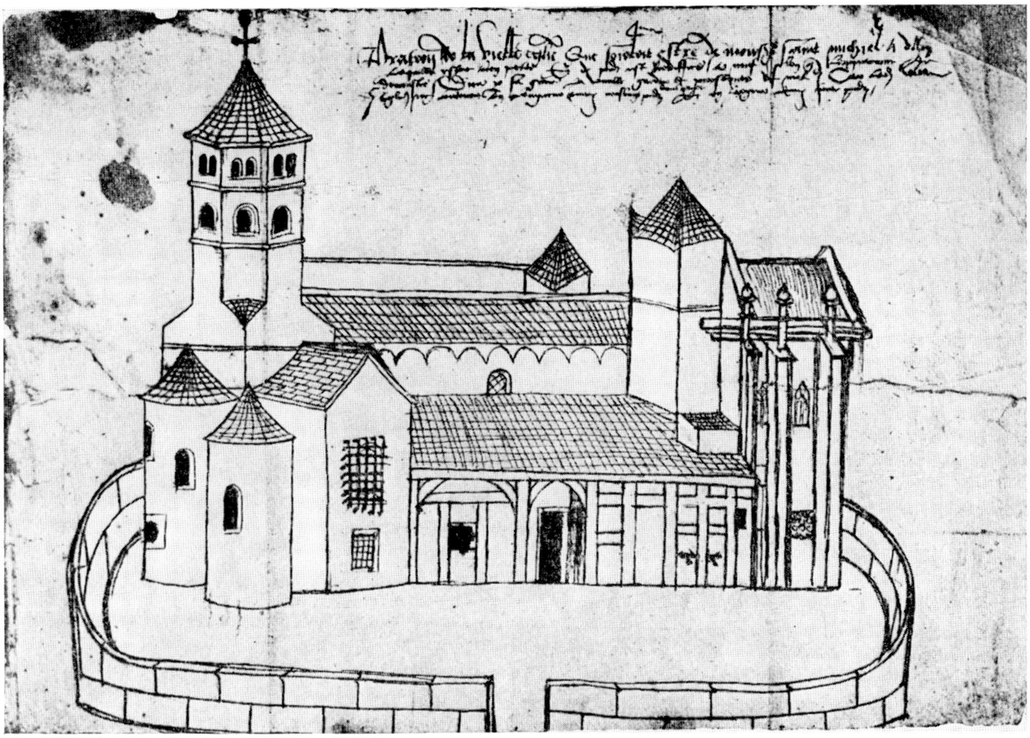

105
DIJON, St. Michel; Zeichnung des 15. Jh.

106
VIGNORY, St. Etienne. Langhaus

107
ROMAINMÔTIER, nördliches Querhaus und Chor

108
SAN BENIGNO CANAVESE, Campanile

109
MAILAND, Sant' Ambrogio. Reliefplatte im Atrium (Ostflügel)

110
ASTI, San Secondo; Kapitell der Krypta

111
AOSTA, Dom. Westteil der Krypta

112
SAINT-JEAN-DE-MAURIENNE, Kathedrale. Krypta

113
BERNAY, südliches Querhaus — Ostwand

114
JUMIÈGES, Rekonstruktion der Westwand des Nordquerhauses, R. Liess 1967

115
BERNAY, Langhauspfeiler

116
BERNAY, Kapitell des Langhauses

117
FLAVIGNY, St. Pierre. Presbyteriumssüdwand

118/119
BERNAY, Kapitelle der Chorpartie

120/121
ORLEANS, St. Aignan; Kapitelle der Krypta